Nils Jäger
**Amphiaraus**

Untersuchungen zur antiken
Literatur und Geschichte

―

Herausgegeben von
Marcus Deufert, Heinz-Günther Nesselrath
und Peter Scholz

**Band 145**

Nils Jäger

# Amphiaraus

---

Ritual und Schwelle in Statius' *Thebais*

DE GRUYTER

ISBN 978-3-11-099507-7
e-ISBN (PDF) 978-3-11-070133-3
e-ISBN (EPUB) 978-3-11-070142-5
ISSN 1862-1112

**Library of Congress Control Number: 2020941975**

**Bibliografische Information der Deutschen Nationalbibliothek**
Die Deutsche Nationalbibliothek verzeichnet diese Publikation in der Deutschen Nationalbibliografie; detaillierte bibliografische Daten sind im Internet über http://dnb.dnb.de abrufbar.

© 2022 Walter de Gruyter GmbH, Berlin/Boston
Dieser Band ist text- und seitenidentisch mit der 2020 erschienenen gebundenen Ausgabe.
Druck und Bindung: CPI books GmbH, Leck

www.degruyter.com

# Vorwort

Dieses Buch ist die gekürzte und überarbeitete Fassung meiner Dissertation, die ich im August 2017 unter dem Titel „Der Seher auf der Schwelle: Ritual und epische Struktur bei Vergil und Statius" an der Philosophischen Fakultät der Georg-August-Universität Göttingen vorgelegt habe. Ich bin vielen Personen zu Dank verpflichtet, allen voran Prof. Ulrike Egelhaaf-Gaiser, die die Entstehung dieser Arbeit mit viel Geduld, unermüdlichem Engagement und unzähligen guten Ideen befördert hat. Ich empfinde es als großes Glück, sie als meine Doktormutter zu haben. Auch meine Zweitbetreuerin Prof. Meike Rühl stand mir mit klugem Rat und großem Einsatz stets zur Seite. Prof. Heinz-Günther Nesselrath hat mich ebenfalls in vielfacher Weise unterstützt, nicht zuletzt durch die Durchsicht des Manuskripts; Prof. Marcus Deufert hat mir konstruktive Rückmeldungen zu einer früheren Fassung gegeben. Ihnen beiden und Prof. Peter Scholz danke ich außerdem für die Aufnahme in die Reihe der UaLG. Weiterhin gilt mein Dank dem Göttinger Doktorandenkolloquium sowie dem Gießen-Göttingen-Kolloquium, insbesondere Prof. Helmut Krasser für seine Inspiration.

Ich habe durchweg von der äußerst angenehmen Arbeitsatmosphäre sowohl am Seminar für Klassische Philologie Göttingen als auch am Institut für Romanistik und Latinistik Osnabrück profitiert. Stellvertretend sei hier Dr. Reinhild Fuhrmann und Roswitha Papenhausen gedankt. Teile dieser Arbeit haben während dreier Forschungsaufenthalte am Corpus Christi College in Oxford Gestalt gewonnen. Mein herzlicher Dank gilt meinem Gastgeber Prof. Stephen Harrison. Dank gebührt auch der Graduiertenschule für Geisteswissenschaften Göttingen, die mich großzügig durch mehrere Reisestipendien und ein Abschlussstipendium unterstützt hat, das es mir ermöglichte, mich für vier Monate ganz auf die Dissertation zu konzentrieren.

Für bedingungslose Unterstützung bis heute gilt mein Dank meinen Paten, meinem Vater und meiner Mutter, die die Fertigstellung dieser Arbeit leider nicht mehr erlebt hat. Für Hilfe in den verschiedensten Formen von Korrekturlektüre über kritische Gespräche bis hin zu freundschaftlich-kollegialem Beistand danke ich Dr. Maria Backhaus, Dr. Victoria Buchterkirchen, Julika Moos, Dr. Johannes Park, Dr. Jessica Schrader, Gilda Stechhan und Stephanie Züll; für diverse Erkenntnisse (nicht nur) in Sachen LaTeX danke ich Dr. Markus Müller. Abschließend möchte ich den Mitarbeiterinnen und Mitarbeitern des Verlags De Gruyter für die freundliche und unkomplizierte Zusammenarbeit danken.

Osnabrück, im Juli 2020                                                                                         Nils Jäger

# Inhalt

**Vorwort** —— V

## Teil I: Einleitung

**1** ***laurigeri vatis hiatus*** —— **3**
1.1 Statius' Amphiaraus —— **5**
1.2 Ritual und ritueller Intertext —— **11**
1.3 Liminalität und Grenzraum —— **16**
1.4 Berggipfel und *auspicium*, *hiatus* und Gebet —— **23**

## Teil II: Seher und andere Himmelsstürmer: *Theb.* 3,440–677

**2** **Einführung** —— **29**
2.1 Die Vogelschau-Episode: Verortung – Inhalt – Struktur —— **29**
2.2 Schicksal und Grenzüberschreitung: zum Forschungsstand —— **34**

**3** **Melampus' und Amphiaraus' Vogelschau(en)** —— **37**
3.1 Wozu Seher? Die Vogelschau und die Entscheidung für den Krieg —— **37**
3.2 Die Kompetenz der Seher und die Vorbereitung der Vogelschau —— **43**
3.3 Melampus' *auspicium* —— **50**
3.4 Von Jupiter zu Apollo, oder: Adler-Prodigien —— **53**
3.5 Umwertungen —— **57**
3.6 Die Autorität eines Propheten —— **65**
3.7 Amphiaraus, der isolierte Seher —— **71**
3.8 Das „rituelle Gerüst" des römischen Feldzugs —— **75**
3.9 Zwischenbilanz —— **79**

**4** **Berg-Figuren** —— **83**
4.1 Die *limina* in Argos und die Bewegungen des Amphiaraus —— **83**
4.2 Liminalität beim Aphesas —— **87**
4.3 Bergmotivik I: Gipfel, Höhlen, Bergbewohner —— **90**
4.4 Perseus, die Vögel und Amphiaraus als Argonaut —— **94**

| 4.5 | Bergmotivik II: Giganten, Vulkanausbrüche und andere Katastrophen —— 99 |
|---|---|
| 4.6 | Berg, Monster, Natur, Seher —— 101 |
| 4.7 | Capaneus als Amphiaraus: *illic augur ego* —— 105 |
| 4.8 | Vogelzeichen und andere Allegorien: *Theb.* 3 und *Theb.* 10/11 —— 107 |
| 4.8.1 | Capaneus und die Flussgleichnisse —— 108 |
| 4.8.2 | Perseus im Olymp —— 113 |
| 5 | **Schlussfolgerungen** —— 118 |

## Teil III: Sinnstiftung am Hadesschlund: *Theb.* 7,688–8,372

| 6 | **Einführung** —— 123 |
|---|---|
| 6.1 | Die *descensus*-Episode: Verortung – Inhalt – Struktur —— 124 |
| 6.2 | Pluto und Tellus-Gebet – zum Forschungsstand —— 128 |
| 7 | **Destabilisierungen: Amphiaraus und der *hiatus*** —— 131 |
| 7.1 | Raumbewegung in der Episode und der *hiatus* als Schwellenort —— 131 |
| 7.2 | *iugum, campus, terra, tellus* – Thebens trügerische *arva* —— 135 |
| 7.3 | Wie(so) wird Amphiaraus verschlungen? —— 141 |
| 7.4 | Lichtmotivik und vertikale Raumkonstruktion: Amphiaraus und die Sterne —— 156 |
| 7.5 | Der Seherwagen, oder: Amphiaraus' Spuren —— 160 |
| 7.6 | *hiatus* und Wasser —— 168 |
| 7.7 | Zwischenbilanz —— 175 |
| 8 | **Restabilisierungen: Amphiaraus und das Gebet des Thiodamas** —— 177 |
| 8.1 | Die Paiane der Thebaner —— 177 |
| 8.2 | Thiodamas als neuer *sacerdos*: rituelles Katastrophenmanagement —— 185 |
| 8.3 | Tellus vs. Tellus, oder: den Boden bereiten für Amphiaraus —— 186 |
| 8.3.1 | Kosmogonie en miniature —— 187 |
| 8.3.2 | Restabilisierungen —— 189 |
| 8.3.3 | Adressierung —— 192 |
| 8.3.4 | Zur Dekonstruktion der *Tellus Thebana* —— 197 |
| 8.4 | Amphiaraus in Thiodamas' Gebet —— 199 |
| 8.4.1 | Tellus, Natura und Bestattungen —— 199 |

| 8.4.2 | Erste Gebete, erste Argumente – Amphiaraus als neuer Sehergott —— 202 |
|---|---|
| 8.4.3 | Orte, die man nicht mehr betritt —— 207 |
| 8.5 | Steuermänner, Götter und Co.: Figurationen des Amphiaraus —— 209 |
| 8.6 | Zwischenbilanz —— 221 |
| 8.7 | Amphiaraus, der Große Wagen… und erste Traumorakel? —— 223 |

## Teil IV: Fazit

9     **Amphiaraus-Transformationen** —— 235

10     *limen* **und Ritual** —— 240

**Literaturverzeichnis** —— 243

**Wort-, Namens- und Sachindex** —— 255

**Stellenindex** —— 259

Teil I: **Einleitung**

# 1 *laurigeri vatis hiatus*

Wo beginnen? Diese Frage stellt sich nicht nur dem Autor moderner Sekundärliteratur, sie gehört auch zum Repertoire der Proömien griechisch-römischer Epik. So fragt der Erzähler gleich zu Beginn der *Thebais* die Musen, an welchem Punkt des Mythos er einsetzen soll (1,3f.). Am Ende des Prooms beschäftigt ihn diese Frage erneut (1,41f.):

> *quem prius heroum, Clio, dabis? inmodicum irae*
> *Tydea? laurigeri subitos an vatis hiatus?*

> Welchen Helden, Clio, zeigst du mir zuerst? Tydeus, maßlos im Zorn? Den lorbeerbekränzten Seher, plötzlich verschwindend im Erdspalt?

Hier begegnet der Leser zum ersten Mal dem Amphiaraus der *Thebais*. Die erste Erwähnung einer Figur ist eine markante Textstelle und vieles, was in Proömien gesagt wird, hat programmatischen Charakter. Wer sich mit der Figur des Amphiaraus beschäftigen möchte, tut also gut daran, mit dieser Textstelle zu beginnen. Es fällt auf, dass der Erzähler Amphiaraus nicht namentlich nennt und ihn auch nicht über eine Charaktereigenschaft näher bestimmt (wie den zornigen Tydeus), sondern über den Lorbeerkranz des *vates* sowie die *subiti hiatus*. Der mit dem Mythos vertraute Leser erkennt hier sogleich die Erdspalte, die Amphiaraus der Schlacht um Theben entreißt und mitsamt seinem Wagen verschlingt.

Blicken wir auf eine zweite erste Textstelle. Als Amphiaraus in der *Thebais* die Bühne der Erzählung betritt, befindet er sich nicht etwa auf dem Schlachtfeld in Theben, sondern erklimmt nach einer Eingeweideschau den Berg Aphesas, um dort zusammen mit Melampus eine Vogelschau durchzuführen (3,460–468):[1]

> *mons erat audaci seductus in aethera dorso*
> *(nomine Lernaei memorant Aphesanta coloni)*
> [...]
> *hoc gemini vates sanctam canentis olivae*
> *fronde comam et niveis ornati tempora vittis*
> *evadunt pariter*

> Es war da ein Berg, dessen Kamm kühn in die Lüfte ragte – die Bewohner von Lerna nennen ihn Aphesas [...]. Dorthin steigen die beiden Seher, die heiligen Locken mit dem Laub der grauen Olive und die Stirn mit schneeweißen Binden geschmückt.

---

[1] Das erste Mal *erzählt* wird von Amphiaraus in 1,398f.: In einer Apostrophe weist der Erzähler knapp darauf hin, dass Amphiaraus genau wie Adrast den Schicksalsspruch des Apollo (1,395–397) nicht verstanden habe.

An beiden Textstellen setzt Statius die gleichen Akzente. Der *vates* Amphiaraus ist ausgestattet mit typischen rituellen Insignien: Lorbeer bzw. Olivenzweig und weißen *vittae*. Der Dichter präsentiert ihn zudem an zwei außergewöhnlichen Orten: auf der hochragenden Bergspitze und in der Tiefe der Erdspalte.

Der Aphesas steht am Beginn der Vogelschau-Episode (3,440-677), einer der beiden umfangreichsten Amphiaraus-Episoden der *Thebais*: Adrast ist unschlüssig, ob er in den Krieg gegen Theben ziehen soll, und konsultiert Melampus und Amphiaraus, die dann die Vogelschau durchführen. Im Vogelzeichen erkennen die Seher die schrecklichen Folgen, die der Krieg haben wird. Nach der Rückkehr vom Berg schließt sich Amphiaraus in seinem Haus ein und weigert sich, zu künden, was er gesehen hat. Andere Heerführer treiben zum Krieg, allen voran Capaneus, der den Seher nötigt, aus seinem Haus zu kommen, was in ein Rededuell zwischen Amphiaraus und Capaneus mündet. Die umfangreichste Amphiaraus-Episode widmet Statius dann dem *descensus* des Sehers (7,688–8,372), auf den er schon im Proöm, in der eingangs zitierten Textstelle, verweist. Sie beginnt mit der Aristie des Sehers, es folgen Erdbeben und Ankunft in der Unterwelt am Beginn von Buch 8 sowie die Klage der trauernden Argiver um Amphiaraus und ein nächtliches Fest der Thebaner. Am Schluss der Episode wird Thiodamas als Nachfolger des Amphiaraus eingesetzt und richtet ein Gebet an die Erdgöttin und an Amphiaraus.

In beiden Episoden nehmen Rituale einen prominenten Platz ein. Über gut 100 Verse zeigt die Vogelschau-Episode Melampus und Amphiaraus bei der Ausführung diverser ritueller Handlungen: Sie opfern und halten eine Eingeweideschau ab, Amphiaraus richtet ein Gebet an Jupiter und dann führen die Seher das *auspicium* durch – die *Thebais* bietet hier eine der umfangreichsten Schilderungen dieser Divinationspraxis in der auf uns gekommenen lateinischen Literatur. Die *descensus*-Episode endet mit Opfer und Gebet des Thiodamas, die knapp 50 Verse einnehmen. Eine ähnliche Prominenz kommt dem Raum zu. So zeichnet sich die Vogelschau-Episode durch ihre besonderen Schauplätze aus: der hohe Aphesas als Ort des Kontaktes zum Himmel (von hier aus hat Perseus seinen Flug angetreten: 3,463f.), das dunkle Innere von Amphiaraus' Haus (3,571f.), die Schwelle zum Haus des Amphiaraus, wo das Rededuell stattfindet (3,609). Die *descensus*-Episode steht ganz im Zeichen der Einfahrt in die Unterwelt. Ausführlich berichtet der Erzähler, wie die Erde aufreißt und wie Amphiaraus in der Unterwelt ankommt. Der Ort des *descensus* und die von den Argivern nunmehr gefürchtete Tellus bleiben Thema bis zum Ende der Episode.

Die beiden Amphiaraus-Episoden der *Thebais* setzen also im Großen fort, was sich im Kleinen im Proöm andeutet. Ritual und Raum erscheinen als zwei Elemente, die für Statius' Amphiaraus-Figur von zentraler Bedeutung sind. Diese Arbeit nimmt diese Schwerpunktsetzung ernst. Sie ist keine Arbeit zur Figurenzeichnung oder Charakterisierung des Amphiaraus im klassischen Sinne. Sie strebt auch nicht an, sämtliche Amphiaraus-Stellen der *Thebais* durchzusprechen. Vielmehr dienen Berg und Erdspalte sowie *auspicium* und Gebet als die Eckpfeiler unserer Analyse. Ihr Ziel ist es aufzuzeigen, wie Statius in diesen beiden zentralen Episoden Amphiaraus vom Seher auf dem Berg zum Sehergott der Erdspalte werden lässt. Werfen wir hierzu nun einen näheren Blick auf Amphiaraus in der *Thebais* und in der philologischen Forschung.[2]

## 1.1 Statius' Amphiaraus

Diverse Arbeiten haben den Amphiaraus der *Thebais* in seinem Verhältnis zur mythisch-literarischen Tradition behandelt (z. B. Olivi 1996, Fantham 2006, Valenti 2011, 232–237; Seo 2013, S. 146–184).[3] Der von der Erdspalte verschlungene Amphiaraus findet sich bereits in der Literatur der archaischen und klassischen Zeit, zum Beispiel bei Pindar oder den attischen Tragikern;[4] im Unterschied zur griechischen Tradition und zur *Thebais* selbst ist die lateinische Literatur weniger stark an Amphiaraus interessiert, und damit auch nicht an Erdspalte und Unterweltfahrt. Die griechischen (und lateinischen) Quellen berichten in aller Regel nur, dass die Erdspalte Amphiaraus verschlingt. Die ausführliche Schilderung des Aufenthaltes bei Pluto ist eine Besonderheit der *Thebais* im Vergleich zu den noch erhaltenen Texten.[5] Statius' Amphiaraus unterscheidet sich hierbei von einem

---

[2] Wenn und insoweit Forschungsbeiträge die Vogelschau- oder *descensus*-Episode betreffen, habe ich sie unten (Kap. 2.2 und 6.2) näher erläutert.
[3] Olivi 1996 zeigt einige Modifikationen auf, die Statius vornimmt. So ist beispielsweise Melampus traditionell der Urgroßvater des Amphiaraus, während er bei Statius in „coexistence" mit Amphiaraus gezeigt wird (S. 141); Amphiaraus als Sohn des Oikles und der Hypermnestra z. B. Pind. *Pyth.* 8,39; Pausan. 3,12,5; Diod. 4,68 ; Hyg. *fab.* 73; als Sohn des Oikles oder des Apollon: Hyg. *fab.* 70; 128; als Urenkel des Melampus: Hom. *Od.* 15,225–248; Schol. Pind. *Nem.* 9,30; Pausan. 2,18,4; zur Genealogie des Amphiaraus, Amphiaraus-Tradition vor Statius und zur Rolle der Eriphyle siehe Kate 1955, S. 63–72. Konsequent blendet Statius auch die Tradition von Amphiaraus als Herrscher in Argos aus (Olivi 1996, S. 142); zu Amphiaraus (und Adrast) in der Tradition vor Statius siehe auch Ahl 1986, S. 2863–2866; zu Adrast und Amphiaraus in der griechischen Tradition Sineux 2007, S. 23–29; siehe ferner Augoustakis 2016, S. xxiv–xxx und Georgacopoulou 1996a, die Amphiaraus und Admet im Katalog der Teilnehmer am Wagenrennen in Theb. 6 in intertextueller Perspektive betrachtet.
[4] Diskussion einschlägiger Textstellen sowie einiger ikonographischer Quellen bei Sineux 2007, S. 59–65.
[5] Legras 1905, S. 98f.; Vessey 1973, S. 262f.; Olivi 1996, S. 136; S. 144; Franchet d'Espèrey 1999, S. 331; Pind. *Nem.* 9,24–27 (Wenskus 2014, S. 144, Anm. 16: erster „klarer Beleg" für die Unterweltfahrt; ähnlich Sineux 2007, S. 59). 10,7f.; *Ol.* 6,11–17; Pausan. 2,23,2; Eur. *Suppl.* 925–927; Aischyl. *Sept.* 587f.; Soph. *El.* 837f.; Cic. *Tusc.* 2,60; Ov. *Pont.* 3,1,52: *notus humo mersis Amphiaraus equis*; Prop.

Odysseus, Orpheus oder Aeneas: Der Seher geht nicht als Lebender in die Unterwelt, um dann wieder in die Oberwelt zurückzukehren, sondern dringt lebend ein, um dann zum Schatten zu werden (8,1–20; 85–89). Sein *descensus* bedeutet zugleich seinen Tod.[6] Die mythische Tradition um Amphiaraus und seinen Fall in die Erdspalte mag es für Statius nahegelegt haben, die ‚räumliche Facette' der Figur auszubauen.

Das Motiv der Öffnung und des Eindringens in die Unterwelt übernimmt Statius aus dramatischen und epischen Prätexten der lateinischen Literatur.[7] Statius hebt dabei den Aspekt der Grenzverletzung und Grenzüberschreitung hervor. So ist Charon zu Beginn von Buch 8 erzürnt über die neuen Totenschatten, die auf dem falschen Weg in die Unterwelt gelangen (8,18–20):

*umbriferaeque fremit sulcator pallidus undae*
*dissiluisse novo penitus telluris hiatu*
*Tartara et admissos non per sua flumina manes.*

[...] und der bleiche Fährmann[8] des schattentragenden Stromes schreit, ein neuer Erdspalt habe den Tartarus völlig aufgerissen, und Seelen hätten Eingang gefunden, doch nicht über seinen Fluss.

Auch Pluto sieht den Fall des Sehers als unerlaubtes Eindringen in sein Reich (8,84f., vgl. auch 8,35f.):

*at tibi quos, inquit, manes, qui limite praeceps*
*non licito per inane ruis?*

„Welches Los aber", fuhr er fort, „erwartet dich, der du auf verbotenem Pfad kopfüber zum Reich der Schatten herabfährst?"

Statius bezieht die Idee der Grenzüberschreitung aber nicht nur auf den *descensus* des Sehers. Vielmehr ist auch in der Vogelschau-Episode das grenzüberschreitende Moment des Amphiaraus greifbar. So ist der Aphesas, auf dem die Seher die Vogelschau abhalten, zugleich der Startpunkt des Fluges des Perseus, einer „Schändung" der Wolken (3,462–464):

---

2,34,39; Hyg. *fab.* 68: *Amphiaraus terra est devoratus*; 68A: *Amphiaraus cum quadriga terra est devoratus*; Seo 2013, S. 160 hebt hervor, dass Statius die Erwartungen der Leser so steuere, dass die Pluto-Episode besonders überraschend wirke.

6 Parkes 2013, S. 172 und 174f.: Es sei „failure", dass Amphiaraus nicht aus der Unterwelt zurückkomme.

7 Kroll 1932, S. 461–465; Franchet d'Espèrey 1999, S. 331; Sen. *Herc. fur.* 46f.; *Oed.* 868–870; *Thy.* 1006–1016; Verg. *Aen.* 8,241–246; Ov. *met.* 2,260f.

8 Schönberger 1998: „Ferge".

*inde ferebant / nubila suspenso celerem temerasse volatu / Persea*

Von dort, so hieß es, entweihte der rasche Perseus die Wolken mit schwebendem Flug.

Später heißt es, die Seher seien verbotenerweise in die *concilia* der Vögel „eingebrochen" (*inrupisse*, 3,549). Wir werden diese Stellen unten intensiv zu besprechen haben (Kap. 3; 4), für jetzt ist festzuhalten, dass die ‚Amphiaraus-Orte' Berg und Erdspalte beide mit der Idee der Grenzüberschreitung assoziiert sind. Amphiaraus bricht in den Himmel ebenso wie in die Unterwelt ein.

Es ist in der Forschung nicht unbemerkt geblieben, dass der *descensus* Amphiaraus zu einem prominenten Grenzüberschreiter in der *Thebais* macht. So äußert sich Feeney 1991 über die Raumordnung in der *Thebais* folgendermaßen:

> The human sphere, where the action will come to rest, is defined from the beginning by boundaries above and below [...]. When the living Amphiaraus pierces the lower boundary, and the living Capaneus attempts to pierce the upper, these are gross violations of the human norm, and each act provokes catastrophic retaliation from the lower and upper Jupiters.[9]

Valenti 2011 hat Statius' Amphiaraus charakterisiert als eine Figur der Vertikalität, vergleichbar zu Figuren wie Capaneus und Menoeceus. Der Seher werde letztlich der horizontalen Welt der (Kriegs-)Handlung entzogen. Er verlasse die Grenzen der normalen Welt entlang der Vertikalen.[10] In Ergänzung zu Feeney 1991 und Valenti 2011 ist hervorzuheben, dass Amphiaraus ganz offensichtlich nicht nur die Grenze nach unten durchbricht, sondern auch mit der Verletzung einer Grenze nach oben assoziiert wird, wenn er vom Aphesas aus in den Himmel „einbricht". Die Vertikalität der Figur ist außerdem nicht nur herzuleiten aus der vertikalen Bewegung des Fallens, sondern auch aus der Opposition zwischen ‚oben' (Berg/Himmel) und ‚unten' (Erdspalte/Unterwelt).[11]

---

9 Feeney 1991, S. 358; zustimmend Franchet d'Espèrey 1999, S. 332: „une transgression nouvelle" (im Unterschied zur Nekromantie des Tiresias in Buch 4: „une transgression traditionelle"); Seo 2013, S. 150 über die „chthonic apparation" in Theb. 6,495–500 als Vorverweis auf den *descensus*: „The compression of the three realms and the images of boundary violation (*movet ... Erebo, tollit in astra*) parallel the transgressive nature of Amphiaraus' imminent katabasis."
10 Valenti 2011, S. 241–243.
11 Lovatt hat das grenzüberschreitende Moment der Figur auch im Kontext der Poetologie hervorgehoben. Amphiaraus' Grenzüberschreitung könne verstanden werden als „a poetic trope for originality" (Lovatt 2015, S. 422; s. auch S. 420f.; Lovatt 2005, S. 23–40; siehe auch Pagán 2000, S. 443–444). Die Forschung hat Amphiaraus öfters als eine der vielen „poet-figures" des Epos charakterisiert: Gervais 2015, S. 235, Fn. 51; Masterson 2005, S. 298: „poet as Amphiaraus"; s. auch Henderson 1991, S. 69; Delarue 2000, S. 338f; Fantham 2006; Valenti 2011, S. 249–254; Walter 2014, S. 169; außerdem Dominik 1994b, S. 180: „Statius was no Capaneus or even anonymous shade;

Auch auf das *auspicium* als Grenzverletzung sowie das Motiv des „Eindringens" in der Vogelschau-Episode wurde bereits hingewiesen.[12] Statius verbindet offenbar die Idee der Grenzüberschreitung nicht nur mit den Räumen Berg/Himmel sowie Erdspalte/Unterwelt, sondern auch mit dem Ritual der Vogelschau.

Ansonsten hat sich die bisherige Forschung oft konzentriert auf Amphiaraus als einen der Sieben, auf sein Verhältnis zu den Heerführern und zu anderen Figuren sowie zur von *nefas* durchzogenen Welt der *Thebais*. Immer wieder wird darauf hingewiesen, dass sich Amphiaraus (oftmals: zusammen mit Adrast) von den anderen Heerführern kontrastiv abhebe, da er einen tugendhaften Charakter habe; Statius stellt Amphiaraus in aller Regel positiver dar als es die sonstige Amphiaraus-Tradition tut.[13] Fast genauso oft wird einschränkend hinzugefügt, dass er nicht durchgängig positiv dargestellt werde. Vielmehr zeige sich im Verlauf des Textes eine „zunehmende Verflechtung in den Frevel der *Thebais*", wie Walter 2014 treffend formuliert.[14]

---

rather, he was an Amphiaraus, who perceives the obvious futility of opposing oppression and injustice."

**12** Walter 2014, S. 169f.; Fantham 2006, S. 158; Näheres unten Kap. 2.2.

**13** Ahl 1986, S. 2863–2866 und Walter 2014, S. 178; Schol. Pind. *Nem.* 10,12; Paus. 9,18,1; Apollod. *bibl.* 3,76 (Amphiaraus gibt Tydeus das Haupt des Melanippus, der es verspeist; bei Statius dagegen Capaneus, 8,745–766); Pind. *Nem.* 9,12–20 (Rivalität zwischen Amphiaraus und Adrast); Statius dagegen orientiert sich an Aischylos' Darstellung des Amphiaraus: Fantham 2006, S. 147: „...Statius maintains his traditional persona as one of the two virtuous leaders in the gruesome tale of the *Seven Against Thebes*"; Marinis 2015, S. 251: „In terms of mentality, the exception among the Seven is, of course, embodied by Amphiaraus, who is depicted in stark contrast with his fellow warriors, not unlike his Aeschylean incarnation" (ebd. S. 351–353 zum Vergleich mit Amphiaraus in Aischyl. *Sept.* und anderen Tragödien); Amphiaraus zeige „piety", außer in seiner Aristie; siehe auch Lovatt 2001, S. 105 mit Verweis auf Aischyl. *Sept.* 568–596, insbes. 568; Franchet d'Espèrey 1999, S. 125 sieht eine Parallele zu Laokoon in der *Aeneis*, dieser stehe ebenfalls für eine „résistance honorable mais vaine"; Olivi 1996, S. 142: „l'absence de toute connotation négative est surtout remarquable"; s. auch Wenskus 2014, S. 142–144; Rieks 1967, S. 207–209. Jüngst hat Rebeggiani 2018 neben vielen anderen Aspekten und Figuren auch Amphiaraus behandelt, und zwar vor allem im Sinne des Forschungsdiskurses über die Darstellung von Herrschaft in der *Thebais*. Er hebt hervor, dass sich die Übergabe des Seher- und Heerführeramtes an Thiodamas als historische Anspielung verstehen lässt, die einen idealen, von *concordia* geprägten Herrscherwechsel evoziert. Näheres dazu ebd., S. 114–119 (und insgesamt Kapitel 2 seiner Arbeit, S. 92–122), aufbauend auf einem früheren Aufsatz (Rebeggiani 2013).

**14** S. 166 (ein hilfreicher Überblick zu Amphiaraus in der *Thebais* ebd., S. 166–180); s. auch Lovatt 2015, S. 419; Masterson 2005, S. 291–298; Delarue 2000, S. 338, zur Differenzierung der positiven Bewertung ebd., S. 344; Criado 2000, S. 190f.; Dominik 1994b, S. 113, der den starken Wandel im Charakter des Amphiaraus hervorhebt; Lovatt 2001 untersucht neben der „madness" anderer Figuren auch die des Amphiaraus (S. 104–109); zur Verstrickung des Adrast Ahl 1986, S. 2856f.

Die ‚rituelle Facette' der Amphiaraus-Figur umfasst zunächst die Rolle des Seherpriesters. Schon im Proöm trägt er den mit Apollo assoziierten Lorbeer (s. o.).[15] Öfters als alle anderen Charaktere nennt der Erzähler Amphiaraus *vates*.[16] Dieser statistische Befund deutet bereits darauf, dass Amphiaraus die „zentrale[] Prophetenfigur" der *Thebais* ist.[17] Neben der Vogelschau in Buch 3 tritt er auch am Schluss von Buch 5 als *vates* auf. Dort erklärt er, die Geschehnisse in Nemea und der Tod des Opheltes/Archemoros seien klare Warnungen Apollos, nicht in den Krieg gegen Theben zu ziehen (5,731–753). In der mythischen Tradition ist Amphiaraus aber nicht nur Seher, sondern auch einer der Heerführer, die gegen Theben ziehen, z. B. in Aischylos' *Sieben gegen Theben*, und so auch bei Statius. Somit fällt er in die Kategorie jener epischen Helden, die zugleich Krieger und auch Priester oder Seher sind, wie es sie bei Homer noch nicht in dieser Form gibt.[18] Als ein solcher Krieger tritt er im Katalog der argivischen Heerführer auf (4,187–245), nimmt teil am Wagenrennen in Buch 6 (6,296–549) und hat seine Aristie im 7. Buch. Dabei lässt allerdings Statius die Rolle des *vates* nie ganz in den Hintergrund treten,[19] und Wagenrennen und Aristie stehen schon klar im Zeichen der bevorstehenden Einfahrt in die Unterwelt.[20] Thiodamas wird dementsprechend nicht nur Amphiaraus' Nachfolger als Seher (8,275–293), der nun die *vittae* trägt (8,276f.; 294),[21] sondern

---

**15** Vgl. z. B. Prop. 3,13,53; Ov. *ars* 3,389; Heuvel 1932 ad 1,42: Vor seinem Gang in die Unterwelt wird Amphiaraus diesen ablegen und Apollo überreichen (7,784f.). In der Vogelschau-Episode nennt der Erzähler Amphiaraus mehrfach *sacerdos* (3,567; 616; 647), später erwähnt er dessen weiße *infula* (4,218) sowie seine weiße Kleidung beim Wagenrennen, nebst *infula*: 6,330f. (Hinweise bei Masterson 2005, S. 297); zu Amphiaraus' *vitta* und *infula* als „fateful symbols" Seo 2013, S. 150–155.
**16** Masterson 2005, S. 298; z. B. 1,42, 2,299, 4,192, 10,749, weitere Stellen ebd. Fußn. 20 inklusive anderen als *vates* bezeichneten Charakteren.
**17** Walter 2014, S. 166; Seo 2013 sieht Amphiaraus als Typus des „Predestined Prophet" (S. 123) und als „didactic vates" (z. B. S. 146).
**18** Zu diesem Typus Norden 1916 ad *Aen.* 6,483f. (Polybo(e)tes wird aufgezählt unter Kriegern, aber bezeichnet als *Cereri sacer*) mit Verweis auf Amphiaraus in Pind. *O.* 6,17; Ov. *met.* 12,455–458 (Mopsus); *Aen.* 10,537–542 (Haemonides, hierzu Harrison 1991 ad 10,537); siehe auch *Aen.* 7,750–755 (Umbro; hierzu Horsfall 2000 ad 7,750). Amphiaraus nimmt auch teil an der Jagd auf den Kalydonischen Eber (Apollod. *bibl.* 1,68; 70) sowie am Zug der Argonauten (Apollod. *bibl.* 1,111).
**19** Zu Implikationen der Doppelrolle als Krieger-Seherpriester z. B. Seo 2013, S. 151 über *Theb.* 4,216–218 im Katalog und 6,630f.: „Statius emphatically dwells on the incongruity of the symbols that indicate a priest of Apollo at war"; Masterson 2005; siehe auch Olivi 1996; zu Amphiaraus' Doppelrolle als Krieger und μάντις in der griechischen Tradition Sineux 2007, S. 29–38, zum Namen Ἀμφιάραος und der wahrscheinlichen Verbindung zum Namen Ἄρης sowie weiteren Fragen der Etymologie S. 46.
**20** Siehe unten Kap. 6.
**21** Seo 2013, S. 152: „These ritual items serve as a kind of synecdoche for the prophet and his divine craft."

wird auch sein Nachfolger als Heerführer mit dem charakteristischen Helmbusch (*apex*, 8,368f.).

Ausgestattet mit den *vittae* betet Thiodamas zu Amphiaraus und stellt ihn sich als zukünftigen Sehergott vor (z. B. 8,335f.: *tibi sacra feram praesaga, tuique / numinis interpres te Phoebo absente vocabo*; siehe dazu unten Kap. 8.4). Dies verweist auf den zweiten Teil der ‚rituellen Facette' der Figur: die verbreitete kultische und literarische Tradition von Amphiaraus als (Orakel-)Gott.[22] Abgesehen vom delphischen Apollonorakel besteht Amphiaraus' Orakel als einziges die Orakelprobe des Kroisos bei Herodot.[23] Hohe Bekanntheit hat seine Orakelstätte bei Oropos, das u. a. Strabon als Ort der *katabasis* des Sehers nennt.[24] Pausanias weist hin auf die Verbreitung des Amphiaraus-Kultes in ganz Griechenland (1,34,2) und berichtet von der Amphiaraus-Quelle in der Nähe des Tempels in Oropos, die assoziiert ist mit der „Wiederauferstehung" des Amphiaraus als Gott (ἀνελθεῖν, 1,34,4).[25] Cicero erwähnt Amphiaraus als Seher und auch als Orakelgott, ebenso Valerius Maximus; eine Inschrift in Oropos bezeugt den Besuch Sullas.[26] Dieser Aspekt der Amphiaraus-Figur in der *Thebais* ist eher selten zur Kenntnis genommen und interpretativ erschlossen worden.[27] Für unsere Deutung der Figur ist dieser Aspekt zentral. Er sollte bei Statius' Amphiaraus in jedem Fall mitgedacht werden. Welche

---

[22] Hierzu Ahl 1986, S. 2864f.; Olivi 1996, S. 139; Seo 2013, S. 182; Augoustakis 2016, S. xxiv–xxvii.

[23] Hdt. 1,46–52, wobei Herodot nur der Orakelspruch des delphischen Orakels bekannt ist (47; 49); Konsultation des Orakels durch Mys den Karer in 8,134; zu beiden Stellen Sineux 2007, S. 68–72.

[24] Strab. *geogr.* 9,1,22: ἐνταῦθα δέ που καὶ τὸ Ἀμφιαράειόν ἐστι τετιμημένον ποτὲ μαντεῖον, ὅπου φυγόντα τὸν Ἀμφιάρεων, ὥς φησι Σοφοκλῆς, „ἐδέξατο ῥαγεῖσα Θηβαία κόνις / αὐτοῖσιν ὅπλοις καὶ τετρωρίστῳ δίφρῳ." (Soph. F 598); s. auch 9,2,10–11 (Wagen des Amphiaraus und das böotische Harma); Pausan. 1,34,2: Harma als Ort der *katabasis*; Diskussion weiterer Orte bei Sineux 2007, S. 65f.: in der Nähe des Ufers des Ismenos (Apollod. *bibl.* 3,77, Sineux zieht auch *Theb.* 8,200 als Beleg hierfür heran); bei Theben (insbes. Pind. *Nem.* 10,8–9); auf dem Weg von Potniai nach Theben (Pausan. 9,8,3).

[25] Kultische Verehrung in Argos: Pausan. 2,23,2; s. auch 8,2,4; 1,8,2; 2,37,5–6; Philostr. *Apoll.* 2,37; s. auch Apollod. *bibl.* 3,77: Zeus spaltet die Erde mit seinem Blitz, woraufhin Amphiaraus mit seinem Wagen und Wagenlenker verschlungen wird. Dann macht Zeus ihn unsterblich (Ζεὺς ἀθάνατον αὐτὸν ἐποίησεν); ausführlich zum Amphiaraus-Kult Sineux 2007, S. 59–214.

[26] Cic. *leg.* 2,32,1; *Tusc.* 2,60; *nat.* 2,7; 3,42; *div.* 1,87; 88: *Amphiaraum autem sic honoravit fama Graeciae, deus ut haberetur, atque ut ab eius solo, in quo est humatus, oracla peterentur*; Val. Max. 8,15,3 (ext. 3): *eadem gens summo consensu ad Amphiaraum decorandum incubuit, locum, quo humatus est, in formam condicionemque templi redigendo atque inde oracula capi instituendo*; IG VII,413,54–57; Olivi 1996, S. 140.

[27] Eine Ausnahme bildet ein kurzer Abschnitt in der hervorragenden Arbeit von Seo 2013 (S. 179–184), die die „apotheosis" des Amphiaraus in ihrer Analyse der Figur berücksichtigt; siehe auch bereits Kroll 1932, S. 448 über Amphiaraus im Mythos *vor* Statius: „Amphiaraus, der auf der Grenzscheide zwischen Gott und Mensch stehende Seher". Er weist auf das transgressive Moment der Figur im Sinne der Entrückungsgeschichte hin, mit Verweis auf Pind *Nem.* 9,97 sowie Apollod.

methodischen Implikationen ergeben sich nun für eine Analyse der rituellen Seite des Amphiaraus?

## 1.2 Ritual und ritueller Intertext

Rituelle Handlungen wie z. B. Opfer oder Gebet werden in griechischer wie römischer Epik in großer Zahl geschildert. Was die römische Epik angeht, darf Statius zusammen mit Vergil als der Epiker mit dem größten Interesse an Religion und Ritual gelten. So schreibt Gesztelyi 1976:

> Macrobius hat mit Grund festgestellt, dass Vergil sogar *pontifex maximus* hätte sein können, da sein Epos so gründliche religiöse Kenntnisse aufweist. Solche Kenntnisse vermissen wir auch bei Statius nicht, was die Details angeht, gehen sie sogar sehr oft über den hergebrachten Umfang.[28]

Entsprechend liegen diverse Arbeiten vor, die sich religiösen und rituellen Aspekten der *Thebais* widmen. Eine wichtige frühe Überblicksarbeit vor allem zum Gebet stellt Teifel 1952 dar, in jüngerer Zeit ist der Sammelband Augoustakis 2013 zu Religion und Ritual im flavischen Epos hervorzuheben, in dem gut die Hälfte der Beiträge der *Thebais* gewidmet ist, zum Beispiel zu Divinationsritualen, Gebet oder Lustration.[29]

Speziell zum Ritual liegt nur eine kleine Zahl weiterer Arbeiten vor, die zudem öfters keinen spezifischen Fokus auf die *Thebais* legen, sondern Statius zusammen mit anderen Epikern untersuchen.[30] Insgesamt darf man feststellen, dass Rituale in

---

*bibl.* 3,77; Rebeggiani 2018 diskutiert Apotheose an einigen Stellen (z. B. S. 95f,; 212f.), allerdings in Bezug auf andere Figuren.

**28** Gesztelyi 1976, S. 53; auch Vessey 1973, S. 266 macht bereits aufmerksam auf Statius' wiederholtes Interesse an „religious ritual" in der *Thebais*.

**29** Vogelschau: Tuttle 2013, Manolaraki 2013 (Näheres unten Kap. 2.2); Nekromantie: Parkes 2013. Gebet: Hubert 2013; Lustration: Dee 2013. Zu weiteren rituellen und religiösen Aspekten: Ganiban 2013 (Begräbnis); Bernstein 2013 („Ritual Murder"); Chinn 2013 (Orphik); Bessone 2013 („Religion and Power").

**30** Zum Beispiel Voigt 2016, insbes. S. 68–72 (Trauerriten, weibliches Klagen); Keur 2013, S. 333–337 (Begräbnis als Leitmotiv in der *Thebais*); Panoussi 2007, S. 124–132 (von Frauen durchgeführte Rituale, Klageriten, Anspielungen auf Bacchus-Kult); Hartmann 2004, S. 179–192 (Oedipus' Gebet zu Tisiphone, s. auch Ahl 1986, S. 2822–2827); Ripoll 2002, S. 936–946 (Vogelschau); Heinrich 1999, S. 180–192 (Menoeceus, Selbstopferung; *devotio*); Schubert 1984, S. 235–238 (Jupiter, Gebete und Opfer); Swoboda 1980, S. 293–297 (Gebet/Hymnus); Gesztelyi 1976 (Telluskult). Andere religiöse Aspekte diskutieren z. B. Legras 1905, S. 242–249 (Römisches); Burgess 1971–1972 (*pietas*); Montero Herrero 1979–1980 (ägyptische Gottheiten in *Thebais* und Silven; Nil, Isis);

der *Thebais* ein ebenso vielversprechendes wie wenig bearbeitetes Forschungsfeld sind.[31] Diese Arbeit versteht sich als ein Beitrag (auch) zu diesem Forschungsfeld, insofern sie mehrere mit Amphiaraus assoziierte Ritualszenen einem exemplarischen *close reading* unterzieht. Sie untersucht dabei die ‚rituelle Grammatik' der Szene *in Kombination* mit ihrer sonstigen literarischen Ausgestaltung und ihrer Verortung im Gesamttext.

Was hat nun eine literaturwissenschaftliche Analyse der ‚rituellen Grammatik' zu berücksichtigen? Walter Burkert hat das Ritual bestimmt als „standardisiertes Verhalten in kommunikativer Funktion, wobei die pragmatische Grundlage zurücktreten oder ganz verschwinden kann."[32] Jörg Rüpke geht von dieser kommunikativen Funktion aus und charakterisiert Rituale folgendermaßen:[33]

> Rituale stellen ein Zeichensystem dar, das in der Perspektive der Ausführenden der Kommunikation mit den Göttern dienen soll und zugleich vielfache menschliche Kommunikation realisiert.

Rüpke unterscheidet verschiedene „elementare Handlungen", welche „die weiteren Zeichen organisieren", z. B. Berührung, Prozession, Gabe oder Gebet.[34] Auch Divinations-Verfahren rechnet Rüpke als eine „zweite Ebene" zu diesen elementaren Formen, da sie „vielfach im Umfeld anderer Rituale anzutreffen sind."[35] Dieses „Zeichensystem" wird in literarischen Texten nicht einfach nur nachgebildet, viel-

---

Schubert 1984, S. 71–109; 124–134 u.ö. (Jupiter); Criado 2000 (Theologie); Bessone 2011, S. 106–111 (*Ara clementiae*, s. dazu auch Ahl 1986, S. 2890–2892).

**31** Ähnlich äußert sich Augoustakis 2013 in der Einleitung seines Sammelbandes (S. 3f.). Dies zeigt weiterhin der Blick in den Brill-Companion zu Statius, in dem ein kurzer Beitrag Rituale in der *Thebais* behandelt, wobei sie hier vor allem als Motiv und in ihrer Intertextualität zu Senecas Dramen betrachtet werden (Augoustakis 2015). Dies ist sogleich auch der einzige Beitrag, der sich im Companion überhaupt minimal ausführlich zu Ritualen äußert (vgl. Index zu Dominik, Newlands und Gervais 2015, S. 699); anders liegt der Fall bei Vergils *Aeneis*, für die eine ganze Reihe von Arbeiten zu Ritual und Religion existiert (z. B. Bailey 1935, Cesare 1974, Paschalis 1986, Dyson 2001, Panoussi 2010).

**32** Burkert 1984, S. 28; einführend zum Ritual Ewald und Noreña 2010, S. 37–43; Rüpke 2006, S. 87–92.

**33** Rüpke 2006, S. 99.

**34** Rüpke 2006, S. 99–107. Für die Zwecke dieser Arbeit ist der Aspekt des Zeichensystems zentral. Zu weitergehenden Definitionen und Analysen des Phänomens des Rituals siehe etwa die einschlägigen Monographien von Kertzer 1988, Bell 1992, Bell 1997, Rappaport 1999.

**35** Rüpke 2006, S. 106f.

mehr können Aspekte dieses Zeichensystems in das Bedeutungsgeflecht des Textes eingehen.[36]

In seiner jüngst vorgelegten *Thebais*-Monographie wendet Rebeggiani 2018 das Konzept einer „historischen" Anspielung auf die *Thebais* an und hebt so die Frage nach möglichen politischen Lesarten auf ein neues, deutlich differenziertes analytisches Niveau.[37] Historische Anspielungen erweisen sich als ähnlich vielschichtig und komplex wie intertextuelle Anspielungen auf Prätexte. Das Konzept der Anspielung erscheint auch für die Analyse von Ritualen in der *Thebais* vielversprechend. Die Anspielung auf Rituale hat in diesem Modell eine ähnliche Funktion wie die intertextuelle Anspielung auf einen Prätext, dessen semantischer Gehalt für den anspielenden Text verfügbar ist und ihn mit Bedeutung anreichert. Einen derartigen Ansatz verfolgt Dyson in ihrer *Aeneis*-Monographie:[38]

> My concern is not to develop or apply a comprehensive theory of sacrifice, but rather to examine it *at work* [i.O.h.] in a single poem, with particular attention to aspects that are specifically Roman. Far from being an issue of interest only to specialists, Roman cult forms a vital „intertext" of the *Aeneid*. Virgil alludes to religious practices much as he alludes to the *Iliad*: he assumes that his readers will possess a certain body of knowledge and expects them to derive meaning from comparing his poem with the „model".

Die Analogie zur intertextuellen Anspielung hat allerdings ihre Grenzen, denn das Zeichensystem des Rituals funktioniert im römischen Bereich zwar auf der Ebene der ‚Syntax', aber nicht in gleichem Maße auf der Ebene der ‚Semantik'. Rüpke fasst dies programmatisch unter dem Motto „Verknüpfen statt Deuten".[39] Zwar werden schon in der Antike bestimmte Bestandteile des Rituals auf ihren semantischen Gehalt hin befragt und etwa mit einem Mythos in Verbindung gebracht,[40] doch lassen sich die Deutungen dieser Rituale auf dem heutigen Informationsstand oft weder verifizieren noch falsifizieren. Was noch gewichtiger ist: Für die römische Religion spielt die Deutung eines Rituals eine untergeordnete Rolle, es kommt nicht darauf an, das Ritual in seinem etwaigen Bedeutungsgehalt richtig zu verstehen. Dezidiert hierzu äußert sich John Scheid:[41]

---

[36] Ähnlich Feeney in seiner einflussreichen Monographie zu Literatur und Religion in Rom zum Opfer: „It goes without saying that poets were not concerned to elucidate the meaning of sacrifice exactly, but to put it to work in a system of meanings of another kind" (Feeney 1998, S. 118).
[37] Zum Konzept der historischen Anspielung im Rahmen der *Thebais* Rebeggiani 2018, S. 1–7.
[38] Dyson 2001, S. 13.
[39] Rüpke 2006, S. 110–114.
[40] Rüpke 2006 nennt als Beispiel das Ritual des Oktoberpferdes (S. 108).
[41] Scheid 2003, S. 35; zur Problematik eines „sense of a rite" s. auch Feeney 1998, S. 118f.

> There was no authority to prescribe the sense of the statement that it [the ritual] might be transmitting; so, since none was obligatory, one was as good as any other. Virtually the only limit to the semantic range of a ritual was the respect to be shown for the gods, at least near the temples where one communicated with them.

Dagegen herrscht ein sehr ausgeprägtes Bewusstsein dafür, „welche rituellen Zeichen mit anderen verknüpft werden dürfen", das heißt, ein Bewusstsein für die syntaktischen Aspekte des Rituals, wie z. B., dass weibliche Opfertiere weiblichen Gottheiten geopfert werden oder in welcher Reihenfolge bestimmte Teilhandlungen ausgeführt werden mussten.[42] Die richtige Ausführung der Rituale im Sinne dieser Verknüpfung ist ein zentrales Prinzip römischer Religion: die Orthopraxie.[43]

Was heißt das für die Einbindung des Zeichensystems des (römischen) Rituals in literarische Texte? Eine Grundannahme dieser Arbeit ist, dass eine Möglichkeit der literarischen Gestaltung eines Rituals ‚als' Ritual darin besteht, einzelne Elemente des Zeichensystems Ritual auszutauschen, sie anders anzuordnen, an unpassender Stelle einzufügen, auszulassen, Elemente verschiedener Provenienz zu kombinieren usw.[44] Weiterhin ist es denkbar, dass ein Text ein komplexes Ritual nur knapp zusammenfassend schildert, so dass der Leser die Leerstellen füllt, indem er die ausgelassenen oder nur angedeuteten Grundformen aus seinem Wissen über das jeweilige „Zeichensystem" gedanklich ergänzt, das ergänzte Element in Bezug setzt zum sonstigen Text und sich so eine neue Bedeutungsebene erschließt, erneut vergleichbar mit der Rezeption einer intertextuellen Anspielung.

Vom rituellen Intertext zu unterscheiden ist die sonstige literarische Ausgestaltung des Rituals, hierzu zählt zum Beispiel die Erzählperspektive, aus der ein Ritual geschildert wird.[45] Ritueller Intertext und literarische Ausgestaltung werden

---

42 Rüpke 2006, S. 110. Scheid 2003, S. 35.
43 Scheid 2003, S. 18; Rüpke 2006, S. 86f.
44 Natürlich ist es auch denkbar, dass die Texte – mit Rüpke gesprochen – nicht nur die Verknüpfung in den Dienst der literarischen Konstruktion stellen, sondern auch eine eventuell vorhandene *Deutung* der Rituale in der Lebenswelt oder in literarischen Texten (oder dass sie selbst eine Deutung des Rituals präsentieren, etwa in Form einer Aitiologie). Dies wäre keine Literarisierung des Rituals in unserem Sinne, sondern eine Fortschreibung des *Diskurses* über das Ritual. Zur „exegesis" von Ritualen v. a. in Form von Aitiologien Feeney 1998, S. 127–131, der hervorhebt, dass sich die Spannung, die sich aus konkurrierenden Mehrfach-Erklärungen ergibt, literarisch als äußerst produktiv erweisen kann (am Beispiel der Parilia in Ov. *fast.* 4,721–862).
45 Ähnlich Dyson 2001, S. 12: Normalerweise sehe die Literaturwissenschaft „sacrifice" als „metaphor", die Religionswissenschaft wiederum als „ritual slaughter", ohne ein Interesse für die Deutung des literarischen Textes; ebd. S. 13: „One of the aims of this study is to bridge this gap, to incorporate insights from more technical analyses of Roman religion into the interpretation of a literary text." Zur „*immolare* metaphor" im Zusammenhang mit Amphiaraus Masterson 2005, S. 294–298.

in dieser Arbeit gleichermaßen Berücksichtigung finden, wobei es grundsätzlich nicht immer möglich ist, die beiden trennscharf zu unterscheiden: Wenn z. B. der Erzähler einen Teilschritt nicht berichtet, könnte dies auf ein Misslingen des Rituals hinweisen (ritueller Intertext), es könnte aber auch schlicht eine narratologische Leerstelle vorliegen. Hier kann im Zweifelsfall nur eine genaue Analyse der jeweiligen Textstelle (mehr) Klarheit bringen.[46]

Diese Arbeit ist keine religionswissenschaftliche Arbeit, sie bedient sich lediglich an einigen Stellen der Religionswissenschaft, um eine differenziertere Analyse der *Thebais* im Allgemeinen sowie der Amphiaraus-Figur im Speziellen zu erreichen. Ich werde daher vor allem jene Elemente und jene Rituale herausgreifen, die für die Bedeutungskonstitution von besonderer Relevanz sind. Nicht angestrebt ist eine detaillierte Diskussion, inwiefern die jeweils geschilderten Rituale mit der religionshistorischen Realität ‚übereingestimmt' haben. Denn wenn die Rezipienten eine Anspielung auf den rituellen Intertext verarbeiten, ist vor allem die *Vorstellung* entscheidend, die die Rezipienten vom jeweiligen Ritual haben. Diese Vorstellung muss aber nicht immer deckungsgleich sein mit dem, was die Religionswissenschaft an tatsächlicher ritueller Praxis rekonstruiert hat. Vielmehr geht diese Untersuchung von der Annahme aus, dass sich diese Vorstellung zwar auch aus der lebensweltlichen Ritualpraxis speist, aber ebenso aus literarischen Texten, etwa Werken der Geschichtsschreibung oder aus bildlichen Darstellungen. Zugespitzt gesagt geht es nicht um das Ritual ‚selbst', sondern um das mentale Bild, das der Rezipient vom Ritual hat.[47] Eine rituelle Anspielung könnte in speziellen Fällen sogar dann funktionieren, wenn sich das mentale Bild ausschließlich aus der literarischen Darstellung des Rituals herleitet. Entscheidend ist nur, dass der Rezipient eine umgrenzte Vorstellung von diesem Ritual hat, und dass er davon ausgeht, dass jenes Ritual bestimmte Bestandteile hat, dass sie in bestimmter Weise miteinander kombiniert sind und dass es von Bedeutung ist, *dass* mehr oder weniger genau diese Bestandteile in genau dieser Kombination vorliegen. Letztlich ist für das jeweilige Ritual und die jeweilige Textstelle gesondert zu prüfen, wie der Text auf den Erwartungshorizont des Lesers Bezug nimmt.[48]

---

**46** Eine derartige textnahe Analyse sieht Nasse 2012 als unabdingbar an auch für die religionshistorische Untersuchung von Ritualen in der lateinischen Epik und Tragödie (zusammenfassend S. 365–370).
**47** Zur Frage, was die Römer über ihre Religion „wussten" und wie sie dieses Wissen erwarben Feeney 1998, S. 137–143.
**48** Hier ließe sich einwenden, dass gerade die römische Epik ihrem Wesen nach anachronistisch ist, da sie lateinische Sprache und (in Teilen) römische Religion und Kultur in einem eigentlich griechischen Setting präsentiert. Somit würde der Rezipient das Amalgam aus griechischen und römischen Elementen ohnehin als Zusammenstellung ohne jeden Anspruch auf ‚syntaktische

Ritual und Raum wiederum stehen in vielfältigem wechselseitigen Bezug: So sind beispielsweise viele Rituale an bestimmte sakrale Räume gebunden (z. B. einen Opferaltar vor einem Tempel), Räume können Gegenstand eines Rituals sein (etwa einer Lustratio) und bestimmte rituelle Handlungen haben eine klaren räumlichen Aspekt, allen voran die Prozession.[49] Auch für die hier diskutierten Räume zeigt sich ein solcher Bezug: So ist der Ort der Vogelschau, der Berg Aphesas, seit jeher *sacer* für die Völker der Argolis (*Theb.* 3,462). Angesichts der engen Wechselbeziehung, in der Ritual und Raum stehen, ist es nicht überraschend, dass die literaturwissenschaftliche Analyse von Grenzräumen nicht zuletzt durch anthropologische Forschungen zu Schwellenritualen inspiriert ist. Dies führt uns auf den Berg und in die Erdspalte als den beiden definierenden Räumen für den Grenzüberschreiter Amphiaraus.

## 1.3 Liminalität und Grenzraum

Anfang des 20. Jh. hat Arnold van Gennep im Zuge seiner ethnologischen Forschungen eine Schwellenphase ausgemacht, die das Zentrum von *rites des passages* bildet.[50] In der zweiten Hälfte des 20. Jh. hat dann Victor Turner die Theorie van Genneps ausgebaut,[51] indem er jene Schwellenphase – oder liminale Phase – näher charakterisiert und zur Erklärung gesellschaftlicher Veränderungsprozesse herangezogen hat.[52] Übergangsriten sind „notwendig, um Menschen den Übergang zu

---

Korrektheit' wahrnehmen. Dem widerspricht aber die tatsächliche Gestaltung der Texte, die einen sehr differenzierten Umgang der Autoren mit den griechischen und auch römischen Aspekten von Ritual und Religion zeigen. Siehe hierzu den Überblicksbeitrag von Feeney 2007, S. 130–135, die hervorragende Diskussion der Problematik bei Dyson 2001, S. 33–39, die zeigt, dass es hier der gründlichen textnahen Analyse bedarf; zum differenzierten Umgang Vergils mit der religiös-rituellen Tradition vgl. z. B. Paschalis 1986 zum Delphischen Orakel; s. auch Fratantuono 2007, S. 171–173; anders Feeney 1998, S. 141f.; zum Umgang Tibulls mit der Repräsentation des Rituals der Ambarvalia in Tib. 2,1 siehe ebd, S. 123f.; s. auch Delarue 2000, S. 423 mit Anm. 26.
49 Zur „sakralen Raumordnung" und Grenzziehung v. a. in Rom siehe Gladigow 1992; s. auch Rosenberger 1998, S. 108.
50 Gennep 1909; Bräunlein 2012, S. 50f.; van Gennep unterscheidet insgesamt drei Phasen: „séparation" (Phase der Loslösung), „marge" (transformative, liminale Phase) und „agrégation" (Phase der Reintegration)."
51 Eine hervorragende, biographisch grundierte Einführung bietet Bräunlein 2012, S. 49–61; siehe auch Schößler 2006, S. 176–181.
52 Bräunlein 2012, S. 50–61. Als einer der zentralen und wirkmächtigsten Arbeiten darf Turners Aufsatz „Betwixt and Between: The Liminal Period in Rites de Passage" gelten (Turner 1967, hierzu Bräunlein 2012, S. 51). Einer der wesentlichen Beiträge von Turners Analyse der liminalen Phase

unterschiedlichen Lebensphasen und Lebensräumen zu ermöglichen,"[53] die liminale Phase des Rituals selbst ist gekennzeichnet durch die relative Unbestimmtheit der Situation sowie ihr transformatives Potential. In ihr gewinnen „die Gegensätze eines ‚weder-noch' und eines ‚sowohl-als-auch'" Gestalt. [54]

Die einzelnen rituellen Handlungen, die ich in dieser Arbeit diskutiere, sind isoliert betrachtet nicht als ein Schwellenritual zu verstehen, wie es Turner und van Gennep im Auge hatten (z. B. einen Initiationsritus). Erst durch ihre Kombination und die Einbettung in den größeren Sinnzusammenhang werden sie – mit Rüpke gesprochen – zu „elementaren Handlungen", die ein Schwellenritual „begleiten". So sind die ‚bloße' Eingeweideschau oder das ‚bloße' *auspicium* in *Thebais* 3 noch keine Schwellenrituale, doch im Rahmen des Beginns eines römischen Feldzuges können sie (in Kombination mit anderen rituellen Handlungen) als Teil eines Schwellenrituals verstanden werden. So erläutert Rüpke (in Bezug auf den römischen Feldzug):

> Grenzsituationen und -überschreitungen erfordern rites de passage. Auch Kriegsbeginn und Kriegsbeendigungen zählen zu solchen Grenzsituationen.[55]

Auch ein Gebet wie das des Thiodamas ist per se natürlich noch kein Schwellenritual, zumal es vom Erzähler als eine *placatio* eingeführt wird (8,297: *tellum placare*), die wiederum nicht unbedingt als Schwellenritual einzuordnen wäre. Das Gebet ist aber insgesamt eingebettet in den Kontext der Trauerriten für Amphiaraus und nimmt in vielfacher Weise Bezug auf das Begräbnis des Sehers. Der zweite Teil des Gebets ist an Amphiaraus als zukünftigen Sehergott gerichtet. Begräbnis- und Apotheose-Riten aber lassen sich als Schwellenrituale verstehen.

Liminalität als Kategorie des „Dazwischen" lässt sich aber nicht nur im Rahmen derartiger Rituale ausmachen, sondern ist in allen möglichen Lebens- und

---

besteht in der Beobachtung, dass die Ritualteilnehmer, etwa bei Initationsriten, „communitas" erlebten, (Turner 1969, S. 96f., dt. Übersetzung Turner 2005, S. 96f., zitiert und erläutert bei Parr 2008, S. 154), einen Zustand der „homogeneity" und „comradeship" (Turner 1969, S. 96), die aus der Suspension der normalerweise vorhandenen gesellschaftlichen Bedeutungen und Differenzierungen resultiert – knapp dazu z. B. Behschnitt 2008, S. 79; Turner 1969, S. 96f. unterscheidet auf Basis dieser Beobachtung zwei Modelle menschlicher Beziehungen, zum einen das Modell einer strukturierten, oft hierarchisch gegliederten Gesellschaft, zum anderen das Modell einer kaum strukturierten Gemeinschaft. Zur Kritik an Turner Deflem 1991.
53 Bräunlein 2012, S. 51.
54 Bräunlein 2012, S. 54.
55 Rüpke 1990, S .27 Status hat an einigen Stellen der Vogelschau-Episode Bezüge hergestellt zur „rituellen Sequenz", die den römischen Feldzug begleitet. Siehe unten, Kap. 3.8.

Wahrnehmungsbereichen vorhanden.⁵⁶ Die Literaturwissenschaft hat ausgehend von van Gennep und Turner das Konzept von Liminalität auf die Textanalyse übertragen;⁵⁷ Liminalitäts-Forschung hat in der Literaturwissenschaft der letzten Jahre eine gewisse Konjunktur.⁵⁸

Neben den ethnologisch inspirierten Analyse-Ansätzen wurden in der Literaturwissenschaft auch Konzepte der Raumforschung herangezogen und die Kategorie des ‚Dazwischen' auf den Raum übertragen. So wurden ausgehend von Lotmans einflussreicher Arbeit „Die Struktur literarischer Texte" liminale *Räume* – oder eben: Schwellen – bestimmt als ein Raum, der sich aus der Konjunktion zweier benachbarter Räume herleiten lässt, die sich jeweils durch unterschiedliche Gesetzmäßigkeiten auszeichnen.⁵⁹ Ein typisches Beispiel ist etwa der Strand, der sich als Konjunktion der Räume „Meer" und „Land" verstehen lässt.⁶⁰ Der Raum des Strandes entzieht sich der Klassifikation in „festen Boden" und „Wasser" und birgt in seiner Ambiguität Gefahren für die den beiden angrenzenden Räumen normalerweise zugeordneten Figuren: Der Seemann läuft Gefahr, in Küsten- und Strandnähe auf Grund zu laufen, umgekehrt besteht für einen Fußgänger am Strand die Gefahr, von der Brandung in die See gezogen zu werden und zu ertrinken. Auch die ‚Konsistenz' des Strandes kann zwischen trockenem Sand und wässrigem Matsch wechseln.

---

**56** So weist Stagl 1983, S. 83 hin auf „Zwischenräume, Zwischenzeiten und, ganz allgemein, Zwischenkategorien, die sich gleichsam als ‚Niemandsländer' oder ‚Quarantänen' zwischen die mit verschiedenen Bedeutungen und Gefühlswertigkeiten geladenen Zonen, Phasen und Kategorien des Erlebens schieben, um sie deutlich voneinander getrennt zu halten. [...] So etwa die Verlobungsphase zwischen Junggesellenschaft und Ehestand und überhaupt alle Warte-, Lehr- und Prüfungszeiten [...]." Siehe auch Bräunlein 2012, S. 51f.
**57** Weitestgehend mit Turner operieren die Beiträge in den Sammelbänden Soto 2000 und Bredendick 2004, weitere Beispiele sind Behschnitt 2008, Parr 2008, v. a. S. 153–155; eine ziemlich konsequente Anwendung bei Hirsch 2008. Einer der Gründe der Übertragung dieses Konzepts in die Literaturwissenschaft liegt in seiner „Offenheit für immer neue metaphorische Verwendungen und damit seiner Übertragbarkeit auf prinzipiell unendlich viele Gegenstände und Analyseebenen." (Behschnitt 2008, S. 80).
**58** So sind mehrere Reihen entstanden, die die Liminalität prominent im Titel führen, so z. B. die *Studies in Liminality and Literature* 2004ff. oder *Literalität und Liminalität* 2008ff., vgl. Soto 2000, Bredendick 2004 sowie Geisenhanslüke und Mein 2008b und Geisenhanslüke und Mein 2008a; darüber hinaus Benthien und Krüger-Fürhoff 1999.
**59** Hierzu Krah 1999, S. 6; Lotman 1972; vgl. auch Soto in der Einleitung zu ihrem Sammelband (Soto 2000), S. 7.
**60** Zur Unterscheidung topographischer und semantischer (Grenz-)Räume Krah 1999, S. 4f.

Die Erdspalte, durch die der Seher in die Unterwelt gelangt, ist als ein solcher liminaler Raum beschreibbar.⁶¹ Der Erzähler schildert die Fahrt in den Tartarus folgendermaßen (7,820f.):

*sicut erat, rectos defert in Tartara currus,*
*respexitque cadens caelum*

So, wie er ist, lenkt er den Wagen geradewegs zum Tartarus, blickte im Fallen zurück zum Himmel.

Gegenüber Pluto schildert Amphiaraus dann seine Einfahrt so (8,109f.):

*quae mihi mens, dum per cava viscera terrae*
*vado diu pendens et in aere volvor operto?*

Was fühlte ich, als ich lang durch hohle Eingeweide der Erde schwebend glitt und in eingeschlossener Luft herabfuhr!

Der Seher bewegt sich „durch" die Erde selbst (*per cava viscera terrae*, 8,109), wobei die Fortbewegung zwischen ‚luftigem' Fallen (*cadens*, 7,821, in *aere volvor operto*, 8,110) und ‚erdigem' Fahren changiert (*vado* – und auch *volvor* – 8,110; *rectos defert* [...] *currus*, 7,820). Der Schwellencharakter der Fahrt wird nochmals hervorgehoben durch den Hinweis auf Amphiaraus' außergewöhnliche psychische Verfassung (*quae mihi mens*, 8,809) sowie durch *pendens* (8,110).⁶²

Schon Turner selbst hatte das Konzept von Liminalität keineswegs nur anhand von im engen Sinne ethnologische Gegenständen untersucht, sondern auch auf Schwellenfiguren aller Art aus Literatur und Kulturgeschichte angewendet.⁶³ Er beschreibt die liminale *persona* folgendermaßen:⁶⁴

> The attributes of liminality or of liminal *personae* („threshold people") are necessarily ambiguous, since this condition and these persons elude or slip through the network of classifications that normally locates states and positions in cultural space. Liminal entities are

---

61 Zu anderen Schwellenräumen in römischer Literatur und Kultur siehe z. B. Walde 2008 (Tür, Hain und Küste als liminale Orte in Prop. 1,16–18); McDonough 2004 (Türschwelle in Ov. *fast.* 2,573 beim Opfer für Tacita, liminaler Charakter der *anus* aus 2,571); s. auch McDonough 1997 (Carna in Ov. *fast.* 6,101–182); Borca 1997 (Sumpf als liminaler Ort und als Ort von „otherness"); Johnston 1991 (Wegkreuzungen als liminale Orte und damit verbundene Rituale bei Griechen und Römern).
62 Augoustakis 2016 ad 8,109–110 macht eine ähnliche Beobachtung zu *vado* (7,820): „[...] the verbal choice is [...] intriguing, because Amphiaraus is not in control, even though *vado* implies a purposeful movement [...]."
63 Turner 1969, Kap. 4 und 5.
64 Turner 1969, S. 95.

> neither here nor there; they are betwixt and between the positions assigned and arrayed by law, custom, convention, and ceremonial. As such, their ambiguous and indeterminate attributes are expressed by a rich variety of symbols in the many societies that ritualize social and cultural transitions.

Der Amphiaraus am Beginn von *Thebais* 8 ist in der dort beschriebenen Situation sicherlich eine „liminal entity", die sich der Klassifikation als Mensch und als Toter ebenso entzieht wie der Klassifikation des ‚normal' Sterbenden auf dessen Weg ins Totenreich (8,5–13):

> *nec enim ignibus atris*
> *conditus aut maesta niger adventabat ab urna,*
> *sed belli sudore calens, clipeumque cruentis*
> *roribus et scissi respersus pulvere campi.*
> *necdum illum aut trunca lustraverat obvia taxo*
> *Eumenis, aut furvo Proserpina poste notarat*
> *coetibus adsumptum functis; quin comminus ipsa*
> *Fatorum deprensa colus, visoque paventes*
> *augure tunc demum rumpebant stamina Parcae.*

> Die Gebeine waren ja nicht im Feuer bestattet, er kam auch nicht schwarz aus der düsteren Urne, sondern heiß geschwitzt vom Kampf, mit blutbespritztem Schild und bedeckt vom Staub des aufgerissenen Feldes. Noch war ihm die Eumenide nicht begegnet und hatte ihn mit dem Eibenzweig gereinigt, Proserpina hatte ihn nicht am düsteren Tor aufgeschrieben und in die Scharen der Toten eingereiht. Sogar die Schicksalsspindel wurde von seinem Kommen überrascht, die Parzen erschraken beim Anblick des Sehers und rissen nun erst den Faden ab.

Statius präsentiert uns Amphiaraus in einer Situation des übersteigerten ‚Dazwischen', zwischen Leben, Sterben und Tod: Der Seher ist kein Lebender mehr, aber auch kein Schatten, da er nicht den *normalen* Weg des Verstorbenen als Asche in einer Urne gegangen ist. Er wurde noch nicht von der Eumenide gereinigt, stattdessen haften die physischen Spuren des Schlachtfeldes nach wie vor an ihm (8,7f.). Ebensowenig ist er durch ein Zeichen am *furvus postis* der Proserpina repräsentiert (8,10), so dass er wiederum nicht Teil des *coetus* der Toten sein kann (8,11).[65] Amphiaraus erscheint als ein Fremdkörper, der ebensowenig Teil der Oberwelt wie

---

[65] Augoustakis 2016 ad 8,10–11 weist hin auf die abbildende Wortstellung *coetibus assumptum functis*: „[...] note the placement of the participle in the middle, as though the name of the dying person were surrounded by the *coetibus functis*."

Teil der Unterwelt ist: Er ist ein *corpus novum* (8,5), nicht einfach nur ein „frischer Leichnam", sondern eine für die Unterwelt „neue Art von Körper".[66]

Pagán 2000 betrachtet Amphiaraus entsprechend als „liminal figure", ähnlich Orpheus oder dem Geist des Polynices.[67] Der liminale Charakter von Seher, Erdspalte und *descensus* erschöpft sich mitnichten in den hier zitierten Stellen (s. u. Kap. 7.1). Amphiaraus' Grenzüberschreitung wird breit erzählt. Dies entspricht dem allgemeinen Interesse der *Thebais* am Phänomen der Grenze, auf das schon hingewiesen worden ist: Parkes erwähnt „the poem's interest in boundaries".[68] Ahl hat einen Abschnitt seines ANRW-Beitrags diesem Thema gewidmet.[69] McNelis 2007 merkt an, das Auflösen von Grenzen sei „an idea that is central to the poem as a whole".[70] Newlands widmet ein ausführliches Kapitel ihrer Statius-Monographie den „boundaries" in Statius' lyrischem und epischen Werk.[71] Egelhaaf-Gaiser 2017 analysiert Merkur und den Schatten des Laius am Beginn von *Theb.* 2 als liminale Figuren und Kap Tainaros als Schwellenort.

Noens 2015 hat das auf van Gennep und Turner zurückgehende Schema des Schwellenrituals in der öfters diskutierten Coroebus-Episode in *Thebais* 1 identifiziert und für eine Analyse dieser Episode fruchtbar gemacht.[72] Es gebe eine „dynamic of consecutive rites" in der Episode, ein Schema aus „fertility – death – reconciliation", wobei letztere durch eine Art von Opfer erreicht werde (S. 125). So ist nach Noens unter anderem der Kampf des Coroebus mit dem von Apollo gesandten

---

[66] Augoustakis 2016 ad 8,4–5; zu weiteren Implikationen Masterson 2005, S. 309f.; Seo 2013, S. 165.
[67] Pagán 2000, S. 443f.; s. auch Valenti 2011, S. 238; Augoustakis 2016 ad 8,4–5 erwähnt den „liminal status of the deceased"; zu den Ritualen, die den liminalen toten Körper transformieren, sowie römischen Vorstellungen des idealen Todes zu Hause siehe Noy 2011.
Zu anderen als liminal verstandenen Figuren s. z. B. Saeedi 2009 (Aeneas, Sibylle und Charon in *Aen.* 6); Bartsch 2014 (Aeneas); Barringer 1996 (Atalanta); Kouklanakis 1999 (Odysseus und Thersites in *Il.* 2,211–277); Miller 1977, S. 263–265 (Aigisth); Gehrke 2004 (griechischen Heroen als Grenzgänger).
[68] Parkes 2013, S. 172; siehe z. B. auch Hardie 1993, S. 77–80.
[69] Ihm geht es dort allerdings nicht um konkrete räumliche Grenzen, sondern vor allem um das Unterlaufen von „fixed boundaries and definitions" im Zusammenhang mit der Bewertung von Charakteren, Handlungen und Ereignissen. Ahl 1986, S. 2898–2903; schon im Proöm spielt die Frage der thematischen Grenzziehung eine zentrale Rolle (insbes. 1,15–17), siehe ebd., S. 2817f.; Newlands 2012, S. 47–52.
[70] McNelis 2007, S. 129.
[71] Newlands 2012, S. 45–86; für die *Thebais* siehe S. 47–52 (Proöm), 52–61 (Wasser und Haine als „site of violation"); zur Landschaft bei Statius (und Silius) Morzadec 2009.
[72] Ein weiteres Beispiel für Liminalitätsanalyse in antiker Literatur (Orpheus-Mythos) unter Anwendung der Theorien van Genneps ist Jagow und Steger 2002, v. a. S. 102f.; zur Coroebus-Episode siehe z. B. Burgess 1978, S. 231–236; Kytzler 1986; Ahl 1986, S. 2853f.

Monster eine Art von rite des passages, namentlich ein Initiationsritus.[73] Interessant erscheint die Positionierung des Monsters an einem klaren Schwellenort (*in bivio*, 1,609). Hierzu Noens:

> The poet seems to describe a threshold and introduce his own concept of Turner's so-called liminality.[74]

Später steht dann Coroebus auf der Schwelle des Apollontempels in Delphi (1,641f.), um sich als Opfer anzubieten. Nachdem Apollo sich entschlossen hat, Coroebus am Leben zu lassen, sind Harmonie und Balance wiederhergestellt. Dies werde auch darin greifbar, dass Coroebus nunmehr die Schwelle hinter sich lasse (1,665f.: *at tu stupefacti a limine Phoebi / exoratus abis*):

> [...] the young hero leaves (*abis*) the ambiguity of the *limen*, the threshold, behind to return to the rather one-dimensional Argive society.[75]

Noens Argumentation sei hier nur andeutungsweise skizziert; man wird ihr möglicherweise nicht in allen Punkten folgen wollen. Dennoch zeigt seine Analyse unstrittig, dass Statius Situationen der Grenzüberschreitung und der Transformation differenziert und komplex schildert und dass eine Sensibilität für Liminalität besteht, wie bewusst oder unbewusst auch immer dieses Phänomen als solches dem Autor und seinen Zeitgenossen gewesen sein mag.[76]

---

[73] Apoll selbst sei im Rahmen der Episode ebenfalls verstehbar als „ritual subject", der selbst eine Art von Schwellenphase durchläuft und nach Tötung des Python in Delphi eine neue Stufe als Gott erreicht. Die Vergewaltigung der Tochter des Crotopus wiederum steht im Zusammenhang mit dem Übergang zur „adulthood as a full god" (S. 132; 134; 132–135). Die Schwangerschaft der Königstochter und ihre Flucht aufs Land versteht Noens ebenfalls als eine Art Passageritus, ihre Opferung als ein Versuch der Wiederherstellung der „social order" (S. 137; 135–138).
[74] Noens 2015, S. 140; vgl. auch die Deutung von Parker 2014, S. 124f. zu Stat. *Silv.* 3 praef. 1–11: „Statius presents poem 3.1 as a threshold to the book." (S. 125).
[75] Noens 2015, S. 143.
[76] Auch wenn die Antike natürlich nicht über eine derartige, elaborierte Theorie zu Schwelle und Liminalität verfügte, gibt es diverse Belege für einen übertragenen Gebrauch von Begriffen wie *limen*, die dafür sprechen, dass ein Bewusstsein für das Phänomen der Schwelle bzw. Schwellensituation vorhanden war, vor allem im Zusammenhang mit Situationen von Geburt, Altern und Sterben: *Il.* 24,487 (Schwelle des Alters: ὀλοῷ ἐπὶ γήραος οὐδῷ), s. auch *Od.* 15,246 (Amphiaraos, der nicht die Schwelle des Alters erreicht, weil er früher stirbt: οὐδ' ἵκετο γήραος οὐδόν; Lucr. 3,681 (*tum cum gignimur et vitae cum limen inimus*); 6,1157 *languebat corpus leti iam limine in ipso*, Catull. 68,4; s. auch *Aen.* 11,423; Ov. *rem.* 80; Horsfall 2000 ad *Aen.* 7,598f.; Rosenberger 1998, S. 108 weist im Zusammenhang mit der Erläuterung von Liminalität im Prodigienwesen auf die besondere Bedeutung von „Grenze und Grenzüberschreitung" in Rom hin, die er exemplarisch daran festmacht, dass die Römer mit Terminus über eine „Gottheit der Begrenzung" und zugleich

Diese Arbeit ist in ihrem raummotivischen Zugriff durchaus im Einklang mit einem Zugriff wie dem von Noen, im Falle des Rituals allerdings verfolgt sie dezidiert eine andere Ausrichtung: Noens Analyse spielt auf der abstrakten Ebene des Schemas des Schwellenrituals aus anthropologischer Sicht, das er wenn überhaupt nur punktuell und sehr indirekt in Bezug setzt zur religiösen Praxis.[77] Uns dagegen geht es um Anspielungen auf einen mehr oder weniger konkreten rituellen Intertext, auf konkrete rituelle Teilhandlungen und Strukturen, vornehmlich aus dem römischen Bereich; diese Arbeit denkt Ritual also weniger von der Anthropologie als von der Religionswissenschaft her.

## 1.4 Berggipfel und *auspicium*, *hiatus* und Gebet

Mit der Figur des Amphiaraus scheinen sich in paradigmatischer Weise mehrere Hauptinteressen der *Thebais* zu verbinden, die wiederum selbst in engem Zusammenhang stehen (können): Grenzüberschreitung, Ritual und Liminalität. Diese Arbeit versteht sich als ein Beitrag zu diesen Forschungsfeldern ebenso wie zur Figur des Amphiaraus. Das Zentrum dieser Arbeit bildet ein *close reading* der beiden umfangreichsten Amphiaraus-Episoden der *Thebais*: Vogelschau und Rededuell (*Theb.* 3) sowie Aristie, *descensus* und quasi-Begräbnis (*Theb.* 7 /8). Ausgehend von der Vogelschau-Episode werden wir auch einen Blick auf das Ende des 10. Buches und den Beginn des 11. Buches werfen, wo der Himmelsstürmer Capaneus zu Tode kommt, der in der Vogelschau-Episode als Antagonist des Amphiaraus auftritt. Jene Textpassage ist auch jenseits der Figur des Capaneus motivisch verknüpft mit der Vogelschau-Episode und höchst relevant für die Deutung der Figur des Amphiaraus. Ähnlich verhält es sich mit dem ersten Teil von *Theb.* 10, den ich im Kapitel zur *descensus*-Episode in die Betrachtung einbeziehe.

Diese Arbeit zeichnet nach, wie Statius in den beiden Episoden 1. die Idee der Grenzüberschreitung etabliert, wie er 2. diese Idee auf die Figur des Amphiaraus bezieht und wie er 3. auf diese Weise die Transformation vom Seherpriester zum Sehergott über den Gang des Textes hinweg auf der Motivebene vorbereitet und sie immer wieder durch verschiedene Motive und Figuren andeutet – ohne es jemals im Text explizit werden zu lassen, dass Amphiaraus tatsächlich zum Sehergott geworden ist. Hierbei erweisen sich (Schwellen-)Raum und Ritual als ein wichtiges

---

mit Ianus über einen „Gott der Schwelle" verfügten; zur Vielzahl der Bezeichnungen für „Grenze" in der lateinischen Sprache und dem Bewusstsein der Römer für Grenzziehung s. Scattola 1997, insbes. S. 40 (für das Griechische Gschnitzer 1994); s. auch unten S. 83, Fn. 231.
[77] Noens 2015, S. 141: „ancient initiation rites", mit Bezug auf mythische Figuren wie Iphigenie oder Lykaon.

Mittel der Inszenierung von Grenzüberschreitung in den Bereich der Götter. Für den Raum ist dies prima facie ersichtlich, ist doch die Grenze konstitutiv für den Raum.[78] Dass sich auch das Ritual in dieser Weise eignet, zeigt schon die eben diskutierte Institution des Schwellenrituals. Darüber hinaus bietet gerade die prinzipielle Strukturiertheit römischer Rituale (s. o. zur Orthopraxie) Möglichkeiten, durch Abweichung von der Normalerwartung eine Form von Grenzüberschreitung zu evozieren, wie wir sehen werden. Ausgangspunkte unserer raummotivischen Untersuchung sind zum einen der Gipfel des Aphesas in der Vogelschau-Episode, zum anderen der *hiatus* in der *descensus*-Episode. Es wird sich zeigen, dass Statius bestimmte Figuren und Figurengruppen mit den jeweiligen Orten assoziiert, die dazu dienen, das Schicksal des Amphiaraus von dem anderer Akteure abzugrenzen, erneut im Sinne der Wandlung vom Seher zum Sehergott. Den zweiten Schwerpunkt unserer Untersuchung bilden das *auspicium* von Amphiaraus und Melampus, das am Anfang der Vogelschau-Episode steht sowie das Gebet des Thiodamas, das die *descensus*-Episode beschließt. Es wird sich zeigen, wie Statius Berggipfel und *hiatus* sowie *auspicium* und Gebet in vielfache Wechselbeziehungen bringt und sie dabei für seine Darstellung des Amphiaraus funktionalisiert.

Zwei literarische Gestaltungsmittel sind für die *Thebais* so zentral und für unser *close reading* von so großer Relevanz, dass sie abschließend gesonderte Erwähnung erfahren sollen. Schönberger 1998 stellt in der Einleitung seiner *Thebais*-Übersetzung treffend fest:[79]

> Die einzelnen – größeren und kleineren – Werkteile sind mit hoher Sorgfalt in den Gesamtverlauf des Geschehens eingewoben und durch vielfache Bezüge integriert. Jede Episode gewinnt Bedeutung für die Haupthandlung, nimmt etwas vorweg, erläutert und spiegelt etwas.

Ganz im Sinne dieser Beobachtung sollen die jeweiligen Textstellen in ihren intratextuellen Bezügen untersucht werden, und zwar sowohl auf der Mikroebene (sprich: innerhalb der Episode selbst) als auch auf der Makroebene (sprich: innerhalb des sonstigen Textes der *Thebais*). Dies sei auch als Hinweis darauf verstanden, dass diese Arbeit zwar an rituellem Intertext interessiert ist, aber nicht – oder zumindest nicht vorrangig – an literarischen Intertexten. Hierzu liegen bereits diverse Arbeiten vor, sowohl zur Figur des Amphiaraus (s. o.) als auch zu den hier diskutierten Textstellen.[80] Ich erlaube mir allerdings die vorsichtige kritische Anmerkung, dass mitunter das sicherlich berechtigte Interesse an Statius' Umgang

---

78 Krah 1999, S. 3.
79 Schönberger 1998, S. 14.
80 Zum Beispiel der Kommentar zu Buch 7 von Smolenaars 1994.

mit Prätexten dazu geführt hat, dass intratextuelle Bezüge übersehen oder nicht für die Interpretation fruchtbar gemacht wurden. Das zweite Gestaltungsmittel ist der epische Vergleich, dessen Bedeutsamkeit für die Deutung der *Thebais* kaum überschätzt werden kann, worauf z. B. Ahl hinweist

> Statius' similes usually contain some apparent incongruity, and merit much closer attention.[81]

Als Bestätigung dieser These soll nun sogleich die Vogelschau-Episode dienen, in der die Gleichnisse eine wesentliche Rolle in der Inszenierung eines seherisch-argivischen Himmelssturmes spielen...

---

**81** Ahl 1986, S. 2862, Fn. 48; s. auch Hershkowitz 1998, S. 250: „Extra details often appear at the end of Statius' similes which initially seem superfluous, but which on closer consideration tell the reader something more about the object of the simile, expanding its meaning." Zu Gleichnissen in der *Thebais* liegen einige Arbeiten vor: z. B. Kytzler 1962; Luipold 1970; Corti 1987; Luque Lozano 1986; s. auch Franchet d'Espèrey 1999, S. 127–170; Dominik 2015 zu Gleichnissen und den „major themes" (S. 270) der *Thebais*.

Teil II: **Seher und andere Himmelsstürmer:**
*Theb.* 3,440–677

# 2 Einführung

Dieser erste Teil unserer Untersuchung ist dem Auftritt des Amphiaraus in *Thebais* 3 gewidmet. Hier treffen wir Amphiaraus bei der Vogelschau auf der Spitze des Aphesas an. Dort führt er zusammen mit Melampus die Eingeweide- und Vogelschau durch (3,440–575), dann liefert er sich an seiner Türschwelle ein Rededuell mit Capaneus (3,575–677), bei dem dieser seine Verachtung für Amphiaraus und die Seherkunst insgesamt zum Ausdruck bringt.

Wie bereitet Statius in dieser Episode die Transformation des Amphiaraus vom Seher zum Sehergott vor? Die beiden Hauptkapitel nähern sich dieser Frage einmal von Seiten des Rituals, einmal von Seiten der Schwellenmotivik. Kapitel 3 stellt die Vogelschau ins Zentrum und zeigt einerseits auf, wie Statius die Isolation und Nutzlosigkeit des Amphiaraus *auf Erden* inszeniert, andererseits, wie er die Vogelschau rituell und motivisch zur Grenzüberschreitung werden lässt. Kapitel 4 nimmt den Ausgang von der Bergspitze des Aphesas und mehrerer anderer Schwellenorte, um dann verschiedene Berg-Figuren vorzustellen, die die Rolle von Amphiaraus differenziert bespiegeln. Während Amphiaraus zunächst durch die Vogelschau Teil des *nefas* zu werden scheint, das der Kriegseintritt der Argiver nach sich ziehen wird, deutet sich bei genauerem Hinsehen an, dass Amphiaraus eine ganz andere Form von Grenzüberschreitung vollziehen wird als die Argiver: Er wird nicht so werden wie Capaneus, sondern wie der göttliche Perseus. Dazu unten mehr – zunächst einige einleitende Bemerkungen zur Vogelschau-Episode und zum Forschungsstand.

## 2.1 Die Vogelschau-Episode: Verortung – Inhalt – Struktur

Buch 3 bildet mit den beiden vorangehenden Büchern eine Trias. Der Erzähler schildert die Ereignisse, die zum Krieg zwischen Theben und Argos führen werden.[82] Das Buch lässt sich anhand des Settings in drei Teile gliedern:[83] Die Handlung des ersten Teils von Buch 3 setzt die Tydeus-Episode aus Buch 2 fort: Tydeus wird als Gesandter zu Eteocles geschickt, um durch Verhandlungen zu erreichen, dass dieser die Herrschaft an Polynices übergibt. Nach einem hitzigen Rededuell macht sich Tydeus auf den Rückweg nach Argos. Eteocles wiederum stachelt einige Thebaner dazu an, Tydeus auf seinem Rückweg eine Falle zu stellen. Doch Tydeus

---

[82] Snijder 1968 S. 42.
[83] Hierzu Snijder 1968 S. 42–44.

gelingt es, seine Häscher zu töten. Einzig Maeon verschont er. In der letzten Szene des 2. Buches betet Tydeus zu Minerva und weiht ihr die erbeuteten Waffen.

Der erste Teil des 3. Buches spielt wieder in Theben (3,1–217) und setzt ein mit Eteocles. Dieser ist in Sorge, weil die Thebaner noch nicht zurückgekehrt sind von ihrer Mission gegen Tydeus. Schließlich erscheint Maeon und berichtet, Tydeus habe allein ihn am Leben gelassen; der Seher verkündet, dass Eteocles großes Unheil bevorstehe, da er die Herrschaft nicht wie verabredet an Polynices abgeben wolle. Direkt nach seiner Rede tötet sich der Seher selbst. In der nächsten Szene suchen die Frauen von Theben ihre Toten. Unter ihnen ist Ide, deren Zwillingssöhne getötet worden sind. Ide und die anderen Thebanerinnen beklagen den Verlust ihrer Söhne. Der greise Aletes hält eine Trostrede.

Der zweite Teil des 3. Buches spielt auf dem Olymp (3,218–323): Jupiter erteilt Mars den Auftrag, die Argiver zum Krieg aufzuhetzen; begeistert lenkt Mars seinen Wagen Richtung Erde. Doch ihm stellt sich Venus in den Weg. Die Venus-Episode erzeugt eine Retardation, doch der eigentliche Gang der Ereignisse ändert sich letztlich nicht. Verdeutlicht wird dies durch die Venus-Rede selbst: Die Göttin ist sich offenbar im Klaren darüber, dass sie keinen Einfluss mehr hat auf das, was passieren wird. So wirft sie Mars zu Beginn ihrer Rede vor, dass er weder an seine Tochter Harmonia noch an seinen Schwiegersohn denke (3,271f.):

*nec genus Harmoniae nec te conubia caelo*
*festa nec hae quicquam lacrimae, furibunde, morantur?*

Halten dich Rasenden Harmonias Sippe, die vom Himmel gefeierte Hochzeit und meine Tränen gar nicht zurück?

Die Formulierung *quicquam ... morantur* zeigt, wie wenig Venus erwartet: Der Gedanke an Harmonia und Cadmus ist höchstens dazu geeignet, Mars kurz innehalten zu lassen.[84] Die Rede der Göttin erzeugt eben jenes *quicquam morari*; dies sei das Einzige, was sie Mars abzuringen im Stande sei (3,279f.). Da Venus es als aussichtslos ansieht, den Kriegsgott umzustimmen, verlegt sie sich folgerichtig darauf, ihm vorzuhalten, er hätte niemals der Hochzeit von Cadmus und Harmonia zustimmen dürfen (3,281–286).

Die Reaktion des Gottes ist bemerkenswert: Kurz zuvor hat sich Mars noch gefreut über Jupiters Anweisungen (3,260f.) und in Venus' Rede ist er *furibundus*

---

**84** Besonders gut greifbar in der Übersetzung von 3,271f. bei Shackleton Bailey 2003a: „Harmonia's race, marriage festival in heaven, and these tears – do they not for a moment hold you, madman?" sowie bei Mozley 1928a: „And does not Harmonia's offspring, nor heaven's festal day of wedlock [...] give thee a moment's pause". Anders akzentuiert Joyce 2008: „[...] does nothing deter your fury".

(3,272), hat *aenea corda* (3,279f.). Nun rühren ihn die Tränen der Venus (3,291f.) und er erklärt, sie allein habe die Macht, ihm ungestraft in den Weg zu treten (3,296–299). Zudem habe er keineswegs Cadmus und Harmonia vergessen (3,300–302). Dennoch ist auch er nicht in der Lage, den Gang der Ereignisse zu ändern. Ihm selbst fehle der Mut, sich Jupiter entgegenzustellen, da dieser so mächtig sei (3,304–310). Doch immerhin kann Mars versprechen, dass er sich auf die Seite der Thebaner schlagen wird, wenn der Krieg einmal begonnen hat (3,310–316). Venus' Rede und Mars' Reaktion verdeutlichen, dass der Krieg unausweichlich ist. Der eigentlich unbeugsame Kriegsgott, der wiederum eigentlich von Venus umgestimmt werden könnte, muss sich dem *fatum* und den Befehlen Jupiters beugen.

Der dritte und letzte Teil des 3. Buches spielt in Argos (3,324–721): Auf dem Rückweg von Theben berichtet Tydeus überall in der Argolis von dem, was ihm als Gesandten bei den Thebanern widerfahren ist. Gleich nach seiner Ankunft in Argos ruft er zum Kampf auf (3,324–365). Mit einer Mitleid heischenden Rede treibt Polynices die Argiver dazu, ihn gegen seinen Bruder Eteocles zu unterstützen; Adrast wiederum beschwichtigt, sie sollten ihn sich um diese Angelegenheit kümmern lassen, und ordnet die Versorgung der Wunden des Tydeus an (3,386–406). In der Nacht erfüllt Mars die Landschaft mit dem Dröhnen von Waffen und treibt zum Krieg (3,407–439).

Bevor also unsere Textpassage einsetzt, scheint es, als stünde der Krieg unmittelbar bevor. Diese Erwartung jedoch durchkreuzen die Vogelschau-Episode ebenso wie der weitere Verlauf der Erzählung: Es wird noch mehrere Bücher dauern, bis die Argiver schließlich gegen die Thebaner kämpfen. Vogelschau und Rededuell erscheinen als Teile einer langen Kette von Episoden, die den Beginn der Kampfhandlungen immer weiter verzögern, wie schon zuvor das Aufeinandertreffen von Mars und Venus. Statius markiert deutlich, dass es sich *nur* um eine Verzögerung handeln kann und dass der Krieg letztlich unausweichlich bevorsteht. Eine besondere Pointe besteht darin, dass Mars und die Argiver beide als passiv dargestellt werden: Der Kriegsgott muss sich Jupiter fügen, auch wenn Venus' Bitten ihn anrühren; die Argiver wiederum können sich dem Kriegsgott kaum entziehen, der sie zum Krieg entflammt. Ein zeitlicher Einschnitt trennt die Vogelschau-Episode von den vorhergehenden Szenen: So bricht schon der siebte Tag nach den vorherigen Ereignissen an (3,440f.). Die Passage endet mit einem erneuten zeitlichen Einschnitt: Die Nacht tritt ein (3,677). Zuvor (3,324–439) hatten Tydeus, Polynices und Mars zum Krieg angestachelt; jetzt ist die Auseinandersetzung um den Kriegseintritt das Thema. Wenn man sich verdeutlicht, wie die Vogelschau-Episode im narrativen Zusammenhang verortet ist, wird klar, dass sie einen zentralen Übergang darstellt. Der Krieg der Argiver gegen die Thebaner wird das Hauptthema bleiben bis ins elfte Buch des Epos.

Akteure sind Adrast (mit ihm beginnt die Episode, mit ihm schließt dann das dritte Buch insgesamt), Amphiaraus, Melampus und Capaneus; hinzu kommen Mars, die kriegslüsternen Kämpfer und Anführer der Argiver sowie deren Frauen und Kinder. Innerhalb der Episode ringt man darum, ob man diesen Krieg beginnen soll oder nicht; alle auftretenden Figuren beziehen hierzu Stellung: So stehen auf der einen Seite solche Figuren, die den Krieg verhindern oder zumindest verzögern: Adrast, Amphiaraus und Melampus sowie die Frauen und Kinder der Kämpfer. Ihnen gegenüber stehen Figuren, die zum Krieg drängen: Polynices (vgl. *generisque tumentibus*, 3,443), die Untertanen des Adrast und andere Anführer (vgl. 3,448f.; 606f.), dann Jupiter und Mars (3,575–578) sowie Capaneus. Diejenigen, die zum Krieg drängen, sind die mächtigere Gruppe, zumal dieser Krieg dem Plan Jupiters entspricht (1,197–302); folgerichtig hat dieser Mars in 3,218–259 angewiesen, die Argiver und auch die anderen Götter (3,234f.) zum Krieg anzustacheln.

Die Episode lässt sich inhaltlich in zwei Blöcke gliedern: Der erste Block schildert Adrasts Entscheidung, die Seher hinzuzuziehen, sowie die Eingeweide- und Vogelschau (3,440–568a). Im zweiten Block drängen die Argiver erneut zum Krieg und es kommt zum Rededuell zwischen Capaneus und Amphiaraus (3,568b–677).

Zu Block 1: Nachdem Adrast sechs Tage abgewartet hat, tritt er aus seinem Palast. Der König zweifelt, ob er sich für den Krieg entscheiden soll, entsprechend dem Wunsch seines Volkes, oder für den Frieden, gegen den Wunsch seines Volkes. Schließlich entscheidet er, die Seher um Rat zu fragen (3,440–455). Diese führen zunächst eine Eingeweideschau durch, die bereits Unheilvolles kündet; dennoch wollen sie auch die Vogelschau durchführen (3,456–459). Schauplatz der Vogelschau ist der Berg Aphesas (3,460–465), ihn besteigen die beiden Seher bei Tagesanbruch. Amphiaraus richtet ein Gebet an Jupiter, in dem er die Vorzüge der Vogelschau vor anderen Orakelarten hervorhebt, und bittet um das Vogelzeichen (3,466–496). Im Anschluss an das Jupiter-Gebet ruft Amphiaraus weitere *ignota numina* an (3,497–498). Die Seher teilen den Himmel auf und halten Ausschau (3,499f.). Melampus weist Amphiaraus darauf hin, dass Vögel wie Adler oder Eule nicht zu sehen seien, stattdessen aber Vögel, die Unheil ankündigen. Melampus ist im Unklaren darüber, welchen Zeichen er folgen soll (3,501–515). Amphiaraus berichtet, schon oft habe er es erlebt, dass Apollo verschiedene Vorzeichen geschickt habe; dieses jedoch sei das Schlimmste, was er bisher gesehen habe. Doch noch schlimmere Vorzeichen seien im Anzug. Dieses Vogelzeichen wird in wörtlicher Rede des Amphiaraus wiedergegeben: Am Himmel formieren sich Schwäne zu einem Kreis. Hierin erkennt der Seher die Stadtbefestigung Thebens. Sieben Adler fallen über die Schwäne her, entsprechend den sieben Heerführern auf Seiten der Argiver. Was den Adlern jeweils widerfährt, steht für das Schicksal, das die Sieben später erleiden werden. Zum Schluss erkennt Amphiaraus sich selbst in einem Adler, der sterbend zu Boden fällt (3,516–547a).

Die beiden Seher sind erschrocken über das Gesehene und bereuen es, die Vogelschau abgehalten zu haben (3,547b–551a). Dann bringt der Erzähler eine umfangreiche Kritik der Seherkunst vor: Das Goldene Zeitalter habe von ihr noch keinen Gebrauch gemacht; aus ihr entsprängen Angst, Zorn, Verbrechen und Gier (3,551b–565). Amphiaraus reißt sich Priesterbinden und Kränze vom Kopf und verlässt den Berg. Er schließt sich in seinem Haus ein und verweigert den Argivern jegliche Auskunft. Melampus zieht sich aufs Land zurück (3,566–573).

Im folgenden Textabschnitt stehen Amphiaraus und Capaneus im Zentrum. Zwölf Tage lang hüllt sich der Seher in Schweigen. Jupiter und Mars treiben zum Krieg, die Männer rüsten sich und lassen Frau und Kinder im Haus zurück, die sie nur unter Klagen gehen lassen. Was Venus auf göttlicher Ebene versucht, wird hier auf Ebene der Menschen aufgegriffen. Vor dem Tor des Palastes in Argos fordern die Männer, in den Krieg zu ziehen (3,574–597). Hier tritt der kriegslüsterne Capaneus auf. Er hält eine Rede vor der Tür des Amphiaraus: Amphiaraus würde die Argiver nur unnötig vom Krieg abhalten; er möge aus seinem Haus kommen (3,598–619a). Amphiaraus tritt daraufhin tatsächlich heraus und hält seinerseits eine Rede: Er habe sein Haus nicht deshalb wieder verlassen, weil Capaneus und seine Anhänger ihn dazu gebracht hätten, sondern aus Liebe zu seinen Mitbürgern und wegen Apollo, der ihn dränge zu prophezeien. Er beklagt, dass man ihn überhaupt zur Vogelschau entsandt hat und berichtet von den schrecklichen Vorzeichen. Doch seine Warnungen seien ohnehin sinnlos, da sie schließlich trotzdem in den Krieg ziehen würden (3,619b–647). Capaneus reagiert mit einer Gegenrede: Amphiaraus solle sich selbst seine Prophezeiungen verkünden. Wenn sie erst einmal vor Theben stünden, werde Amphiaraus nicht mehr geschützt sein durch seine Priesterbinden; dort werde er, Capaneus, selbst der ‚Seher' sein (3,648–669a). Die Argiver spenden Capaneus großen Beifall (3,669b–677).

Den Schluss des dritten Buches bildet dann eine Nachtszene, die thematisch eng an das Vorherige anschließt (3,678–721): Argia bedrängt ihren Vater, Polynices als seinem Schwiegersohn zu helfen. Adrast macht ihr eine etwas unklare Zusage und weist darauf hin, dass Zögern auch Vorteile habe; das 3. Buch endet mit dem Sonnenaufgang am nächsten Morgen. Am Ende von Buch 3 hat sich der Übergang zum Krieg letztlich vollzogen, aber noch nicht mit völliger Klarheit: Erst die *fata* selbst zerstreuen wenige Verse später die letzten Bedenken (4,3f.).

## 2.2 Schicksal und Grenzüberschreitung: zum Forschungsstand

Die Episode ist erst in der jüngeren Forschungsliteratur häufiger diskutiert worden.[85] Hierbei wurde die spezielle Rolle der Vogelschau herausgestellt: Diese werde als eine „unerlaubte Grenzüberschreitung" dargestellt.[86] Dem ist sicherlich zuzustimmen, zumal es der Erzähler mehr oder weniger explizit sagt.[87] Ich möchte hier über diese Beobachtung hinausgehen und aufzeigen, wie Statius diese – prima facie nicht nachvollziehbare – Bewertung der Vogelschau als unerlaubte Grenzüberschreitung rituell plausibilisiert, indem er im Text ein Entgleiten des römischen *auspicium* inszeniert, das mit dem Gebet des Amphiaraus an Jupiter seinen Ausgang nimmt. Ausgehend von der Vogelschau als Grenzüberschreitung wurde auch auf die zentrale Rolle des Motivs des „Eindringens" hingewiesen.[88] Zudem haben Arbeiten (auch zu anderen Textpassagen) die Rolle des Capaneus als Gigant herausgestellt.[89] Beides ist zutreffend und ebenfalls bereits an einigen expliziten Erzähleraussagen festzumachen. Bislang ist allerdings kaum beachtet worden, dass Statius ein komplexes Motivgeflecht des Eindringens und Grenzüberschreitens kreiert hat, in das nicht nur die Ekphrasis des Aphesas sowie verschiedene Berggleichnisse eingehen, sondern auch Giganten, Zyklopen, Perseus, die Vögel im Vogelzeichen sowie die Pythia und auch Apollo. Dieser Motivkomplex wiederum konstituiert eine differenzierte und letztlich auch jeweils unterschiedliche Einordnung des Amphiaraus, des Capaneus sowie der Argiver insgesamt, deren Tragweite bis ins 10. und 11. Buch der *Thebais* reicht, die mehrfach auf die Vogelschau-Episode zurückverweisen, vor allem im Medium der Gleichnisse.

---

**85** Walter 2014, S. 167–172, Lovatt 2013b, S. 144f., Lovatt 2013a, S. 61f., Manolaraki 2013, Seo 2013, S. 155–160; 168–171; Tuttle 2013, Stover 2009, Ganiban 2007, S. 55–61; Fantham 2006, die auf die etwas überraschende Forschungslage hinweist: „Strangely there do not seem to have been any discussions since the lucid and quite detailed analysis of Vessey [...]"; Ripoll 2002, S. 936–946; Vessey 1973, S. 152–159.
**86** Walter 2014, S. 169f.
**87** Näheres zu den entsprechenden Textstellen unten Kap. 3.5.
**88** Fantham 2006, S. 158; Lovatt 2013b, S. 144f.
**89** Zum Beispiel Chaudhuri 2014, S. 256–297; Harrison 1992 zu *Theb*. 4,165–177; Franchet d'Espèrey 1999, S. 198–203; Leigh 2006, S. 225; Bernstein 2013, S. 233 oder auch Ganiban 2013, S. 260; s. bereits Teifel 1952, S. 45, Anm. 2: „Typus des ‚Theomachos'."
Die Auseinandersetzung zwischen Amphiaraus und Capaneus wurde als typische „prophet vs. tyrant"-Szene gelesen: so bei Seo 2013, S. 155–160; als Vorbild für die Konfrontation zwischen Capaneus und Amphiaraus dient A.R. 1,440–494 (Idas und Idmon) und Val. Flacc. *Argon*. 1,205–239. Vgl. dazu Stover 2009.; zur Auseinandersetzung zwischen Capaneus und Amphiaraus siehe auch Frings 1991, S. 10–16; 49–56; zum epischen Topos des „agon over omens" bei Homer, Apollonios, Silius und Statius Chaudhuri 2014, S. 216–223.

Zwei Beiträge aus dem Jahr 2013 sind dem Ritual der Vogelschau von Melampus und Amphiaraus gewidmet und verdienen daher im Rahmen dieser Untersuchung gesonderte Erwähnung: Tuttle 2013 stellt einige „literary models" (S. 74) für die Vogelschau vor, vor deren Hintergrund es umso augenfälliger wird, dass die Argiver praktisch nicht in der Lage seien, auf Warnungen und Vorzeichen zu achten, weil sie betroffen seien von „ignorance, due to divine determinism" (S. 81), unter anderem aufgrund des *furor*, den Mars auf Befehl Jupiters entfacht, was insgesamt zur dunklen Atmosphäre des Epos beitrage. Weiterhin diskutiert Tuttle zur Stützung dieser These andere Reaktionen der Argiver auf Vorzeichen in der *Thebais*. Abgesehen von einigen einführenden allgemeinen Bemerkungen zu rituellen und religiösen Aspekten der römischen Praxis des *auspicium* befasst sich Tuttle nicht weiter mit den rituellen Aspekten der Vogelschau oder der anderen in der Vogelschau-Episode evozierten Divinationspraktiken. Die Signifikanz der Vogelschau und der anderen Praktiken wurde bisher unterschätzt oder zumindest noch nicht hinreichend gewürdigt, wie ich hier zeigen möchte.

Manolaraki 2013 vertritt die These, dass die Vogelschau-Episode metapoetische Züge trage: „this episode [...] re-enacts the *Thebaid*'s reception by the reader." (S. 90). Sie stellt die Vogelschau als älteste und angesehenste Praktik von Homer an heraus und weist auf deren metapoetisches Potential, das schon früher in der Forschung gesehen wurde; sie geht auch auf den zeithistorischen Kontext der Divination ein, aber nicht eigentlich auf rituelle Aspekte, sondern auf die gesellschaftliche Bewertung des Divinationswesens. Vergleichbar mit der hiesigen Herangehensweise ist Manolarakis Interesse an Irritationen, die die Vogelschau auszulösen geeignet ist, und zwar nicht nur auf der Folie epischer Prätexte, sondern auch mit Blick auf die römische Praxis des *auspicium*; diese Irritationen und Abweichungen vom Normalbild deutet sie dann im Sinne ihrer metapoetischen These.[90]

Fantham 2006 hat darauf hingewiesen, dass Statius Amphiaraus in der Vogelschau darstelle als eine Kombination aus einem griechischen Propheten, der von Apollo inspiriert sei, und aus einem „Augur", der ein *consiliarius* des Jupiter sei,[91] andere haben darauf hingewiesen, dass das römische *auspicium* in diesem Kontext einen Anachronismus darstelle.[92] Im Anschluss an, aber auch in Abgrenzung zu Fantham möchte ich nachweisen, dass Statius in der Vogelschau-Episode Jupiter und Apollo gezielt einsetzt, um verschiedene Formen der Divination zu markieren und das Entgleiten der eigentlich als *auspicium* intendierten Vogelschau zu in-

---

[90] Zum Schema der Prophezeiungsszene Caltot 2013, insbes. S. 184–193.
[91] Fantham 2006, S. 150; zu Melampus in Bezug auf Zeus und Apollon u. a. bei Homer und Apollodor s. Suárez de la Torre 1992.
[92] Etwa Ripoll 2002, S. 937.

szenieren. Der Anachronismus des *auspicium* – falls Statius' Leser ihn überhaupt als solchen wahrgenommen haben sollten – wiederum ist ein gezielt eingesetztes Gestaltungselement, das als Folie dient, vor deren Hintergrund Statius weitere Divinationsformen aufruft, die als pervertiert, oder: stärker entgrenzt verstanden werden können. Werfen wir nun einen näheren Blick auf die Vogelschau der Seher.

# 3 Melampus' und Amphiaraus' Vogelschau(en)

Die Vogelschau wird im Text über die Entscheidung des Adrast motiviert, die Seher zu Konsultationszwecken hinzuzuziehen. Am Beginn der Episode schildert der Erzähler, welche Überlegungen Adrast im Vorfeld dieser Entscheidung anstellt. Ich möchte im folgenden Abschnitt 3.1 untersuchen, wie Statius hierbei die Lesererwartung bezüglich des Kriegseintritts steuert und was dies für die Vogelschau bedeutet. Dann frage ich nach der Darstellung des Amphiaraus bei diesem seinem ersten Auftritt in der *Thebais* (3.2). Im Folgenden stelle ich dar, wie die rituellen Handlungen der Seher (u. a. Eingeweideschau, Gebet, Vogelschau) vom Erzähler und den Figuren bewertet werden, und analysiere, wie diese Handlungen aus religionswissenschaftlicher Sicht einzuordnen sind. Der Schluss dieses Abschnitts behandelt die Stellung des Amphiaraus in Bezug auf die anderen Figuren. Das folgende Kapitel 4 handelt dann von der motivischen Gestaltung der Textpassage, indem es ausgehend vom Perseus-Berg Aphesas zunächst die räumliche und figurale Motivik analysiert, um dann Wechselwirkungen mit dem Rest der Textpassage aufzuzeigen.

## 3.1 Wozu Seher? Die Vogelschau und die Entscheidung für den Krieg

Nachdem Mars die Völker schon zum Krieg angetrieben hat (3,420–439), kommt Adrast das erste Mal seit sechs Tagen wieder aus seinem Palast. Der Erzähler schildert das Innenleben des Königs. Adrast müsste sich dringend entscheiden, ob er in den Krieg ziehen soll oder nicht (3,440–451):

> *septima iam nitidum terris Aurora deisque*
> *purpureo vehit ore diem, Perseius heros*
> *cum primum arcana senior sese extulit aula,*
> *multa super bello generisque tumentibus amens*
> *incertusque animi, daret armis iura novosque*
> *gentibus incuteret stimulos, an frena teneret*
> *irarum et motos capulis adstringeret enses.*
> *hinc pacis tranquilla movent, atque inde pudori*
> *foeda quies, flectique nova dulcedine pugnae*
> *difficiles populi; dubio sententia tandem*
> *sera placet, vatum mentes ac provida veri*
> *sacra movere deum.*

Schon führte der siebte Morgen mit rosigem Antlitz für Welt und Götter hellen Tag herauf, als der alte Perseische Held aus dem Innern seines Palastes hervortrat, lang wie betäubt über Krieg und die zornigen Schwiegersöhne nachsann und nicht wusste, ob er den Waffen ihren Lauf lassen und die Völker nochmals aufstacheln oder ob er den Zorn zügeln und die halb gezogenen Schwerter in der Scheide zurückhalten solle. Hier lockt friedliche Ruhe, dort droht Schande für ehrlosen Frieden und die schwere Mühe, das Volk von frischer Kampflust abzubringen. Nach langem Zweifel entschließt er sich endlich, die Kunst der Seher und die heilige, Wahrheit kündende Offenbarung der Götter zu versuchen.

Adrast ist hin- und hergerissen: Auf der einen Seite locken die Vorzüge des Friedens (3,447), auf der anderen Seite droht Schmach, sollten die Argiver die Gesandtschaft des Tydeus nicht rächen (3,447f.). Der König ist außerstande, die Entscheidung selbständig zu treffen, denn sein Denken hilft ihm nicht weiter (*amens / incertusque animi*, 3,443f.).[93] Zwei Bilder veranschaulichen, wie dringend eine Entscheidung benötigt wird: zum einen Sporn und Zügel (*daret armis iura novosque / gentibus incuteret stimulos, an frena teneret / irarum*, 3,444–446), zum anderen die Schwerter, die schon aus der Scheide gezogen werden (*et motos capulis astringeret ensis*, 3,446). Anders als der zögerliche Adrast sind die Völker bereits besessen von der *nova dulcedo pugnae* (3,446): Wie kaum noch zu kontrollierende Pferde sind sie fast nicht mehr umzustimmen: *flectique* [...] */ difficiles populi* (3,448f.). *flecti* knüpft an die Metapher von Sporn und Zügel an.[94]

Schauplatz und Handlung verweisen auf *Aeneis* 7:[95] Als die Untertanen Latinus zum Krieg drängen, reagiert dieser wie Adrast: Er zieht sich in seinen Palast zurück

---

[93] Zur Bedeutung von *amens* vgl. Serv. *Aen.* 12,622. Joyce 2008 veranschaulicht das schwankende Gemüt des Königs, indem sie in ihre Übersetzung von 3,447f. Auslassungspunkte einfügt: „One way, Peace and Tranquillity beckon; the other ...? Inaction / would stain his good name ... He wavers."

[94] *flecti* wird auch in Bezug auf Pferde gebraucht, vgl. OLD s.v. *flecto* 7; *Aen.* 1,154–156 (Neptuns Wagen); 9,606; 10,575–577; vgl. auch Ov. *met.* 6,225 sowie Sen. *Phaedr.* 811. Dingel 1997 (ad *Aen.* 9,606) merkt an, *flectere equos* bedeute „eigentlich" „,Pferde umlenken'", Belege: Caes. *Gall.* 4,33,3, Liv. 29,34,14, Prop. 3,2,8. Bei den Stellen aus der *Aeneis* sei „*flectere* zu ‚lenken' abgeblasst."
Snijder 1968 hält es für „more natural", den Ablativ *dulcedine* als separativus zu verstehen (und nicht als Ablativus causae). So z. B. auch Shackleton Bailey 2003a: „peoples hard to turn from newfound delight in battle", Schönberger 1998 (s. o.). Eine Parallelstelle, allerdings mit Präposition, ist Sen. *Med.* 203–206: *difficile quam sit animum ab ira flectere / iam concitatum quamque regale hoc putet / sceptris superbas quisquis admovit manus, / qua coepit ire, regia didici mea*. Vgl. auch Liv. 28,22,11 (ebenfalls mit Präposition). Anders Faranda Villa 2009: „in più sapeva che non era cosa semplice dissuadere il popolo, preso da questa inattesa e piacevole ansia di guerra." Für *dulcedo* in Bezug auf Tiere siehe Verg. *georg.* 1,410–413.

[95] Dieser Hinweis bei Snijder 1968 ad 3,440, s. auch Fantham 2006, S. 158; Ganiban 2007, S. 58; Tuttle 2013, S. 82.

(*Aen.* 7,599f.).⁹⁶ Eigentlich wäre es Latinus' Aufgabe, die Türen des Mars-Tempels zu öffnen, da sonst der Krieg nicht beginnen kann.⁹⁷ Dennoch kann Latinus nicht verhindern, dass der Krieg beginnt, denn Iuno persönlich bricht sogleich die Türen des Tempels auf (*Aen.* 7,620–622). Anders als Adrast weiß Latinus, was er (nicht) will (*Aen.* 7,572–619), und versucht sogleich, es in die Tat umzusetzen. Adrast dagegen handelt langsam und ohne erkennbare Absicht (*dubio sententia tandem / sera placet*, 3,449f.).⁹⁸ Schließlich ringt er sich lediglich dazu durch, die Seher zu Rate zu ziehen.

Nach diesem Einstieg erwartet der Leser, dass Adrast sich am Ende entschieden hat und dass die Seher ihm hierbei in irgendeiner Weise geholfen haben. Doch der Verlauf der Episode erfüllt diese Erwartung nicht: Die Seher sind für Adrast keine Hilfe, geben ihm keinerlei direkten Rat. Stattdessen schließt Amphiaraus sich in seinem Haus ein und schweigt, Melampus bleibt auf dem Land zurück. Statius unterstreicht dies in Form einer Ringkomposition: Er lässt den ersten Block der Textpassage in Wortwahl, Inhalt und Motivik so enden, wie dieser begonnen hatte: Adrast hatte sich sechs Tage im Palast aufgehalten und war unsicher, wie er sich entscheiden sollte (*septima* [...] *Aurora*, 3,440; *incertusque animi*, 3,444). Nun bleibt Amphiaraus für 12 Tage in seinem Haus und die Unsicherheit bleibt bestehen: *bissenos premit ora dies populumque ducesque / extrahit incertis* (3,574f.).

Nachdem der Erzähler berichtet hat, dass sich Amphiaraus eingeschlossen hat, schwenkt er auf die göttliche Handlungsebene: Jupiter und Mars mobilisieren die Völker zum Krieg (3,574–578a) und alle rüsten sich (3,578b–591). Erneut fragt sich hier der Leser, was genau die Vogelschau erbringen soll: Die Formulierung *suprema Tonantis / iussa* (3,575f.) ruft in Erinnerung, dass der Krieg längst beschlossene Sache ist, und zwar seit der Götterversammlung am Anfang des Epos (1,197–302), und kurz vor der Vogelschau hatte Jupiter Mars bereits beauftragt, die Argiver weiter zum Krieg anzustacheln (vgl. 3,218–254).⁹⁹ Obendrein hatte der Vater der Götter bei dieser Gelegenheit erklärt, dass dieser Krieg seit Anbeginn der Welt festgelegt sei (3,241–243). Zum Zeitpunkt der Vogelschau hat Mars dann Jupiters Weisungen

---

**96** *nec plura locutus / saepsit se tectis rerumque reliquit habenas*. Die Metapher von Sporn und Zügel bei Statius bezieht sich zurück auf die von Latinus losgelassenen *habenae* bei Vergil.
**97** *hoc et tum Aeneadis indicere bella Latinus / more iubebatur tristisque recludere portas. / abstinuit tactu pater aversusque refugit / foeda ministeria, et caecis se condidit umbris* (*Aen.* 7,616–619).
**98** Zu Adrasts „lack of power and control" im Wagenrennen in *Theb.* 6 s. Lovatt 2005, S. 292f.
**99** Entsprechend Tuttle 2013, S. 79 über das Gebet zu Jupiter: „Such a demand is of course extremly ironic, not only because it follows the juxtaposition of the description of Mars' preparations and Adrastus' reluctance, but also because earlier in the book Jupiter had given his command to Mars personally to incite war (3.230-35)."

bereits ausgeführt, auch gegen den Widerstand der Venus (vgl. 3,260–323; 420–439). Der Kriegsgott macht weiter, wo er zuvor begonnen hatte (vgl. 3,420–424).

Auch sonst muss der Leser zweifeln, ob es wirklich fraglich ist, dass man in den Krieg zieht, wie es der Anfang der Passage suggeriert. Erstens weiß er ohnehin, dass es zu diesem Krieg kommen wird, denn die ersten beiden Verse, ja die ersten beiden Worte des Epos bereiten ihn hierauf vor: *fraternas acies alternaque regna profanis / decertata odiis sontisque evolvere Thebas* (1,1f.). Zweitens sagt Amphiaraus später in der Episode selbst, sein Warnen sei nutzlos, da der Lauf des Schicksals ohnehin feststehe: *sed quid vana cano, quid fixos arceo casus? / ibimus.* (3,646f.).

Während sich also der Leser fragt, inwiefern die Vogelschau überhaupt zur Entscheidungsfindung beitragen wird, muss er außerdem zweifeln, ob Adrast überhaupt souverän entscheiden kann. So ist der Herrscher von Argos in dieser Episode alles andere als präsent: Zwar strömen die Kämpfer zunächst zu seinem Palast (3,592f.), doch er reagiert nicht. Daraufhin richtet sich die Aufmerksamkeit aller auf Amphiaraus (3,598ff.). Während also Adrast in der Vogelschau-Episode als Akteur außen vor bleibt, übernimmt Amphiaraus eine Rolle, wie sie Latinus in der *Aeneis* hat: Auch Latinus warnt vor dem Krieg und sagt dem Turnus dessen schlimmes Schicksal voraus (*Aen.* 7,594–599; vgl. 3,627–645). Als alle den Krieg fordern, bleibt er gezielt in seinem Palast (*Aen.* 7,583–585) und wird verglichen mit einem Fels in der Brandung (*Aen.* 7,586–590).

Als schließlich die Nacht hereinbricht, hat Adrast sich noch immer nicht entschieden. Statius hebt sogar noch hervor, wie ‚unproduktiv' die Vogelschau gewesen ist, indem er Anfang und Ende der Vogelschau-Episode spiegelt. Stand am Anfang Adrasts innere Zerissenheit, so endet die Episode mit dem Streit der Anführer (*haec alterna ducum nox interfusa diremit*, 3,677).[100]

Es folgt die Nachtszene, in der Adrast als Akteur wieder in Erscheinung tritt: Argia bittet ihren Vater, er möge in den Krieg ziehen (*da bella, pater*, 3,696). Die Antwort des Adrast lässt nun erkennen, dass er letztlich gewillt ist, dies zu tun (3,712–720). Auf die tatsächliche Entscheidung wartet der Leser aber nach wie vor und fragt sich erneut: Worin besteht Adrasts Leistung überhaupt? Offenbar nur darin, den Beginn des Krieges hinausgezögert zu haben. Denn genau das stellt Adrast gegenüber Argia als ‚Leistung' heraus (3,718–720):

> *neu sint dispendia iustae / dura morae: magnos cunctamur, nata, paratus. / proficitur bello.*

> Halte vernünftiges Zaudern nicht für unerträglich vergeudete Zeit; es ist die Größe des Unternehmens, Tochter, die Verzögerung bringt. Doch dies nützt uns im Kriege.

---

**100** Zur Bedeutung von *alterna* [*dicta*] i.S.v. *altercatio* Snijder 1968 ad 3,677 (mit Verweis auf *Theb.* 12,47 und 12,387).

## 3.1 Wozu Seher? Die Vogelschau und die Entscheidung für den Krieg — 41

Snijder 1968 vermutet, dass Statius hier Quintus Fabius Maximus Cunctator vor Augen stand (vgl. *cunctamur*).[101] Dennoch irritiert Adrasts Aussage: Wollte der König von Anfang an in den Krieg ziehen und nur dessen Beginn hinauszögern? Der Anfang der Episode hatte schließlich suggeriert, es gehe dem König um eine echte Entscheidung zwischen Krieg und Frieden (*hinc pacis tranquilla movent, atque inde pudori / foeda quies etc.*, 3,447f.). Gegenüber Argia jedoch behauptet der König plötzlich, dass das Zögern (nur) Teil der Kriegsstrategie sei, als habe er sich längst für den Krieg entschieden. Es bleibt aber im Verlauf der Episode offen, wann (und ob) er diese Entscheidung gefällt haben sollte. Selbst wenn wir unterstellen, dass seine Entscheidung z. B. zu dem Zeitpunkt gefallen ist, als Amphiaraus sich eingeschlossen hatte, und er sie nur noch nicht öffentlich verkündet: Man kann es nicht als bewusste Kriegsstrategie begreifen, dass Adrast Vogelschau und Rededuell ‚verursacht', um so den Kriegseintritt hinauszuzögern. Der Erzähler sorgt dafür, dass wir über die Motivation des Adrast Klarheit haben. Dieser zieht die Seher nicht hinzu, weil er eine Verzögerung erreichen möchte, sondern um Hilfe bei seiner Entscheidung für oder gegen den Kriegseintritt zu erhalten, so muss der Leser auf Basis der Verse 444–449 annehmen.

Somit kann Fabius Cunctator, ähnlich wie Latinus, wenn überhaupt nur als Negativ-Folie für Adrast verstanden werden: Fabius setzt das Zögern als bewusste Strategie in einem Krieg ein, in dem er sich schon befindet, und zieht Angriffe aus dem Hinterhalt der offenen Feldschlacht vor.[102] Latinus seinerseits verweigert seine Teilnahme am Krieg; auch er handelt bewusst und zielgerichtet: Er möchte schlicht verhindern, dass der schreckliche Krieg stattfindet. Adrast als Anführer fällt hinter beide zurück. Auf dieser intertextuellen Folie verstärkt sich der Eindruck des Lesers, Adrast würde sein Verhalten lediglich post festum vor Argia rechtfertigen oder er würde sich im Nachhinein dem Gang der Dinge fügen, über den er eigentlich selbst souverän hätte entscheiden sollen.[103]

Die eigentliche Entscheidung schildert der Erzähler dann en passant am Beginn des vierten Buches; ein zeitlicher Einschnitt trennt Buch 3 und Buch 4: Als die Entscheidung schließlich fällt, hat schon das dritte Jahr nach dem Streit begonnen. Die Entscheidung selbst schildert der Erzähler im Passiv, Adrast tritt hier

---

[101] Vgl. auch die Diskussion bei Snijder 1968 ad 3,712 / 3,719f.
[102] So z. B. bei Polyb. 3,87,6–3,94; Liv. 22,12. Zum Beinamen *Cunctator* siehe Elvers 1998 mit Hinweis auf Enn. *ann.* 363 SK.
[103] Ähnlich Franchet d'Espèrey 1999, S. 101: „le roi transforme en tactique son incertitude et l'attente devient préparation active"; s. auch Venini 1961, S. 388f.

als Akteur nicht mehr auf, stattdessen sind die *fata* selbst sowie Bellona Auslöser der Handlung (4,1–8).[104]

Spätestens am Anfang des vierten Buches wird dem Leser also auch klar, wie er die Metaphorik zu Beginn der Vogelschau-Episode (3,444–446) zu verstehen hat. Bildhaft gesprochen: Es geht nur darum, wann Adrast die Zügel loslässt (oder die Pferde ihm davonrennen), nicht aber darum, ob er die Pferde abschirren und zurück in den Stall führen soll. Entsprechendes gilt für das Bild des halb gezogenen Schwertes, das ‚nur noch' eine kurze Zeit in der Scheide auf seinen Einsatz wartet, sicherlich aber nicht wieder zu Hause an die Wand gehängt werden wird.

Die Entwicklung hin zum Krieg gestaltet Statius also wie ein praktisch unausweichliches Geschehen. Auf dieser Folie inszeniert der Autor eine Entscheidungssituation, die gar keine mehr ist. Ich habe bis jetzt vornehmlich dafür argumentiert, dass Statius den Leser ein Vor- und Mehrwissen erlangen lässt, das die Vogelschau letztlich als zwecklos ausweist. Doch man kann sogar noch einen Schritt weiter gehen: Die Vogelschau-Episode scheint zunächst überhaupt keine Relevanz für die Handlung zu haben, außer eben, dass sie den Krieg um einige wenige Tage hinauszögert. Und diese Zeitspanne muss unbedeutend erscheinen, wenn man bedenkt, dass der eigentliche Kriegsbeginn sich noch um mehrere Jahre verzögert (s. o. zu *Theb.* 4,1–4). Auch hat Statius die Episode nicht so gestaltet, dass die Vogelschau z. B. eine klare Entscheidung für den Krieg zur Folge hätte.[105] Dass Amphiaraus die kriegslüsternen Argiver und Capaneus umsonst warnt, leuchtet hierbei noch ein. Doch auch Adrast reagiert nicht auf die Warnungen des Sehers (falls wir davon ausgehen, dass er von dem Streit zwischen Capaneus und Amphiaraus Kenntnis hat). Denn als er Argia darüber informiert, was er denkt, verbleibt er im Allgemeinen und bezieht sich in keiner Weise auf spezifische Warnungen des Amphiaraus (3,714–716).

---

**104** Franchet d'Espèrey 1999, S. 102. *fracta impulsaque fatis / consilia* (4,3f.) bezieht sich nach Parkes 2012 ad *Theb.* 4,3–4 auf die Pläne des Adrast, den Krieg hinauszuzögern (3,718f.). Steiniger 2005 ad locum versteht die Stelle ähnlich (*frangere* als „vereiteln, aufheben"; die *consilia* seien Adrasts „Bedenken": Solche kann man allerdings nicht „vereiteln", nur „aufheben" oder „umstoßen", vgl. dementsprechend auch Steiniger 2005, S.62 und Übers. Schönberger 1998); Burgess 1978, S. 31: „*fracta* highlights the nullification of human activity by supernatural forces." s. auch ebd., S. 165f.
Ähnlich „passiv" schildert später der Erzähler Amphiaraus' Entscheidung, mit in den Krieg zu ziehen. Als der Erzähler im Katalog der Argiver auf Amphiaraus zu sprechen kommt, weist er darauf hin, dass dessen *mens* schließlich erschöpft aufgegeben habe (*fatiscit*, 4,187) und dass Atropos selbst ihm die Waffen aufgezwungen habe (4,189f.), mit Unterstützung durch die *insidiae* der Eriphyle, die auf das Halsband der Harmonia aus ist (4,190–213).
**105** Zu anderen denkbaren Optionen einer konsistenteren Einbindung der Vogelschau: Tuttle 2013, S. 79f.

Die Vogelschau erscheint somit einer ‚konstruktiven' Funktion entkleidet; sie reiht sich ein in die diversen retardierenden Episoden der folgenden Bücher. Die Vogelschau verhält sich somit zur Episode wie die Episode zum unmittelbaren Werkkontext: Ebensowenig wie in der Episode der Übergang zum Krieg vollzogen wird, wird letztlich irgendeine Entscheidung mit Hilfe der Vogelschau gefällt.

Es stellt sich nun die Frage, wie die Vogelschau jenseits ihrer narrativen Einbindung in die Episode gestaltet ist und welche Rolle hierbei Amphiaraus und Melampus zukommt. Unsere Darstellung folgt dabei zunächst in groben Zügen der Textchronologie und orientiert sich an den folgenden Leitfragen: Wie stellt der Erzähler die beiden Ritual-Experten dar (Kap. 3.2)? Wie ‚normal' erscheint das, was Amphiaraus und Melampus tun, gemessen an einem römischen *auspicium* (Kap. 3.3; 3.4)? Wie wird ihre Vogelschau im Text bewertet und eingeordnet? Mit welchen anderen Formen der Divination wird sie assoziiert (Kap. 3.5)? Wie positionieren sich andere Figuren, allen voran Capaneus, zu Amphiaraus (Kap. 3.6; 3.7)? Der letzte Abschnitt dieses Kapitels kehrt dann nochmals zurück zur Vogelschau und betrachtet sie als Teil der Ritualsequenz, die den Beginn des römischen Feldzugs begleitet – dies ist in der Lage zu erhellen, inwiefern Amphiaraus' und Melampus' *auspicium* als Grenzüberschreitung rituell plausibilisiert wird (3.8). Als nun die beiden Seher ihren Auftritt haben, scheint diese Problematik der Vogelschau noch weit entfernt...

## 3.2 Die Kompetenz der Seher und die Vorbereitung der Vogelschau

Als der Erzähler die beiden Seher einführt, hebt er deren Geisteskraft und prophetische Begabung hervor (3,451–455):

> *sollers, tibi cura futuri,*
> *Amphiarae, datur, iuxtaque Amythaone cretus*
> *iam senior – sed mente viret Phoeboque – Melampus*
> *adsociat passus: dubium, cui pronus Apollo*
> *oraque Cirrhaea satiarit largius unda.*

Du, begabter Amphiaraus, erhältst Auftrag, die Zukunft zu erforschen, und dir gesellt sich Melampus, der Sohn des Amythaon, ein älterer Mann schon, doch sein Geist ist durch Apollos Gabe noch frisch. Man kann nicht sagen, wem Apollo geneigter ist und wessen Mund er reichlicher vom Cirrhaeischen Quell trinken ließ.[106]

---

[106] Die Übersetzung weicht ab von Schönberger 1998, die Interpunktion bei *sollers* von Hill 1996; vgl. dazu die folgenden Anmerkungen.

Die Einführung der beiden Seher startet mit *sollers*, das sich entweder auf *cura* oder *Amphiarae* beziehen kann. Entsprechend haben die Herausgeber für die Verse 451f. unterschiedlich interpungiert: Sie setzen entweder ein Komma nach *sollers*, verstehen es also als Vokativ,[107] oder sie verstehen es als Nominativ und setzen kein Komma.[108] Fasst man *sollers* als Vokativ auf, dann preist der Erzähler Amphiaraus gleich mit dem ersten Wort seiner Apostrophe. Dies erscheint passend, denn auch Melampus wird näher charakterisiert im Hinblick auf seine Fähigkeiten als Seher.[109]

Melampus wiederum verfügt trotz seines fortgeschrittenen Alters noch immer über Geisteskraft (*mente*) und ist nach wie vor göttlich inspiriert (*Phoebo*).[110] Darüber hinaus ist Apollo beiden Sehern zugeneigt und hat sie so reichlich aus der Castalischen Quelle trinken lassen, dass man von außen kaum mehr sagen kann, wer von beiden der (noch) fähigere Seher ist.[111] Nach dieser Einleitung ist weder zu erwarten, dass die beiden Fehler machen bei der Durchführung der Orakel, noch, dass die Götter ihnen die Auskunft verweigern. Wir erfahren nichts Genaues darüber, wie die Seher die Eingeweideschau durchführen (*principio fibris pecudumque in sanguine divos / explorant*, 3,456f.), aber offenbar führen sie diese in so korrekter Weise aus, dass die Götter ihnen Auskunft geben: Das schreckliche *nefas* ist klar zu erkennen (3,457f.: *iam tum pavidis maculosa bidentum / corda negant diraque nefas minitantia vena*). Nachdem die Seher sich in der Folge „dennoch" entschieden haben, die Vogelschau durchzuführen (3,459: *tamen*),[112] besteigen sie den Aphesas (3,466–469):

---

[107] Ritchie, Hall und Edwards 2007: „To you, wise Amphiaraus, is assigned the charge to read the future"; Shackleton Bailey 2003a, der dementsprechend übersetzt: „To you, wise Amphiaraus, is given the care of the future".

[108] So Hill 1996, ihm schließt sich an Micozzi 2010: „L'attenta esplorazione delle cose future fu affidata a te, Anfiarao"; ebenso Klotz und Klinnert 1973, deren Text der Übersetzung von Schönberger 1998 zugrunde liegt: „Du, Amphiaraus, erhältst Auftrag, die Zukunft genau zu erforschen". Snijder 1968 hat in seinem Text ebenfalls kein Komma und merkt dementsprechend an (ad 3,451): „sagacious investigation". Ebenfalls kein Komma bei Garrod 1906.

[109] Snijder 1968 ad 3,451 schließt sich der Erklärung des Scholiums an (zitiert bei Barth), das *cura* erklärt als „*scientia simul et officium*", was ebenfalls eine positive Charakterisierung des Amphiaraus impliziert. Auch hier gilt, wie bei vielen Fragen der Interpunktion: Für Statius' Leser hat sich diese Frage natürlich nicht gestellt, da es solche Interpunktionen noch nicht gab. Für die Hörer wiederum wäre eine Zuordnung möglich gewesen, je nachdem, wie der Vortrag dieser Stelle gestaltet war.

[110] Snijder 1968 ad 3,453; vgl. auch Frings 1991, S. 50f.

[111] Zur Verbindung des Amphiaraus und des Melampus mit Apollo in der griechischen Tradition und in *Theb.* 3,452–455 Sineux 2007, S. 31–33.

[112] Zur Hierarchie und Sequenzierung der Rituale s. Kap. 3.8 sowie 3.5.

## 3.2 Die Kompetenz der Seher und die Vorbereitung der Vogelschau — 45

> *hoc gemini vates sanctam canentis olivae*
> *fronde comam et niveis ornati tempora vittis*
> *evadunt pariter, madidos ubi lucidus agros*
> *ortus et algentes laxavit sole pruinas.*

> Dorthin steigen die beiden Seher, die heiligen Locken mit dem Laub der grauen Olive und die Stirn mit schneeweißen Binden geschmückt, sobald die Sonne leuchtend hochstieg und den kalten Reif auf feuchten Feldern auftaute.

Amphiaraus und Melampus sind mit den typischen priesterlichen Insignien ausgestattet (*canentis olivae / fronde; niveis [...] vittis*).[113] Die zeitliche Verortung wiederum weist bereits auf die Institution des römischen *auspicium*, als das der erste Teil der Vogelschau gestaltet ist (mehr dazu u. Kap. 3.3).[114] Musste ein *auspicium* abgehalten werden, z. B. vor einer Versammlung, ging der Magistrat nachts an den Beobachtungsort und stellte dort sein *tabernaculum* auf, um dann die Vogelschau durchzuführen, sobald es hell genug war.[115] Nach dem Aufstieg am frühen Morgen spricht Amphiaraus dann sein Gebet an Jupiter (3,470–474):

> *ac prior Oeclides solitum prece numen amicat:*
> *Iuppiter omnipotens (nam te pernicibus alis*
> *addere consilium volucresque implere futuri*
> *ominaque et causas caelo deferre latentes*
> *accipimus)*

> Als erster will der Sohn des Oeclus die Gottheit, wie immer, durch ein Gebet günstig stimmen: „Allmächtiger Jupiter, du hast ja, wie man uns lehrte, raschen Flügeln Rat verliehen, die Vögel mit Zukunftswissen erfüllt und offenbarst Zeichen und verborgene Gründe am Himmel.".

Dass Jupiter hier als *solitum numen* bezeichnet wird, hat verschiedene Implikationen: Einmal hat Jupiter einen Kult auf dem Aphesas,[116] darüber hinaus könnte *solitum* auch darauf hindeuten, dass die Seher eine stabile Beziehung zu Jupiter haben: Amphiaraus ist es gewohnt, Jupiter anzurufen, da dieser derjenige Gott ist, der für das *auspicium* verantwortlich ist.[117] Dementsprechend umreißen die

---

113 Snijder 1968 ad 3,466; Mulder 1954 ad *Theb.* 2, 99; OLD s.v. *vitta* 2 a. Zu *vittae*, siehe z. B. *Aen.* 10,538, *Theb.* 2,100; zu *olivae* z. B. *Aen.* 6,808.
114 Hinweis bei Ripoll 2002, S. 937; Legras 1905, S. 247.
115 Rüpke 1990, S. 31; Szemler 1972, S. 21; Wissowa 1896, Sp. 2585; Liv. 10,40,2; Dion. Hal. *ant.* 11,20; Gell. 3,2,10.
116 Snijder 1968 ad 3,470; s. auch u. S. 88, Fn. 239; *Theb.* 5,638–642.
117 Snijder 1968 ad 3,470; Teifel 1952, S. 91 erläutert, dass in der *Thebais* an nur wenigen Stellen etwas zur „Regelmäßigkeit des Gebetes" gesagt wird, außer der vorliegenden Stelle nur noch 1,58f.: *multumque mihi consueta [...] / [...] Tisiphone.*

ersten dreieinhalb Verse des Gebetes diesen Zuständigkeitsbereich (bis *accipimus*), die die *invocatio* bilden. Als nächstes zählt Amphiaraus andere Orakelformen und -orte auf, die weniger zuverlässig seien als die Vogelschau (3,474–482):

> *non Cirrha deum promiserit antro*
> *certius, aut frondes lucis quas fama Molossis*
> *Chaonias sonuisse tibi, licet aridus Hammon*
> *invideat Lyciaeque parent contendere sortes*
> *Niliacumque pecus patrioque aequalis honori*
> *Branchus et undosae quem rusticus accola Pisae*
> *Pana Lycaonia nocturnum exaudit in umbra:*
> *ditior ille animi, cui tu, Dictaee, secundas*
> *impuleris manifestus aves.*

> Cirrha kann nicht versprechen, dass der Gott in der Höhle zuverlässiger als du prophezeit, nicht auch das Chaonische Laub, von dem man sagt, es rausche auf deinen Befehl in Molossischen Hainen; mag dich der trockene Hammon beneiden, mögen Lycische Orakel mit dir wetteifern, der Stier vom Nil, Branchus, der seinem Vater an Ruhm gleichkommt, auch Pan, den der Landmann im wogenumrauschten Pisa nachts in dunklen Lycaonischen Wäldern vernimmt. Reicher mit Wissen gesegnet ist der, dem du, Dictaeischer Gott, die Vögel gnädig entsendest, die deinen Willen verkünden.

Diese Aufzählung hat das Potential, einige Irritationen auszulösen. Nachdem der Erzähler die besondere Beziehung der Seher zu Apollo herausgestellt hatte, qualifiziert nun Amphiaraus das Delphische Orakel sowie das Orakel des Apollo in Lykien ab. Und damit nicht genug: Snijder 1968 hat zu Recht angemerkt, es sei „striking", dass Amphiaraus hier zwei Jupiter-Orakel anführt, nämlich Dodona und Ammon.[118] Was eigentlich dem Dictaeischen Gott zum Lob gereichen soll, wertet ihn stattdessen ab. Snijder versucht dieses Problem zu lösen, indem er darauf hinweist, dass für diesen Vergleich ausschließlich die „quality" der Orakel maßgebend sei, die die Priester geben, nicht aber „the oracular abilities of the gods concerned".[119] Eine gewisse Spannung bleibt dennoch bestehen, zumal Amphiaraus mehrfach die direkte Verbindung zu der Gottheit herstellt, die für das jeweilige Orakel verantwortlich ist (*deum*, 3,474; *Hammon*, 476; *Branchus*, 479; *Pana*, 480). Doch selbst wenn es Amphiaraus nur darum gehen sollte, welche Form von Orakel am deutlichsten die gesuchten Informationen vermittelt: Der Seher verhält sich – mindestens rhetorisch – ungeschickt, wenn er Jupiter im Gebet – mindestens indirekt – abqualifiziert. Auch zu ihm stellt er explizit die Verbindung her (*quas fama Molossis / Chaonias sonuisse tibi*), relativiert aber immerhin in

---

[118] Snijder 1968 ad 3,474.
[119] Snijder 1968 ad 3,474.

## 3.2 Die Kompetenz der Seher und die Vorbereitung der Vogelschau — 47

Form der indirekten Aussage. Attraktiv erscheint Snijders Vorschlag, hier werde eine Überlegenheit der römischen Praxis des *auspicium* (in Form der *volucres* des Jupiter, s. 3,471–474) gegenüber älteren, griechischen Orakelinstitutionen (etwa dem Orakel von Delphi oder dem von Dodona, s. 3,474–476) ausgedrückt.[120]

Wenn wir davon ausgehen, dass der zeitgenössische Leser hier davon ausging, dass die Seher tatsächlich ein typisch römisches *auspicium* durchführen, dürften ihn allerdings die Verse 489f. irritiert haben.[121] Hier bittet Amphiaraus Jupiter darum, er möge sie die *Argolicae primordia pugnae* sowie den *venturus labor* erkennen lassen (3,489f.):

> *nos Argolicae primordia pugnae / venturumque sinas caelo praenosse laborem.*
>
> Lass uns am Himmel den Beginn des Argivischen Streites und die kommenden Kämpfe erkennen.

Dies ist eine untypische Frage für ein *auspicium*. Eigentlich würde derjenige, der ein *auspicium* durchführt, eine klare Ja/Nein-Frage stellen. Denn eine so differenzierte Information wie hier kann und soll ein römisches *auspicium* nicht liefern, da es sich konzentriert auf ganz bestimmte Aspekte, deren Bedeutung zudem jeweils klar umrissen ist.[122] Und wenn die Seher wirklich erfahren wollten, was die Vögel bildhaft über die bevorstehenden Kämpfe und Mühen ausdrücken, müssten sie das Vogelzeichen in einem engen Sinne dekodieren und in eine Art von Narrativ umsetzen. Doch auch das ist nicht vorgesehen im römischen Auspizienwesen.[123] Es ließe sich natürlich einwenden, dass es sich bei dieser Vogelschau eben nicht

---

[120] Snijder 1968 ad 3,474 mit Verweis auf Lucan. 5,69f. / 111f. und *Theb.* 3,111f.

[121] An dieser Stelle folgen auf *invocatio* und die *pars epica* die *preces* in diesem Gebet (Swoboda 1980, S. 294). Zur Struktur des (literarischen) Gebets s. unten Kap. 8.4.2.

[122] Linderski 1986, S. 2228f.; Rosenberger 1998, S. 10; Haase 2003. Eine andere, der Ausdifferenzierung bedürftige Position vertritt Manolaraki 2013, S. 105, Fn. 60, die bezeichnenderweise gerade nicht auf 3,489f. verweist: „My argument about the Roman relevance of Amphiaraus' augury is not undermined by the fact that Roman divination never purports to predict the future but only to reveal divine approval or disapprobation [...]. Amphiaraus follows the Roman formula by seeking divine assent or its opposite (3.491 and 495), not a full version of the future."

[123] Linderski 1986, S. 2229 (Vögel und Auguren als *interpretes/internuntii*): „the task of the augur (or of any other person who auspicated) was to establish the fact of its appearance. Once it was stated (exactly in the same way as modern scientists establish the occurence of a physical phenomenon) that a cornix had appeared on the left, the meaning was clear, the auspicium was ratum, and there was no room for any independent thinking." Siehe auch Szemler 1972, S. 25; Cic. *div.* 2,42 (Zitat aus einem der *commentarii*, in denen die Bedeutung der Zeichen festgelegt ist); 2,70: *non enim sumus ii nos augures, qui avium reliquorumve signorum observatione futura dicamus.*

um ein römisches *auspicium* handelt, doch Statius ruft offenbar dezidiert römische Praxis auf, besonders im nächsten Teil des Gebets (3,491–497):

> *si datur et duris sedet haec sententia Parcis*
> *solvere Echionias Lernaea cuspide portas,*
> *signa feras laevusque tones; tunc omnis in astris*
> *consonet arcana volucris bona murmura lingua.*
> *si prohibes, hic necte moras dextrisque profundum*
> *alitibus praetexe diem. sic fatus et alto*
> *membra locat scopulo*

> Wenn es das Schicksal so will und den grausamen Parzen feststeht, dass der Lernaeische Speer die Echionischen Tore brechen soll, dann gib ein Zeichen, donnere links und lass alle Vögel am Himmel in günstigem Lied und mystischer Zunge sich einen. Willst du es nicht, so gib dort hemmende Zeichen und verhülle zur Rechten den hohen Himmel mit fliegenden Vögeln. So sprach er und setzte sich auf einen hohen Felsen.

Amphiaraus geht von der typischen Einteilung des Himmels in einen linken und rechten Teil aus (*laevusque tones, dextrisque* [...] / *alitibus*) und spricht den jeweiligen Erscheinungen in diesen Himmelsteilen entsprechende Bedeutungen zu:[124] Wenn Jupiter auf der linken Seite donnert und sich ebendort singende Vögel befinden, bedeutet es, dass die Argiver gegen Theben in den Krieg ziehen sollten. Wenn sich umgekehrt Vögel aufhalten in der als rechts definierten Seite des Himmels, bedeutet es, dass die Argiver nicht in den Krieg ziehen. Diese Zuordnung von links und rechts entspricht der römischen Praxis;[125] auch der Gesang der Vögel wurde berücksichtigt.[126]

---

[124] Snijder 1968 ad 3,493; ad 3,495.
[125] Legras 1905, S. 247; Manolaraki 2013, S. 106. Das römische Auspizienwesen identifiziert links mit Zustimmung und rechts mit Ablehnung, die Blickrichtung ist nach Süden gerichtet, so dass Vögel im Osten als günstiges Zeichen gelten. Bei den Griechen dagegen gelten diejenigen Vögel als günstig, die auf der rechten Seite auftauchen. Für Donner von links als günstiges Zeichen siehe Cic. *div.* 2,82. Die Orientierung nach Norden führt dazu, dass die rechte Seite als günstig gilt, vgl. Pease 1920 ad Cic. *div.* 1,12; 2,82. Einzig Donner und Blitz, die im Osten auftraten, galten als günstiges Zeichen, kamen sie aus einer anderen Himmelsrichtung, galten sie als *omen infaustum* (Linderski 1986, S. 2170).
[126] Linderski 1986, S. 2228f.; Snijder 1968 ad 3,494.

Der hohe Felsen, auf den sich Amphiaraus setzt, hat eine Parallele in dem *lapis*, auf den sich der livianische Numa bei seiner Inauguration setzt.[127] Ein solcher Stein als Sitzplatz lässt sich auch beim *templum* der *arx* von Bantia ausmachen.[128]

Am Ende seines Gebetes ruft Amphiaraus dann noch weitere nicht näher spezifizierte Götter an: *tunc plura ignotaque iungit / numina et inmensi fruitur caligine mundi.* (3,497f.). Die Anrufung unbekannter *numina* ist typisch für die römische rituelle Praxis, die es vermeidet, eine eventuell relevante Gottheit unberücksichtigt zu lassen. Hierzu griff man auf diverse Formeln zurück, die möglichst weit gefasst waren, so dass im Zweifelsfall kein göttlicher Adressat unangesprochen blieb.[129]

Nachdem Amphiaraus Jupiter um die entsprechenden Zeichen von links oder rechts gebeten hat, teilen die beiden Seher den Himmel in Beobachtungszonen auf: *rite diu partiti sidera* (3,499). Snijder 1968 weist darauf hin, dass *rite* sowohl den Vorgang der Aufteilung als auch den der Beobachtung spezifiziere und dass die Seher hier korrekt im Sinne der „augural art" handelten.[130] Passend zu *rite* ruft *partiti* Assoziationen hervor zu den *partes* des Beobachtungsfeldes.[131]

---

**127** Liv. 1,18,6f.: *inde ab augure, cui deinde honoris ergo publicum id perpetuumque sacerdotium fuit, deductus in arcem, in lapide ad meridiem versus consedit. augur ad laevam eius capite velato sedem cepit, dextra manu baculum sine nodo aduncum tenens, quem lituum appellarunt.* – „Daraufhin wurde er von einem Augur, der dann als Auszeichnung dieses staatliche Priesteramt auf Lebenszeit innehatte, auf die Burg geführt und nahm auf einem Stein Platz, den Blick nach Süden gewandt. Der Augur ließ sich zu seiner Linken nieder, das Haupt verhüllt und in der Rechten einen oben gekrümmten Stab ohne Knoten, den man als Krummstab bezeichnete." (Übersetzung Hillen 1987).
**128** Linderski 1986, S. 2258–2260, der als weitere Parallelen aufführt: eine *solida sella* bei Fest. 470, 34–36 (Ed. Lindsay) und die *lapides augurales* der Iguvinischen Tafeln (VI a 8–16, S. 116 und Anm. S. 148 bei Devoto 1940; dt. Übersetzung bei Pfiffig 1964, S. 20). Zum *templum* der *arx* von Bantia siehe Torelli 1966, S. 294 (Karte „,grande pietra'" im Westen, bei Torelli bezeichnet mit „A") und *passim*.
**129** Wissowa 1912, S. 37f. Snijder 1968 ad 3,497 weist hin auf den „typically Roman effect", den die Erwähnung dieser Gottheiten bedeute; s. auch Schubert 1984, S. 147. Anders Fantham 2006, S. 151: „But Statius supplements the Olympians of Amphiaraus' direct speech, even Jupiter, by adding to his narrative *plura ignotaque numina*, mysterious unknown deities, and invoking the dark mystery of the universe. This is Flavian epic and Roman ritual cannot escape the fashionable infection of magic." Zur Adressierung im römischen Gebet siehe auch Kap. 8.3.3 dieser Arbeit zum Gebet des Thiodamas in *Theb.* 8.
**130** Snijder 1968 ad 3,499 *rite diu* (= S. 202); Lovatt 2013b, S. 144: „the emphasis is on controlled ritual viewing."
**131** Varr. *ling.* 7,7: *quaqu[i]a intuiti era<n>t oculi, a tuendo primo templum dictum: quocirca caelum qua attuimur dictum templum; sic: ,contremuit templum magnum Iovis altitonantis', id est, ut ait N<a>evius, ,h[i]emisph<a>erium ubi conc<h>a c<a>erula septum stat.' eius templi partes quattuor dicuntur, sinistra ab oriente, dextra ab occasu, antica ad meridiem, postica ad septemtrionem.* Linderski 1986, S. 2266 arbeitet auf Basis dieser Varro-Stelle heraus, dass das *templum* im Himmel als „semicircle" aufzufassen sei (entsprechend dem Sichtfeld des Beobachters).

Vor der Schilderung des eigentlichen Vogelzeichens stellt der Erzähler also die gute, stabile Beziehung der Seher zu den Göttern heraus, namentlich zu Apollo und Jupiter. Statius kreiert hier einen Erwartungshorizont des römischen *auspicium*. Die Aktivitäten der Seher scheinen am Prinzip der Orthopraxie orientiert.[132] Vor diesem Hintergrund wirken einige Stellen in Amphiaraus' Gebet irritierend, vor allem die Frage nach den *primordia pugnae*. Es stellt sich nun die Frage, inwiefern der Verlauf der eigentlichen Vogelschau korrespondiert mit der bis hierhin erzeugten Erwartungshaltung.

## 3.3 Melampus' *auspicium*

Nach der Aufteilung des Himmels beginnen die Seher ihre Beobachtung (*perlegere animis oculisque sequacibus auras*, 3,500). Was die beiden sehen, wird in wörtlicher Rede geschildert. Zunächst äußert sich Melampus, aber erst, nachdem einige Zeit vergangen ist (*longo post tempore*, 3,501). Er redet Amphiaraus an (3,502–512):

> *nonne sub excelso spirantis limite caeli,*
> *Amphiarae, vides, cursus ut nulla serenos*
> *ales agat liquidoque polum complexa meatu*
> *pendeat aut fugiens placabile planxerit omen?*
> *non comes obscurus tripodum, non fulminis ardens*
> *vector adest, flavaeque sonans avis unca Minervae*
> *non venit auguriis melior; quin vultur et altis*
> *desuper accipitres exultavere rapinis.*
> *monstra volant: dirae stridunt in nube volucres,*
> *nocturnaeque gemunt striges et feralia bubo*
> *damna canens.*

> Siehst du nicht, Amphiaraus, wie unter den hohen Sphären des belebten Himmels kein Vogel still seinen Weg zieht oder oben auf luftiger Bahn den Pol umkreist oder uns fliehend im Flügelschlag Versöhnung andeutet? Nicht des Dreifußes dunkler Gefährte ist da, nicht des Blitzes feuriger Träger, nicht kommt der schreiende krummgeschnäbelte Vogel der blonden Minerva zu besserem Omen geflogen; dafür frohlocken Geier und Habicht droben über hochgerissene Beute. Ungeheuer fliegen, schreckliche Vögel kreischen in Wolken, Nachteulen klagen und der Uhu, der Tod und Unheil kündet.

Melampus' Schilderung bewegt sich im Rahmen der römischen Praxis der Vogelschau.[133] *sub excelso limite caeli* unterstellt eine Form von Einteilbarkeit und Abge-

---

[132] Siehe hierzu oben Kap. 1.2.
[133] Summarisch hierzu Ripoll 2002, S. 937.

grenztheit der Himmelsregionen und ruft auf diese Weise Assoziationen hervor zum umgrenzten Sichtfeld desjenigen, der ein *auspicium* durchführt.[134] Melampus geht dann allerdings nicht auf *aves dextrae* und *aves sinistrae* ein, wie man es vielleicht nach den vorherigen Äußerungen des Amphiaraus erwarten könnte; er achtet stattdessen zunächst auf die Art des Fluges und des Flügelschlags der Vögel, doch auch dies entspricht der römischen Praxis.[135] Als nächstes widmet sich Melampus der Frage, welche Arten von Vögeln auftauchen und konstatiert die Abwesenheit günstiger Vögel, namentlich das Fehlen von Rabe, Adler und Eule.[136] Zu sehen sind dagegen Geier und Habicht, die sich über ihre Beute freuen, ein Verhalten, das als ungünstiges Vorzeichen zu werten ist.[137]

Melampus' Beschreibung erreicht ihren (Negativ-)Höhepunkt in den Versen 510 bis 513. Nachdem er zunächst nur Abwesenheit von positiven Zeichen konstatiert hatte, um dann zum negativen Verhalten von Geier und Habicht voranzuschrei-

---

**134** Snijder 1968 ad locum sieht einen möglichen Bezug zur stoischen Aufteilung des Kosmos in Sphären; in seinen Anmerkungen zu 3,486 (*purior axis*) und 487 (*amotumque nefas*) erläutert er, dass die Vögel im Gebet des Amphiaraus mit der Region des Äthers in Verbindung gebracht würden, weil dieser – in stoischer Sicht – als göttlicher Wohnsitz und somit als ein „fountain-head of Truth" angesehen werden könne, so dass die Vögel, wenn sie dorthin gelängen, Informationen über das Fatum einholen könnten. Für *limite* im Sinne einer Abgrenzung siehe die Übersetzungen von Mozley 1928a („beneath the breathing sky's exalted bounds") und Shackleton Bailey 2003a („beneath the lofty boundary of the breathing sky"). Snijder 1968 weist auf denselben Versschluss bei Lucan. 7,363 hin: *quidquid signiferi conprensum limite caeli / sub Noton et Borean hominum sumus, arma movemus.* Housman 1958, S. 329 gibt diese Stelle sinngemäß wieder mit „All we men, up to the verge of south and north, who are enclosed within the bounds of the zodiac, have drawn the sword" und erläutert dementsprechend, hier sei nicht der ganze Himmel, sondern nur der Tierkreis gemeint.
**135** Snijder 1968 ad 3,502 / ad 3,505; Ripoll 2002, S. 937; Linderski 1986, S. 2228f.: „There were only few kinds of *aves augurales*, and the significance of their *cantus* and *volatus* was clearly defined." Siehe Cic. div. 1,85: *quid* [sc. *habet*] *augur, cur a dextra corvus, a sinistra cornix faciat ratum?*; 2,76: *externa enim auguria, quae sunt non tam artificiosa quam superstitiosa, videamus. Omnibus fere avibus utuntur, nos admodum paucis*; Mulder 1954 ad Theb. 2,349; Cic. div. 1,106 (Marius frg. 20 Büchner); Serv. Aen. 1,393; Fest. 3 (Ed. Lindsay) (diese beiden und weitere Stellen bei Marquardt 1878, S. 389, Fn. 2f., die ebd. zitierte Stelle Liv. 41,13,1 handelt allerdings nicht von der Art des Fluges); siehe auch Horsfall 2006 ad Aen. 3,361; Cic. fam. 6,6,7; Dion. Hal. ant. 2,64,4; Gell. 7,6; Fest. 215; Pacuv. trag. 83f.; Gell. 10,12,7.
**136** Snijder 1968 ad 3,506; ad 3,508; Sen. nat. 2,32,5: *Cur ergo aquilae hic honor datus est ut magnarum rerum faceret auspicia, aut corvo et paucissimis avibus, ceterarum sine praesagio vox est? – Quia quaedam nondum in artem redacta sunt, quaedam vero ne redigi quidem possunt ob nimium remotam conversationem; ceterum nullum animal est quod non motu et occursu suo praedicat aliquid. Non omnia scilicet, quaedam notantur.*
**137** Snijder 1968 ad 3,508; ad 3,509. Zur Komplexität der *legum dictio* hinsichtlich Art der Vögel, Verhalten und Erscheinungsort s. Linderski 1986, S. 2286.

ten, erwähnt er nun die *monstra* und *dirae volucres*. Dies bedeutet insofern eine Steigerung, als die *dirae* nicht einfach unter die negativen Zeichen fallen, sondern eine eigene Kategorie bilden und als oblative Zeichen mit besonders schlimmer Vorbedeutung gelten.[138] An dieser Stelle ist nun wieder der Gesang der Vögel, oder besser: der Ton, den sie produzieren, relevant. Diese Stelle knüpft also nun wieder an das an, was Amphiaraus in seinem Gebet als mögliche Zeichen beschrieben hatte (s. o. zu 3,493f.). Doch von den dort erwähnten *bona murmura* kann keine Rede mehr sein (vgl. *stridunt*; *gemunt*). Melampus endet mit dem Rufen des Uhu, dessen Bedeutung er näher charakterisiert (*feralia [...] damna canens*). Der Uhu ist generell als ungünstig anzusehen, unabhängig davon, in welchem Teil des Beobachtungsfeldes er zu sehen ist.[139] Das Auftauchen eines Uhu innerhalb der Stadt kann außerdem als Prodigium gewertet werden.[140] Er ist aus römischer Sicht besonders negativ besetzt.[141] Hier unterbricht Melampus seine Schilderung durch zwei Fragen, um dann eine weitere Beobachtung zu ergänzen (3,512b–515):

> *quae prima deum portenta sequamur?*
> *hisne dari, Thymbraee, polum? simul ora recurvo*
> *ungue secant rabidae planctumque imitantibus alis*
> *exagitant zephyros et plumea pectora caedunt.*

> Welcher Götterdrohung sollen wir zuerst folgen? Soll diesen, Thymbraeus, der Himmel gehören? Sie zerkratzen sich[142] eben den Kopf wild wütend mit krummen Fängen, mit Flügeln, deren Rauschen wie Klage klingt, peitschen sie die Winde und schlagen sich an die befiederte Brust.

---

**138** Linderski 1986, S. 2203. Oblative Vorzeichen stellen sich ein, ohne dass man die Götter explizit darum gebeten hat – im Gegensatz zu den sog. impetrativen Vorzeichen – und gebieten Abbruch eines begonnenen Vorhabens (Wissowa 1912, S. 386; S. 530f.; Serv. *Aen.* 6,190; Linderski 1986, S. 2196; Beard, North und Price 1998, S. 22 mit Fn. 58); Rosenberger 1998, S. 9f.; Cic. *div.* 1,11f.; 34.
**139** Linderski 1986, S. 2286.
**140** Rosenberger 2001, S. 73; Obseq. 27. Prodigien sind „ungewöhnliche Geschehnisse, die den Zorn der Götter verkündeten" (Rosenberger 1998, S. 7; antike Definitionen: Cic. *div.* 1,93; *nat.* 2,7; Varro GRF 440 [p. 365 Funaioli], s. auch Horsfall 2006 ad *Aen.* 3,365f.).
**141** Rosenberger 2001, S. 74: „Ein Uhu verkörperte all das, was mit den Bereichen ‚außen', ‚unkultiviert', ‚verborgen' und ‚Tod' verbunden war und stellt somit einen lebenden Gegensatz zur *res publica* dar, deren Handlungen und Bräuche bis auf wenige Ausnahmen öffentlich, bei Tage und innerhalb der Stadtmauern angesiedelt waren. Ferner erinnerte der klagende Ruf dieses nächtlichen Raubvogels an die menschliche Stimme [...]."; zur negativen Konnotation des *bubo* siehe auch Rosenberger 1998, S. 112; Plin. *nat.* 10,34f.; Snijder 1968 ad 3,511; Ov. *met.* 5,550.
**142** Ich weiche hier bewusst ab von der Übersetzung Schönberger 1998, s. dazu das Folgende und Snijder 1968 ad 3,513.

Diese Stelle bildet einen Wendepunkt im Verlauf des Vogelzeichens und leitet über zu Amphiaraus, dessen Rede im folgenden Vers (3,516) beginnen wird. Die erste Frage des Melampus suggeriert, dass sein Teil der Beobachtung hiermit abgeschlossen ist und es nun zu klären gilt, welches der vorher protokollierten Phänomene als wichtigstes zu werten ist. Hierzu wendet er sich nicht mehr an Jupiter, sondern an Apollo (*Thymbraee*).[143] Melampus' *auspicium* hat bis hierhin in weiten Teilen der Erwartungshaltung entsprochen, die sich aus Amphiaraus' Gebet und den vorherigen Aktivitäten ergibt. Melampus beurteilt nach den Maßstäben der Auguraldisziplin und es zeigen sich entsprechende *aves augurales*. Als negativer Höhepunkt beschließt der Uhu die Schilderung des Melampus. Ich will nun genauer untersuchen, wie der Übergang zu Amphiaraus' Vogelzeichen gestaltet ist.

## 3.4 Von Jupiter zu Apollo, oder: Adler-Prodigien

Das Verhalten der neu erschienenen Vögel unterscheidet sich deutlich von dem der vorherigen: Sie ahmen typische antike Trauergesten wie das Schlagen der Brust nach (*plumea pectora caedunt*, 3,515).[144] Melampus weist sogar explizit darauf hin, dass das Verhalten als Nachahmung menschlichen Verhaltens zu verstehen ist (*planctum imitantibus alis*, 3,514).

Dieses Vogelzeichen und dessen Deutung durch Melampus überschreiten bereits den Rahmen eines *auspicium*. Die vorherige semantische Opposition zwischen ‚günstig' und ‚ungünstig' (vgl. *serenos*, 3,503; *placabile [...] omen*, 3,505; *melior*, 3,508) tritt in den Hintergrund, denn Melampus deutet dieses Verhalten differenzierter und spricht ihm einen symbolischen Wert zu: Das Verhalten der Vögel stellt menschliche Trauer dar. Amphiaraus wird dann ein noch sehr viel differenzierteres Vorzeichen auszudeuten haben.

Man könnte soweit gehen, schon die Sichtung der *dirae aves* als Teil des Übergangs zum späteren Amphiaraus-Vogelzeichen zu werten. Denn die *dirae aves* oder *dira omina* im Allgemeinen sind ja als oblative Zeichen in ihrer Bedeutung nicht in gleicher Weise vordefiniert, wie es bei den impetrativen Zeichen der Fall

---

[143] Snijder 1968 ad 3,513: Dies geschehe, weil Apollo derjenige Gott sei, der mit der „augural art and technique" verknüpft sei. Zumindest für das römische Auspizienwesen muss man diese Aussage zurückweisen. Wenn, dann ist Jupiter der Gott, mit dem diese „art and technique" verknüpft sind, vgl. etwa Linderski 1986, S. 2225; 2291f.
[144] Snijder 1968 ad 3,513, der verweist auf Ov. *am.* 2,6,3–6; ergänzen ließe sich bei Statius selbst *silv.* 2,4 (Klage um Papagei des Melior), insbes. 2,4,17: *plangat Phoebeius ales*.

ist.¹⁴⁵ Diese Unbestimmtheit der *dira* eröffnet assoziativ den Raum für das folgende Vogelzeichen, das semantisch sehr viel komplexer besetzt ist und das sich nicht mehr im Rahmen der vorherigen binären Opposition zufriedenstellend deuten lässt. Der Uhu wiederum ist sehr viel mehr mit Bedeutung aufgeladen als andere Vögel¹⁴⁶ und weist somit ebenfalls voraus auf das folgende Vogelzeichen mit seinen komplexen Repräsentationsverhältnissen. Amphiaraus deutet hier die Schwäne, die einen Kreis bilden, als Bild der Stadt Theben, da die Kreisform der Struktur einer Stadtmauer entspricht (3,524–530):¹⁴⁷

> *clara regione profundi*
> *aetheros innumeri statuerunt agmina cycni.*
> [...]
> *fixerunt cursus: has rere in imagine Thebas:*
> *nam sese inmoti gyro atque in pace silentes*
> *ceu muris valloque tenent.*

In diesem hellen Bereich des tiefen Aethers haben sich zahllose Schwäne zu Zügen versammelt. [...] Sie fliegen nicht weiter: In diesem Bilde sieh Theben! Sie schließen ja still und friedvoll schweigend einen Kreis, ganz wie in Mauer und Wall.

Die sieben Adler, die dann heranziehen, deutet Amphiaraus als Anführer der Argiver (3,530–533):

> *sed fortior ecce*
> *adventat per inane cohors; septem ordine fulvo*
> *armigeras summi Iovis exultante caterva*
> *intuor: Inachii sint hi tibi, concipe, reges.*

Doch schau nur! Eine stärkere Schar fliegt durch den Luftraum herbei; ich sehe sieben waffentragende Vögel des höchsten Jupiter in braungelbem Keil jauchzend daherfliegen. Diese künden dir, fasse es auf!, die Inachischen Könige.

Das weitere Geschehen am Himmel weist voraus auf die verschiedenen Todesarten der argivischen Heerführer (3,539–545). Diese Zeichen werden von Amphiaraus nicht in gleicher Weise entschlüsselt wie zuvor die Schwäne – dies überlässt Statius dem mit dem Mythos der Sieben vertrauten Leser. Erst am Ende seiner Schilderung

---

**145** Linderski 1986, S. 2196. Zur Unterscheidung oblativer und impetrativer Zeichen s. o. Fn. 138. Auf diese Kontrastierung oblativer und impetrativer Zeichen in der Vogelschau-Episode weist auch Ripoll 2002, S. 944f. hin.
**146** s. o. Fußn. 141.
**147** Die Schwäne sind auch deshalb als Repräsentanten von Theben deutbar, weil sie Venus als Patronin der Stadt heilig sind, s. dazu Snijder 1968 ad 3,524 (*profundi / aetheros*).

bringt Amphiaraus wieder eine explizite Deutung, als er sich in einem der Adler erkennt (3,546f.).

Der Übergang zum Vogelzeichen der Schwäne und Adler wird begleitet durch einen Wechsel in der angerufenen Gottheit: Zuerst war es Jupiter, den Amphiaraus angerufen hatte, Melampus bringt dann Apollo ins Spiel. Amphiaraus nimmt diesen Impuls auf, wenn er in seiner Antwort auf Melampus' Rede die *omina Phoebi* erwähnt, die sich ihm früher dargeboten haben: *equidem varii, pater, omina Phoebi / saepe tuli* (3,516f.). Dieser Wechsel ist bemerkenswert. Es scheint, als unterstellte Amphiaraus hier, dass die verschiedenen Zeichen, die Melampus gesehen hat, von Apollo stammten und er dieses ‚Kommunikationsverhalten' von Apollo bereits kennte. Snijder 1968 ad 3,516 geht ebenfalls davon aus, dass Amphiaraus' Aussage unterstellt, dass die vorherigen *omina* aus Melampus' Schilderung von Apollo stammten.[148] Hier ist zu bedenken, dass dies nicht notwendigerweise so gemeint sein muss: Amphiaraus spricht ja strenggenommen überhaupt nicht von den Vogelzeichen, die sich dem Melampus dargeboten haben, sondern von dem, was er selbst in früheren Zeiten an *omina* von Apollo erhalten hat. Bei diesen *omina* muss es sich nicht einmal um Vogelzeichen gehandelt haben. Es wäre denkbar, dass Amphiaraus hier das Kommunikationsverhalten eines Gottes (Jupiter sendet dem Melampus *varia omina*) mit dem eines anderen Gottes (Apollo hat dem Amphiaraus früher schonmal *varia omina* gesendet) lediglich vergleicht. Auffällig bleibt aber dennoch, dass auch Melampus schon auf Apollo Bezug nimmt.

Dass Apollo hier in dieser Form ins Spiel gebracht wird, könnte strukturell mit dem Wechsel in der Art des Vogelzeichens zu tun haben. Während Jupiter assoziiert wird mit der römischen Form des *auspicium*, wie sie bis zum Ende von Melampus' Rede dominiert, ist Apollo mit der semantisch komplexeren Form des Vogelzeichens der Schwäne und Adler assoziiert, die jeweils eine spezifische Bedeutung haben und zukünftige Ereignisse im Detail repräsentieren, anders als die Vögel, die Melampus schildert, die lediglich allgemein Unheil anzeigen.

---

148 Snijder versucht ebd., das Problem der anscheinend zweifachen Urheberschaft des Vogelzeichens aus Perspektive eines stoischen Weltbildes zu lösen. So sei Jupiter gleichzusetzen mit dem Fatum und in dieser Hinsicht „the very fountain-head of all prophesying phenomena", Apollo dagegen sei zuständig für die praktischen, technischen Aspekte der Divination sowie die „communication of signs". Dem schließt sich Schubert 1984, S. 236 an. Die Erklärung von Snijder erscheint etwas gesucht, zumal das Gebet des Amphiaraus zu Jupiter diese Lesart nicht gerade stützt, insofern, als dort ja gerade verschiedene Formen der Divination verschiedenen Göttern zugeordnet werden. Inwiefern Amphiaraus hier nun plötzlich seine Perspektive verändert haben sollte hin zu einer Konzeption, in der Jupiter für das Fatum steht, will nicht recht einleuchten. Aus Amphiaraus' Sicht ist Jupiter auf jeden Fall auch mit der „communication of signs" befasst, vgl. z. B. 3,493: *signa feras laevusque tones*. Zu Jupiter, der Apollo die Gabe der Weissagung verleiht Horsfall 2006 ad *Aen.* 3,251–252; Aischyl. *Eum.* 19; Ps.-Tib. 3,4,47f.; Macr. *Sat.* 15,22,12–15.

Seherische Fähigkeiten interpretatorischer Art sind aus Sicht der römischen Praxis keine vonnöten bei einem *auspicium*. Die seherische Kompetenz zeigt sich erst bei der Deutung des komplexen allegorischen Vogelzeichens des Amphiaraus. Apollo wiederum ist derjenige Gott, der für die Beförderung dieser Art von Kompetenz zuständig ist (s. o. zu 3,453: *mente viret Phoeboque*; 3,454f.: *dubium, cui pronus Apollo, / oraque Cirrhaea satiarit largius unda*). Zu bedenken ist weiterhin, dass Apollo als Divinationsgott eher mit den ekstatischen, inspirierteren Formen von Divination assoziiert wird,[149] wobei aber auch die von Amphiaraus praktizierte Interpretation des Vogelzeichens nicht zur *divinatio naturalis* zu zählen ist.[150] Vielmehr fiele sie aus römischer Sicht in den Bereich der *Etrusca disciplina*: Was sich dem Amphiaraus darbietet, wird durch die Wortwahl als eine Art Prodigium dargestellt (*sed similis non ante metus aut astra notavi / prodigiosa magis* 3,522f.), das entsprechend ausgedeutet werden muss von einem *haruspex*.[151] Man könnte soweit gehen, die Verse 536 und 537 als Anspielung auf Blutregen zu deuten, ein typisches Prodigium:[152]

---

**149** Siehe z. B. Graf 2012; vgl. auch im weiteren Verlauf dieser Episode: 3,611–613 (Capaneus über den delphischen Apollo); 3,625 (Amphiaraus über Apollo, der ihn dazu bewegt, aus seinem Haus zu treten), 3,643f. (Amphiaraus zeigt sich inspiriert von einem Gott, wobei aber unklar ist, um welchen es sich handelt); 3,667 (Capaneus erwähnt die *dementia Phoebi*).

**150** Zur Einteilung der Divination nach Ciceros *De divinatione* I vgl. die Nachzeichnung von M. Haase bei Briquel 1997, Sp. 716. Die *divinatio naturalis* beruht auf der „Natur" und leitet sich aus der „Erregung der Seele" her, z. B. durch Ekstase; im Unterschied dazu beruht die *divinatio artificiosa* auf einer „Kunstlehre" und umfasst diverse zeichenhafte Phänomene wie Eingeweideschau, aber auch Prodigien. Die Deutung aufseiten des Empfängers ist in diesem Modell stets Teil der *divinatio artificiosa*.

**151** Zuständig für die Deutung sind in Rom insgesamt drei Gremien, an die der Senat das Prodigium zur Deutung weitergibt, nachdem er es angenommen hat: Pontifices, *decemviri sacris faciundis* und Haruspices, wobei letztere die meisten Informationen liefern konnten (dies bei Rosenberger 1998, S. 24; 50–56); ThLL s.v. prodigiosus, Sp. 1604, ordnet die Statius-Stelle unter diejenigen, wo *prodigiosus* im engen Sinne gebraucht wird als „naturam vel speciem prodigii habens". Einführend zur *Etrusca disciplina* Briquel 1997, Sp. 715–717 mit Hinweis auf Liv. 1,34,8–9; das Prodigienwesen in Rom befindet sich ab Augustus im Niedergang (hierzu Rosenberger 1998, S. 210–240) und erlebt unter Claudius eine kurze Renaissance, die wohl dem „antiquarischen Interesse" des Kaisers geschuldet ist (ebd., S. 210). Deswegen und aufgrund seiner früheren kultischen und literarischen Präsenz (z. B. bei Livius) dürfte es aber Statius' Zeitgenossen sicherlich noch soweit vor Augen gestanden haben, dass der Dichter es als „rituellen Intertext" (s. o. Kap. 1.2) verwenden konnte.

**152** Siehe auch 3,545: *spargit cava nubila sanguis*. Rosenberger 2001, S. 69 nennt diverse Beispiele für typische Prodigien, darunter „Regen ungewöhnlicher Stoffe wie Blut oder Milch"; siehe auch ebd., S. 73; Rosenberger 1998, S. 101; 118 mit Anm. 161; Obseq. 4; 12; Cic. *div.* 2,60; Liv. 24,10,7; 34,45,6; Plin. *nat.* 2,147 (ferner Hom. *Il.* 16,459–461; 11,51–55). Mit *inexperto* in 3,536 weist Amphiaraus selbst darauf hin, dass es sich um eine für den Himmel ungewohnte Substanz handelt. An anderer Stelle in der *Thebais* finden sich nachgerade kleine Prodigienkataloge (Übersicht bei Teifel 1952,

*cernis inexperto rorantis sanguine ventos, / et plumis stillare diem?*

Siehst du, wie der Wind von ungewohntem Blut sprüht und Federn vom Himmel regnen?

Amphiaraus' Vogelzeichen lässt sich nicht mehr in der Opposition von günstigen und ungünstigen Zeichen fassen, wenngleich es natürlich nahelegt, nicht gegen die Thebaner ins Feld zu ziehen, also im Ergebnis dem *auspicium* des Melampus gleicht. Der Übergang zu diesem semantisch komplexeren Zeichen wird begleitet von einem Wechsel in der Divinationsgottheit: Nachdem zunächst Jupiter angerufen wurde, ist nun Apollo gefragt.[153] Wie sich im Folgenden zeigen wird, geht mit diesem Wechsel auch ein Wechsel in der Bewertung der Seherkunst einher.

## 3.5 Umwertungen

Kaum ist die Vogelschau beendet, wird sie problematisiert, zusammen mit der Mantik im Allgemeinen. Amphiaraus und Melampus sind erschrocken über das, was sie gesehen haben (3,547–549):

> *trepidos sic mole futuri / cunctaque iam rerum certa sub imagine passos / terror habet vates*
>
> Schauder erfasst die Seher, die unter der Last der Zukunft zittern und das ganze Schicksal bereits im klaren Abbild erleben.

Hatte der Erzähler eingangs die besondere Kompetenz und Inspirationsgabe der Seher betont, erweisen sich diese Vorzüge nun als fatal: Die beiden haben allen zukünftigen Schrecken überdeutlich sehen können. Ihre starke Inspiration (*certa sub imagine*) hat dafür gesorgt, dass sie das Gesehene am eigenen Leib „erleiden" (*passos*). In der Folge weint Amphiaraus über seinen bevorstehenden Tod, den er gerade am Himmel erkannt hat (*quid furtim inlacrimas? illum, venerande Melampu, /*

---

S. 74, Anm. 6): 4,374–377; 7,402–423. In 7,408 zählt der Erzähler Blutregen als eines der Prodigien auf, neben Steinregen (*nunc sanguineus, nunc saxeus imber*).

**153** Vor dem Hintergrund dieser Erkenntnis wäre die Beobachtung von Manolaraki 2013, S. 95 zu relativieren, die zu Recht darauf hinweist, dass es ungewöhnlich sei, dass Amphiaraus über das Ziel der Schwäne als *Zugvögel* spekuliere (3,526f.): „His hesitancy is even more jarring, considering the very principles of augury, whose bedrock is the location of the birds relatively to the augur." Doch an dieser Stelle geht es längst nicht mehr nur um die Position der Vögel, da wir den Rahmen des *auspicium* bereits verlassen haben; Manolaraki 2012, S. 301–303 argumentiert dafür, dass Statius hier auf das Motiv des Kranich als Zugvogel zurückgreift, wie es sich bei Homer und Lukan findet (u. a. *Il.* 3,3–6; Lucan. 3,197–200; 5,709–716), und dass er das Kranich-Motiv mit dem Schwan-Motiv kombiniert.

*qui cadit, agnosco*, 3,546f.).¹⁵⁴ An dieser Stelle haben wir uns bereits weit vom römischen Auspizienwesen entfernt, das ja keineswegs eine klare *imago* zukünftiger Geschehnisse liefert, sondern nur eine positive oder negative Antwort, und für das es letztlich völlig unerheblich ist, wie stark die Inspirationskraft des Beobachters ist. Hierfür ist lediglich *ars* vonnöten.¹⁵⁵ Andererseits verweist *certa* wiederum auf die Terminologie der römischen Divinationspraxis, und zwar auf die *signa certa* oder *aves certae*.¹⁵⁶ Mit Blick auf die Rahmung der Episode ergibt sich hier eine Spannung. Wie ich oben (Kap. 3.1) gezeigt hatte, sind es gerade der Zweifel und die Unentschlossenheit, über die Adrast nicht hinauskommt, welche inhaltlich und sprachlich die Episode umrahmen. Wenngleich an der Klarheit der Zeichen kein Zweifel bestehen kann, kommt es dennoch zu keiner klaren Entscheidung.¹⁵⁷

Nachdem die Seher zunächst erschrocken waren über das Gesehene, erfasst sie dann ein Gefühl der Reue (3,549f.):

*piget inrupisse volantum / concilia et caelo mentem insertasse vetanti*

Sie bereuen, in die Versammlung der Vögel eingebrochen, mit dem Geist in den verbotenen Himmel gedrungen zu sein.

Diese Stelle bildet einen Umschwung in der Bewertung der Vogelschau. Plötzlich sind die Seher „eingebrochen" (*inrupisse*) in den Raum der Vögel. Fraglich ist, wie hier *vetanti* aufzufassen ist. Entweder war der Himmel selbst nicht gewillt, betrachtet und gedeutet zu werden.¹⁵⁸ Denkbar wäre aber auch eine andere Lesart: *vetare* kann als terminus technicus der Auguralsprache gebraucht werden, so dass hier gemeint wäre, dass ungünstige, ‚hemmende' Zeichen am Himmel zu sehen

---

**154** Zur Frage der Sprecherverteilung und damit verbunden der Interpunktion dieser beiden Verse siehe Snijder 1968 ad 3,546; Snijder u. a. (z. B. Shackleton Bailey 2003a) nehmen an, dass kein Sprecherwechsel stattfindet, also Amphiaraus den Melampus fragt, warum dieser weine. Ich bevorzuge hier die Interpunktion von Klotz und Klinnert 1973 (siehe auch Garrod 1906), die die Frage *quid furtim inlacrimas?* dem Melampus zuweisen; dezidiert für die Zuweisung an Melampus plädiert auch Frings 1991, S. 54f.
**155** Linderski 1986, S. 2230; Cic. *div.* 1,11f.; 1,34; 1,38; 1,66; 1,72; 2,26; Serv. *Aen.* 3,359 (weitere Textstellen und weitere Literatur bei Linderski ebd.).
**156** Linderski 1986, S. 2292.
**157** Zu *signa/auspicia incerta/dubia* siehe Cic. *div.* 1,124: *potest accidere, ut aliquod signum dubie datum pro certo sit acceptum, potest aliquod latuisse aut ipsum, aut quod esset illi contrarium*; Liv. 8,30,1; 8,32,4; 8,32,7; 8,34,4; Verg. *georg.* 4,253; 1,394 (zu *signa certa*, Hinweis bei Linderski 1986, ebd.).
**158** So versteht die Stelle Faranda Villa 2009: „Sono pieni di rincrescimento [...] per intrufolarsi nei segreti che il cielo vuole tenere per sé"; ähnlich Schönberger 1998 (s. o.), allerdings ohne Personifizierung des Himmels.

waren.[159] Technisch gesehen wären es eigentlich die Vögel und nicht der Himmel, die sich zu der geplanten Handlung ablehnend verhalten. Dies kann aber als dichterische Ausdrucksweise gewertet werden, zumal die Vögel im gleichen Vers genannt werden. Außerdem hat der Erzähler bis dato keinen expliziten Hinweis darauf gegeben, dass die Vogelschau selbst gegen göttlichen Willen stattgefunden hat; vielmehr hat er sogar angemerkt, dass die beiden Seher *rite* vorgegangen sind (3,499). Die Abwesenheit positiver Zeichen, wie sie Melampus zu Beginn feststellt, bedeutet ja nicht, dass das Verfahren an sich nicht hätte durchgeführt werden sollen, eher im Gegenteil: In der Logik des *auspicium* würden gerade die – klar vordefinierten – ungünstigen Zeichen den Fragenden davor bewahren, dann und auf eine solche Weise eine Unternehmung durchzuführen, wann und wie er sie eigentlich geplant hatte.

Andererseits gibt es einige Stellen, die zumindest suggerieren, dass die Vogelschau gar nicht oder nicht in dieser Weise hätte durchgeführt werden dürfen. So ließe sich *tamen* in 3,459 dergestalt verstehen, dass die Eingeweideschau in den 3 Versen unmittelbar zuvor (3,456–458) angezeigt hat, dass man nicht noch ein *auspicium* abhalten sollte.[160] Auch andere Aspekte sind geeignet, Zweifel zu wecken, ob die Seher wirklich korrekt vorgegangen sind, nämlich die problematische Abqualifizierung Jupiters in Amphiaraus' Gebet sowie die für ein *auspicium* unpassend anmutende Frage nach dem *venturus labor* und den *primordia pugnae* (s. o.). Hinzu kommt das von Amphiaraus geschilderte und gedeutete Vogelzeichen. An dieser Stelle haben die Seher den Rahmen eines *rite* durchgeführten römischen *auspicium* verlassen. Schließlich deutet auch die Wortwahl der vorliegenden Stelle auf eine Verfehlung hin: *inrupisse* meint ein gewaltsames, feindliches Eindringen,[161] ist hier also mehr als nur eine poetische Ausdrucksweise für *auspicia observare* o. Ä. Demnach lässt sich *vetanti* ambivalent verstehen und der Leser muss sich fragen, ob eventuell sogar die Durchführung des *auspicium* an sich schon eine wie auch immer geartete Verfehlung gegen die Götter war oder mit sich gebracht hat.[162]

---

159 Georges s.v. *veto*; Lewis & Short s.v. *veto* II; Cic. *div.* 2,38,80: *quae est igitur natura, quae volucris huc et illuc passim vagantis efficiat ut significent aliquid et tum vetent agere, tum iubeant aut cantu aut volatu?*; Hor. *carm.* 3,27,15f.: *teque nec laevos vetet ire picus / nec vaga cornix*; Ov. *fast.* 6,764f.: *non ego te, quamvis properabis vincere, Caesar, / si vetet auspicium, signa movere velim.* Diese Parallelstellen bieten allerdings, anders als die Statius-Stelle, kein absolutes *vetare*, sondern nur die Infinitivkonstruktion. Die Ambivalenz bei Statius bestünde also genauer gesagt in der Unklarheit, ob das zu ergänzende Verb hier aus dem unmittelbaren Kontext stammt (*insertasse*) oder aus dem weiteren.
160 Näheres hierzu unten, Kap. 3.8.
161 Georges und OLD s.v. *irrumpo*.
162 Denkbar, dass Shackleton Bailey 2003a in seiner Übersetzung diese Art von Ambivalenz ausdrücken wollte: „intruded their purpose on heaven that forbade them".

Auch die zuvor vom Erzähler betonte gute Beziehung der Seher zu den Göttern erscheint nun in einem anderen Licht. In Vers 551 wird sie selbst zu einem Problem: *auditique odere deos*. So hatten wir eingangs erfahren, dass Apollo beiden Sehern zugeneigt war (*pronus Apollo*, 3,454) und auch die Beziehung zu Jupiter erschien stabil (vgl. 3,470: *ac prior Oeclides solitum prece numen amicat*). Insofern ist es nicht verwunderlich, dass die beiden die erbetenen Zeichen erhalten haben und dass sie diese Zeichen deuten konnten. Doch genau deswegen wird ebendiese gute Beziehung gestört: Jetzt werden die Götter von den beiden Sehern „gehasst", weil sie deren Gebete erhört haben.

Die vorher positive Bewertung der Seherkunst wird ins Gegenteil verkehrt. Denn nachdem der Erzähler berichtet hat, dass die Seher bereuen, die Vogelschau durchgeführt zu haben, verdammt er nunmehr seinerseits die Kunst der Weissagung, weil sie schlimme Folgen für die Menschen habe (3,551–565). Er macht sich die negative Perspektive der beiden Seher zu eigen[163] und beginnt seine Kritik mit der die Frage, woher das Bedürfnis, die Zukunft zu kennen, stamme (3,551–553): *unde iste per orbem / primus venturi miseris animantibus aeger / crevit amor?* Der Erzähler knüpft damit gedanklich an *auditique odere deos* im gleichen Vers an: Der *amor venturi* der Seher hat dazu geführt, dass sie die Götter gebeten haben, ihnen die Zukunft zu eröffnen. Dieser *amor* aber ist *aeger* und stürzt offensichtlich die Menschen in Unglück (*miseris*). Der Erzähler ordnet das Geschehen in den Groß-Zusammenhang der Menschheitsgeschichte ein (*per orbem*,[164] *primus*). Statius ruft hier die literarische Tradition kultureller Deszendenzmodelle auf, wie wir sie in der lateinischen Literatur prominent zum Beispiel am Beginn der ovidischen *Metamorphosen* finden.[165] Dies wird uns unten noch beschäftigen (Kap. 4.4), hier sind aber zunächst intratextuelle Rückbezüge der Textstelle von größerem Interesse. So korrespondiert sie mit den Versen 482–486. Dort hatte Amphiaraus in seinem Gebet an Jupiter über die Ursprünge der Vogelschau spekuliert, die er in den Kontext der Kosmogonie eingeordnet hatte (3,482–486).

In seiner Kritik der Seherkunst präsentiert der Erzähler zwei mögliche Antworten auf die Frage, woher der *aeger amor venturi* stamme (3,553–559):

> *divumne feras hoc munus, an ipsi,*
> *gens avida et parto non umquam stare quieti,*

---

[163] Snijder 1968 ad 3,551: „the passage [] reflects the despondent mood of the two priests after receiving the unfavourable signs, a mood in which they can only see the disadvantages of their art." Siehe auch Wenskus 2014, S. 149, Anm. 40.

[164] Snijder 1968 ad 3,551: „*orbem* = terram universam" (mit Verweis auf 3,661: *primus in orbe deos fecit timor*).

[165] Ov. *met.* 1,89–150; Näheres bei Snijder 1968 ad 3,551; s. auch Franchet d'Espèrey 1999, S. 340f.

> *eruimus quae prima dies, ubi terminus aevi,*
> *quid bonus ille deum genitor, quid ferrea Clotho*
> *cogitet? hinc fibrae et volucrum per nubila sermo*
> *astrorumque vices numerataque semita lunae*
> *Thessalicumque nefas.*

Soll man es eine Gabe der Götter nennen, oder haben wir, unersättliches Geschlecht, und nie mit Erreichtem zufrieden, aus eigenem Trieb den Tag unserer Geburt erforscht und das Ende des Lebens, wollen wissen, was jener gute Vater der Götter denkt und was die eiserne Clotho? Daher befragen wir Eingeweide, die Sprache der Vögel in Wolken, den Wechsel der Gestirne, die berechneten Phasen des Mondes und ruchlose Künste thessalischer Hexen.

Auch dies hat seine Parallele im Jupiter-Gebet. So hatte dort Amphiaraus drei mögliche Antworten präsentiert auf die Frage, wieso die Vögel die Zukunft verkünden können (3,483–488):

> *superae seu conditor aulae*
> *sic dedit effusum chaos in nova semina texens,*
> *seu quia mutatae nostraque ab origine versis*
> *corporibus subiere notos, seu purior axis*
> *amotumque nefas et rarum insistere terris*
> *vera docent*

[...] entweder als der Gründer der Himmelsfeste das wirre Chaos zu neuen Keimkräften umschuf, oder als sie sich wandelten, nicht mehr Menschengestalt behielten und mit den Südwinden flogen; mag sein auch, weil der reinere Himmel, wo Unrecht nicht hindringt, und kurzes Weilen auf der Erde sie Wahrheit lehren.

Diese Parallele hebt den plötzlichen Wandel in der Beurteilung der Seher(kunst) noch hervor: Erst war die Weissage-Gabe der Vögel im Weltenplan des kosmischen Schöpfers vorgesehen bzw. resultierte die Gabe daraus, dass die Vögel sich nicht mehr in der unreinen Sphäre der Menschen bewegten. Nun ist der *aeger amor* entweder ein sarkastisch zu verstehendes göttliches „Geschenk"[166] oder bereits in der Natur des Menschen angelegt.

Der Erzähler zählt neben den Haruspizien (*fibrae*) und Auspizien (*volucrum per nubila sermo*) noch andere Orakelformen auf, und zwar die Astrologie (*astrorumque vices numerataque semita lunae*) und Nekromantie (*Thessalicumque nefas*). Die Aufzählung ist klimaktisch aufgebaut.[167] So stehen am Anfang die angesehenen Orakelformen (die beide auch herangezogen wurden von Amphiaraus und Melampus), mit der Astrologie folgt eine, die der zeitgenössische Rezipient wahrscheinlich

---

166 Snijder 1968 ad 3,553.
167 Ähnlich Ripoll 2002, S. 942 mit Fn. 78.

als problematischer eingestuft hätte als Haruspizien und Auspizien.[168] Am Ende steht pointiert die Nekromantie, die als die schlimmste Divinationsform erscheint. Sie ist ein *nefas* (3,488). *Thessalicum* ruft darüber hinaus die Figur der thessalischen Hexe auf und verweist so auf die magischen Aspekte dieser Divinationsform, die sie ebenfalls ausweisen als eine Praxis, die im Vergleich zu Eingeweide- und Vogelschau als pervertiert erschien.[169] Während im Jupiter-Gebet die Vögel gerade nichts mit *nefas* zu tun hatten, steht die Vogelschau hier in direkter Verbindung mit einer Praktik, die als *nefas* bewertet wird. Die betonte Nähe der Astrologie zur Magie[170] erleichtert den gedanklichen Übergang zum *Thessalicum nefas*, der Nekromantie – ihr wird der Leser der *Thebais* in Buch 4 begegnen. Typisch für Astrologie bzw. Horoskopie wiederum ist das Interesse am ersten und letzten Tag des Lebens, die durch Sternenkonstellationen beeinflusst werden (*eruimus quae prima dies, ubi terminus aevi*).[171]

---

[168] Dies dürfte zumindest gelten für die „undifferentiated and pragmatic form of astrology", wie sie sich in Rom immer wieder fassen lässt; hiervon abzugrenzen ist jene Form Astrologie, die über Vermittlung von griechischen Gelehrten mehr und mehr Popularität in der römischen Oberschicht erlangte (Stuckrad 2016, S. 127f.); Barton 1994, S. 38 zur Frage, wieso die Astrologie in Rom zum Ende der Republik hin bedeutsamer wurde: „Astrology belonged with the sole ruler, as the state diviners belonged with the Republic." Das Folgende aus Barton 1994, S. 44–49: Sueton berichtet Aug. 94,5: Als der Astrologe Publius Nigidius Geburtsdatum und -stunde des Augustus erfahren habe, habe er verkündet, Augustus sei der *dominus terrarum orbi natus*. Auch die Nachfolger des Augustus bedienen sich der Astrologie. Risiken ergeben sich für die Kaiser unter anderem dann, wenn andere die Astrologie ebenfalls heranziehen, um Machtansprüche zu rechtfertigen. Dies ist eine der Erklärungen für die Verbote von Astrologie, die die Kaiser häufiger erlassen haben (ebd., S. 42, zu Augustus' Verbot 11. n. Chr.). Die Kaiser verwenden die Astrologie auch, um über das Schicksal potentieller Konkurrenten Auskunft zu erhalten (ebd., S. 45, mit Hinweis auf Cass. Dio 67,15,6 zu Domitian und Nerva). Besonders heikel sind die Vorhersagen der Astrologen über Todesdaten von Kaisern (ebd., S. 47). Nachdem Vitellius die Astrologen 69. n. Chr. verbannt, reagieren diese, indem sie sein Todesdatum öffentlich machen (Suet. *Vit.* 14,4). Sieh auch Tac. *ann.* 4,58; Suet. *Nero* 60. Zum Aufstieg der Astrologie in Rom von der Republik bis zur augusteischen Zeit und zum Astrologie-Diskurs siehe Green 2014, S. 65–197 (S. 75–86 zu Ciceros umfangreicher Kritik an der Astrologie in *div.* 2,87–99).

[169] Passend dazu hat der Erzähler zuvor in Buch 3 Ide mit einer Thessalischen Hexe verglichen, die ein Schlachtfeld nach frischen Leichen durchsucht (Snijder 1968 ad 3,559 mit Verweis auf 3,144f.). Thessalien war das „particular home of witches": Ogden 2001, S. 143; für einen Überblick mit einschlägigen Stellen in der lateinischen Literatur (u. a. Lukans Erictho) s. ebd., S. 143–148; ders. weist darauf hin, dass antike Nekromantie innerhalb, aber auch außerhalb der „ever-shifting sphere of the ‚magical'" stattfinden konnte (S. xx f.).

[170] Agrippa lässt im Jahre 33. v. Chr. Zauberer und Astrologen verbannen (Cass. Dio 49,43, 4; dazu und zu anderen Verbannungen von Astrologen Barton 1994, S. 50).

[171] Snijder 1968 ad 3,555; Barton 1994, S. 2.

Dass diese Fragen in die Kritik an prominenter Stelle eingeflochten sind, mutet zunächst unpassend und übertrieben an. Die Vogelschau, die die Seher durchgeführt haben, scheint von ganz anderer Art zu sein: Amphiaraus hat nicht gefragt *ubi terminus aevi?*, die Seher hatten nicht die Absicht, die tiefsten Geheimnisse des Schicksals zu erforschen. Doch interessanterweise ähnelt das Ergebnis der Vogelschau dem eines Horoskops. Denn Amphiaraus hat ja tatsächlich Informationen über seinen eigenen Tod erhalten (3,547). Es bleibt an dieser Stelle offen, inwiefern diese Informationen so ‚genau' wie die eines Horoskopes sind, doch *certa sub imagine* (3,548) insinuiert immerhin eine gewisse Genauigkeit des Wissens um die Zukunft, das die Seher erworben haben. Abgesehen davon ist auf Basis des Vogelzeichens natürlich eine relative Datierung des Todestages möglich, da er, soviel ist sicher, in den Zeitrahmen des Feldzugs gegen die Thebaner fällt. Und denkbar ist zudem, dass Amphiaraus auch über die Art seines Todes Einsicht erhalten hat, da ja die Todesarten der Vögel auf die Todesarten der argivischen Heerführer verweisen. Es könnte *illum, [...] / qui cadit, agnosco* nicht einfach nur meinen, dass Amphiaraus sich erkennt in dem Adler, der dort gerade sterbend zu Boden fällt, sondern dass er in dem Fall des Vogels seinen eigenen Fall in den Hadesschlund vorausahnt.[172] Dies ist insofern plausibel, als ja, wie schon erwähnt, auch die Art des Fluges der Vögel Informationen übermitteln kann. Das Element des „letzten Tages" bedeutet also nochmal eine Transgression der engen Grenzen des *auspicium*, in diesem Fall hin zur Astrologie. In der Rückschau wird deutlich, dass einige vorherige Textstellen vorausweisen auf die Astrologie. Als Amphiaraus in seinem Gebet an Jupiter von den günstigen Zeichen spricht, gebraucht er *astra* metonymisch für „Himmel": *tunc omnis in astris / consonet arcana volucris bona murmura lingua* (3,493f.). Der Erzähler wiederum erwähnt die *sidera*, die die Seher vor ihrer Vogelschau einteilen (*rite diu partiti sidera*, 3,499). Die *sidera* stehen hier für den Himmel bzw. den Teil des gesamten Himmels, den die Seher als Beobachtungsfeld haben. Zum zweiten Mal werden die Sterne erwähnt in Amphiaraus' Beschreibung des Vogelzeichens: *sed similis non ante metus aut astra notavi / prodigiosa magis* (3,522f.).[173]

---

[172] Zur Vorhersage der Todesdaten und -arten in der Astrologie s. o. Fußn. 168. Zur Kalkulation der Länge des Lebens und der Art und Weise des Todes bei Dorotheus von Sidon siehe Barton 1994, S. 125f.; Barton geht davon aus, dass die Kompliziertheit der Berechnung der Lebenslänge auch darin begründet liegt, dass diese Berechnung ein „illegal pursuit" sei. Zu Grabinschriften, wo Verwandte falsche astrologische Voraussagen kritisieren: Anth. Gr. 11,159; CIL VI 4 27140 (Hinweis bei Barton 1994, S. 56).
[173] Die Stelle ist allerdings textkritisch umstritten: Die überlieferte Lesart ist hier *astra*, hierfür wurden diverse Konjekturen vorgeschlagen, z.B *signa* (Slater, übernommen von Garrod 1906) oder *monstra* (Mueller, übernommen von Klotz und Klinnert 1973, die aber in ihrem Apparat auch

Auch zu dieser Aufzählung gibt es eine Parallele im Jupiter-Gebet, nämlich dort, wo Amphiaraus die mit Jupiter konkurrierenden Orakelorte und -formen aufzählt.[174] Wieder zeigt sich ein Wechsel in der Perspektive, denn nun greift der Erzähler solche Orakelformen heraus, die die gesamte Mantik in Misskredit bringen können, nachdem Amphiaraus' Aufzählung die Aufwertung der mit Jupiter assoziierten Vogelschau zum Ziel hatte.

Die Frage, wann der *aeger amor venturi* aufkam, führt zurück zur *aurea aetas*: Das Goldene Geschlecht sei noch nicht begierig gewesen, die Zukunft zu kennen (3,559–561). Damals sei dies nämlich ein *nefas* gewesen (3,562f.). Mittlerweile habe die Mantik zur Entstehung von Übel geführt (3,564f.).[175]

Als der Erzähler seine Kritik beendet hat, wendet er sich wieder der Handlung zu (3,566–568):

> *ergo manu vittas damnataque vertice serta*
> *deripit abiectaque inhonorus fronde sacerdos*
> *inviso de monte redit*

> Also reißt sich der Priester Binden und verfluchte Kränze vom Haupt, wirft den Ölzweig fort und kehrt ohne Schmuck vom verhassten Berg zurück.

*ergo* knüpft einerseits an 3,551 (*auditique odere deos*) an:[176] Der Hass auf die Götter drückt sich darin aus, dass sich Amphiaraus seine priesterlichen Insignien vom Kopf reißt.[177] Weiterhin knüpft *ergo* an die Kritik des Erzählers an, der sich ja die Perspektive der Seher zu eigen gemacht hatte. Amphiaraus reißt sich deshalb die *vittae* und *serta* vom Kopf, weil er die Funktion des Sehers grundsätzlich aufgeben möchte.[178] Das Ablegen der Insignien erhält besonderes Gewicht insofern, als der Erzähler es vergleichsweise ausführlich beschreibt, indem er es in drei Teilschritte

---

verweisen auf 3,557f., was als Parallelstelle eher für *astra* spräche); Shackleton Bailey 2003a belässt *astra* im Text und übersetzt „heavens more prodigious"; auch Hill 1996 belässt *astra* und weist hin auf 3,493, s. auch Schönberger 1998, S. 16.

174 Vgl. o. zu 3,474–480.
175 Snijder 1968 ad 3,551 weist hin auf die Vorstellung, dass moralischer Verfall einher geht mit Fortschritt im Bereich der Technik oder der ‚Wissenschaft': „Its negative tenor [sc. of the discussion of mantic art] should be connected with the general sense of guilt experienced by man at any form of scientific or technical progress [...]." Vgl. auch ebd. ad 3,554.
176 Snijder 1968 ad 3,566
177 Zum Herunterreißen derartiger Insignien in der *Thebais* Seo 2013, S. 154.
178 Snijder 1968 ad 3,567. In gleicher Weise ließe sich *damnata* doppelt verstehen: Einmal sind die *serta damnata*, weil Amphiaraus zum Tode „verdammt" ist (Snijder 1968 ad 566), andererseits werden sie „missbilligt", weil sie in der Mantik verwendet werden, die ja kurz zuvor heftig kritisiert wurde. Vgl. Georges s.v. *damno* I 2) c), OLD s.v. *damno* 3.

zerlegt: Erst reißt sich Amphiaraus die Kränze herunter (*deripit*), dann wirft er sie zu Boden (*abiecta fronde*), und als er hinabsteigt, ist das Resultat dieser Handlung sichtbar: Er ist *inhonorus*. Zurück in Argos weigert sich Amphiaraus, seiner Funktion als Seher nachzukommen (*superum clausus negat acta fateri*, 3,572).[179] Melampus kommt ebenfalls seiner Funktion als Seher nicht nach: Er bleibt aufgrund von *pudor* und *cura* auf dem Land (3,573).

Während Amphiaraus' Handlung gedanklich anknüpft an den Hass auf die Götter, knüpft die des Melampus an die Reue an, die die Seher nach der Vogelschau empfunden haben: *pudor* schließt an *piget inrupisse volantum / concilia et caelo mentem insertasse vetanti* und an die Kritik der Seherkunst durch den Erzähler an. Melampus empfindet Scham darüber, dass er unerlaubterweise dem *amor aeger venturi* Vorschub geleistet hat.

Es lässt sich festhalten, dass im Text nicht nur ein Wechsel in der Bewertung der Seherkunst stattfindet, sondern darüber hinaus spezifische Umwertungen vorgenommen werden, indem vorherige Elemente positiver Bewertung gezielt aufgerufen werden, um sie in ihr Gegenteil zu verkehren. Außerdem zeigt sich, dass die Vogelschau der Seher assoziativ in die Nähe einer weiteren Divinationsform gerückt wird: der Astrologie. Der Abwertung der Seherkunst entsprechend treten die Seher aus ihrer Rolle heraus (vgl. das Ablegen der *vittae*).

Der Handlungszusammenhang macht es aber unmöglich für Amphiaraus, sich den weiteren Ereignissen zu entziehen, da ja die Argiver ohne Anhörung des Sehers nicht tätig werden können. Schließlich sieht sich Amphiaraus gezwungen, mit Capaneus zu interagieren. Letzterer attackiert Seher und Seherkunst in umfassender Weise, die Figurenrede ergänzt hier die Kritik der Seherkunst, die der Erzähler vorgetragen hat und die die Seher sich selbst zu eigen gemacht haben.

## 3.6 Die Autorität eines Propheten

Capaneus' Reden zielen nicht zuletzt darauf ab, die Mantik als solche für bedeutungslos zu erklären und die Warnungen des Amphiaraus als nichtig erscheinen zu lassen. So erklärt er in seiner ersten Rede, dass er nicht einmal warten würde, bis die Pythia ihre Sprüche verkünde (3,611–618):

> *non si ipse cavo sub vertice Cirrhae*
> *(quisquis is est, timidis famaeque ita visus) Apollo*
> *mugiat insano penitus seclusus in antro,*

---

[179] In ähnlicher Weise legt Kassandra in Aischylos' *Agamemnon* ihre priesterlichen Insignien ab, vgl. vv. 1266–1276; vv. 1202–1213 (Hinweis bei Lovatt 2013b, S. 145 und 148).

> *exspectare queam, dum pallida virgo tremendas*
> *nuntiet ambages. virtus mihi numen et ensis,*
> *quem teneo! iamque hic timida cum fraude sacerdos*
> *exeat, aut hodie, volucrum quae tanta potestas,*
> *experiar.*

> Selbst wenn bei Cirrhas hohlem Gipfel jener – mag sein, wer es will, Feiglinge und Schwätzer sehen Apollo in ihm – tief eingeschlossen in seinem Narrenloch brüllt, kann ich nicht warten, bis die bleiche Jungfrau die schreckliche Rätselbotschaft verkündet. Mein Gott ist der Mut und das Schwert, das ich führe. Und nun komme der Priester mit seinem feigen Trug heraus, oder ich will schon heute erproben, welche Macht seine Vögel besitzen!

Mit *timidis* deutet sich bereits die epikureische Stoßrichtung der Kritik an, später greift Capaneus noch deutlicher auf epikureisches Gedankengut zurück: *primus in orbe deos fecit timor* (3,661, 2. Rede).[180] Zudem deutet er an, Amphiaraus versuche die Argiver zu täuschen, da er Angst davor habe, in den Krieg zu ziehen (*timida cum fraude*).[181] Capaneus, der *superum contemptor* (3,602), verdeutlicht, wie sehr die Autorität der Seher darauf beruht, dass ihnen ihr Status von anderen zugesprochen und zugesichert wird. Dem Respekt vor Sehern und Göttern setzt er seine *virtus* und sein *ensis* entgegen: Diese sind sein konkret greifbares *numen*, nicht irgendein Gott, an den nur furchtsame Menschen glauben und der nur *ambages* produziert. Vor seinem Schwert ist die vermeintliche *potestas* der Vögel dahin.

Als Capaneus seine Rede beendet hat, erhält er zustimmenden Beifall (3,618f.) und Amphiaraus tritt aus seinem Haus hervor, um seinerseits zu sprechen (3,620–624). Amphiaraus bezeichnet Capaneus sogleich als *iuvenis profanus* (3,621–623):

> *non equidem effreno iuvenis clamore profani / dictorumque metu [...] / elicior tenebris*

> Nicht lockt mich das zügellose Geschrei eines lästernden Burschen oder Furcht vor seinem Geschwätz [...] aus meinem Dunkel hervor.

Er greift damit *sacerdos* aus Capaneus' Rede wieder auf. *profanus* lässt sich als Gegenbegriff zu *sacer* auffassen.[182] In *profanus* steckt zum einen der Vorwurf, dass sich Capaneus blasphemisch verhalten hat in seiner Rede.[183] Darüber hinaus dient

---

**180** Snijder 1968 ad 3,612.
**181** Die Behauptung, die Seher seien zu furchtsam, entbehrt nicht einer gewissen Ironie: Tatsächlich haben die Seher an einigen Stellen im Text zuvor Furcht empfunden, aber nicht, weil sie besonders feige waren. Stattdessen war es mehr als angemessen, Furcht zu empfinden angesichts der schlimmen Vorzeichen (3,457f.; 522; 547–549).
**182** Georges und OLD s.v. *profanus*.
**183** Entsprechend die Übersetzungen von Schönberger 1998 (s. o.) und die von Shackleton Bailey 2003a: „a young blasphemer's".

*profanus* dem Rückgewinn oder auch der Absicherung von Amphiaraus' Autorität: Capaneus hat keinen solchen Einblick in die Angelegenheiten der Götter, wie ihn der Amphiaraus als *sacerdos* hat. Insofern könnte man *profanus* hier auch mit „uneingeweiht" wiedergeben.[184] Denkbar auch, dass Statius hier *profanus* gewählt hat, weil es sich auf die räumliche Situation beziehen lässt: Nachdem Capaneus geklagt hatte, sie alle hingen an der Schwelle eines einzelnen Bürgers fest (*unius (heu pudeat!) plebeia ad limina civis / tot ferro accinctae gentes animisque paratae / pendemus*, 3,609–611), schreibt Amphiaraus seinem Haus implizit den Status eines heiligen Ortes zu. Capaneus und die anderen sind *profani*, weil sie sich an der Schwelle eines *fanum* aufhalten.[185] Aus diesem *fanum* kommt der *sacerdos* heraus, wenn der Gott es befiehlt, nicht etwa, wenn es die *profani* wünschen.

Darüber hinaus hat der Seher deswegen keine Angst vor den Drohungen, weil er ja seit der Vogelschau weiß, wie er zu Tode kommen wird. Das Schwert des Capaneus wird nicht die Ursache sein, denn (3,623f.):

> *alio mihi debita fato / summa dies, vetitumque dari mortalibus armis.*

> Ein anderes Geschick bestimmt meinen letzten Tag, und von sterblichen Waffen darf es nicht kommen.

Diese Aussage hält die Assoziation mit der Astrologie insofern wach, als der Seher hier auf das Wissen über seinen Todestag und die Art seines Ablebens hinweist.

Nachdem Amphiaraus dies erklärt hat, nennt er seinen eigentlichen Antrieb (3,625f.):

> *sed me vester amor nimiusque arcana profari / Phoebus agit*

> Doch treibt mich die Liebe zu euch und das übermächtige Drängen des Phoebus, geheimes Schicksal zu künden.

Amphiaraus führt hier zwei Gründe an: Einmal treibt ihn der *amor* zu seinen Mitmenschen, die er ja kurz zuvor gehört hat, als sie Amphiaraus' Rede Beifall gespendet haben (3,618f.). Der zweite Grund ist Apollo selbst. Dass der Gott hier als *nimius Phoebus* bezeichnet wird, suggeriert, dass Apollo in irgendeiner Weise Besitz

---

**184** Für diese Bedeutung siehe OLD s.v. *profanus* 2; Catull. 64,260: *orgia quae frustra cupiunt audire profani*; Aen. 6,258f.: *procul, o procul este, profani, / conclamat vates, totoque absistite luco*; Sen. epist. 95,64.

**185** Zur Etymologie von *pro-fanus* siehe Varr., l.l. 6,54: *hinc fana nominata, quod pontifices in sacrando fati sint finem; hinc profanum, quod est ante fanum coniunctum fano*. Walde/Hofmann s.v. *fanum*.

ergriffen hat von Amphiaraus.[186] Der Seher ist so erfüllt vom Wissen um die Zukunft, dass er nicht umhin kann, es seinen Mitmenschen zu verkünden. Auch wenn Apollo schon bei der Vogelschau involviert war, bringt diese Aussage des Sehers nun endgültig die Art von Divination ins Spiel, die auf *natura* beruht.[187] Nach diesem ersten Hinweis auf diese Form von inspirierter Divination folgen die mahnenden Worte des Amphiaraus an seine Mitmenschen (3,629–632). Danach kommt der Seher wieder auf die Vogelschau zu sprechen. Auch hier wird angedeutet, dass die schiere Durchführung der Vogelschau als problematisch gewertet werden könnte, wenn Amphiaraus sagt, er sei dazu getrieben worden sich „hineinzudrängen" in den „Rat" der Götter: *superum[] inrumpere coetus* (3,634). Dann erklärt er, er hätte das Wissen um ihre Zukunft genauso gut nicht erwerben können. Erneut weist er hier darauf hin, dass er über Wissen zu seinem Todestag verfügt (*ubi atra dies, quae fati exordia cunctis, / quae mihi*; 3,636f.).[188]

Um seinen Aussagen Nachdruck zu verleihen, ruft der Seher diverse Instanzen als Zeugen an (3,637–640):

> *consulti testor penetralia mundi*
> *et volucrum adfatus et te, Thymbraee, vocanti*
> *non alias tam saeve mihi, quae signa futuri*
> *pertulerim*

> Ich rufe die Geheimnisse des Weltalls, das ich befragte, die Botschaft der Vögel und dich, Thymbraeus, der du sonst nie, wenn ich bat, so grausam warst, zu Zeugen der Schicksalszeichen, die ich erhielt.

Diese Verse fassen Amphiaraus' vorherige Aktivitäten zusammen. Die Befragung der *penetralia mundi* lässt sich einmal allgemein als Umschreibung dafür verstehen, dass die Seher in die Zukunft geblickt haben, oder auch, spezifischer, als Rückbezug auf 3,497f.,[189] so dass hier implizit auch die *ignota numina* bzw. die *di incerti* mit angerufen würden. *penetralia* meint hier „Geheimnisse",[190] darüber hinaus lässt es sich aber auch als erneute Anspielung auf das problematische Eindringen in den Himmel verstehen.[191] Man kann soweit gehen, die Aufteilung der Vogelzeichen auf Melampus und Amphiaraus hier gespiegelt zu sehen: *volucrum adfatus* bezieht

---

**186** Snijder 1968 ad 3,625.
**187** Zur Einteilung s. Fußn. 150, S. 56.
**188** Snijder 1968 ad 3,636 weist hin auf *ubi terminus aevi* (3,555) als Parallele zu *ubi atra dies*.
**189** *tunc plura ignotaque iungit / numina et inmensi fruitur caligine mundi* (Hinweis bei Faranda Villa 2009, S. 236 Anm. 65).
**190** Snijder 1968 ad 3,637.
**191** Shackleton Bailey 2003a übersetzt „I call the secret places of the universe I questioned".

sich zurück auf den Teil des Melampus, der mit Jupiter assoziiert ist, während *Thymbraee* auf Amphiaraus' Teil oder noch spezifischer auf die Überleitung zum Vogelzeichen des Amphiaraus zurückweist.[192]

Was Amphiaraus als nächstes berichtet, lässt sich nicht ohne Weiteres auf eine spezifische Stelle zurückbeziehen (3,640–642):

> *vidi ingentis portenta ruinae,*
> *vidi hominum divumque metus hilaremque Megaeram*
> *et Lachesin putri vacuantem saecula penso.*

Ich sah Zeichen schrecklichen Unheils, sah Menschen und Götter in Angst, Megaera voll Freude, und sah, wie Lachesis brüchige Fäden zerriss und die Welt von Menschen entleerte.

*ingentis portenta ruinae* fasst zusammen, was Amphiaraus gesehen hat und kann als Rückbezug zu den *astra prodigiosa* (3,522f.) aufgefasst werden. Für die Sichtung von Megaera und Lachesis gilt das zwar nicht in dieser Form, doch Snijder 1968 weist darauf hin, dass es sich hierbei lediglich um eine „symbolical summary" dessen handele, was Melampus und Amphiaraus gesehen hätten (ad 3,641). Megaera und Lachesis wären somit die bildhafte Variante des vorherigen *ubi atra dies, quae fata exordia cunctis* (3,636).[193] Was dann folgt, ist sicherlich keine Rekapitulation der vorherigen Ereignisse mehr (3,643f.):

> *proicite arma manu: deus ecce furentibus obstat, / ecce deus!*

Werft die Waffen weg! Seht doch, die Gottheit tritt eurer Wut entgegen, seht, die Gottheit!

Amphiaraus berichtet hier nicht mehr, was er gesehen hat, sondern weist hin auf eine in diesem Moment präsente Gottheit (*ecce*). Diese Stelle hat aber dennoch eine Parallele, und zwar in der Rede selbst. Einige Verse zuvor hatte Amphiaraus gefragt: *quo, miseri, fatis superisque obstantibus arma, / quo rapitis?* (3,629f.). Diese Stelle ist aber keine bloße Veranschaulichung des Sachverhalts, der in *fatis superisque obstantibus* ausgedrückt ist. Amphiaraus scheint an dieser Stelle von einem Gott

---

**192** Vgl. 3,513 [Melampus]: *hisne dari, Thymbraee, polum?*. Die Verse 3,639f. (*non alias tam saeve mihi, quae signa futuri, / pertulerim*) weisen dann passenderweise auf 3,516–522 zurück, wo Amphiaraus erklärt, noch nie habe er schlimmere Vorzeichen gesehen. Hinweis bei Snijder 1968 ad 3,638; ad 3,639.
**193** Franchet d'Espèrey 1999, S. 353f. weist auf die bemerkenswerte Zusammenstellung einer Furie und einer Parze hin (ebenso in 4,636f.: *dicam equidem, quo me Lachesis, quo torva Megaera / usque sinunt*): Lachesis stehe für den bevorstehenden Tod der Menschen, Megaera für „une guerre sans merci". Vgl. auch *quae vos Furiarum verbera caecos / exagitant?* (3,630f.).

ergriffen zu werden.¹⁹⁴ In diesem Moment ist der Übergang zur *divinatio naturalis* vollzogen: Amphiaraus hat eine Art von ekstatischer Vision oder Epiphanie, die Statius mit der gleichen Wortwahl schildert wie Vergil die von Apollo ergriffene Sibylle: *deus ecce deus!* (*Aen.* 6,46).¹⁹⁵

Diese Gotteserscheinung aber kündigt sich schon in den vorherigen Versen an, die in der Rückschau nicht mehr nur eine symbolische Zusammenfassung des vorher Gesehenen darstellen: Das doppelte *vidi* wird formal und inhaltlich wiederaufgenommen im doppelten *ecce*. Die Verbildlichung des Schicksals der Argiver anhand von Furie und Parze, welche Amphiaraus sichtet bzw. imaginiert, weist auf die Erscheinung des doppelt genannten *deus* voraus.¹⁹⁶ Man könnte soweit gehen, die vorherige Anrufung des Apollo als *testis* ebenfalls als Vorbereitung auf diese Stelle anzusehen: Der Text suggeriert, dass Apollo Amphiaraus gleichsam über-erhört und ihm nicht nur als Zeuge, sondern mit seiner göttlichen Präsenz zur Verfügung steht.

In der Zusammenschau zeigt sich, dass es ein zentrales Anliegen des Amphiaraus ist, seinen Warnungen Gehör zu verschaffen. Der Seher versucht dadurch Autorität zu gewinnen, dass er betont, wie nah er dem Gott steht: Ein *profanus* hat keinen Einfluss auf ihn, er wird von Apollo zum Prophezeien getrieben. Wenn Amphiaraus seine Rede mit dem Gegensatz zwischen *profanus* und *sacer* beginnt, übernimmt er sogleich wieder die Rolle des Sehers, nachdem er eigentlich seine *vittae* frustriert abgelegt hatte.

Entsprechend betont er hier wieder seine Gottesnähe, wie es der Erzähler am Eingang der Passage getan hatte: Amphiaraus bezeichnet den Gott als *noster Apollo* (3,628) und ruft ihn direkt an (3,638). Am Ende seiner Rede ist er dem Gott so nahe wie möglich, wenn dieser ihm erscheint, wobei Amphiaraus an dieser Stelle nicht sagt, um welchen Gott es sich handelt. Amphiaraus übernimmt aber nicht einfach wieder seine frühere Rolle, indem er lediglich auf das hinweist, was die Vogelschau ergeben hat. Er geht noch einen Schritt über seine frühere Tätigkeit hinaus und ‚praktiziert' noch eine Form von ekstatischer Divination. Zudem hält seine Rede die Assoziation zur Astrologie aufrecht. Amphiaraus übernimmt also nicht nur seine alte Rolle wieder, sondern füllt sie, wider Willen, in einem gesteigerten Maße aus. Die formale Gestaltung des Textes weist auf diese Steigerung hin. So bildet die hinzugekommene Divinationsform das Ende der Aufzählung, die eigentlich

---

**194** So sieht es auch Snijder 1968 ad 3,643.
**195** Snijder 1968 ebd. Die Sibylle nimmt hier offenbar die Präsenz des Gottes wahr (Austin 1977 ad *Aen.* 6,46); eine vergleichbare Stelle ist Ov. *met.* 15,675–682 (Hinweis bei Austin), siehe dazu Bömer 1986 ad *met.* 15,680.
**196** Für Stellen zur Geminatio von *deus* (neben den in Fn. 195 genannten) siehe die Liste in Bömer 1986 ad Ov. *met.* 15,677.

nur eine Rekapitulation dessen sein sollte, was Amphiaraus und Melampus getan und gesehen haben. Erneut inszeniert Statius hier ein Entgleiten divinatorischer Aktivitäten, wie schon zuvor im Falle des *auspicium*, das in das Adler-Prodigium mündet, welches wiederum den Rahmen der eigentlich intendierten Divinationsform sprengt (s. o. Kap. 3.4).

Das Ende von Amphiaraus' Rede steht im Kontrast zu den vielfältigen ungünstigen Zeichen, die die verschiedenen Divinationsformen geliefert haben. Amphiaraus ist sich im Klaren darüber, dass seine Mühe vergeblich ist und schließt folgerichtig mit dem Hinweis, seine Warnungen seien ohnehin nutzlos, sie würden ja doch in den Krieg ziehen (3,646f.). Sogleich ergreift Capaneus wieder das Wort. Entsprechend dem ekstatischen Schluss der Rede beginnt er mit dem *furor* des Amphiaraus, den er insgesamt dreimal erwähnt in seiner Rede. Capaneus versucht, diesen *furor* abzuqualifizieren: Sobald man sich auf dem Schlachtfeld befinde, werde der Seherstatus Amphiaraus nicht mehr schützen. Dieser Status als Seher wird hier eng verknüpft gedacht mit dem *furor* (3,648f.: *tuus o furor auguret uni / ista tibi*; 3,661f.: *et tibi tuto / nunc eat iste furor; sed prima etc.*; 3,666f.: *procul haec tibi mollis / infula terrificique aberit dementia Phoebi*). Capaneus wertet auch die Vogelschau erneut ab (3,652: *vanis avibus*). Über eine Reaktion des Amphiaraus auf diese Rede erfahren wir nichts weiter, sie geht in der lärmenden Zustimmung der Argiver unter (3,669).[197] Die Auseinandersetzung zwischen Capaneus und Amphiaraus entspricht einer generellen Darstellungstendenz der Vogelschau-Episode, nämlich der Heraushebung und Isolation der Figur des Amphiaraus. Im Verlauf der Episode rückt Amphiaraus nach und nach ins Zentrum, während Adrast und Melampus in den Hintergrund treten. Dann isoliert Capaneus den Amphiaraus während des Rededuells immer weiter. Beides möchte ich nun im Einzelnen nachzeichnen.

## 3.7 Amphiaraus, der isolierte Seher

Amphiaraus und Melampus treten auf, nachdem der Erzähler zu Beginn der Episode die Bedenken des Adrast geschildert hat. Als der Erzähler die beiden Seher einführt, stellt er sie auf die gleiche Stufe. Man kann nicht sagen, wem von beiden der Sehergott mehr geneigt ist (3,451–455). Wenngleich der Erzähler beiden eine ähnlich hohe Seherkompetenz bescheinigt, deutet sich bereits zu Beginn die Fokussierung auf Amphiaraus an: Der Erzähler betrachtet Melampus in Relation zu Amphiaraus, Melampus tritt neben Amphiaraus wie ein Begleiter (*iuxta*, 3,452; *adsociat passus*, 3,454). Der weitere Verlauf des Textes zeigt zwar zunächst

---

[197] Zum Schweigen in der Vogelschau-Episode Anzinger 2007, S. 279–281.

die Seher gleichermaßen in Aktion (z. B. 3,466–468; 499f.), doch auch hier erhält Amphiaraus mehr Gewicht, hat er doch den größeren Redeanteil der beiden.[198] Er leitet die Vogelschau ein, indem er Jupiter und dann die *ignota numina* anruft, Melampus ist an keiner der beiden Handlungen beteiligt (3,470; 496–498). Für die Vogelschau erklimmt Amphiaraus außerdem den Felsen (3,496f.). Ob Melampus etwas Vergleichbares tut, erfahren wir nicht. Während Melampus nur die unheilkündenden Vögel erblickt, entdeckt Amphiaraus das Vogelzeichen, das die eigentlichen Informationen enthält – auch aufgrund seiner besseren Aussichtsposition, so könnte man schließen. Weiterhin steht der Amphiaraus-Adler prominent am Ende des Vogelzeichens (3,546f.). Furcht und Reue über die Vogelschau empfinden die Seher noch beide gemeinsam (3,547–551), doch die Priesterbinden reißt Amphiaraus sich allein herab und der Erzähler schildert nur, wie Amphiaraus herabsteigt (3,566–572). Für Melampus bleibt ein einziger Vers, in dem der Erzähler ihn mit einer Apostrophe aus der Episode verabschiedet (*te pudor et curae retinent per rura, Melampu*, 3,573).[199]

In der folgenden Szene handelt keiner der Protagonisten, stattdessen Mars und die Argiver, die sich auf den kommenden Krieg vorbereiten. Im Anschluss daran verschwindet auch Adrast für die Dauer der Episode von der Bildfläche. Zunächst jedoch scheint es, als würde der König gleich wieder ins Geschehen eingreifen: Alle strömen zu seinem Palast und fordern, in den Krieg ziehen zu dürfen (3,592). Doch an dieser Stelle wendet sich die Erzählung weg von Adrast und wir erfahren nicht mehr, wie der König reagiert hat. Stattdessen schildert nun der Erzähler den Auftritt des Capaneus (3,598–607). Dieser befindet sich nicht vor dem Palast, sondern vor dem Haus des Amphiaraus, wo offenbar ebenfalls eine Menschenmenge ihrem Wunsch nach Krieg lautstark Ausdruck verleiht: *ante foris, ubi turba ducum vulgique frementis, / Amphiarae, tuas* (3,606f.; vgl. auch die Reaktion auf Capaneus' Rede: *laetum fremit assensuque furentem / implet Achaea manus*, 3,618f.). Man könnte soweit gehen, die Apostrophe in 3,607 zu deuten als einen Ausdruck affizierten Erzählens: Wie die schreienden Argiver und Capaneus versucht auch der Erzähler, zum eingeschlossenen Amphiaraus durchzudringen.

---

**198** 3,471–496: Jupiter-Gebet; 516–545: Schilderung des Vogelzeichens; 546b–547: Antwort auf Melampus' Frage; dagegen Melampus: 502–515.

**199** Snijder 1968 ad 3,567: „it is striking that in this line and the ones that follow the poet only speaks about Amphiaraus, and that Melampus is totally forgotten." Vgl. auch die Interpunktion in 3,573 der Ausgabe Klotz und Klinnert 1973 (ähnlich Hill 1996), die die Melampus-Apostrophe als Einschub ausweist, nachdem Amphiaraus Hauptgegenstand der Erzählung geworden ist: *superum clausus negat acta fateri – / te pudor et curae retinent per rura, Melampu –: / bissenos premit ora dies etc.*

## 3.7 Amphiaraus, der isolierte Seher — 73

Es folgt das Rededuell zwischen Capaneus und Amphiaraus. Beide sind darauf bedacht, den jeweiligen Gegner zu isolieren.[200] Capaneus adressiert seine Rede an die umstehende Menschenmenge (3,608), nicht direkt an Amphiaraus.[201] Indem Capaneus Amphiaraus einen *civis* und dessen Türschwellen *plebeia* nennt (3,609), weist er darauf hin, dass nur dem König die Entscheidung über Krieg und Frieden obliege.[202] Als Amphiaraus schließlich doch aus seinem Haus kommt, erklärt er, er sei nicht aus dem Haus gekommen, weil er sich vor Capaneus fürchte, sondern aus anderen Beweggründen (3,620b–628). Auch er richtet seine Rede zunächst nur indirekt an Capaneus (3,621). Ähnlich wie Capaneus ihn, so degradiert nun Amphiaraus den Capaneus: Er lasse sich nicht von einem *profanus iuvenis* beeinflussen (3,621). Auch isoliert er Capaneus, indem er hervorhebt, dass Apollo diesen allein von seiner Prophezeiung ausnehme. Hierbei stellt er gleichzeitig seine eigene, enge Bindung an den Gott heraus (*unique tacet tibi noster Apollo*, 3,628)[203] und nennt seine besondere Beziehung zu den Argivern als Beweggrund (3,625f.).[204] Zudem weist er auf seine spezielle Todesart hin, die ihn von den anderen Kämpfern unterscheidet (3,623f., vgl. auch 3,636f.[205]). Amphiaraus beendet dann seine Rede mit dem Hinweis, dass seine Warnungen nutzlos seien: *sed quid vana cano, quid fixos aere casus? / ibimus* (3,646f.). Der Seher erscheint auch hier isoliert. Niemand wird letztlich auf seine Warnungen hören.

Die zweite Rede des Capaneus wiederholt dessen Argumente und Vorwürfe,[206] und Capaneus versucht, Amphiaraus weiter zu isolieren. Zuvor hatte Amphiaraus

---

200 Frings 1991, S.12–18; zu Capaneus' Reden siehe auch Franchet d'Espèrey 1999, S. 371f.
201 Frings 1991, S.12–13; Wortstellung und -wahl unterstreichen die Isolation des Amphiaraus: *unius* [...] *civis* bilden die Ränder des Verses 609 (*unius (heu pudeat!) plebeia ad limina civis*), während die *gentes* im Folgevers mittig stehen *tot ferro accinctae gentes animisque paratae* , denen sich Capaneus in der 1. Person Plural zurechnet (*pendemus*, 3,611).
202 Vgl. hierzu Snijder 1968 ad 3,609.
203 Dass Apollo dem Capaneus etwas verschweige, ist strenggenommen nicht zutreffend. Amphiaraus ist über Capaneus' Schicksal informiert, denn auch dessen Tod stellt das Vogelzeichen dar, das Amphiaraus ja auch in den Kontext der *omina Phoebi* (vgl. 3,516–523) einordnet (obgleich er natürlich eigentlich Jupiter um das Vogelzeichen gebeten hatte, vgl. 3,489f.).: *hic excelsa petens subita face solis inarsit / submisitque animos* (3,539f.). Da Amphiaraus sich selbst in einem der Adler erkennt, erscheint es als unwahrscheinlich, dass er nicht auch Capaneus und die anderen Heerführer den entsprechenden Adlern zuordnen kann. Der Leser darf davon ausgehen, dass Amphiaraus hier deswegen schweigt, weil sich Capaneus negativ gegenüber ihm verhalten hat (und gegenüber Apollo, vgl. *nefas* in V. 626) – auch hierauf deutet *profanus* hin; vgl. zu *profanus* o. Kap. 3.6.
204 Frings 1991, S.14; das anaphorische *alio* (3,620; 623) unterstreiche die „Distanz" zwischen Seher und Volk.
205 Hinweis bei Frings 1991, S.14
206 Eine kurze Übersicht hierzu bei Frings 1991, S.15f.

Capaneus von seiner Prophezeiung als einzigen ausgenommen. Nun sagt Capaneus, Amphiaraus möge einzig sich selbst seine Prophezeiungen aussprechen. Wie in der ersten Rede steht eine Form von *unus* an prominenter Stelle im Vers: *tuus o furor auguret uni / ista tibi* (3,648f.).[207] Am Ende seiner Rede droht Capaneus dem Amphiaraus, er möge sich ihm auf dem Feldzug ja nicht in den Weg stellen. Vor Theben werde er, Capaneus, selbst der Seher sein, Amphiaraus aber werde nicht mehr geschützt sein durch seine Priesterbinden und durch Apollo (3,664–667). Die Isolation des Sehers erreicht am Ende der Rede ihren Höhepunkt. Amphiaraus wird imaginiert in noch prekärerer Lage: Er wird um sein Leben fürchten müssen, sollte er sich nach Kriegsbeginn erneut Capaneus (und den Argivern) in den Weg stellen. Solange man in Argos ist, warten Führer und Volk immerhin noch ab, bis der Seher sich geäußert hat.

Was unmittelbar nach den jeweiligen Reden zu hören ist, verdeutlicht weiter die Isolation des Sehers. So spenden nach Capaneus' erster und zweiter Rede die Argiver jeweils donnernden Beifall (*laetum fremit assensuque furentem / implet Achaea manus*, 3,618f.; *rursus fragor intonat ingens / hortantum et vasto subtervolat astra tumultu*, 3,669f.); doch auf Amphiaraus' Rede folgt nur das Seufzen des verstummenden Sehers selbst: *hic presso gemuit semel ore sacerdos* (3,646). Der Seher ‚muss' selbst für die entsprechende lautliche Reaktion sorgen.

Seo 2013 (S.155) hat darauf hingewiesen, dass Statius bei Capaneus und Amphiaraus das „‚Prophet versus Tyrant' script" verwende, wie schon Homer in *Ilias* 1 (Agamemnon und Chryses).[208] Ergänzend zu Seo lässt sich feststellen, dass Statius hier eine wichtige Modifikation dieses „script" vornimmt: Der eigentliche Herrscher, Adrast, ist nicht an der Handlung beteiligt, was Statius noch unterstreicht durch intertextuelle Verweise auf den Latinus der *Aeneis* sowie Fabius Cunctator (s. o. Kap. 3.1). Weder ist Adrast derjenige, der sich gegen Amphiaraus stellt, noch springt er ihm zur Seite. Capaneus stößt somit in eine doppelte Leerstelle vor: In der Texthandlung nutzt er die Gelegenheit, die sich bietet, weil der Herrscher nichts weiter unternimmt und aus Sicht der Ilias als intertextueller Folie übernimmt er die Rolle, die laut „script" dem Herrscher zukäme.[209]

Nach diesem mehr oder weniger textchronologischen Durchgang möchte ich abschließend die Vogelschau-Episode nochmals auf der Makro-Ebene im Hinblick auf eine weiter denkbare rituelle Assoziationsebene analysieren. Wie oben skizziert, trägt gerade der vordere Teil der Vogelschau Züge des römischen Auspizi-

---

**207** Vgl. Snijder 1968 ad 3,648.
**208** Siehe auch o. S. 34, Fn. 89.
**209** Lovatt 2013a, S. 62, weist auf eine ähnliche Situation hin: Soph. *OT* 350–56 (Konfrontation zwischen Tiresias und Oedipus).

enwesens, auf die zum Teil auch schon in der Forschung hingewiesen wurde.[210] Wir haben außerdem gesehen, dass Statius gezielt weitere Divinationsformen aufruft, sie in ein Verhältnis der Konkurrenz und Überschreibung bringt und so ein Entgleisen und Abgleiten von Eingeweideschau und *auspicium* inszeniert. Bedenkt man nun, dass a) Thema dieser Episode der Eintritt in einen Krieg ist, und, dass b) ein *auspicium* eines der Rituale war, die vor und auf dem Feldzug immer wieder abgehalten wurden, stellt sich die Frage: Lassen sich noch weitere Anklänge an römische Kriegsrituale ausmachen? und: Ergeben sich hieraus eventuell weitere Irritationen für den (römischen) Leser?

## 3.8 Das „rituelle Gerüst" des römischen Feldzugs

Als Ausgangspunkt dieser Überlegungen bietet sich die zusammenfassende Übersicht an, die Rüpke 1990 als das „rituelle Gerüst des Feldzuges" präsentiert (S. 242f.). Er weist darauf hin, dass es sich bei seiner Übersicht lediglich um eine Rekonstruktion eines „Idealtypus" im Sinne Max Webers handle. Da es dieser Untersuchung nicht primär darum geht, zu klären, inwiefern Statius' Text zu historischen Fakten ‚passt', stellt dies aber kein Problem dar. Der römische Leser dürfte auch eher eine Art Idealtypus für den rituellen Ablauf des Krieges im Kopf gehabt haben.[211] Rüpke nun nennt u. a.:
- „Kriegsbeschluss des Senats"
- „konsultatorisches Opfer"
- „dilectus in Rom"
- „procuratio prodigiorum"
- „hastas movere in der Regia"
- „auspicium"
- „nuncupatio voti (Kapitol)"[212]

Beginnen wir mit dem „Kriegsbeschluss des Senats":[213] Gleich zu Beginn der Textstelle berichtet der Erzähler, dass sich Adrast dazu entscheidet, die Seher zu Rate zu ziehen. An dieser Stelle verwendet Statius just solches Vokabular, wie es auch für einen entsprechenden Senatsbeschluss passend wäre: *dubio sententia tandem /*

---

**210** Laut Marquardt 1878, S. 387 Fn. 7 handelt es sich um die „ausführlichste Beschreibung" eines römischen *auspicium*. Welche Stelle er genau meint (also ob Amphiaraus' Teil auch noch als solcher anzusehen ist), wird aus seiner Angabe „*Theb.* 3,466 sqq." allerdings nicht klar.
**211** Siehe oben Kap. 1.2.
**212** Für die weiteren Schritte siehe Rüpke 1990, S. 242f.
**213** Rüpke 1990 S. 123f.

*sera placet, vatum mentis et provida veri / sacra movere deum* (3,449–451). Sowohl *sententia* als auch die Konstruktion *alicui placet* mit Infinitiv werden typischerweise verwendet, wenn Entscheidungen des Senats geschildert werden.[214] Wie Rüpke erläutert, besteht der idealtypische Ablauf zu Zeiten der Republik darin, dass am Beginn der neuen Amtsperiode der Senat berät und die Konsuln beauftragt, „religiöse Vorbereitungs- und Konsultationsaufgaben" zu übernehmen.[215] Man könnte so weit gehen, im Beginn der Episode einen Reflex auf diese Praxis zu sehen: Hier ist es Adrast, der das Für und Wider des Krieges abwägt (s. o. zu 3,443–449), bis es dann zu einer Entscheidung kommt, die eine Art Konsultationsopfer nach sich zieht, und zwar die Eingeweideschau der Seher (3,456–459):

> *principio fibris pecudumque in sanguine divos*
> *explorant; iam tum pavidis maculosa bidentum*
> *corda negant diraque nefas minitantia vena.*
> *ire tamen vacuoque sedet petere omina caelo.*

> Zuerst erforschen beide den Willen der Götter aus Eingeweiden und dem Blut von Rindern; hier schon künden die fleckigen Herzen der Schafe mit schrecklicher, Greuel drohender Ader den ängstlichen Sehern Unheil. Doch beschließen sie, hinzugehen und Zeichen am offenen Himmel zu suchen.

Die Inspektion der Eingeweide bringt bei Statius ein negatives Ergebnis (3,457f.). Sind Eingeweide fehlerbehaftet, kann das Opfer wiederholt werden *usque ad litationem*; alternativ wird der Kriegsplan aufgegeben.[216] Bei Statius jedoch fällt die Entscheidung für eine dritte Option: einen weiteren Schritt einzuleiten, ohne zu

---

[214] *placuit* verwendet auch Lukan, als man den Tuskischen Seher Arruns herbeikommen lässt: *haec propter placuit Tuscos de more vetusto / acciri vates* (Lucan. 1,584f.). Nasse 2012, S. 244 (246, 354) geht davon aus, dass dieses *placuit* bei Lukan einen Senatsbeschluss bezeichnet (ebenso Wuilleumier und Le Bonniec 1962 ad loc.); siehe auch OLD s.vv. *sententia* 3, *placeo* 5 b.

[215] Rüpke 1990, S. 123; siehe z. B. Liv. 36,1,1–5; Liv. 31,5,2–4: *omnium primum eam rem idibus Martiis, quo die tum consulatus inibatur, P. Sulpicius consul rettulit senatusque decrevit uti consules maioribus hostiis rem divinam facerent quibus diis ipsis videretur cum precatione ea, quod senatus populusque Romanus de re publica deque ineundo novo bello in animo haberet, ea res uti populo Romano sociisque ac nomini Latino bene ac feliciter eveniret*, und in 42,28,7 (beide Stellen im Zusammenhang mit Konsultationsopfern). In republikanischer Zeit bedarf es einer *lex de bello indicendo* durch die *comitia centuriata*, in der Kaiserzeit existiert diese *lex* nicht mehr (Rüpke 1990, ebd., mit Hinweis auf Liv. 4,58,8 und 7,6,7).

[216] Rüpke 1990 erklärt, der Feldherr könne sich eines Opfers, das negativ ausgegangen ist, stets in seinem Sinne bedienen: Wenn er dazu entschlossen ist, Krieg zu führen, lässt er schlicht das Opfer wiederholen, bis keine Fehler in den Eingeweiden mehr festgestellt werden, also die *litatio* gegeben ist; ist er unsicher, kann er den Feldzug vorzeitig beenden, da ja das Konsultationsopfer einen negativen Ausgang hatte (S. 130).

wiederholen, bis die *litatio* eintritt. Dass dieser dritte Weg vor dem Hintergrund der idealen Praxis als problematisch erscheinen muss, liegt auf der Hand.[217]

Der Erzähler weist darauf hin, dass die Seher „dennoch" (*tamen*) die Vogelschau durchführen wollen. Dieses *tamen* lässt sich auf zwei Weisen verstehen. Aus Sicht der Seher gesprochen könnte es schlicht darauf verweisen, dass die beiden bereits Furcht hegen vor der unangenehmen Konfrontation mit den Vorzeichen des *auspicium*. Denn nachdem bereits die Eingeweideschau entsprechend ungünstige Zeichen geliefert hat, ist es nur allzu wahrscheinlich, dass auch das *auspicium* negativ ausfallen wird. *tamen* könnte aber auch andeuten, dass hier die Vogelschau eigentlich nicht der korrekte nächste Schritt wäre, sondern eben ein Abbruch des Kriegsvorhabens oder die Wiederholung der Eingeweideschau geboten wären.[218] Über den negativen Ausgang des *auspicium* habe ich bereits oben gesprochen.

---

**217** Es ließe sich einwenden, dass in der epischen und tragischen Tradition eine Eingeweideschau eben typischerweise nur eine von mehreren divinatorischen Maßnahmen ist und dass Statius eben hier schlicht dieser Tradition folge. Nasse 2012 untersucht ausführlicher geschilderte Eingeweideschauen (z. B. bei Vergil und Lucan), sie stellt für diese zusammenfassend fest: „Durchgängig stellt die Eingeweideschau nur eine Kommunikationsphase in einer ganzen Reihe von Kommunikationsformen dar" (S. 364). Die Pointe besteht demnach nicht darin, dass Statius solche Kommunikationsformen nebeneinanderstellt, sondern, dass er die römische rituelle (Kriegs-)Praxis aufruft. Diese sorgt als assoziativer Rahmen dafür, dass die literaturgeschichtlich typische Kombination der Kommunikationsformen Irritationen hervorruft; s. auch Chaudhuri 2014, S. 262 über Capaneus' Rede in 3,607–618: „It isn't sloppiness that leads Capaneus to lump together Greek oracles and Roman auguries: his dismissal of the Roman ritual practice [...] is part of comprehensive attack on the gods that encompasses both Greek and Roman worlds, both literary and historical conceptions of the divine."

**218** Umgekehrt angeordnet und anders verknüpft erscheinen Eingeweide- und Vogelschau in einem der Prätexte dieser Episode: Lovatt 2013b hat darauf hingewiesen, dass ein Vorbild für die Eingeweide- und Vogelschau Soph. *Ant.* 998–1022 sein könnte. Hier berichtet Tiresias Kreon von den schlimmen Vorzeichen, die er bei Vogel- und Eingeweideschau bemerkt hat (Lovatt 2013b, S. 143 Fn. 58). Tiresias beginnt hier mit einer Vogelschau (999–1004) und führt danach eine Eingeweideschau durch (1005–1011). Sophokles motiviert den Übergang anders als Statius: Bei Statius halten die Seher die Vogelschau ab *trotz* der Eingeweideschau, bei Sophokles dagegen heißt es: καὶ σπῶντας ἐν χηλαῖσιν ἀλλήλους φοναῖς / ἔγνων· πτερῶν γὰρ ῥοῖβδος οὐκ ἄσημος ἦν. / Εὐθὺς δὲ δείσας ἐμπύρων ἐγευόμην / βωμοῖσι παμφλέκτοισιν (*Ant.* 1003–1006). Da die Sinnrichtung des Partizips nicht eindeutig ist, ist es natürlich möglich, δείσας als konzessiv aufzufassen. Doch εὐθύς legt ein kausales Verständnis nahe, vgl. z. B. die Übersetzung von Lloyd-Jones 1994: „At once I was alarmed, and attempted burnt sacrifice at the altar where I kindled fire". Bezieht man εὐθύς auf das Prädikat, so erscheint ein kausales Verständnis des Partizips nochmals näher zu liegen, vgl. z. B. die Übersetzung von Gibbons und Segal (in Burian und Shapiro 2011): „At once, frightened, I tried to sacrifice on altar hazing properly." Dadurch, dass Statius die Reihenfolge umstellt, ergibt sich die stärkere Assoziation mit den entsprechenden römischen Kriegsritualen. Entsprechend bringt bei Sophokles erst das Krächzen und Sich-Zerfleischen der Vögel Tiresias dazu, ein Opfer zu versuchen.

## 3 Melampus' und Amphiaraus' Vogelschau(en)

Nachdem sich Amphiaraus eingeschlossen hat, schildert der Erzähler, wie sich alle zum Krieg rüsten: Mars treibt die Argiver zum Krieg, die Männer widmen sich der Vorbereitung ihrer Waffen und verlassen Frau und Kind, um in den Krieg zu ziehen. Dies ist natürlich aus Sicht des Amphiaraus eine absolut unangebrachte und aus Sicht des rituellen Gerüsts des Feldzugs zumindest verfrühte Aktivität.[219] Amphiaraus fragt dementsprechend seine Mitbürger (3,632):

> *nil dulce domi? nulla omina curae?*
>
> Ist es zu Hause nicht schön? Bedeuten euch Vorzeichen nichts?

Die argumentative Stoßrichtung der Fragen ist klar: Die Argiver sollen sich vor Augen führen, dass es zu Hause angenehmer ist als auf dem Feldzug,[220] und außerdem sind sie, zu Unrecht, nicht besorgt über die Vorzeichen, die sich den Sehern dargeboten haben. Die Wortwahl ist geeignet, Assoziationen hervorzurufen zum rituellen Rahmen eines Feldzugs. Zunächst *domi*: *belli domique* oder *domi militiae* sind Begriffspaare, die weniger die Abstrakta eines Kriegs- und Friedenszustandes beschreiben, als vielmehr sakraltopographisch zu verstehen sind.[221] Und *curae* ruft Assoziationen zur *procuratio prodigiorum* hervor: Was Amphiaraus gesehen hat, lässt sich als Prodigium auffassen,[222] das gesühnt werden müsste. Typischer-

---

[219] Es würde zu weit gehen, die Verse 575–591 als Anspielung auf den *dilectus* aufzufassen, da sich hier weder ein Analogon finden lässt zur „Eintragung der Rekrutierten in die Stammrolle" (Rüpke 1990, S. 68) noch zur „Verteilung der Rekruten auf die Einheiten" (ebd.).

[220] Siehe 3,578f., wo die Männer Frauen und Kinder zurücklassen; Snijder 1968 ad loc. verweist auf 3,375.

[221] Rüpke 1990, S. 28, mit Hinweis auf Enn. *scaen.* 239: *hoc idem est: neque domi nunc nos nec militiae sumus*; siehe auch OLD s.v. *militia* 1 b; Ter. *Ad.* 495f.: *una semper militiae et domi / fuimus*; Cic. *Lig.* 21: *domi una eruditi, militiae contubernales, post adfines, in omni vita familiares*; Liv. 7,19,5; Rüpke schlägt als Übersetzung vor „‚daheim' und im ‚Kriegsrechtsgebiet'".

[222] Rein technisch gesehen ist natürlich an dieser Stelle von *omina* die Rede, aber terminologische Genauigkeit ist in der Dichtung ohnehin nicht angestrebt (3,459: *petere omina caelo*; 512: *quae prima deum portenta sequamur?*; 516: *omina Phoebi*), eine Assoziation zu Prodigien ruft *omina* allemal hervor, zumal, wenn man bedenkt, dass Statius das Vogelzeichen der Adler und Schwäne als Prodigium darstellt, wie wir gesehen haben (s. o. Kap. 3.4, insbes. Fn. 151 zu *prodigiosa* in 3,523); zu *procuratio* in Verbindung mit *prodigium* siehe Liv. 5,17,1: *ingens inde haberi captivus vates coeptus, eumque adhibere tribuni militum Cornelius Postumiusque ad prodigii Albani procurationem ac deos rite placandos coepere*; in Verbindung mit *portentum* Liv. 5,15,6: *de privati portenti procuratione*; ein Prodigium, wie das, welches Amphiaraus gesehen hat, würde normalerweise nach *nuntiatio* und *relatio* durch den Senat angenommen (*prodigium suscipere*), und es würde eine „Art der rituellen Aufarbeitung" festgelegt (Rüpke 1990, S. 126; Rosenberger 1998, S. 23–25); für private, nichtstaatliche Prodigien gilt, dass sie sich terminologisch nicht scharf von *omina* abgrenzen lassen (ebd.), zur Abgrenzung von *omen* und *prodigium* auch Rosenberger 1998, S. 8–10.

weise fällt die *procuratio* zeitlich zusammen mit den sonstigen Riten, die den Krieg vorbereiten.[223] Möglicherweise ist auch *quid vota virum meliora moraris?* (3,651) geeignet, in ähnlicher Weise Assoziationen hervorzurufen zur *nuncupatio voti*, einem der zentralen Auszugsrituale bis in die Kaiserzeit.[224] Es lässt sich festhalten, dass Statius im Umkreis der Vogelschau in Ansätzen auch andere römische Feldzugsrituale aufruft. Allerdings finden die Rituale nicht in der Reihenfolge statt, wie es zu erwarten wäre.

## 3.9 Zwischenbilanz

Was die Bewertung der Seherkunst angeht, zeigt sich eine Zweiteilung der Episode: Nachdem im Vorfeld der Vogelschau die Seher und ihre Aktivitäten positiv konnotiert sind, werden Seherkunst und Seher nach der Vogelschau in einem äußerst negativen Licht dargestellt.[225] Viele Stellen der Episode spiegeln römische rituelle Praxis: Es ergibt sich ein Erwartungshorizont, vor dem sich wiederum bestimmte Stellen als unpassend und irritierend ausnehmen. Es ist nicht leicht zu ermessen, wie stark irritiert die zeitgenössischen Rezipienten gewesen sein könnten. Schon das Setting ist natürlich von vornherein anachronistisch, wenn griechische Seher ein römisches *auspicium* abhalten. Zudem ließe sich einwenden, dass sich bestimmte Irritationen schlicht aus der Intertextualität zu Prätexten ergeben, so dass der Leser bestimmte Stellen eher als Rekombination bekannter Elemente denn als wirklich irritierende Abweichung angesehen haben könnte. Dies ist aber vor allem eine Frage des Standpunktes der Beurteilung. Genauso ließe sich argumentieren, dass Statius über den Aufruf römischer, an Orthopraxie orientierter Ritualstrukturen eben gerade den Rahmen schafft, in dem plötzlich bestimmte Elemente der epischen Tradition deplatziert wirken.[226] Diese Irritationen werden aufgegriffen in den Formulierungen, die suggerieren, die Vogelschau sei in irgendeiner Weise eine Art von unerlaubtem Eindringen in den Himmel gewesen. Der Wechsel in der Bewertung der Seherkunst wird im Rahmen der Vogelschau

---

[223] Rüpke 1990, S. 125. Prodigienwesen und Prokuration verschwinden in dieser Form im Laufe der Kaiserzeit (ebd., S.126f.).
[224] Rüpke 1990, S. 131f.
[225] Manolaraki 2013, S. 104f. weist auf die politisch-ideologische Rolle hin, die die Vogelschau in der römischen Geschichte hat bis in Statius' Zeiten: „This schematic outline of Roman divination indicates that Amphiaraus' auspicy may well encourage Statius' contemporary audience to process the political and moral ambiguity of divination." Dies fügt sich passend zur hier analysierten Umwertung der Seherkunst.
[226] Ähnlich Ripoll 2002, S. 945; s. auch o. Fn. 217.

selbst gespiegelt durch den Wechsel in der Art des Vogelzeichens:[227] Melampus sieht zwar ungünstige Zeichen, doch bewegen diese sich im Rahmen dessen, was im Auspizienwesen zu erwarten ist. Amphiaraus' Vogelzeichen (zu dem schon am Ende von Melampus' Part übergeleitet wird) und die Interpretation durch den Seher überschreiten den Rahmen des *auspicium*; Amphiaraus' Vogelzeichen wird assoziativ in die Nähe von Prodigien gerückt. Die komplexere Form der Deutung des Vogelflugs als Teil der *Etrusca disciplina* entspricht dabei aber nach wie vor einem römischen Erwartungshorizont.[228]

Somit ist Amphiaraus' Vogelzeichen schon seiner Struktur nach als das deutlich problematischere anzusehen, da sich hier ja spontan negative Zeichen zeigen, die eine Störung der *pax deorum* anzeigen.[229] Die Gestaltung des Textes insinuiert darüber hinaus aber, dass das Auftreten der deutlich problematischeren Zeichen ‚selbstverschuldet' ist. Amphiaraus bittet in seinem Gebet schließlich nicht nur um günstige (oder ggf. ungünstige) Zeichen, sondern auch um die Kenntnis der *primordia pugnae* und des *venturus labor*. Um diese Bitte erfüllen zu ‚können', ‚muss' auf solche Zeichen zurückgegriffen werden, die eine Störung jener *pax* implizieren. Es entsteht der Eindruck, als hätte Amphiaraus das Problem, über das er informiert wird, selbst verursacht. Die verschiedenen Hinweise, dass die Seher in unerhörter Weise in den Himmel eingedrungen sind, verstärken diesen Eindruck. Eingeweideschau und *auspicium* werden weiterhin assoziativ verknüpft mit jenen Ritualen, die typischerweise den römischen Feldzug an seinem Beginn begleiten. Die übliche Reihenfolge dieser Rituale erscheint hier jedoch nicht eingehalten. Statius inszeniert so einen in vielerlei Hinsicht missglückenden Eintritt in den Krieg. Auch dies unterstreicht den besonderen Charakter der Passage: Einerseits

---

**227** In den verschiedenen Forschungsbeiträgen zur Vogelschau-Episode wird allzu oft dieser Wechsel vernachlässigt und nicht berücksichtigt, dass es sich letztlich um zwei Vogelzeichen handelt; eine positiv hervorzuhebende Ausnahme stellt Ripoll 2002, S. 938 dar.
**228** Insofern sollte das Urteil von Vessey 1973, S: 153 revidiert werden: „Melampus, one feels, has been brought into the picture only to add elaboration to this dramatic episode." Ausgehend von der Zweiteilung des Vogelzeichens in *auspicium* und freiere Form erscheint es plausibel, dass Statius die Figur des Melampus auch deswegen eingeführt hat, um diese Zweiteilung nochmals hervorzuheben, indem er das *auspicium*-Vogelzeichen dem Melampus und das prodigienhafte Vogelzeichen dem Amphiaraus zuschreibt. Die Funktion der Figur des Melampus diskutiert auch Fantham 2006, S. 150: „Why do we need Melampus? Not for the ritual itself, but perhaps to add different kinds of authority."
**229** Zur *pax deorum* Wissowa 1912, S. 390f. In der *Aeneis* erbitten die Aeneaden als Reaktion auf das Harpyien-Prodigium die *pax deorum* (3,261), später tut dies auch Helenus (3,370), hierzu Grassmann-Fischer 1966, S. 41f.; die Formel *pax et venia deum* z. B. bei Cic. *Rab. perd.* 5; Font. 30; Liv. 1,31,7. Teifel 1952, S. 34–40 bietet eine Übersicht zu den Bitten, die in den Gebeten der *Thebais* geäußert werden. Er fasst diese zusammen unter einem weit verstandenen Begriff der *pax deum*.

erscheint das Drängen zum Krieg so mächtig (und zudem von Jupiter initiiert), dass er unausweichlich scheint, andererseits steht das retardierende Moment stark im Vordergrund.

Der Wechsel zur ‚amphiaraischen' Form des Vogelzeichens wird weiterhin gespiegelt in den Gottheiten, die mit den jeweiligen Zeichen assoziiert sind. Während Melampus' Part noch ganz Jupiter zuzuordnen ist, ist Apollo mit Amphiaraus' Part verbunden. Apollo bleibt auch im weiteren Verlauf der Textpassage im Fokus: Capaneus greift die Seherkunst an, indem er seine Geringschätzung für die Pythia und Apollo selbst hervorhebt, Amphiaraus seinerseits betont seine Nähe zu Apollo. Schließlich ergreift ein Gott sogar direkt Besitz von Amphiaraus – der vorherige Text und der vergilische Intertext um die Sibylle in *Aeneis* 6 legen nahe, dass es sich um Apollo handelt. Vogel- und Eingeweideschau sind also nicht die einzigen Divinationsformen. Die Vogelschau wird überdies formal und inhaltlich in die Nähe der Astrologie gerückt. So erhält Amphiaraus in seinem Vogelzeichen Informationen über die Todesart und auch zumindest den relativen Zeitpunkt seines Todes.[230] Der Erzähler erwähnt die Astrologie bei seiner grundlegenden Kritik der Mantik, darüber hinaus betrachten die Seher an mehreren Stellen den Himmel in Form der metonymischen *astra*. Die Kombination der verschiedenen Divinationsformen lässt Amphiaraus vor dem Hintergrund seines Gebetes an Jupiter in einem problematischen Licht erscheinen. Hatte er dort andere Orakelformen als der Vogelschau unterlegene dargestellt, praktiziert er nun selbst solche, die nach Logik der Argumentation im Gebet nur als minderwertig gelten können.

Schließlich hat das Umschwenken in der Bewertung der Seherkunst auch auf der Handlungsebene eine Entsprechung. Amphiaraus und Melampus geben ihre Seherrolle auf, wie sie durch das Ablegen ihrer Insignien deutlich zeigen. Amphiaraus jedoch wird erneut in die Rolle des warnenden *sacerdos* hineingezwungen. Um sich der Angriffe des Capaneus erwehren zu können, spielt er diese aus und qualifiziert Capaneus als *profanus* ab. Dieser wartet vor der Schwelle des Hauses von Amphiaraus wie ein Uneingeweihter außerhalb eines Heiligtums. Doch Amphiaraus weist am Ende seiner Rede schließlich selbst darauf hin, dass seine Rolle ohne Funktion ist. Diesem Heraustreten aus der Seherrolle entspricht die Darstellungstendenz, dass Amphiaraus als Protagonist dieser Episode nicht einfach nur als zentrale Figur dargestellt ist, sondern darüber hinaus auch als eine Figur, die nach und nach immer distanzierter und isolierter von den anderen Figuren erscheint. Wie ich im Folgenden zeigen möchte, wird diese Sonderstellung des

---

**230** Die verschiedenen Divinationsformen lassen immer deutlicher die Zukunft erkennen, bis hin zur spezifischen, astrologisch konnotierten Information über Amphiaraus' Tod. Eine ähnliche „Klimax des Enthüllens, die von der Eingeweideschau über die Astrologie bis zur Inspiration durch Apollon reicht", macht Nasse 2012, S. 362f. in Lucan. 1,584-638 aus.

Amphiaraus im Text durch eine komplexe raummotivische Konstruktion bespiegelt und näher bestimmt, auch und gerade in Abgrenzung zu anderen Figuren in der Passage.

# 4 Berg-Figuren

Während die Textpassage insgesamt die Leser-Erwartung unterläuft, hier werde die Entscheidung über Krieg und Frieden dargestellt, inszeniert Statius den stockenden Übergang in den (unausweichlichen) Krieg und das mit ihm verbundene *nefas* durch die Bewegungen des Amphiaraus und der Argiver zu diversen Schwellenorten (Kap. 4.1). Dreh- und Angelpunkt ist hierbei die Ekphrasis des Aphesas, den Amphiaraus und Melampus beim Morgengrauen besteigen (Kap. 4.2). Das Berg-Motiv ruft Statius im Verlauf der Passage immer wieder auf in epischen Vergleichen, die ein umfangreiches motivisches Netzwerk um die Figur des Amphiaraus knüpfen (Kap. 4.3–4.7). Hierbei evoziert der Dichter diverse mythische Figuren sowie Naturphänomene (Kap. 4.3), die die Vogelschau der Seher und die Kriegsunternehmung der Argiver voneinander abgrenzen – und damit auch Amphiaraus weiter vom Rest der Figuren, der als Seher zunehmend isoliert dasteht (s. o. Kap. 3.6; 3.7). Das Motiv des Berges, die diversen Berg-Figuren sowie die Naturgleichnisse etablieren Fernbezüge ans Ende von Buch 10, in der Capaneus seinen Himmelssturm nach Art der Giganten versucht und sich als Gegenfigur zum Perseus-artigen Amphiaraus erweist (Kap. 4.8).

## 4.1 Die *limina* in Argos und die Bewegungen des Amphiaraus

Ein unbedarfter Leser hätte möglicherweise erwartet, dass die Handlung im Palast in Argos oder noch am Ort des Divinationsrituals spielt. Wie wir gesehen haben, wird die thematische Erwartung in Teilen unterlaufen (Kap. 3.1). Dass auch die räumliche Gestaltung der Passage deutlich komplexer ausfällt als möglicherweise erwartet, zeigt ein genauer Blick auf die Raummotivik. Mehrere *limina* unterstreichen in der Vogelschau-Episode das retardierende Moment. So lassen die Männer, die in den Krieg ziehen wollen, ihre Frauen und Söhne weinend auf den Türschwellen zurück: *liquere domos dilectaque laeti / conubia et primo plorantis limine natos* (3,578f.).[231] Dann ziehen sie weiter zur nächsten Schwelle, nämlich der des Palastes in Argos. Dort bringen sie ihren Wunsch nach Krieg zum Ausdruck: *inrupere Argos maestique ad limina regis / bella animis, bella ore fremunt* (3,592f.). Eine Reaktion des Adrast erfolgt jedoch nicht. Schließlich begibt sich Capaneus vor die Tür des Amphiaraus (3,606f.) und beklagt sich über die Schwellensituation, in der sie sich befinden: *unius [...] plebeii ad limina civis / tot ferro accinctae gentes animisque*

---

[231] Zur Bedeutsamkeit der Türschwelle im römischen Kontext Meister 1925, insbes. S. 17–28; s. auch Dunbabin 1990, S. 106; Bömer 1958 ad Ov. *fast.* 3,137 mit weiterer älterer Literatur.

*paratae / pendemus?* (3,609–611). Auch wenn Retardationen ein typisches Merkmal des Epos sind, so erscheint die Retardation bei Statius besonders stark ausgebaut, und wird hier zudem durch Figurenrede explizit (*pendemus*).[232] Wie sich zeigen wird, ist auch der Aphesas klar als Schwellenort ausgezeichnet. Daneben steht eine nicht geringe Zahl imaginierter und evozierter Räume (diverse Orakelorte, die Meerenge beim Pelorus, die delphische Höhle).

Darüber hinaus zeigt sich eine starke Tendenz der Episode zur Darstellung und breiten Inszenierung von Raumbewegung, und zwar vor allem in Verbindung mit der Figur des Amphiaraus. Über die genaue Verortung der Eingeweideschau erfahren wir nichts, erst im Zusammenhang mit dem Aphesas sehen wir Amphiaraus das erste Mal in der *Thebais* in Bewegung. Unmittelbar nach der Eingeweideschau kündigt der Erzähler einen Ortswechsel an: *ire tamen vacuoque sedet petere omina caelo* (3,459). Der Schauplatzwechsel hin zum Aphesas nimmt im Text 10 Verse ein, was bereits auf die zentrale raummotivische Rolle des Berges hinweist, die ich im Folgenden diskutieren möchte (insbes. Kap. 4.4, 4.6). Zunächst beschreibt der Erzähler den Berg als neuen Schauplatz (3,460–465, hierzu Kap. 4.2), dann berichtet er von der Aufmachung der Seher und von ihrem Aufstieg (*evadunt pariter*, 3,468). Nachdem Amphiaraus zu Jupiter gebetet hat (3,471–496), ändert er nochmals seinen Standort, indem er sich auf einen hohen Felsen setzt (3,496f.). Die nächste Bewegung ist der Abstieg vom Aphesas; Amphiaraus geht zurück nach Argos, Melampus bleibt auf dem Land zurück. Dieser Schauplatz-Wechsel nimmt 8 Verse ein (3,566–573):

> *ergo manu vittas damnataque vertice serta*
> *deripit abiectaque inhonorus fronde sacerdos*
> *inviso de monte redit; iam bella tubaeque*
> *comminus, absentesque fremunt sub pectore Thebae.*
> *ille nec aspectum volgi, nec fida tyranni*
> *conloquia aut coetus procerum perferre, sed atra*
> *sede tegi, et superum clausus negat acta fateri*
> *(te pudor et curae retinent per rura, Melampu)*

Also reißt sich der Priester Binden und verfluchte Kränze vom Haupt, wirft den Ölzweig fort und kehrt ohne Schmuck vom verhassten Berg zurück; schon sind Krieg und Trompeten nah, tief im Herzen vernimmt er den Lärm im fernen Theben. Weder erträgt er den Anblick des Volks noch vertrautes Gespräch mit dem Herrscher, nicht auch die Versammlung der Großen,

---

**232** Parkes 2012, S. xvii: „Events are constantly being prolonged, postponed, or diverted. Strikingly, such events include the start of the war [...]." Zu „delay" insbes. in *Theb.* 4 siehe ebd., S. xvii–xx. *pendere* in Verbindung mit *limen* auch in *Aen.* 6,151 (*dum consulta petis nostroque in limine pendes*): Aeneas an der „Schwelle" der Sibylle.

nein, er birgt sich im finsteren Haus, sperrt sich ein, verweigert, den Willen der Götter zu künden, während dich, Melampus, Scham und Sorge auf dem Land zurückhalten.

Die Reue der Seher (3,549f.) manifestiert sich in der Reaktion des Amphiaraus, außerdem ist der Berg nunmehr *invisus*. Der Erzähler berichtet von Melampus' Motivation, sich zurückzuziehen (3,573). Schon bevor Amphiaraus in Argos ankommt, ist die Stadt präsent und man kann bereits Kriegslärm hören. Amphiaraus befindet sich darüber hinaus gedanklich bereits in Theben, welches ebenfalls von Kriegslärm erfüllt ist (3,568f.).[233] Während die Verse 566/567 nochmals augenfällig machen, mit welchen Emotionen Amphiaraus den Berg wieder verlässt, erfahren wir in 570/571, wieso er sich in seinem Haus einschließt: Weder erträgt er es, das Volk, noch Adrast, noch die anderen Führer zu treffen. Das Seher-Haus als *atra sedes* (3,571f.) wird uns unten noch näher beschäftigen (Kap. 4.6, 4.8.2).

Der nächste Schauplatz der Amphiaraus-Handlung ist die Türschwelle des Sehers. Hier hält Capaneus seine Rede, während Amphiaraus im Haus bleibt. Capaneus fordert, der *sacerdos* solle heraustreten (*exeat*, 3,617). Auch die folgenden Raumbewegungen schildert der Erzähler ausführlich und differenziert. Der Seher tritt endlich aus dem Haus: *tandem prorumpere adactus / Oeclides* (3,619f.). Wieder erfahren wir etwas über den Beweggrund des Sehers, einmal durch den Bericht des Erzählers (*adactus*), dann durch Amphiaraus. Dieser erläutert über 7 1/2 Verse, er sei nicht herausgekommen, weil er sich vor Capaneus fürchte, sondern weil ihn die Liebe zu den Argivern und Apollo dazu trieben, ihnen ihr Schicksal zu künden (3,619–627). Im Kontrast zu Amphiaraus, der sich am liebsten gar nicht aus seinem Haus begeben hätte, stehen die Argiver, die praktisch schon dabei sind, in den Krieg zu ziehen: *quo rapitis? quae vos Furiarum verbera caecos / exagitant?* (3,630f.). Während den Amphiaraus sein *amor* und Apollo antreiben, werden die Argiver von den Furien getrieben. Im Folgenden thematisiert der Seher seinen Aufstieg auf den Berg. Er fragt, wozu ihn die Argiver auf den Berg hätten steigen lassen, wenn sie doch ohnehin nicht auf ihn hörten: *quid me Persei secreta ad culmina montis / ire gradu trepido superumque inrumpere coetus / egistis?* (3,633–635).

Auch Capaneus macht in seiner Rede die Bewegung (bzw. gerade Nicht-Bewegung) des Amphiaraus zum Thema. Während der Seher die Argiver gefragt hatte, wozu sie ihn auf den Aphesas geschickt hätten, fragt nun Capaneus den Amphiaraus, wieso er sich ihnen in den Weg stelle. Er behauptet, Amphiaraus hindere sie deswegen, weil er lieber untätig bei Weib und Kind bleiben wolle, als

---

[233] Vgl. 3,575–577: *et iam suprema Tonantis / iussa fremunt agrosque viris annosaque vastant / oppida*; 3,592f.: *inrupere Argos maestique ad limina regis / bella animis, bella ore fremunt*; 3,606: *ubi turba ducum vulgique frementis*; 3,618f.: *laetum fremit adsensuque furentem / implet Achaea manus*. Siehe auch Snijder 1968 ad 3,568/3,569.

in den Krieg zu ziehen (3,651–653). Anschließend imaginiert Capaneus den Seher in der Rolle eines Gesandten (*quodsi bella effera Graios / ferre vetas, i Sidonios legatus ad hostes*, 3,655f.), dann warnt er den Seher, sich ihm auf dem Feldzug nicht in den Weg stellen (*ne mihi tunc* [...] / *obvius ire pares*, 3,664f.).

Fassen wir zusammen: Amphiaraus hält sich in dieser Szene an mehreren Schauplätzen auf: im Palast (oder in der Nähe des Palastes), auf dem Aphesas (spezieller: auf dem „hohen Felsen"), in seinem Haus in Argos und schließlich auf seiner Türschwelle. Zusätzlich scheint Theben als zukünftiger Schauplatz auf. Fast jedes Mal thematisiert der Erzähler – oder eine der Figuren –, wieso ein Ortswechsel stattgefunden hat, wahlweise auch, wieso er nicht hätte stattfinden sollen.

Auch erfahren wir, dass Amphiaraus in sein Haus geht, weil er es unter den gegebenen Umständen nicht ertragen kann, mit irgendjemandem zu sprechen. Im Rededuell ist dann die Frage zentral, wohin Amphiaraus gehen sollte (aus seinem Haus, nach Theben, Capaneus aus dem Weg), und warum (aus Angst vor den Drohungen, aus Sorge um die Mitmenschen, weil Apollo es befohlen hat). In der gesamten Episode erscheint Amphiaraus als Getriebener, der sich eigentlich nicht von dort wegbewegen möchte, wo er sich befindet, sich aber doch letztlich stets genötigt sieht, die Bewegung zu vollziehen. Dies unterstreicht den liminalen und retardierenden Charakter der Episode. Der eigentliche ‚Wunsch' des Amphiaraus ist es, sich gerade nicht zu bewegen. Dies ist in seiner Rede gut greifbar, wo er auftritt als (statischer) Beobachter, der die Argiver davoneilen sieht: *quo, miseri, fatis superisque obstantibus arma, / quo rapitis?* (3,629–630).[234] Entsprechend kontrastieren Amphiaraus' (im wörtlichen Sinne) Beweggründe die der Argiver. Den Seher treiben die Liebe zu seinen Mitmenschen und Apollo aus seinem Haus, die Argiver werden von den Furien angestachelt. Ähnlich wie die Seher zu Beginn auf den Aphesas gestiegen sind, obwohl ihnen in der Eingeweideschau bereits von weiteren Aktivitäten abgeraten wurde, sagt Amphiaraus voraus, dass sie alle schließlich trotz seiner Warnungen in den Krieg ziehen würden. Entsprechend endet seine Rede mit betontem *ibimus* in Versanfangsstellung (3,647). Die Bewegungen des Amphiaraus werden, so lässt sich festhalten, nicht einfach nur berichtet, vielmehr wird oftmals ein spezifischer Grund der Bewegung angegeben oder auch die Bewegung in ihrer Motivation in Frage gestellt (durch Capaneus). Das Thema der Fortbewegung erscheint eng verknüpft mit dem Thema des Kriegseintritts. Ich möchte im Folgenden untersuchen, wie die eben erwähnten Schauplätze (und auch weitere) dargestellt sind, außerdem, in welchem Zusammenhang die raummotivische Ausgestaltung der Passage mit den handelnden Figuren und den

---

[234] Diese Formulierung erinnert an Hor. *epod.* 7,1f.: *Quo, quo scelesti ruitis? aut cur dexteris / aptantur enses conditi?*

rituellen Aktivitäten steht, um schließlich zu einer Analyse der ‚raummotivischen' Rollenbestimmung des Amphiaraus zu gelangen, die Statius hier vornimmt.

## 4.2 Liminalität beim Aphesas

Der Ekphrasis des Berges geht die knappe Schilderung der Eingeweideschau voraus (3,456–458). Nachdem der Erzähler berichtet hat, dass die Seher sich entschieden haben, die Vogelschau durchzuführen, (3,459), beschreibt er den Aphesas (3,460–465):[235]

> *mons erat audaci seductus in aethera dorso*
> *(nomine Lernaei memorant Aphesanta coloni)*
> *gentibus Argolicis olim sacer; inde ferebant*
> *nubila suspenso celerem temerasse volatu*
> *Persea, cum raptos pueri perterrita mater*
> *prospexit de rupe gradus ac paene secuta est.*

> Es war da ein Berg, dessen Kamm kühn in die Lüfte ragte – die Bewohner von Lerna nennen ihn Aphesas –, seit jeher den Völkern der Argolis heilig. Von dort, so hieß es, entweihte der rasche Perseus die Wolken mit schwebendem Flug, während die Mutter erschrocken sah, wie sich die Füße des Knaben vom Felsen hoben, und ihm beinah nachsprang.

Die erste Vers schildert die Topographie. Das markante Merkmal des Berges ist, dass der Bergrücken in den Himmel hineinragt, der Berg ist *audaci seductus in aethera dorso*. Bemerkenswert ist hier die Bezeichnung des *dorsum* als *audax*, bezieht sich dieses Adjektiv doch normalerweise auf Menschen oder übertragen auf solche Dinge oder Handlungen, in denen sich menschliche *audacia* manifestiert.[236] Im zweiten Vers berichtet der Erzähler dann vom Namen des Berges, der von den Argivern „Aphesas" genannt werde. Der dritte Vers bildet den Übergang von der Berg-Beschreibung hin zu einer knappen mythischen Erzählung. Der Berg war schon seit früheren Zeiten den Einwohnern der Argolis heilig. Die Verse 464b–465 berichten dann von Perseus. Er sei von dem Berg aus in die Wolken eingedrungen

---

[235] Eine kurze Analyse dieser Ekphrasis bei Morzadec 2009, S. 41.
[236] ThLL s.v. *audax*; OLD s.v. *audax* 4 („topog. Standing out prominently, boldly") gibt neben *Theb.* 3,460 ein weiteres Beispiel, und zwar Lucan. 10,487: *nec non et ratibus temptatur regia, qua se / protulit in medios audaci margine fluctus / luxuriosa domus.* (486–488). Diese Stelle unterscheidet sich aber von der Statius-Stelle. Bei Lukan nämlich referiert *audaci* zumindest auch auf die Kühnheit des Architekten (oder des Bauherrn) der *luxuriosa domus* (Berti 2000 ad Lucan. 10,487; ad 10,488), vgl. hierzu OLD s.v. *audax* 1 d („applied to things the construction or use of which shows daring or boldness") mit diversen Belegstellen.

mit „schwebendem Flug". Statius spielt hier an auf Perseus, der seine Flügelschuhe verwendet, um zur Gorgo zu gelangen.[237] Den größeren Teil der Mikro-Narration nimmt die Mutter des Helden ein, die zutiefst erschrocken sieht, wie sich ihr Sohn in die Lüfte erhebt; beinahe, so betont der Erzähler, hätte sie sogar versucht, ihm dorthin zu folgen.

Der Aphesas erscheint hier gleich in mehrerer Hinsicht liminal ausgezeichnet. Die Bezeichnung des Bergrückens als *audax* deutet an, dass der Berg hier eine Grenze überschreitet. Er ist so „kühn", seinen eigentlichen Bereich, die Erde, zu verlassen und in den fremden Bereich des Himmels einzudringen. Die Personifikation durch *audax* wird abgemildert durch *dorsum*, wobei Statius hierbei nochmals jenen Teil des Berges herausgreift, der sich am nächsten zum bzw. im Himmel befindet. Auch *seductus* markiert die spezielle räumliche Situation, der Aphesas erscheint anders als andere Berge ‚entfernt' in Richtung Himmel.[238] Auch der Name des Berges selbst, dem ein kompletter Vers gewidmet ist, weist ihn als Ort des Übergangs aus, man bedenke die mögliche Herleitung von ἀφίεσθαι.[239] Zudem werden hier auf kleinstem Raum gleich zwei Figuren eingeführt, die den Übertritt in die Zone des Himmels versuchen. Während Perseus im Moment des Starts geschildert wird, also am Übergang zwischen den Räumen ‚Erde' und ‚Himmel', bleibt seine Mutter nicht einfach zurück, sondern wird zur Beinahe-Grenzüberschreiterin (*paene secuta est*), die sich in einem Zustand psychischer Liminalität und Instabilität befindet: Sie ist *perterrita*.

---

237 Snijder 1968 ad 3,461.
238 Übersetzung Shackleton Bailey 2003a: „whose bold ridge drew away into the ether"; Faranda Villa 2009: „che audacemente svettava solo nel cielo"; siehe auch Snijder 1968 ad 3,460.
239 Pausanias (2,15,3) gibt folgende Etymologie: Perseus soll zuerst auf dem Berg dem Zeus Apesantios geopfert haben, (καὶ ὄρος Ἀπέσας ἐστὶν ὑπὲρ τὴν Νεμέαν, ἔνθα Περσέα πρῶτον Διὶ θῦσαι λέγουσιν Ἀπεσαντίῳ). Vor diesem Hintergrund ließe sich *olim sacer* bei Statius verstehen. Einige Herausgeber wollten dementsprechend den Namen des Berges mit π statt mit φ (bzw. mit *p* statt mit *ph*) schreiben (z. B. Garrod 1906: *Apesanta*); allerdings hatte (zuvor schon) Wilamowitz-Möllendorff 1898, S. 513 dafür argumentiert, dass bei Statius *Aphesanta* gestanden haben muss, da die Geschichte vom Abflug des Helden gerade die Etymologie von ἀφίεσθαι darstelle (sowohl Hill 1996 als auch Klotz und Klinnert 1973 haben *Aphesanta*; für weitere Stellen mit anderer Schreibweise von [Zeus] Ἀφέσιος Wilamowitz-Möllendorff 1898, S. 513f.). Drei Etymologien (und beide Schreibweisen nebeneinander) bei Stephanus von Byzanz (Kallim. frg. 69 Asper = 56 Pf. = Stephanus Byz. s.v. Ἀπέσας): „Apesas ist ein Berg Nemeas (Ἀπέσας· ὄρος τῆς Νέμεας), wie Pindar und Kallimachos im 3. Buch sagen; vom Heros Aphesas (ἀπὸ Ἀφέσαντος ἥρος), der die Gegend beherrschte, oder wegen des Loslassens der Wagen (διὰ τὴν ἄφεσιν τῶν ἁρμάτων) oder des Löwens. Dort nämlich soll er vom Mond gefallen sein (ἀφείθη)." (Übers. Asper 2004; vgl. auch Pind. frg. 295 Snell/Maehler); s. auch Matthews 1996, S. 426. Der reale Aphesas (heute Phoukas) bildete selbst eine Art Grenze, trennte er doch die Region um Nemea von Kleonai (Snijder 1968 ad 3,461 *Aphesanta*; Hirschfeld 1894).

## 4.2 Liminalität beim Aphesas

Aber nicht nur die Ekphrasis selbst trägt liminale Züge. Nach Beendigung der Beschreibung berichtet der Erzähler, dass die Seher den Berg bei Sonnenaufgang besteigen. Wie wir oben gesehen haben, entspricht dies in etwa dem Zeitpunkt des Beginns eines *auspicium*. Statius hebt aber den Schwellencharakter des Zeitpunkts gesondert hervor, wenn er seinen Erzähler die Landschaft schildern lässt im Moment des Übergangs von der kalten Nacht zum warmen Tag (3,468f.): *evadunt pariter, madidos ubi lucidus agros / ortus et algentis laxavit sole pruinas*.

Ein zweites Mal erwähnt der Erzähler den Berg, als ihn die Seher nach der Vogelschau wieder verlassen (3,566–568), und zwar mit deutlich negativer Konnotation (*inviso de monte*, 3,568); ein weiteres Mal bezieht sich Amphiaraus in seiner Rede auf ihn, als er seine Mitbürger vorwurfsvoll fragt, wieso man ihn überhaupt auf den Berg geschickt habe. Hier liegt wieder der Fokus auf der Spitze des Berges (*Persei secreta ad culmina montis*, 3,633).[240] Wie ich oben schon angemerkt habe (Kap. 3.5), insinuiert *inrumpere*, dass die Seher hier in einen verbotenen Raum eingedrungen sind. Dieser Gedanke wird im Text erst nach der Abhaltung der Vogelschau geäußert. Aber das Motiv des Eindringens in die verbotene Zone des Himmels taucht schon vor Beginn der Vogelschau im Text auf, und zwar bei der oben vorgestellten Ekphrasis des Aphesas. Hier ist es Perseus, der die Wolken „schändet", indem er auf seinem Flug in sie eindringt (*inde ferebant / nubila suspenso celerem temerasse volatu / Persea*, 3,462–464).

Der Ort der Vogelschau wird also gleich in doppelter Weise mit einer Grenzüberschreitung assoziiert: Der Erzähler hebt hervor, dass der Berg sich selbst in den Himmel wagt. Außerdem diente er der Grenzüberschreitung des Perseus. Wie wir oben gesehen haben, spielt sich der Rest der Episode in Argos ab. Der Aphesas selbst wird aber über die Erwähnung in Amphiaraus' Rede präsent gehalten, auch dort wieder im Zusammenhang mit einer Grenzüberschreitung, und zwar der des Amphiaraus selbst. Das Berg-Motiv zieht sich schließlich auch durch den Rest der Passage und bleibt nicht auf den Aphesas beschränkt.

---

**240** *secretus* greift *seductus* (3,460) wieder auf (Snijder 1968 ad 3,633); *secretus* kann sich konkret auf die Lage der *culmina* beziehen (OLD s.v. *secretus* 4), vgl. Joyce 2008: „to Perseus' steep and remote peaks", oder es kann übertragen gebraucht sein, vgl. Schönberger 1998: „zum verschwiegenen Gipfel" (ähnlich die Übersetzungen Shackleton Bailey 2003a und Faranda Villa 2009); eine weitere Erwähnung des Berges in *Theb.* 5,638–642, wo Lycurgus von einem Opfer an Jupiter zurückgekommen ist, das er auf dem Gipfel des *Perseius mons* dargebracht hat: *Et iam sacrifici subitus per tecta Lycurgi / nuntius impleat lacrimis ipsumque domumque, / ipsum adventantem Persei vertice sancto / montis, ubi averso dederat prosecta Tonanti, / et caput iratis rediens quassabat ab extis.*

## 4.3 Bergmotivik I: Gipfel, Höhlen, Bergbewohner

Neben dem Aphesas erwähnt der Erzähler in insgesamt drei Vergleichen weitere Berge, hinzu kommt ein Berg, der von Capaneus erwähnt wird. Der erste der Berg-Vergleiche illustriert – in Kombination mit einem Meeres-Vergleich – den Lärm der Argiver, die bei der Schwelle des Königspalastes ihr Kriegsgeschrei erheben, das bis zum Himmel reicht (*it clamor ad auras*, 3,593). Es heißt (3,594–597):

> *quantus Tyrrheni gemitus salis, aut ubi temptat*
> *Enceladus mutare latus; super igneus antris*
> *mons tonat: exundant apices, fluctusque Pelorus*
> *contrahit, et sperat tellus abrupta reverti.*

> Wie wenn das Tyrrhenische Meer erbraust oder Enceladus versucht, die Seite zu wechseln; über ihm donnern die Höhlen des feurigen Bergs, der Gipfel strömt über, das Meer am Pelorus wird eingeengt, und die Insel, einst weggerissen, erhofft ihre Heimkehr.

Das Geschrei wird erst verglichen mit dem Rauschen des Tyrrhenischen Meeres, dann mit dem Lärm, der entsteht, wenn der Gigant Enceladus versucht, sich umzudrehen. Dies löst in den Höhlen des darüberliegenden Aetna ein Dröhnen und schließlich ein Ausbrechen des Vulkans aus (*exundant apices*). Bei diesen Höhlen handelt es sich um die Schmieden der Zyklopen.[241] Dies führt dazu, dass die Meerenge beim Pelorus zwischen Sizilien und dem Festland sich verengt.[242] Auch

---

[241] Snijder 1968 ad 3,595. Es wird strenggenommen im Text kein expliziter Kausalzusammenhang hergestellt zwischen dem Drehen des Enceladus und dem Lärmen/Ausbrechen des Vulkans. Eine klarere Verknüpfung finden wir in Aen. 3,578–582. Eine solche Kausalverknüpfung darf aber auch ausgehend vom hier diskutierten Text angenommen werden, da *super ... mons tonat etc.* nicht nochmals mit *aut (ubi)* fortgeführt wird und somit als zusammenhängend mit dem Vorherigen angesehen werden kann. Außerdem ist der Hinweis auf die Lage des Berges „darüber" (sc. über Enceladus, vgl. die Übersetzungen bei Joyce 2008 „above him" sowie bei Micozzi 2010 „sopra di lui") ein Indiz dafür, dass der Versuch des Giganten, sich umzudrehen, das Folgende verursacht. Hinzu kommt, dass *ubi* in 3,593 einen Nebensatz einleitet. Hier ließe sich vermeintlich einwenden, dass sich *ubi temptat etc.* natürlich auch auf einen dem Sinne nach zu wiederholenden Hauptsatz *„quantus gemitus [est]"* beziehen könnte. Dagegen spricht aber, dass *gemitus* durch *tonat* in Variation wieder aufgegriffen wird, so dass die erste Lärmursache im Genitiv-Attribut *Tyrrheni salis* ausgedrückt wird (und die erste Lärmwirkung in *gemitus*), die zweite Lärmursache in dem Nebensatz *aut ubi temptat etc.*, die zweite(n) Lärmwirkung(en) in *mons tonat: exundant apices etc.* Vgl. auch die Interpunktion mit Doppelpunkt bei Joyce 2008: „or as Enceladus trying to shift position: in caverns above him, the fiery mountain thunders" und Mozley 1928a: „or when Enceladus tries to shift his side: above, the fiery mountain thunders from its caves [...]".

[242] Zum von Italien „abgerissenen" Sizilien Diod. 4,85,3; Ov. *met.* 15,290f.; Plin. *nat.* 2,204; vgl. Snijder 1968 ad 3,597.

hier ist wieder die Spitze des Berges im Fokus (*apices*), zusätzlich aber auch sein ‚Innenleben' (*Enceladus, antris*).

Auf diesen Vergleich folgt im Text der Auftritt des Capaneus (3,598–606). Er wird charakterisiert als *superum contemptor* (3,602), als einer, für den das Recht keine Rolle spielt und der im Zorn auch bedenkenlos sein Leben aufs Spiel setzt (*aequi / impatiens, largusque animae, modo suaserit ira*, 3,602f.). Er wird dann innerhalb von zwei Versen mit gleich zwei Figuren verglichen, die in ähnlicher Weise am Rande der ‚zivilisierten' Welt stehen und ebenfalls monströse Züge aufweisen (3,604f.):[243]

> *unus ut e silvis Pholoes habitator opacae*
> *inter et Aetnaeos aequus consurgere fratres*
>
> [...] ein Mann wie einer, der in Pholoes dunklen Wäldern wohnt, oder ein Empörer, ganz gleich den Brüdern im Aetna.

So wird er hier einmal verglichen mit einem Zentauren, zum anderen mit den Brüdern im Aetna auf eine Stufe gestellt. Hiermit sind die Zyklopen gemeint.[244] Neben den Aetna, der auch schon im vorherigen Vergleich aufgetaucht war, und den Aphesas tritt nun noch der thessalische Berg Pholoe, zudem an prominenter Stelle im Text, beim Auftritt einer der Hauptfiguren dieser Textpassage. Wie im Falle des Aetna gibt es auch hier mit den Zentauren eine Figur, für die der Berg den Lebensraum darstellt.

Einen weiteren Berg erwähnt Capaneus, als er sagt, er würde nicht einmal die Sprüche des delphischen Apollo abwarten, bevor er in einen Krieg zöge (3,611–615).

> *non si ipse cauo sub vertice Cirrhae,*
> *(quisquis is est, timidis famaeque ita visus) Apollo*
> *mugiat insano penitus seclusus in antro,*
> *exspectare queam dum pallida virgo tremendas*
> *nuntiet ambages.*[245]

Zu den vorherigen Bergen tritt nun der Parnass (*cavo sub vertice Cirrhae*, 3,611). Wieder kommt das Innenleben des Berges in den Blick (*in antro*, 3,613), ebenso

---

**243** Vgl. Snijder 1968 ad 3,604, der den Vergleich nicht eng auf die in den Versen zuvor geschilderten Charaktereigenschaften bezogen sieht: „Capaneus is compared to a Centaur because of his wild barbarousness, to a Cyclop because of his immense bodily proportions."
**244** Dazu Vessey 1973, S. 157, Fn. 3. Frings 1991, S. 12, macht als tertium comparationis die *ira* des Helden aus. Eine Diskussion der Scholien zur Stelle bei Klinnert 1970, S. 15–17.
**245** Übersetzung s. o. S. 65.

seine Spitze (*vertice*, 3,609).²⁴⁶ Wie im Falle des Aetna im ersten Vergleich sind die im Berg befindlichen Höhlen von Lärm erfüllt (*mugiat*, 3,613). Statius bereitet diese Evokation des Parnass vor, indem er Amphiaraus ebenfalls das *antrum* in Delphi erwähnen lässt, als dieser vor der Vogelschau zu Jupiter betet (3,474f.: *non Cirrha deum promiserit antro / certius*).

Der letzte Berg-Vergleich der Passage steht kurz vor ihrem Schluss. Die Argiver drücken durch Geschrei ihre Zustimmung aus zu Capaneus' zweiter Rede, in der er weiter gegen den Seher gehetzt und zum Krieg gedrängt hat (3,648–669). Wie beim ersten Vergleich (mit dem Aetna) ist hier erneut das Geschrei der Argiver Ausgangspunkt des Vergleichs. Diesmal wird es verglichen mit einem reißenden Gebirgsbach, der sich, genährt von geschmolzenem Eis, in die Ebene ergießt. Dort reißt er alles mit sich, um schließlich in einem Tal zum Stehen zu kommen (3,671–677):²⁴⁷

> *ut rapidus torrens, animos cui verna ministrant*
> *flamina et exuti concreto frigore montes,*
> *cum vagus in campos frustra prohibentibus exit*
> *obicibus, resonant permixto turbine tecta,*
> *arva, armenta, viri, donec stetit improbus alto*
> *colle minor magnoque invenit in aggere ripas.*
> *haec alterna ducum nox interfusa diremit.*

> Wie wenn ein reißender Bach, dem Frühlingswinde und schmelzendes Eis von den Bergen Stärke verleihen, sich weit auf die Fluren ergießt und kein Damm ihn hemmt, wenn Häuser, Feldfrucht, Vieh und Menschen im Wirbel der Wasser dahinrauschen, bis die zerstörende Flut, besiegt, am ragenden Hügel zum Stehen kommt und zwischen hohlen Dämmen ein Ufer findet. Den Streit der Führer unterbrach die fallende Nacht.

Das Motiv des Berges ist hier einmal präsent in der Erwähnung der *montes*, deren Eis den Bach nährt (3,672).²⁴⁸ Man mag auch hierin eine verdeckte Bezugnahme sehen auf die Spitze des Berges oder zumindest auf den oberen, mit Schnee und Eis bedeckten Teil eines hohen Berges.

Die Zusammenschau der Gleichnisse zeigt, dass einige Elemente der Bergbeschreibung mehrfach auftauchen: Zweimal strömen ‚Flüssigkeiten' vom Berg

---

246 Hier allerdings nach Snijder 1968 ad 3,611 als Synekdoche für *mons*.
247 Eine kurze Analyse des Vergleichs bei Morzadec 2009, S. 104f.
248 Ein Vorbild dieses Vergleichs ist *Aen.* 2,304–308. Ausgangspunkt des Vergleichs ist Aeneas, der vom Kampflärm im brennenden Troja geweckt wird. Aeneas vergleicht sich mit einem Hirten; dieser hört einen reißenden Strom, der die Äcker verwüstet und Bäume mit sich reißt (*rapidus montano flumine torrens*, *Aen.* 2,305; *stupet inscius alto / accipiens sonitum saxi de vertice pastor*, *Aen.* 2,308).

herab, einmal die Lava des Aetna, einmal das Schmelzwasser des Gebirgsbachs. In beiden Fällen transformieren die Flüssigkeiten die Landschaft (*exundant apices, fluctusque Pelorus / contrahit, et sperat tellus abrupta reverti*, 3,596f.; *resonant permixto turbine tecta / arva, armenta, viri*, 3,674f.).[249] Auch Klänge spielen mehrmals eine Rolle, und zwar nicht nur in den Vergleichen, die auf das Lärmen der Argiver Bezug nehmen – einmal im *tonare* des Aetna, in dem sich Enceladus umdreht, einmal im *resonare* im Gebirgsbach-Vergleich –, sondern auch im Falle des *mugire* im *antrum* des Parnass (3,613).

Das Berg-Motiv differenziert sich im Verlauf der Textpassage immer weiter aus. Beim Aphesas werden v. a. die Spitze des Berges und die zwei ‚Bergbesteiger' Amphiaraus und Melampus erwähnt. Im Aetna-Gleichnis geht der Erzähler ebenfalls auf die Spitze des Berges ein, aus der die Lava strömt (*exundant apices*). Doch darüber hinaus geht er auch auf das Innere des Berges ein sowie auf eine dem Berg zugeordnete Figur, den Giganten Enceladus. Berg und Figur sind weiterhin miteinander verbunden sowohl im Zentauren-Zyklopen-Vergleich (Pholoe und Capaneus) als auch in Capaneus' Rede (Parnass und Apollo).

Auch die den Bergen zugeordneten Figuren teilen bestimmte Eigenschaften. Sowohl Perseus als auch die Giganten haben sich (im Falle des ersteren) mehr oder (im Falle der letzteren) weniger erfolgreich daran versucht, die Grenze hin zum Himmel zu überschreiten. Perseus nutzt den Berg Aphesas als Startpunkt, die Giganten schaffen es nicht, die Götter im Olymp zu bezwingen, sondern finden sich unter Bergen begraben wieder. Auch der Ausgangspunkt des Vergleichs, das Geschrei der Argiver, das bis zum Himmel reicht, verweist auf diese Art der Grenzüberschreitung (*it clamor ad auras*, 3,593; *rursus fragor intonat ingens / hortantum et vasto subtervolat astra tumulto*, 3,669f.). Es stellt sich die Frage, wie genau sich die Berge und Bergfiguren zu Capaneus, den anderen Argivern und vor allem Amphiaraus verhalten. Blicken wir zunächst auf die Bergfigur Perseus, dann auf die Giganten, Zyklopen und Zentauren, um dann nochmals auf die Spitze und das Innere des Berges sowie die verschiedenen Naturphänomene (Lava und Gebirgsbach) zu sprechen zu kommen.

---

**249** Die *arva, armenta* und *viri* werden vom Strom mitgerissen und „tönen" insofern mit ihm gemeinsam. Sehr gelungen ist hier die Wiedergabe von Schönberger 1998 mit „dahinrauschen", da dieses Verb sowohl auf die Bewegung als auch auf die erzeugten Geräusche bezogen sein kann; Snijder 1968 ad 3,675 weist hin auf ein ganz ähnliches Bild in 1,366f.: *passimque insano turbine raptas / pastorum pecorumque domos*.

## 4.4 Perseus, die Vögel und Amphiaraus als Argonaut

Die Figur des Perseus wird über die Textpassage hinweg immer wieder aufgerufen. Der Erzähler führt eingangs Adrast ein als *Perseius heros* (3,441). In der Aphesas-Ekphrasis erzählt er vom Start des Perseus zu seinem Flug zur Gorgo, schließlich referiert Amphiaraus auf den Aphesas in 3,633 mit *Persei* [...] *montis*. Perseus' Verbindung zu den Argivern wird also einmal lokal hergestellt über den Aphesas, zum anderen genealogisch. So ist Adrast deswegen *Perseius*, weil der argivische König Akrisios der Vater von Perseus' Mutter Danae ist.[250] Besonders ins Auge fällt die Erwähnung der Mutter, die an der Schwelle zum Himmel zurückbleiben muss und den Start des Sohnes nur mit Schrecken beobachten kann (3,464f.). Eine Parallele zu Danae stellen die Frauen und Söhne der Argiver dar, die zurückgelassen werden, als Mars zum Krieg treibt. Wie die Mutter des Perseus bleiben auch die Frauen und kleinen Kinder der Argiver auf der Schwelle zurück und kommen nicht mit auf die kriegerische Unternehmung der Kämpfer: *bellipotens prae se deus agmina passim / mille rapit; liquere domos dilectaque laeti / conubia et primo plorantes limine natos* (3,577–579).

Perseus lässt sich darüber hinaus auch mit dem Vogelzeichen in Verbindung bringen. In seinem Gebet an Jupiter reflektiert Amphiaraus über die Fähigkeit der Vögel, die Zukunft anzuzeigen und spekuliert u. a. darüber, ob die Ursache dieser Fähigkeit darin begründet sein könnte, dass die Vögel dereinst Menschen waren, die sich später dann verwandelt haben (3,485f.).[251] Relevant ist hier, dass Amphiaraus nicht nur auf die Verwandlung der Vögel eingeht, sondern auch überlegt, dass sie, einmal verwandelt, in den Himmel eingedrungen seien (*subiere Notos*, 3,486). In dieser Situation schildert der Erzähler auch Perseus, der im Moment des Himmelssturmes, gleichsam bei der Verwandlung von einem Menschen in einen Vogel, präsentiert wird (*nubila suspenso celerem temerasse volatu / Persea*, 3,463f.). Die Anspielungen auf das Proöm der ovidischen *Metamorphosen* helfen, die Idee der Verwandlung zu etablieren. Statius platziert sie an der Stelle, wo Amphiaraus

---

**250** Ein weiteres Mal wird Perseus in Verbindung mit dem Berg in 5,640 genannt; vgl. auch 4,119 sowie Parkes 2012 ad ibid. und Snijder 1968 ad 3,633; zu weiteren Implikationen von *Perseius* siehe Ahl 1986, S. 2856f. (zu 1,225; 716–720; 3,441: Apollo als Mithras; Perseus und Persien). Die Verbindung der Argiver zum fliegenden Perseus etabliert Statius bereits zu Beginn der *Thebais*: Der Flug mit dem Gorgonenhaupt wird über mehrere Verse beschrieben in der Ekphrasis der *patera*, aus der Adrast Wein spendet (1,539–556).
**251** Snijder 1968 ad locum: „Here the birds are described as having knowledge about human affairs, because they were once human beings themselves." Diese Erklärung ist m. E. nicht ganz schlüssig. Der Bereich des Wissens über „human affairs" schließt ja eigentlich nicht die Zukunft mit ein.

die Verwandlung der Vögel und ihr Erklimmen des Himmels erörtert: *superae seu conditor aulae / sic dedit effusum chaos in nova semina texens, / seu quia mutatae nostraque ab origine versis / corporibus subiere notos* (3,483–486).²⁵²

Die Reflexionen des Amphiaraus über die Institution der Vogelschau ebenso wie die Verwandlung des Perseus in einen Vogel bilden den Hintergrund für das allegorische Vogelzeichen in 3,525–547, in dem wiederum die ‚Vermenschlichung' von Vögeln betrieben wird. Repräsentieren dort zwar die *innumeri cygni* (3,525) die Befestigungsanlagen von Theben (3,530: *ceu muris valloque*), so stehen doch die sieben Adler, die die Schwäne attackieren, für die sieben Heerführer auf Seiten der Argiver (3,531–547). Die ‚Vermenschlichung' der Adler geht insofern ziemlich weit, als das Vorzeichen sehr deutlich auf das spätere Schicksal des jeweiligen Heerführers vorausweist: Der Adler, der Capaneus repräsentiert, kommt deshalb zu Tode, weil er zu nah an die Sonne fliegt (*hic excelsa petens subita face solis inarsit / submisitque animos*, 3,539f.). Dies entspricht dem Sterben durch den Blitzschlag des Jupiter.²⁵³ Und Amphiaraus erkennt sich selbst in einem der Adler in dem Moment, als dieser vom Himmel fällt (*illum* [...], / *qui cadit, agnosco*, 3,546f., vgl. 7,821, im Moment des Einfahrens in den Hadesschlund: *respexitque cadens caelum*). Gleiches gilt für die anderen Adler bzw. Heerführer. Wenngleich Amphiaraus die Schwäne zu Beginn nicht als Repräsentanten von Menschen deutet, sondern von den Befestigungsanlagen Thebens, so repräsentieren sie schließlich dennoch eben-

---

**252** Für die Anspielung auf die *Metamorphosen* an dieser Stelle siehe Seo 2013, S. 169f. Vgl. Ov. met. 1,1–4: *In nova fert animus mutatas dicere formas / corpora; di, coeptis (nam vos mutastis et illa) / adspirate meis primaque ab origine mundi / ad mea perpetuum deducite tempora carmen* mit den verbalen Echos *in nova, mutatae, ab origine* sowie *corporibus* bei Statius; hinzu kommen zwei Motivparallelen: Einmal die Gottheit, die die Welt aus dem Chaos erschafft, und die Reinheit der Vögel, die darauf beruht, dass sie von der Erde weit genug entfernt sind (met. 1,21; 1,75–81: der Mensch als ‚reineres' Lebewesen als die zuvor erschaffenen Tiere: *sanctius his animal*; dies bei Fantham 2006, S. 156).

**253** Eine weitere Fokussierung auf die Capaneus-Jupiter-Episode zeigt sich, wenn wir die Positionierung des Capaneus-Todes innerhalb der Ereignisse im Vogelzeichen, wie es von Amphiaraus geschildert wird, betrachten. Die Reihenfolge der späteren Ereignisse um die Sieben wird nämlich nicht genau nachgebildet. So wird Capaneus' Schicksal zuerst dargestellt und das Fallen des Amphiaraus-Adlers wird als letztes erwähnt (3,546f.). Entsprechend erscheinen auch die Tode des Parthenopaeus (Ende Buch 9), Hippomedon (Anfang Buch 9) und Tydeus (Buch 8) in umgekehrter Reihenfolge. Lediglich die Flucht des Adrast (Buch 11) und der Tod des Polynices (ebd.) werden im Vogelzeichen zwischen Parthenopaeus und Hippomedon eingeschoben (eine Übersicht bei Vessey 1973, S. 155). Direkt vor der Schilderung der allegorischen Tode der Heerführer weist Amphiaraus auf die Wendung des Kriegsglückes hin: *quae saeva repente / victores agitat leto Iovis ira sinistri? / hic excelsa petens* ... (3,537–538). Bezieht sich inhaltlich zwar der Zorn Jupiters auf alle Argiver (vgl. den Plural *victores*), so ist er doch besonders konkret fassbar in den Ereignissen um Capaneus, auf die im direkten Anschluss angespielt wird. Vgl. Manolaraki 2013, S. 96.

falls Menschen, als sie im Kampf mit den Adlern doch wieder als die jeweiligen Gegner der Argiver aufzufassen sind (3,533–535). Amphiaraus' Vogelzeichen würde demnach nicht nur prodigienhafte Züge gewinnen wegen der Charakterisierung als *prodigiosus* (3,523) und über die Assoziation mit Blutregen (zu beidem s. o. Abschnitt 3.4). Vielmehr erscheint der menschliche Vogel Perseus und, assoziativ mit ihm verbunden, die Argiver und Thebaner als eine Art Hybrid-Wesen. Eine solche Vermischung zwischen Mensch und Tier kann als Prodigium aufgefasst werden, das sich nicht zuletzt dadurch auszeichnet, dass es eine Aufhebung von Grenzen impliziert (z. B. zwischen den Geschlechtern oder eben zwischen Mensch und Tier).[254]

Darüber hinaus werden die Seher, vermittelt über den Aphesas, mit Perseus in Verbindung gebracht. Wie er dringen sie durch die Vogelschau in unerlaubter Weise ein in den Raum des Himmels.[255] Die frevlerischen Konsequenzen dieses Eindringens treten ihnen vor Augen, wenn Amphiaraus sich selbst als Adler vom Himmel stürzen sieht. Zunächst entsprechen Amphiaraus und Melampus der Mutter des Perseus, die vom Felsen aus ihrem Sohn hinterherschaut (*perterrita mater / prospexit de rupe gradus*, 3,464f., vgl. 3,496f.: *alto / membra locat scopulo* [Amphiaraus nach dem Gebet zu Jupiter] und 3,634: *ire gradu trepido superumque inrumpere coetus* [Amphiaraus in seiner Rede]). Im Vogelzeichen steht Amphiaraus dann mit Perseus, dem menschlichen Vogel, in Verbindung.[256]

Wie bereits angemerkt, repräsentieren die Schwäne im Vogelzeichen einmal die Mauern Thebens, später dann offenbar Kämpfer. Ahl 1986 sieht Amphiaraus nicht nur mit dem Adler, sondern auch mit den Schwänen assoziiert: Amphiaraus sei der „complete Swan Hero", insofern er viele Züge des Ares-Sohn Cygnus aus der mythischen Tradition aufweise, wie den Bezug zu Apollo oder die ungewöhnliche

---

[254] Rosenberger 2001, S. 76: „Es geht [...] nicht um einzelne Motive, sondern um strukturelle Gemeinsamkeiten der Prodigien: Hermaphroditen etwa transgredieren die Grenzen zwischen den Geschlechtern, eine Missgeburt wie ein Knabe mit dem Kopf eines Elefanten stellt die Vermischung von Mensch und Tier dar; ein Wolf, der in die Stadt eindringt, hebt die durch die Stadtmauern und das *pomerium* definierten Grenzen zwischen innen und außen auf."; s. auch Rosenberger 1998, S. 107–111; Liv. 27,11,5; 27,4,14; Obseq. 14.

[255] Lovatt 2013b, S. 144: „The prophets appear to be assaulting heaven by looking; they too take on the divine perspective by climbing the mountain."

[256] Dies bei Lovatt 2013b, S. 144f. Je nachdem, wie man die (literaturhistorisch spätere) Stelle Paus. 2,15,3 (siehe dazu und zur Schreibweise *Apesas* S.88, Fn. 239) bewertet, könnte man noch eine weitere implizite Parallelisierung mit Perseus annehmen. Pausanias gibt ebd. eine mythische Tradition wieder, die Perseus dem Zeus auf dem Aphesas opfern lässt. Auch die Seher werden in enger Verbindung zu Jupiter dargestellt: Amphiaraus richtet ein Gebet an Jupiter als *solitum numen* (3,470), s. o. Kap. 3.2.

Benennung seines Pferdes als *Cygnus* (6,463; 524; 528).[257] Dass im Vogelzeichen der Adler und nicht etwa der Schwan für Amphiaraus steht, verweise darauf, dass Amphiaraus gegen seinen Willen mit in den Krieg zieht: „The swan-priest, compelled to become a warrior, dies as one of the eagles."[258] Eine weitere, verdeckte Repräsentationslinie zeigt sich, wenn man einen der Prätexte für Vogelzeichen mit einbezieht: das sog. Schwanenprodigium in der *Aeneis*,[259] das uns auf das Motiv der (ersten) Seefahrt führt, das ich im Folgenden diskutieren will und das die Brücke zu Amphiaraus als Argonauten bildet.

Im Schwanenprodigium im ersten Buch der *Aeneis* überzeugt Venus den Aeneas von der Ankunft der verloren geglaubten Schiffe seiner Gefährten, indem sie auf ein Vogelzeichen verweist, bei dem Schwäne, die von Jupiters Adler gejagt wurden, diesem doch entkommen und landen konnten (*Aen.* 1,390–401).[260] Das Motiv der Seefahrt, das über die Bezugnahme auf die *Aeneis*-Stelle aufgerufen wird, taucht interessanterweise bei Statius bereits kurz zuvor auf. Nachdem sich zunächst keine Vögel und dann Unglücks-Vögel gezeigt haben, ist Melampus im Unklaren über das weitere Vorgehen angesichts der Unglücksvögel, die erscheinen (*quae prima deum portenta sequamur?*, 3,512). In 3,516–523 stellt Amphiaraus heraus, dass er selbst trotz seiner langen Erfahrung als Argonauten-Seher noch nie etwas Vergleichbares gesehen habe. Bei dieser ersten Seefahrt wurde er, noch ein junger Mann, ebenso wie Mopsus als Seher konsultiert (*nec me ventura locuto / saepius in dubiis auditus Iasoni Mopsus*, 3,520f.). Der Vergleich mit Mopsus stellt einen zusätzlichen Bezug her zum Anfang der Vogelschau-Episode, wo der Erzähler Amphiaraus und Melampus ebenfalls im Blick auf ihre seherischen Qualitäten vergleicht (3,451–455). Die Argonautenfahrt als erste Unternehmung zur See stellt einen weiteren Aspekt des Motivs des Eindringens dar.[261]

---

**257** Bezug zu Apollo: Hes. *scut.* 57–140; 318–480; Schol. Hom. *Il.* 23,346: Wagenrennen; Ahl 1986, S. 2867–2869, weitere Stellen ebd.; s. auch Georgacopoulou 1996a, S. 450, Anm. 14.
**258** Ahl 1986, S. 2868, mit Verweis auf Plat. *rep.* 620A–B: Die Seele des Orpheus wählt den Schwan, die Seele des Agamemnon den Adler.
**259** Fantham 2006, S. 154; Frings 1991, S. 52f.
**260** Vgl. auch das von Iuturna gesandte Zeichen in *Aen.* 12,244–256 (Hinweis bei Snijder 1968 ad *Theb.* 3,531).
**261** Stover 2009 weist darauf hin, dass Statius einer seltenen Version des Mythos folge, wenn er Amphiaraus zum Teilnehmer der Argonautenfahrt macht (S. 447) und erklärt dies über die Bezugnahme auf Apollonios Rhodios und Valerius Flaccus, vgl. Fn. 89. Vessey sieht eine Schwäche der Szene in der „duplication" von Sehern. Statius habe Melampus eingeführt, da Amphiaraus einen „interlocutor" benötigt habe, um diesem das Vogelzeichen zu schildern, vgl. auch Frings 1991, S. 55. Ein weiterer Grund sei, dass Statius eine Balance habe herstellen wollen zu Tiresias und Manto in *Theb.* 4.

Bei Statius greifen die Motive der Argonautenfahrt und der *aurea aetas* ineinander: Dass der Beginn der Schifffahrt mit der Argo ein Eindringen in einen verbotenen Raum darstellt und eine Deszendenz des menschlichen Geschlechtes ebenso wie vielerlei Übel mit sich bringt, ist ein gängiges Thema von *aurea-aetas*-Schilderungen.[262] Insofern wird hier Amphiaraus als eine Figur dargestellt, die gleich in zwei Fällen eine höchst problematische Grenzüberschreitung anstellt bzw. angestellt hat: einmal als einer der ersten Seefahrer, zum anderen in diesem Kontext, weil er zusammen mit Melampus die Vogelschau abgehalten hat. Diese Verbindung untermalt auch noch ein verbaler (wenn auch nicht inhaltlicher) Rückbezug: Das *Thessalicum nefas* in 3,559 weist zurück auf die *pinus Thessala* in 3,518.[263]

Während Amphiaraus als *Perseus alter* und Argonaut die folgenschwere Grenzüberschreitung jeweils zu vollziehen in der Lage ist, stellen die Giganten eine deutlich andere Gruppe von Himmelsstürmern dar. Bevor wir uns den Giganten selbst zuwenden, wollen wir nochmals an die Konsequenzen erinnern, die Amphiaraus aus seinem ‚Himmelssturm' zieht: Da ihn sein Eindringen in den Himmel reut, verfällt er ins räumlich andere Extrem und zieht sich tief in sein Haus zurück (*sed atra / sede tegi, et superum clausus negat acta fateri*, 3,571f.). Der Erzähler bezeichnet das Haus als *atra sedes*. Dies kann bedeuten, dass Amphiaraus sich in dessen innerstem Teil verborgen hält und/oder dass kein Sonnenlicht mehr durch die verdunkelten Fenster einzudringen vermag.[264] Darüber hinaus hat der Seher offenbar das Haus verriegelt (*clausus*). Die dunkle Wohnung, in der der Himmelsstürmer eingeschlossen ist, bildet die raummotivische Brücke zu den Giganten, die in den Himmel einzudringen versuchen, sich aber später in einer Höhle wiederfinden. Wie genau bindet nun Statius die Giganten raummotivisch ein und in welchem Bezug stehen sie zu Amphiaraus?

---

**262** Hes. *erg.* 236; Hor. *epod.* 2; Hyg. *astr.* 2,25; Lucr. 5,1448; Manil. 1,87; Ov. *am.* 3,8,43f.; *fast.* 1,339–342; *met.* 1,94–96; Sen. *epist.* 90,24; *Med.* 301–339 (insbes. 329 sowie 336: *Thessala pinus*); *Phaedr.* 525–531; Tib. 1,3,35–1,3,40; Verg. *ecl.* 4,37–4,39; *georg.* 1,136–142 (Überblick im Index bei Gatz 1967, S. 229, mit Rückverweisen auf Stellenangaben ebd., S. 216–227).
**263** Hier ist allerdings einschränkend anzumerken, dass Amphiaraus in 3,517–521 sich und die anderen Argonauten nicht explizit als Grenzüberschreiter im Sinne der ersten Seefahrer darstellt. Walter 2014, S. 168f. sieht dementsprechend und zu Recht die „Welt der Argonautenfahrt", wie sie Statius den Amphiaraus in 517–521 darstellen lässt, als „harmlose, geradezu ‚heile' Welt epischen Singens und Prophezeiens", in der Seher noch angehört würden (mit Hinweis auf 3,521 *auditus*) im Unterschied zur Situation in der *Thebais*.
**264** Snijder 1968 ad 3,571: „‚Atra' means that he has concealed himself in the innermost part of his house. Perhaps he also darkened his windows to keep out the sun's light."

## 4.5 Bergmotivik II: Giganten, Vulkanausbrüche und andere Katastrophen

Giganten können als typisch liminale Figuren verstanden werden, als zwar temporär auftrumpfende, aber letztlich gescheiterte Grenzgänger. Ihr grenzüberschreitendes Potential ist so groß, dass sie es fast schaffen, die eigentlich als unüberwindbar imaginierte Grenze zum Olymp zu durchdringen. Der Gigant Enceladus im ersten Berg-Vergleich repräsentiert dieses chaotische, nur mit Mühe zu kontrollierende Potential: *aut ubi temptat / Enceladus mutare latus; super igneus antris / mons tonat. exundant apices fluctusque Pelorus / contrahit, et sperat tellus abrupta reverti* (3,594–597). Enceladus liegt unter dem Aetna begraben. Indem er sich umdreht, löst er ein Dröhnen in den Zyklopenschmieden sowie ein Ausbrechen des Vulkans aus (vgl. Fußn. 241). Mit diesem Giganten wird eine Figur aufgerufen, die einerseits mit dem Inneren eines Berges,[265] andererseits mit seiner Spitze in Verbindung gebracht werden kann, da Enceladus' Umdrehen im Gleichnis letztlich dazu führt, dass der Vulkan ausbricht (*exundant apices*, 3,596).

Enceladus kommt nun auf die selbe Weise zu Tode wie Capaneus: Er wird vom Blitz getroffen. Hierauf wird in *Aeneis* 3,578–582 Bezug genommen, einer Textstelle, die sicherlich zu den Prätexten des Vergleichs zu zählen ist.[266] Der Vergleich spielt also auf das erfolglose Ende des gigantischen Himmelssturms an, stellt aber auch die immer noch vorhandene Macht der Giganten anschaulich vor Augen. Ein schlichtes Drehen des Enceladus kann letztlich sogar die Folge haben, dass sich Sizilien wieder dem italischen Festland annähert (3,597).

Durch den Vergleich werden neben Capaneus auch die anderen Argiver in die Rolle der Giganten versetzt. Ausgangspunkt des Vergleichs ist ja ihr Geschrei, als sie von Adrast Krieg fordern: *bella animis, bella ore fremunt; it clamor ad auras* (3,593).[267] Wie Enceladus produzieren die Argiver einen Ton, der eine bevorstehende Katastrophe ankündigt. Anders akzentuiert ließe sich der Enceladus-Vergleich auch deuten als Vorwegnahme der unmittelbar folgenden Erzählung. Wie Enceladus einen Ausbruch des Aetna auslöst, indem er sich umdreht, so ‚provoziert' das Geschrei der Argiver (in Kombination mit dem *Mavortis amor* in 3,598) den ‚Ausbruch' des Capaneus.

---

265 Genau genommen ist es hier nicht eine Höhle im Berg, sondern der Bereich unter dem Berg selbst. Hier ließe sich erneut eine Parallele zum lebendig begrabenen Amphiaraus ziehen, vgl. Fn. 272.
266 Snijder 1968 ad 3,595.
267 Fantham 2006, S. 158: „At the moment of climax Statius [...] transfers his own motif of intrusion upon divine plans (*inrumpere*, 549, 634) to the physical onrush of the citizens who burst into Argos to beset the king demanding war [...]."

Betrachten wir bei dem Geschrei-Vergleich comparandum und comparatum, so zeigt sich, dass der Vergleich eigentlich über den konkreten Kontext hinausgeht.[268] So liegt dem Vergleich das Kriegsgeschrei zugrunde, das die Argiver auf der Schwelle des Palastes erheben, erfüllt von dem Verlangen nach Krieg. Lärmen allerdings spielt nur in zweieinhalb der vier Verse eine Rolle, nämlich in Form des *gemitus* des Meeres und im *tonare* des Berges, ausgelöst durch das Umdrehen des Giganten. Dieses Umdrehen, das eigentlich ‚nur' als Ursache für das *tonare* eingeführt wird, entwickelt sich aber deutlich weiter bis hin zu den bereits erwähnten Konsequenzen: Aus dem Lärmen ergibt sich quasi-kausal ein Ausbrechen des Berges. Dieser im Gleichnis vollzogene Übergang lässt sich wieder auf den Text zurückbeziehen. So impliziert das Kriegsgeschrei im Grunde bereits, dass man auch zum Krieg ausziehen und damit die Katastrophe in Gang setzen wird.

Stützen lässt sich diese Argumentation durch einen Blick auf den Gebirgsbach-Vergleich gegen Ende der Textpassage (3,671–677, s. o.). Hier wird die Akklamation der Argiver nach Capaneus' Rede (*rursus fragor intonat ingens / hortantum et vasto subter volat astra tumultu*, 3,669f.) verglichen mit dem Gebirgsbach, der Häuser, Feldfrüchte, Vieh und auch Männer mit sich reißt, die wiederum als mit ihm ‚vermischt' dargestellt werden (*resonant permixto turbine tecta, / arva, armenta, viri*, 3,674f.). Auch in diesem Vergleich geht mit dem Lärm (*resonant permixto turbine*) das Auslösen einer Katastrophe einher.[269] In beiden Fällen ist es nicht das Lärmen selbst, das diese auslöst (anders als bei den biblischen Trompeten von Jericho), sondern eine weitere Konsequenz. Die zerstörerischen Wirkungen von Lava und Gebirgsbach in Kombination mit der Anspielung auf die Gigantomachie nehmen auf der Ebene des Vergleichs schon den folgenden Krieg gegen Theben vorweg.

Man kann sogar noch einen Schritt weiter gehen und Capaneus' Rolle mindestens als ‚Katalysator' für den Beginn des Krieges in den Vergleichen gespiegelt sehen. So löst Enceladus-Capaneus im ersten Vergleich durch seine Aktivitäten zunächst Geräusche aus, die dann im weiteren Verlauf in die Katastrophe münden. Im Text ließe sich dies auf seine Rede beziehen, die das Kriegsgeschrei der Argiver wieder aufflammen lässt (vgl. o. *rursus fragor intonat etc.*). Im Moment des zu den Sternen hinaufreichenden Geschreis sind die Argiver nur noch einen Schritt davon

---

[268] Klinnert 1970, S. 11.
[269] *turbo* kann einen Wasserstrudel bezeichnen (in einem Fluss oder im Meer), vgl. OLD s.v. *turbo*$^2$, 3 (z. B. Sen. *epist.* 79,1; Florus, *epit.* 1,46 [3,11,4]), aber auch übertragen gebraucht werden, bezogen auf „outbursts of sound or language" (OLD ebd., 2 c; dortige Belegstellen alle aus Sil.: 11,579 und v. a. 16,319, möglicherweise eine Parallele der hier diskutierten Statius-Stelle). Auch im *rapidus-torrens*-Vergleich in *Aen.* 2 (s. Fn. 248, S. 92) steht der *sonitus* des Gebirgsstroms für eine Katastrophe. Die Zerstörung der *agri* und *silvae* illustriert die voranschreitende Zerstörung Trojas.

entfernt, zu den kriegerischen Himmelsstürmern zu werden, wie sie uns in der Passage vorgestellt werden. Auch das Motiv der ersten Seefahrt bzw. der Fahrt der Argonauten lässt sich nicht nur auf Amphiaraus, sondern auch auf die Argiver insgesamt beziehen: Argonauten wie Argiver werden bei ihren Grenzüberschreitungen jeweils von Amphiaraus begleitet. Stover 2009 hat sogar die These geäußert, dass die Argiver in der *Thebais* insgesamt als „quasi Argonauts" dargestellt werden.[270]

Es lässt sich festhalten, dass Capaneus und die Argiver über die Vergleiche selbst als Giganten erscheinen. Darüber hinaus lässt sich eine Engführung von Geräusch und Katastrophe ausmachen. Die Vergleiche legen die Lesart nahe, dass die Argiver und Capaneus *durch* ihr Geschrei eine Katastrophe auslösen. Im übertragenen Sinne steht diese Katastrophe für das *nefas*, das sich im Krieg gegen Theben ereignen wird. Ich will nun die in den Vergleichen geschilderten Katastrophen näher analysieren und sie im Zusammenhang mit den monströsen Figuren, dem Aphesas sowie Amphiaraus und Melampus betrachten.

## 4.6 Berg, Monster, Natur, Seher

Wie wir gesehen haben, schildert der Erzähler zwei Arten von Naturkatastrophen: im ersten Vergleich den Ausbruch des Aetna, im letzten eine Überschwemmung, ausgelöst durch den Gebirgsbach. Während im Falle der Lava nur erwähnt wird, dass sie aus dem Berg heraustritt (*exundant apices*, 596), nicht aber, wie sie herunterfließt, finden wir ebendiese Bewegung beim Gebirgsbach-Vergleich: *cum vagus in campos frustra prohibentibus exit / obicibus* (3,673f.). Wenn man stärker differenziert zwischen der Lava, die tatsächlich aus dem Berg herauskommt, und dem Gebirgsbach, der ‚nur' vom Berg herabfließt, so lässt sich der Gebirgsbach-Vergleich auf das Hinabsteigen der Seher vom Aphesas bezogen sehen (*inviso de monte redit*, 3,568): Wie der Bach beim Hinabfließen eine Katastrophe auslöst, so

---

**270** Stover 2009, S. 448 Fn. 26: „Apparently Statius saw in the Argonautic legend – a myth of imperialist expansion, of colonization and conquest – a fitting model for his Theban epic [...]. In fact, one of the referees for *AJP* suggests that Statius' sustained appropriation of the Argonautic myth creates a situation in which ‚the Theban expedition literally becomes the *Argonautica*.'" Statius' Anspielung auf die Argonautensage in der Vogelschau-Episode ist in einem größeren Kontext zu verorten. So ist in der jüngeren Forschung von Stover und anderen verschiedentlich herausgearbeitet worden, inwiefern Statius auf die Argonautensage und vor allem auf Valerius Flaccus' *Argonautica* Bezug nimmt. Fucecchi 2007, S. 25–30 argumentiert für eine „affinità argonautiche" (S. 29) des Amphiaraus der *Thebais*; s. auch Lovatt 2015, S. 421f.; Parkes 2014 arbeitet im Anschluss an Stover 2009 weitere argonautische Züge der *Thebais* heraus (zu Amphiaraus S. 781; 784).

nimmt auch mit dem Herabsteigen der Seher das verhängnisvolle Schicksal der Argiver seinen Lauf.

Der Gebirgsbach ist zudem in spezifischerer Weise verknüpft mit den Sehern und dem Aphesas, und zwar über eine bemerkenswerte motivische Parallele. Oben (Kap. 4.2) hatte ich darauf hingewiesen, dass auch die zeitliche Verortung der Vogelschau liminal konnotiert ist. Diese findet bei Sonnenaufgang statt, die aufgehende Sonne lässt den kalten Reif auftauen: *evadunt pariter, madidos ubi lucidus agros / ortus et algentis laxavit sole pruinas* (3,468f.). Auf den ersten Blick scheint hier nur die Situation des frühen Morgens mit einem kurzen Naturbild illustriert zu werden. Bedenkt man aber die weitreichenden Implikationen des Aphesas als Schauplatz der Vogelschau, so lohnt sich die Frage, inwiefern wir nicht auch diesem Textelement größeres Gewicht beimessen können und ob sich im Text ein vergleichbares Motiv findet. Dies ist tatsächlich der Fall, und zwar im Gebirgsbach-Gleichnis. Auch hier findet sich Wasser, das aus einem Schmelzvorgang resultiert, freilich in weit größerem Maßstab: *ut rapidus torrens, animos cui verna ministrant / flamina et exuti concreto frigore montes* (3,671f.). Über diesen Bezug wird rückblickend schon der Beginn der Vogelschau als problematisch dargestellt. Was mit dem Besteigen des Berges und ein wenig Tau beginnt, endet im allseitigen Kriegsgeschrei und der Beinahe-Katastrophe, die der von den eisigen Wassermassen gespeiste Gebirgsbach im Gleichnis auslöst.

Man könnte soweit gehen, eine weitere Verbindung zu ziehen zwischen der Gebirgsbach-Katastrophe und dem Motiv der Seefahrt in der Passage: Während im Falle der Argonauten das Eindringen in den Raum des Wassers als problematisch markiert wird, greift hier im Gegenzug das Wasser wiederum ein in den Raum Land und bringt diesen in unerhörter Weise durcheinander (*resonant permixto turbine tecta / arva, armenta, viri*, 3,674f.). Die Gefährlichkeit des Himmelssturmes vom Berg aus wird gespiegelt im Ausbrechen der Lava und im Herunterfließen des zum reißenden Strom gewordenen Baches. Dem Ausgreifen in den Himmel vom Berg aus wird ein in die umgekehrte Richtung operierendes Ausgreifen des Berges auf die ‚flache' Landschaft (*fluctusque Pelorus / contrahit, et sperat tellus abrupta reverti*, 3,596f.), gleichsam ein katastrophales Zurückfedern des Himmelssturms gegenübergestellt.

Dass das Eindringen in den Himmel und das ‚Eindringen' in den Krieg im Text motivisch enggeführt werden, unterstreicht die Idee der ‚verbotenen' Vogelschau. Das Gebet, das Amphiaraus vom Berg aus zu Jupiter ‚nach oben' sendet, hat seine Parallele im Lärm, den die Argiver von der Palastschwelle und der Türschwelle des Amphiaraus zum Himmel schicken. Insofern verhält sich Amphiaraus folgerichtig, wenn er sich einschließt. Da das Verkünden der warnenden Prophezeiung offenbar die Geschehnisse vorantreiben und nicht verhindern wird, agiert Amphiaraus hier in seiner Rolle als *mora belli*, die ihm auch sonst in der *Thebais* zugeschrieben wird.²⁷¹ Mit Blick auf das Lärmen der Argiver vor seinem Haus und die Vergleiche scheint dies das einzige angemessene Verhalten. Jegliche Produktion von Geräuschen muss zwangsläufig in die Katastrophe münden, so suggeriert es der Text.

Hier zeigt sich nun die besondere Pointe der Erwähnung des Parnass in Capaneus' Rede. Dort ist es nämlich der Lärm selbst, der die Grenzüberschreitung bedeutet, ganz ähnlich dem Kriegsgeschrei der Argiver. Mit Apollo als Sehergott ließe sich einerseits natürlich eine himmlisch-olympische Ebene verbunden sehen, was eine Grenzüberschreitung von ‚oben' nach ‚unten' implizierte. Doch das *mugire* des Gottes findet innerhalb des Berges statt, die Informationsweitergabe leistet dann die Pythia (*dum pallida virgo tremendas / nuntiet ambages*, 3,614f.). Über das Motiv des Berges ergibt sich eine Verbindung zwischen Apollo und Pythia und den anderen lärmenden Bergbewohnern, im Falle der Lava auch zu den ‚Innereien'. Dem konkreten Heraustreten aus dem Berg entspricht hier das abstrakte Heraustreten von Informationen. Interessant ist hier vor allem die genaue Verortung des Gottes, die Parallelen zu Amphiaraus' Aufenthaltsort aufweist: Während Amphiaraus *clausus* ist, ist Apollo *seclusus*. Wenn man die Dunkelheit der Wohnung des Amphiaraus darauf zurückführt, dass dieser sich tief in sein Haus zurückgezogen hat (vgl. Fn. 264), so lässt sich auch *penitus* (3,613) als raummotivische Parallele zur anderen Textstelle verstehen.²⁷²

Jenseits der Assoziation mit Apollo entspräche Amphiaraus in dieser Konstruktion der Pythia. Wie sie tritt er hervor aus seinem Haus, das assoziativ mit einem *fanum* in Verbindung gebracht wird (s. o. S. 66 zu *profanus* in 3,621). Wie die *pallida virgo* kommt er schließlich zu den an der Schwelle Wartenden, um den Ratschluss des Gottes zu verkünden. Das Adjektiv *pallidus* evoziert ebenfalls die Dunkelheit der Höhle. Die blasse Hautfarbe der Pythia ließe sich auf einen Mangel an Sonnenlicht zurückführen.²⁷³ Diese Parallele wird im Text noch weiter ausge-

---

271 Fantham 2006, S. 161f. und *passim*; s. auch Masterson 2005, S. 299; zu „patterns of *morae*" in *Theb.* 1–6 Vessey 1973, S. 165–167.
272 Interessant ist, dass auch hier der Gipfel des Berges wieder eingeblendet wird (*cavo sub vertice*), zumal mit der Spezifizierung durch *Cirrhae*. Dies lässt sich als Fernbezug zum Gebet des Thiodamas verstehen, in dem die Fahrt des Amphiaraus durch den Hadesschlund auf die Erdspalte in Delphi bezogen wird (*at tu, care deis, quem non manus ulla nec enses / Sidonii, sed magna sinu Natura soluto, / ceu te Cirrhaeo meritum tumularet hiatu, / sic amplexa coit*, 8,329-332); vermittelt über diese Fernbeziehung gewinnt Capaneus' Aussage noch eine besondere Tiefe: Er wird nicht mal dann an Amphiaraus glauben, wenn dieser geworden ist wie Apollo, der ‚Sehergott der Erdspalte'.
273 Anders Snijder 1968 ad 3,614: „The priestess is said to look pale, because she loses physical and mental control over herself when overpowered by divine inspiration." Vergleichbare einschlägige Stellen bestätigen dies, wobei allerdings auch oder sogar stattdessen die Röte hervorgehoben

baut, wenn Amphiaraus darauf hinweist, dass Phoebus (und die Liebe zu seinen Mitmenschen) ihn dazu antreibe, die *arcana* zu verkünden (3,625f.) und natürlich, wenn er selbst am Ende seiner Rede als gottbesessen erscheint. Außerdem weist Amphiaraus auch auf die Dunkelheit hin, aus der er hervorgeholt wurde (*elicior tenebris*, 3,623).[274]

Der Giganten-Vergleich führt dazu, dass es nunmehr als problematisch erscheint, wenn der ‚pythische' Amphiaraus aus seinem dunklen Hause heraustritt: In dem Moment, in dem etwas aus dem Inneren des Berges nach außen dringt, fangen die Probleme an, die bis zur Erstürmung des Himmels reichen können. Diese Problematisierung wird auch in der nach außen dringenden Lava gespiegelt. Sowohl das Dröhnen eines Giganten als auch das *mugire* eines Gottes (und in der Folge das Heraustreten seiner Interpretin) können in gleicher Weise zu Auslösern einer Katastrophe werden.

Diese Problematik ist der anfänglichen Schwellensituation, wie sie in der Aphesas-Ekphrasis kreiert wird, bereits eingeschrieben. Die Schwelle des Bergkamms, von der aus die Mutter gerade nicht in den Himmel geht bzw. gehen kann, wird wiederaufgenommen in den *limina*, auf denen die Angehörigen der Argiver zurückbleiben (3,579, s. o.). Auch der Aufenthalt bei der Palastschwelle lässt sich hier einordnen (3,592: *ad limina regis*), zumal Adrast gerade nicht als Kriegstreiber dargestellt ist. Eine weitere ‚hemmende' Schwelle stellt die vor dem Haus des Amphiaraus dar: *unius [...] (heu pudeat!) plebeii ad limina civis [...] pendemus* (3,609–611, Rede des Capaneus). Die Vergleiche im Umkreis dieser hemmenden Schwelle lassen diese jedoch als wirkungslos erscheinen. Das gigantische Lärmen der Argiver vor dem Palast und vor Amphiaraus' Haus wird als zu mächtig imaginiert, als dass sie durch diese Schwellen aufgehalten werden könnten.

Auch aus Sicht der Katastrophenschilderung bestätigt sich die Engführung mit dem Lärmen der Argiver. So bergen die Informationen, die die Seher vom Berg mitbringen, das Potential, eine Katastrophe auszulösen, wie die Parallelisierung des Amphiaraus mit der Pythia nahelegt. Ich will nun abschließend eine weitere Figuren-Parallelisierung betrachten, bei der sich Capaneus selbst in Amphiaraus' Seherrolle imaginiert, und zeigen, wie die verschiedenen motivischen Fäden (Seher, Himmelsstürmer, Klang, Berg) am Ende der Passage zusammenlaufen.

---

wird: Sen. *Ag.* 710f. (Cassandra; *pallor*); Lucan. 5,214–216 (Pythia; *rubor* und *pallor*); weiterhin *Aen.* 6,47 (Sibylle; *non color unus*), Sen. *Med.* 387 (Medea, verglichen mit Mänade; *flammata facies*; Stellen bei Tarrant 1976 ad Sen. *Ag.* 710).
**274** Lovatt 2013b, S. 145.

## 4.7 Capaneus als Amphiaraus: *illic augur ego*

Am Ende seiner zweiten Rede macht Capaneus ein bemerkenswertes Statement (3,668f.):

> *illic augur ego et mecum quicumque parati / insanire manu.*
>
> Dann bin ich der Seher und alle mit mir, die bereit sind, im Kampfe zu rasen.

Dies lässt sich zunächst einmal im Kontext der Rede verstehen. Der Äußerung vorausgegangen ist nämlich zum einen – wie schon in der ersten Rede des Capaneus – eine Kritik an der Seherkunst (*vanis avibus*, 3,652; vgl. auch 3,657–659), zum anderen eine drohende Warnung, Amphiaraus solle sich ihm während des Krieges gegen die Thebaner nicht mehr in den Weg stellen (3,662–667). Die *dementia Phoebi* (3,667) werde dann nicht mehr (sc. zum Schutz des Amphiaraus) vorhanden sein (3,666f.). Da es dem Seher vor Theben nicht mehr möglich sein wird, sich Capaneus in den Weg zu stellen, werde er, Capaneus, selbst die Seherrolle übernehmen, so die Logik. Diese ‚Prophezeiung' wird bestätigt durch den typischen Donner, der auf sie folgt (*rursus fragor intonat ingens*, 3,669). Dieser Donner wurde aber nicht, wie im Folgevers klar wird, von Jupiter verursacht, sondern von den Argivern selbst. Die Argiver schlüpfen hier selbst in die Rolle des Göttervaters. So hatte Amphiaraus in seinem Gebet Jupiter um entsprechende akustische Zeichen gebeten: *signa feras laevusque tones; tunc omnis in astris / consonet arcana volucris bona murmura lingua* (3,493f.). Weder das eine noch das andere akustische Zeichen treten ein. Anstelle von *bona murmura* sind nur die Laute der *dirae aves* zu hören (3,510–512), Donner ist während der Vogelschau keiner hörbar. Dies wird am Ende der Passage nachgeholt. Die Argiver erscheinen in der Rolle der Himmelsstürmer und senden sich gleichsam selbst diejenigen Zeichen, die eigentlich Jupiter senden würde. Darüber hinaus senden sie mit ihrem ‚zustimmenden' Donner auch noch ein günstiges Zeichen, während die Seher hemmende Zeichen gesehen hatten. Am Ende der Passage haben die argivischen Krieger das Divinationswesen komplett okkupiert: Capaneus imaginiert sich bereits selbst in der Rolle des Sehers, die argivischen Kämpfer werden in der literarischen Konstruktion in die Rolle Jupiters hineingedrängt.[275]

---

[275] Lovatt 2013a, S. 62: „Capaneus' pseudo-prophecy is confirmed in the traditional manner, by thunder [...]. Here the word order leaves it ambiguous until the beginning of the second verse as to whether it is Jupiter who is actually confirming Capaneus' words; only then does it become apparent that he is validated by the earthly thunder of the mob."

Die pervertierte Seherrolle, die Capaneus für sich ‚vorhersagt', wird aber noch auf andere Weise plausibilisiert, und zwar über die Formulierung *mecum* [...] *insanire manu*: Nicht nur er werde Seher sein, sondern alle, die bereit seien, zusammen mit ihm zu „rasen"[276]. *insanire* steht hier für das Rasen im Krieg.[277] Dieses wird von Capaneus in Beziehung gesetzt zu dem ‚Rasen' der Seher. Das ist sicherlich vor dem Hintergrund der Trance oder Ekstase einer Gestalt wie der Pythia zu sehen, die Capaneus in seiner ersten Rede erwähnt, und der Held spielt mit der *dementia Phoebi* bzw. mit *tuus furor* am Beginn seiner Rede (3,648f.) sicherlich auch auf Amphiaraus' spontane Gotteserscheinung an (*deus ecce furentibus obstat / ecce deus!*, 3,643f.). Es kommt hier also der *furor* des Krieges ins Spiel, dem sich der Seher-Gott in den Weg stellt.[278] Wir haben es demnach an dieser Stelle mit einer Auseinandersetzung des Capaneus mit den beiden *furor*-Konzeptionen zu tun,[279] die in der Aussage des *illic augur ego* gipfelt.[280]

Das Zusammenspannen von seherischem und kriegerischem Rasen, das heißt das Zusammendenken der beiden Rollen, gewinnt weitere Tiefe, wenn wir den Rest der Passage in den Blick nehmen. So sind es die Seher, die (wie Perseus) in den Himmel eindringen und somit ein *nefas* begehen, wie wir in der Erzählerreflexion über die Seherkunst erfahren (3,562f.). Hierüber erschließt sich die Pointe des *illic augur ego*: In ganz ähnlicher Weise wird Capaneus zum Seher/Himmelsstürmer werden, wenn er versucht, gegen Jupiter selbst zu kämpfen.[281] Entsprechend wird er in der Vogelschau durch denjenigen Vogel repräsentiert, welcher in einen Raum eindringt, der auch den Vögeln verwehrt ist: in die unmittelbare Umgebung der

---

276 Vgl. Übers. Schönberger 1998.
277 Vgl. Snijder 1968 ad 3,668 / 3,669; *manu* in etwa in der Bedeutung „by fighting", OLD s.v. *manus* 9 f; Verg. *Aen.* 12,22f.: *sunt oppida capta / multa manu*.
278 Vgl. auch das Auftreten des *Furor* in Zusammenwirken mit Mars in 3,424.
279 Vgl. Snijder 1968 ad 3,662; dazu auch Walter 2014, S. 158f. Zum vielbehandelten Motiv des *furor* in der *Thebais* siehe z. B. Vessey 1973, S. 259–262, Franchet d'Espèrey 1999, S. 207–226, Delarue 2000, S. 289–327.
280 Lovatt 2013a: „The extremity of prophecy is displaced onto the madness of Argives: Capaneus is correct (if ironically) when he says *augur ego* [...]." Vgl. auch Frings 1991, S. 16.
281 In Korrespondenz hierzu wäre die *invocatio* am Beginn der Capaneus-Episode in *Thebais* 10,827–836 zu sehen, wo der Dichter selbst für sich poetische Raserei fordert: *maior ab Aoniis poscenda amentia lucis* (10,830); vgl. Schol. Stat. *Theb.* 10,830: *furor poeticus*. Die Verlagerung der Geschehnisse von der Erde in den Himmel wird gleich am Beginn der *invocatio* eingeführt und somit als das herausstechende Charakteristikum der Passage markiert: *hactenus arma, tubae, ferrumque et vulnera: sed nunc / comminus astrigeros Capaneus tollendus in axis*, 10,827f.; vgl. Williams 1972 ad 10,827: „The transition is: so much of earthly fighting, now I must sing of Capaneus' superhuman exploits."

Sonne (*hic excelsa petens subita face solis inarsit*, 3,539).²⁸² Capaneus ist darüber hinaus geradezu beseelt von Mars, wie wir gleich am Beginn seiner Szene erfahren: *atque hic ingenti Capaneus Mavortis amore / excitus* (3,598f.).²⁸³

Wie sich hier bereits absehen lässt, ist über das eigentliche Vogelzeichen hinaus die Textpassage insgesamt als allegorische Vorwegnahme der späteren Ereignisse zu deuten. Vor diesem Hintergrund erscheint auch die Bezeichnung des Adrast als *Perseius heros* (3,441, vgl. o.) in Kombination mit der kurzen Perseus-Episode in der Aphesas-Ekphrasis in neuem Licht. Schon vor dem eigentlichen Beginn der Vogelschau und dem Eintritt in den Krieg wird der König als jemand dargestellt, der das ‚Himmelsstürmer-Gen' in sich trägt.²⁸⁴ Die Tragweite der Raummotivik in der Vogelschau erschöpft sich aber keineswegs darin, die Unternehmung der Argiver im Rahmen der *Thebais* als Himmelssturm auszuzeichnen, sondern bespiegelt subtil und differenziert das Schicksal des Capaneus in Kontrastierung mit dem des Amphiaraus, wie ich abschließend anhand der Capaneus-Episode in *Theb.* 10 und 11 zeigen möchte.

## 4.8 Vogelzeichen und andere Allegorien: *Theb.* 3 und *Theb.* 10/11

Ich hatte bereits erwähnt, dass Amphiaraus ausgehend von Capaneus' erster Rede sowohl Aspekte von Apollo als auch von der Pythia aufweist, insofern als er – wie der Gott – verschlossen in der dunklen ‚Höhle' seines Hauses ist und – wie die Priesterin – hinterher verkündet, was dort verkündet wurde. Die Parallelisierung mit Apollo weist aber über den unmittelbaren Kontext weit hinaus. So wird Amphiaraus nach seiner Hadesfahrt tatsächlich zu einem Sehergott werden, der auch mit dem Himmel assoziiert ist (vgl. im Gebet des Thiodamas an Amphiaraus: *caeloque et vera monentibus aris / conciliis*, 8,333f.; *te Phoebo absente vocabo*, 8,336; mehr hierzu in Kapitel 6). In Buch 10 und am Anfang von Buch 11 wird dann das Schicksal von Capaneus als Himmelsstürmer geschildert. Statius stellt hierbei nicht nur erneut den Bezug zur Gigantomachie her, sondern kontrastiert implizit auch das Schicksal des Capaneus mit dem des Amphiaraus, indem er Perseus als

---

**282** Außerdem lässt sich die imaginierte Übernahme der Seherrolle durch Capaneus vor dem Hintergrund der Doppelrolle des Amphiaraus als Krieger weiter erhellen, tritt er doch am Beginn der Kämpfe gerade nicht in seiner Seherrolle auf, sondern als Krieger, inklusive Aristie (7,688–793).
**283** Vgl. dazu McNelis 2007, S. 78f. Klinnert 1970, S. 13 Fn. 7 allerdings betont, dass *excitus* gerade „keine Fremdbestimmung" bedeute.
**284** Hierzu Lovatt 2013b, S. 144: „the implication must be that both prophets and Argives are reaching above themselves in their desire for epic glory."

Figur erneut aufruft. Diesen beiden Fernbezügen der Vogelschau-Episode sind die folgenden beiden Teilkapitel gewidmet.

### 4.8.1 Capaneus und die Flussgleichnisse

Als der Erzähler in Buch 10 beschreibt, wie Capaneus die Mauern Thebens ersteigt, illustriert er diesen Aufstieg mit einem Vergleich (10,848–852):

> dicit, et alterno captiva in moenia gressu
> surgit ovans: qualis mediis in nubibus aether
> vidit Aloidas, cum cresceret impia tellus
> despectura deos nec adhuc inmane veniret
> Pelion et trepidum iam tangeret Ossa Tonantem.[285]

> So rief er und erstieg jubelnd Fuß über Fuß die eroberte Mauer, ganz wie der Aether die Aloiden mitten in Wolken sah, als die Erde frevelnd emporwuchs, auf die Götter herabsehen wollte, der riesige Pelion noch gar nicht aufgetürmt war, doch Ossa schon den erschreckten Donnerer erreichte.

Wenn wir diesem Vergleich mit den Aloiden noch einen zweiten Vergleich aus der Capaneus-Passage in Buch 10 zur Seite stellen, zeigt sich, dass die Gleichnisse in den beiden Textpassagen komplementär zueinander gearbeitet sind.[286] Dieser zweite Vergleich illustriert, dass Capaneus bei seinem Aufstieg allen Geschossen der Thebaner zu trotzen vermag (10,856–863). Der Held wird verglichen mit einem Fluss, der eine Holzbrücke zum Einsturz bringt (10,864–869):

> amnis ut incumbens longaevi robora pontis
> adsiduis oppugnat aquis; iam saxa fatiscunt
> emotaeque trabes: tanto violentior ille
> (sentit enim) maiore salo quassatque trahitque
> molem aegram, nexus donec celer alveus omnes
> abscidit et cursu victor respirat aperto.

> Ganz wie ein Strom, der mit rastlosen Wogen anstürmt und eine alte Holzbrücke berennt. Schon weichen die Steine und lösen sich Balken; nur heftiger noch schüttelt er – er spürt es – mit höherer Flut und zerrt an der sich lockernden Masse, bis die rasche Strömung alle Klammern löst, er frei atmet und siegreich in offenem Laufe dahinströmt.

---

[285] Zu Capaneus als Gigant vgl. Williams 1972 ad 10,827f. sowie oben, S. 34, Fn. 89.
[286] Dass die Gleichnisse in der *Thebais* untereinander vernetzt sind und sich häufig komplementär zueinander verhalten, wurde bereits von Kytzler 1962 herausgearbeitet, vgl. insbes. S. 158f.

## 4.8 Vogelzeichen und andere Allegorien: *Theb.* 3 und *Theb.* 10/11 — 109

Auch in der Textpassage in Buch 3 findet sich ein Vergleich mit einem Fluss bzw. Bach – ich habe ihn bereits oben diskutiert (3,671–677, vgl. S. 92). Bemerkenswert sind nun die jeweiligen Bezugspunkte der Vergleiche. Während es in Buch 10 jeweils Capaneus ist, ist es in Buch 3 beide Male das Geschrei der Argiver, sowohl beim Enceladus-Vergleich als auch beim Gebirgsbach-Vergleich.[287] Während dem Capaneus die Rolle des Himmelsstürmers in Buch 3 noch ‚verweigert' bleibt bzw. auf die Argiver und den Krieg im Allgemeinen bezogen wird, erlangt er sie hier nun in ihrer vollen Konkretion.[288] Während wiederum der Gebirgsbach in Buch 3 zwar Häuser, Männer und Vieh mit sich zu reißen vermag, bleibt er schließlich doch eingegrenzt: *donec stetit improbus alto / colle minor magnoque invenit in aggere ripas* (3,675f.). Der *amnis* in Buch 10 dagegen schafft es, Material mit sich zu reißen, wie es nicht in dem Vergleich in 3 vorkommt: die Steine und Balken einer *Brücke* (*saxa, trabes*). Zudem wird er gerade nicht ‚bezwungen', es gelingt ihm vielmehr, das Hindernis zu zerstören und als Sieger (*victor*) über die Brücke hervorzugehen. Die jeweils vorletzten Verse der Vergleiche sind verbal (über *donec*) und metrisch (über die Penthemimeres jeweils vor *donec* sowie die gleiche Verteilung der Quantitäten in der jeweiligen zweiten Hälfte der Verse) aufeinander bezogen.

Die unterschiedlichen ‚Schicksale' der Ströme wiederum spiegeln das Schicksal der Verglichenen: Nur dem Strom in Buch 10 gelingt letztlich die Grenzüberschreitung, indem er es schafft, ein Bauwerk zu zerstören und nicht in seinem Lauf gehindert zu werden, ein Bauwerk, das zudem normalerweise gerade so gestaltet ist, dass ein Fluss es nicht zu zerstören vermag, anders als die Elemente, die in Buch 3 hinweggerafft werden. Somit weist der Vergleich in 10 über den unmittelbaren Kontext weit hinaus, und zwar insofern, als er die Exzeptionalität der Tat des Capaneus im Vergleich zu den kriegerischen Handlungen der anderen Kämpfer auf Seiten der Argiver herausstellt. Gleichzeitig kommt dieser Vergleich aber ‚zu früh', denn die morsche Brücke steht hier nicht für den Olymp, sondern nur für Theben und dessen Verteidiger. Capaneus' Exzeptionalität reicht also nur soweit, dass er Theben stärker als alle anderen Kämpfer zu bedrängen vermag, nicht aber den Olymp bzw. Jupiter selbst, den er erst einige Verse später direkt herausfordert (10,899–906).

Gehen wir noch einen Schritt weiter in der Analyse der Komplementarität zwischen den Vergleichen in den beiden Textpassagen: Es fällt auf, dass Capaneus

---

[287] Williams 1972 sieht diesen intratextuellen Bezug anscheinend nicht: „This is an unexpected simile" (ad 10,864f.); Chaudhuri 2014, S. 284f. merkt an, dass Capaneus' Rede in 10,845–847 sowie seine Theomachie insgesamt Rückbezüge auf dessen vorherige Behauptungen im Redeagon in Buch 3 aufweise: „Moreover, the theomachy, too, functions as a test of his earlier claims that the gods do not intervene in human affairs or do not exist [...]."
[288] Anders akzentuiert Lovatt 2005, S. 131.

in Buch 3 nur indirekt mit Himmelsstürmern wie Perseus und den Giganten in Verbindung gebracht wird (v. a. über *illic augur ego*, 3,668, s. o. Kap. 4.7). Dort, wo Capaneus selbst in Buch 3 Bezugspunkt eines Vergleiches wird, sind es gerade nicht die Giganten, sondern zwei andere monströse Gestalten, die sein Wesen illustrieren, nämlich die Zyklopen und Zentauren. (3,604f., vgl. o. S. 91). Wie lässt sich dies deuten? Man könnte soweit gehen zu behaupten, dass Capaneus deswegen mit diesen Figuren in Verbindung gebracht wird, weil er ein neuer Himmelsstürmer werden wird, der einer anderen Gruppe von Figuren ‚ihren' Himmelssturm verschafft.[289] Dieser Bezug ist allerdings nur in Buch 3 auszumachen und wird in 10 nicht weitergeführt. ‚Der' Zentaur in der *Thebais* ist Hippomedon[290] und nicht Capaneus. Somit ließe sich das Schicksal des Capaneus in der Weise charakterisieren, dass er doch ‚nur' Gigant bleibt. Auch ihm bleibt es schließlich verwehrt, in den Himmel einzudringen, wenngleich der Fluss-Vergleich noch einen eventuellen Erfolg suggeriert.[291]

Dass es für Capaneus keine neue, ergebnisoffene ‚Kyklopo-Kentauro-Machie' geben wird,[292] zeigt sich auch in der Verknüpfung des eigentlichen Kampfes mit der Gigantomachie. Der positive Ausblick des Fluss-Vergleichs nämlich wird in der Phase des eigentlichen Angriffs auf den Himmel in Buch 10 sogleich wieder konterkariert, und zwar einmal durch eine Äußerung des Jupiter, zum anderen in einem Vergleich. Zunächst jedoch scheint das Eindringen des Helden in den Himmel unmittelbar bevor zu stehen. Noch während in der Götterversammlung diskutiert wird, lässt sich die Stimme des Helden im Himmel vernehmen (10,897–900):

---

[289] Zum Potential der Zyklopen und Zentauren als Himmelsstürmer vgl. Stover 2009, S. 442, über den Vergleich in 3,604f.: „the Centaurs and [...] the Cyclopes (*Theb.* 3.604–5), traditional enemies of the Olympian order"; Franchet d'Espèrey 1999, S. 193: „Centaures et Cyclopes: la force brute" zur Differenzierung zwischen Giganten und Zentauren/Zyklopen ebd., S. 198; Klinnert 1970, S. 17: „Cyclopen und Zentauren sind Gestalten der Götterferne und des Götterkampfes". Klinnert weist außerdem darauf hin, dass *consurgere* im Zyklopen-Vergleich auch die Konnotation des „Kämpfens und Fechtens" habe (unter Hinweis auf u. a. *Aen.* 9,749; 10,90); Georgacopoulou 1996a weist im Rahmen ihrer Diskussion des Katalogs in *Theb.* 6,326–332 darauf hin, dass Statius es vermeide, Amphiaraus, Adrast und Admet mit Zentauren zu assoziieren (S. 451, Anm. 23, gegen Ahl 1986, S. 2866f.).
[290] Franchet d'Espèrey 1999, S. 193–197; *Theb.* 4,136–144; 9,220–224.
[291] Schon der Musenanruf zu Beginn der Episode weist auf den Himmelssturm hin (s. S. 106, Fn. 281). Statius variiert hier das traditionelle Motiv, dass ein Dichter eine Figur „zu den Sternen erhebt", denn Capaneus wird dorthin erhoben, um zu kämpfen (*comminus*, 10,828; dies bei Walter 2014, S. 138f.); zu Capaneus' Assoziation mit Herkules, die intertextuell über Senecas *Hercules furens* vermittelt ist, s. Rebeggiani 2018, S. 142–147.
[292] Rebeggiani 2018, S. 124–129 arbeitet heraus, wie die Kentauromachie in Bezug zum Plot der *Thebais* gebracht wird, u. a. mit Verweis auf 6,531–539; 7,203–205.

## 4.8 Vogelzeichen und andere Allegorien: *Theb.* 3 und *Theb.* 10/11 — 111

> *ecce quierant*
> *iurgia cum mediis Capaneus auditus in astris,*
> *nullane pro trepidis, clamabat, numina Thebis*
> *statis?*

Und wirklich, der Streit verstummte, als man Capaneus mitten im Himmel vernahm: „Gibt es denn keine Götter", schrie er, „die das zitternde Theben beschützen?"

Über das Motiv des bis zum Himmel reichenden Rufens des Helden wird ein erneuter Rückbezug auf den Enceladus- und den Gebirgsbach-Vergleich konstruiert (vgl. insbes. den Ausgangspunkt des Gebirgsbach-Vergleichs: *rursus fragor* [...] / [...] *vasto subter volat astra tumultu*, 3,669f.). Während dort das allgemeine Kriegsgeschrei der Argiver ertönt, so ist es hier nun die konkrete Hybris-Rede des Capaneus, mit der dieser Jupiter selbst herausfordert (*nunc age, nunc totis in me conitere flammis, / Iuppiter!*, 10,904f.). Jupiter reagiert auf Capaneus' Provokation, indem er explizit auf die Gigantomachie Bezug nimmt: *quaenam spes hominum tumidae post proelia Phlegrae? / tune etiam feriendus?* (10,909f.). Diese Äußerung Jupiters liefert die Deutung des Geschehens, das wieder nach dem hergebrachten mythischen Schema ablaufen und demnach mit der Niederlage der Giganten enden wird.[293] Kurz darauf wird im Text nochmals in einem Vergleich auf die Gigantomachie und Titanomachie Bezug genommen (10,915–917):

> *Stygias rupisse catenas*
> *Iapetum aut victam supera ad convexa levari*
> *Inarimen Aetnamve putes.*

Man meint, Iapetus habe die Stygischen Ketten zerrissen, oder das besiegte Inarime oder der Aetna stiegen zum oberen Gewölbe empor.

Hier wird nun mit Iapetus eine weitere Figur eingeführt, die als Gefangener der Götter ihr Dasein fristet. Das Durchbrechen der Ketten durch den Titanen ließe sich nun wieder als Illustration eines möglichen Erfolges des Capaneus deuten, doch der weitere Verlauf des Vergleichs legt über einen Rückbezug auf Buch 3 das eigentliche Ende des Capaneus nahe. So schließt der Vergleich mit dem Aetna, der zum Himmel aufgetürmt wird.[294] Mit dem Aetna ist aber gleich ein doppelter Rückbezug gegeben, einmal auf den Enceladus-Vergleich, aber auch auf den Vergleich des Capaneus mit Zentauren und Zyklopen. Der Aetna ist der ‚Schicksalsberg' für Capaneus, unter

---

**293** Hierzu Fucecchi 2013, S. 113f.
**294** Vgl. Williams 1972 ad 10,916: „but the meaning, as Imhof saw, is that it seemed as though the volcanoes *which were prison houses of the giants* had been overcome (broken open), and were being lifted aloft by them to the heavens" (m.H.).

dem er sich schließlich doch wiederfinden wird. Darüber hinaus lässt sich auch das Motiv des Lärmens in Verbindung setzen mit den Zyklopen im Aetna, die ja typischerweise – als Schmiede – in der Höhle des Aetna Lärm verursachen.[295] Doch auch sie sind Figuren, die dem Inneren des Berges zugeordnet sind.

In Buch 11 wird dann das, was vorher über das Motiv des Lärmens und den Aetna im Rückbezug auf Buch 3 evoziert wurde, im Vergleich konkretisiert: Nachdem Capaneus besiegt ist, wünschen die Götter Jupiter Glück. In einem Vergleich wird die Situation der gewonnen Gigantenschlacht evoziert (11,7f.):

> *gratantur superi, Phlegrae ceu fessus anhelet*
> *proelia et Encelado fumantem impresserit Aetnen.*

> Die Götter wünschen ihm Glück, als ob er, erschöpft vom Kampf bei Phlegra, noch keuchte und den rauchenden Aetna auf Enceladus geworfen hätte.

Mit diesem Vergleich schließt sich der Kreis.[296] Capaneus widerfährt schließlich genau das gleiche Schicksal wie den Giganten, die in der Schlacht von Phlegra besiegt worden sind; ein Schicksal, das schon in Buch 3 für den Leser greifbar ist. Vor diesem Hintergrund ließe sich, um noch einen interpretativen Schritt weiter zu gehen, auch der Zentauren-Zyklopen-Vergleich neu lesen, werden in dem Vergleich doch die Zentauren als *Pholoes habitator[es]* bezeichnet, das heißt, sie stellen Figuren dar, die sich außen auf dem Berg bewegen.[297] Mit den Zyklopen wiederum sind Figuren aufgerufen, die sich innerhalb des Berges befinden. Es ließe sich also der Vergleich als ‚Mikro-Narration' auffassen, die Capaneus' Schicksal bereits andeutet: von jemandem, der sich auf und über den Berg frei zu bewegen vermag, hin zu jemandem, der sich dauerhaft im Berg aufhalten muss. Der Aetna ist hier also als raummotivisches Element von besonderem Interesse, da er sowohl als Wohn- bzw. Arbeitsstätte der blitzeschmiedenden Zyklopen als auch als Gefängnis oder ‚Riegel' für die Giganten fungiert. Zwar wird die Produktion der Blitze durch die Zyklopen im Aetna hier nicht thematisiert, weder bei seiner Erwähnung in 3,595 noch in 3,605, dafür aber an anderer Stelle. So werden die Adler in Amphiaraus' Beschreibung des Vogelzeichens als *armigerae summi Iovis* eingeführt (3,532), also als Träger seiner Waffen, d.h. seiner Blitze.[298] Somit ist der Aetna ‚funktional'

---

**295** Kall. *h.* 3,46–85; Verg. *georg.* 4,170–173; *Aen.* 8,416–453.
**296** Vgl. Venini 1970 ad 11,7f.
**297** Zum Berg Pholoe im Gleichnis in *Theb.* 10,228–234 siehe Ahl 1986, S. 2866f.
**298** Vgl. Snijder 1968 ad loc. Zugleich werden die Argiver über diese Formulierung als Werkzeug in der Hand Jupiters vorgestellt, die seinem Plan dienen, Theben zu zerstören (Tuttle 2013, S. 80). Auch im weiteren Verlauf des Epos werden die Blitze in Zusammenhang mit Capaneus und seiner Hybris gebracht, und zwar in Buch 9 bei der Tötung des Hypseus, vgl. Hubert 2013, S. 120f.:

abgegrenzt zum Aphesas, von dem aus dem Perseus die Grenzüberschreitung in den Himmel gelingt. Es ist jedoch nicht nur das Giganten-Motiv, das aus Buch 3 wiederaufgenommen wird, auch Perseus begegnet wieder, diesmal allerdings nicht nur auf einer Meta-Ebene, sondern als konkrete Figur, die man hier zunächst nicht erwartet hätte. Dies bringt uns zurück zu Amphiaraus.

#### 4.8.2 Perseus im Olymp

Die Götterversammlung, in die Capaneus akustisch eindringt, hat ein bemerkenswertes Mitglied. Anwesend sind zum einen solche Götter, die entweder Theben oder Argos in besonderer Weise gewogen sind. Darunter sind die typischen Götter, die auch sonst in Götterversammlungen anwesend sind, wie z. B. Juno (18,896) oder Venus (10,893).[299] Wegen seiner speziellen Verbindung zu Argos ist aber hier auch Perseus unter jenen Göttern, die sich bei Jupiter für ‚ihre' Stadt einsetzen (10,883–898 [892]):[300]

> *maternos plangit volucer Danaeius Argos*
>
> Danaes geflügelter Sohn beweint das Argos der Mutter [...].

Der Bezug dieses Verses auf die Vogelschau und den Aphesas könnte klarer kaum sein. Zunächst wird auf Perseus referiert mit dem Matronym *Danaeius*, entsprechend dem Auftreten seiner Mutter in der Aphesas-Ekphrasis. Weiterhin wird über das Epitheton *volucer* erneut auf seine Fähigkeit zu fliegen hingewiesen. Und schließlich wird mit *maternos* der genealogische Bezug des Perseus zu Argos

---

„Capaneus elevates himself to the status of god and fulfils his own prayer, successfully hurling his javelin to kill Hypseus (9.546–69), just as Jupiter would throw his thunderbolt." Vgl. auch ebd., S. 121 über 6,750f. (*fulmineas alte suspensi corpora plantis / erexere manus*); 10,886–889, wo Bacchus Jupiter auffordert, seine Blitze zu benutzen.

**299** Juno nimmt z. B. teil an der Götterversammlung in *Theb.* 1,197–311, wo sie sich für Argos einsetzt (1,248–282), während Bacchus und Venus sich für Theben einsetzen, worauf Jupiter in seiner Antwortrede hinweist (1,288). Juno/Hera in anderen Götterversammlungen: z. B. *Il.* 1,531–611; *Aen.* 10,1–117 (16–62). Ov. *met.* 9,239–272 (259–261); Val. Flacc. 1,211–217 (215). Venus/Aphrodite: z. B. *Il.* 20,4–40 (40), *Aen.* 10,1–117 (62–95). Ov. *met.* 14,581–601 (580–591); Sil. 3,557–629 (557–569).
**300** In der späteren Literatur findet sich Perseus als Teilnehmer der Götterversammlung bei Sidon. *carm.* 7,20–138 (35). Für diesen Hinweis danke ich Stephan Heilen; Rebeggiani 2018, S. 209, Anm. 56 weist darauf hin, dass Perseus als vergöttlichter Held in der Götterversammlung eine Innovation von Statius sein könnte (mit Hinweis auch auf 7,418, wo zu Perseus im Tempel gebetet wird); s. dazu auch Ripoll 2006, S. 248 mit Anm. 62; zum Verhältnis der Götterversammlung in *Theb.* 10 zu verschiedenen Prätexten ebd., S. 242–244, 247–249, 253–255.

deutlich gemacht, der in Buch 3 implizit bleibt, wenn Adrast als *Perseius heros* bezeichnet wird (3,441).[301] Vor diesem Hintergrund ist die Anwesenheit des Perseus in dieser olympischen Szene weiter zu erhellen. Mit ihm wird eine Figur eingeführt, die den erfolgreichen Übergang meistert: Er ist vom geflügelten Menschen zum Mitglied des Olymp geworden, wie es Juno, Venus und Co. schon lange sind, ihm ist das selbe gelungen wie dem vergöttlichten Herkules, der ebenfalls in dieser Szene auftritt (10,890f.).[302]

Hier nun zeigt sich die Verbindung zu Amphiaraus. Bedenkt man, dass Amphiaraus letztlich auch wie Perseus den Weg unter die Götter, erst als Seher, dann als Sehergott zu beschreiben vermag, so erweist er sich ebenfalls als eine Abgrenzungsfigur zu Capaneus.[303] Der Seher ist einerseits, als Teil des Heeres und als Werkzeug der göttlichen Pläne, die zum Krieg drängen, im Bereich der menschlichen, letztlich scheiternden Giganten verortet – sein Einfahren in die Unterwelt in Buch 7/8 fügt sich hier motivisch passend ein als ‚gigantische' Zwischenstation, als ein Interludium, das dann von der Vergöttlichung überschrieben wird.[304]

Der Aetna als diese Art von ‚gigantischer' Zwischenstation wird über eine Lukrez-Anspielung in der *katabasis*-Episode evoziert, einmal in den verschiedenen Erklärungen des Dichters, zum anderen bei der Beschreibung der Wirkung des Erdbebens auf die argivischen und thebanischen Kämpfer.[305] Zudem ergibt sich

---

**301** Zum Perseus-Danae-Faden vgl. *Theb.* 6,287 mit Bezug auf ihre Schwangerschaft: *Danae culpata sinus*; 7,162f. mit Bezug auf den Turm, wo sie Perseus geboren hat (Smolenaars 1994 ad 7,162f.): *sed non Danaeia limina talis*; vgl. außerdem 3,324f.: *Danaeia [...] arva*; 1,324; mit Bezug auf Amphiaraus 6,462: *Danaeius augur*. Ripoll 2006, S. 243 zur Götterversammlung insgesamt: „une scène de dispute familiale".

**302** In *Theb.* 12 wird der Erzähler Menoeceus mit dem vergöttlichten Herkules vergleichen: *haud aliter quam cum poscentibus astris / laetus in accensa iacuit Tirynthius Oeta* (12,66f.). Siehe auch Hor. *carm.* 3,3, wo im Vorlauf der Schilderung der Götterversammlung auf die Vergöttlichung des Herkules hingewiesen wird (3,3,9f., hierzu Romano Martín 2009, S. 227; 232f.); Ov. *met.* 9,239–272, wo Jupiter in der Götterversammlung seinen Beschluss verkündet, Herkules zu vergöttlichen (hierzu ebd, S. 265f.). Herkules tritt auf in der Götterversammlung in Sen. *apocol.* (5–7 und 9, hierzu ebd., S. 283–285, 287f.); Rebeggiani 2018, S. 207–213 zeigt, wie Ganymed und Perseus in der Ekphrasis der *patera* in 1,543–551 die Episode von Linus und Coroebus vorbereiten und wie andere Helden der *Thebais*, insbesondere Theseus, an Perseus und seinem Sieg über die Medusa gemessen werden.

**303** Zur Annäherung von Amphiaraus und Capaneus Chaudhuri 2014, S. 271–277; Statius assoziiert Amphiaraus' *descensus* mit Capaneus' Himmelssturm über einen weiteren intratextuellen Bezug: In 8,110 sagt Amphiaraus über seine Einfahrt in die Unterwelt *pendens et in aere volvor operto*, während der Erzähler in 10,861 Capaneus' Himmelssturm u. a. mit *vacuoque sub aere pendens* beschreibt.

**304** Vgl. auch die Bezugnahme auf Titanen und Giganten in Dis' Rede in 8,42–44: *habeo iam quassa Gigantum / vincula et aetherium cupidos exire sub axem / Titanas miserumque patrem*.

**305** Vgl. hierzu Seo 2013, S. 171–178: Der erste Bezugspunkt für die didaktischen Ausführungen in 7,809–816 sei die Diskussion der Erdbeben in *Lucr.* 6,535–607, daneben Lukrezens Ausführungen

## 4.8 Vogelzeichen und andere Allegorien: *Theb.* 3 und *Theb.* 10/11 — 115

über die Charakterisierung des Amphiaraus als „didactic vates", wie sie Seo 2013 herausarbeitet,[306] in Kombination mit dem über Lukrez vermittelten Aufrufen des Aetna am Ende von *Theb.* 7 ein Bezug zu Empedokles, der sich bei seinem Selbstmord in den Aetna gestürzt haben soll, was Empedokles' Anhänger als „proof of his divinity" angesehen haben.[307] In ähnlicher Weise steht Amphiaraus als Sehergott die Unsterblichkeit in Aussicht.[308]

Andererseits weist aber eben die Assoziation mit Perseus und dazu die mit den Argonauten auf seine Rolle als erfolgreicher Grenzüberschreiter hin. Mögen auch das Befahren der Meere und die seherische Tätigkeit als problematische Grenzüberschreitung markiert sein, so sind sie letztlich doch gelungene Grenzüberschreitungen, da es gelingt, dauerhaft den neuen Raum zu besetzen (zumal als neuer Sehergott), anders als im Falle der versuchten Erstürmung des Himmels durch Capaneus.[309] Ausgehend von dieser Differenzierung der Grenzüberschreitungs-Kompetenzen ließe sich auch eine weitere Situation aus Buch 3 als Allegorie der folgenden Ereignisse lesen, und zwar das Lärmen des Capaneus vor Amphiaraus' Türe: *ante fores* [...] / *Amphiarae, tuas „quae tanta ignavia" clamat*, (3,606f.). Diese Situation zeigt sich in enger Weise bezogen auf Capaneus' Rufen, das in die Götterversammlung dringt („*nullane pro trepidis,*" *clamabat, „numina Thebis / statis?*, 10,899f.), einmal über die Verwendung von *clamare*, zum anderen aber auch inhaltlich, drückt doch Capaneus auch in Buch 3 seine Geringschätzung gegenüber Amphiaraus/Apollo aus und fordert ihn zum Herauskommen auf.

Vielleicht lässt sich über die Abgrenzungslinien zwischen den verschiedenen Bergen auch das Motiv des Herunterströmens von Flüssigkeiten (Lava, Gebirgsbach) erhellen, das zunächst etwas unpassend anmutet, da der Weg des Geschrei ein nach oben führender ist und als solcher beschrieben wird (*it clamor ad auras*, 3,593; *rursus fragor intonat ingens / hortantum et vasto subter volat astra tumultu*, 3,669f.). Im Gegensatz zum Aphesas sind die anderen Berge letztlich doch nicht geeignet, den Weg in den Himmel zu bahnen, die zerstörerische Kraft des ‚Inhalts' der Berge vermag ihre Wirkung nicht in Richtung des Himmels, sondern doch nur wieder in die andere Richtung zu entfalten, während der Aphesas den Ausgangs-

---

zum Aetna in 6,639–702. Die Wirkung des Erdbebens auf die Argiver und Thebaner, die in einem Gleichnis in 7,804–807 illustriert wird, sei wiederum vergleichbar mit der Wirkung der *flammea tempestas* des Aetna in *rer. nat.* 6,642 (vgl. *si forte benigna / tempestas*, *Theb.* 7,805f.).

**306** Vgl. Seo 2013, S. 168–171.
**307** Vgl. Seo 2013, S. 178; Diog. Laert. 8,67–77.
**308** Ebd., vgl. dazu Kap. 6.
**309** Seo 2013 bezieht die verschiedenen Prolepsen auf die Ereignisse in Buch 7 und 8 vor allem auf die Hadesfahrt selbst (S. 146–160).

punkt der erfolgreichen und letztlich unproblematischen Bewegung des Perseus Richtung Himmel und Olymp darstellt.

Auch Amphiaraus' Aufenthalt in seinem Haus lässt sich in Bezug bringen zu Berg und Höhle. So befindet er sich nicht nur, wie in einer Höhle, im Dunkeln (*atra sede*, vgl. o.), sondern wird von Capaneus mit den Höhlenfiguren Apollo und Pythia in Verbindung gesetzt, wie wir oben gesehen haben. Die Figur des Menoeceus wiederum lässt sich als Gegenfigur des Capaneus auffassen, und zwar in zweifacher Weise. Zum einen nimmt dieser genau den umgekehrten Weg des Capaneus, wenn er sich opfert, indem er vom Turm hinab springt.[310] Zum anderen wird er als ‚positiver Himmelsstürmer' dargestellt, dem ob seiner Leistung die Verstirnung zuteil wird: *ast illum amplexae Pietas Virtusque ferebant / leniter ad terras corpus; nam spiritus olim / ante Iovem et summis apicem sibi poscit in astris* (10,780–782).[311] Wie Capaneus gelingt es ihm zudem nicht, seinen Weg zu vollenden. Während Capaneus an der Erstürmung des Himmels scheitert, wird Menoeceus, bevor er wie geplant am Boden aufkommt (*in saevos cadere est conatus Achivos*, 10,779), von Pietas und Virtus emporgehoben.

Ausgehend von Buch 10 lässt sich das differenzierte Figuren-Bezugssystem in der Vogelschau-Episode erkennen. Amphiaraus ist wider seinen Willen Mitkämpfer der argivischen Giganten und wird sozusagen folgerichtig – wie Enceladus – unter die Erde verbannt. Anders als für Enceladus und Capaneus steht ihm aber eine ähnliche Möglichkeit wie Menoeceus offen. Er kann sich, wie Perseus, doch noch in die Sphäre des Göttlichen ‚retten', in die die argivischen Giganten nur akustisch vorzudringen vermögen. Entsprechend ist sein Haus zwar auch assoziiert mit einem Berg, aber nicht mit dem Aetna, sondern mit dem Parnass. Amphiaraus aber wird nicht (mehr) ‚nur' wie die Pythia in Capaneus' Rede Apollos *ambages* verkünden

---

[310] Man beachte auch, dass Capaneus seinen umgekehrten Weg von unten nach oben genau an der gleichen Stelle geht wie Menoeceus den seinen gegangen ist: „*hac*" *ait* „*in Thebas, hac me iubet ardua virtus / ire, Menoeceo qua lubrica sanguine turris*", 10,845f. Die raummotivischen und anderweitigen Verbindungen zwischen Menoeceus und Capaneus wurden schon öfters herausgestellt, s. Franchet d'Espèrey 1999, S. 374–376 (Capaneus als „Anti-Menoeceus"), Valenti 2011, S. 242–249 (auch in Bezug auf Amphiaraus), Chaudhuri 2014, S. 287; Lovatt 2013b, S. 109; Heinrich 1999, Ganiban 2007, S. 136–139; zur Darstellung von Menoeceus' Selbstopferung als *devotio* Vessey 1971.

[311] Vgl. dagegen die Erzählerreflexion am Beginn der Capaneus-Episode: *seu virtus egressa modum* (10,834) und den Beginn von Buch 11: *Postquam magnanimus furias virtutis iniquae / consumpsit Capaneus* (11,1f.). Hierzu Bernstein 2013, S. 239: „For earlier readers, Menoeceus' suicide exemplified an individual's capacity to display moral heroism in a bleak and hostile world." Bernstein selbst hingegen zeichnet ein deutlich negativeres Bild (vgl. auch Bernstein 2008, S. 176); auch Heinrich 1999, S. 181–190 sieht Menoeceus' Selbstopferung als eine „failed *devotio*" an; im Gegensatz dazu Rebeggiani 2018, S. 254–261 zur „effectiveness" der Selbstopferung.

(3,615), sondern Apollo ähnlich werden, dem ‚Bewohner' des Parnass. Wie dieser wird er als Gott einer vergleichbaren Erdspalte seine eigenen Prophezeiungen verkünden. Doch bevor ich zu jener Erdspalte und dem nächsten Teil meiner Untersuchung voranschreiten, möchte ich zunächst einige Schlussfolgerungen präsentieren.

# 5 Schlussfolgerungen

Immer wieder wird im Text angedeutet, dass Amphiaraus und Melampus irgendetwas Verbotenes im Rahmen ihrer Vogelschau getan haben. Dies wird zumindest plausibilisiert über eine Bitte, die Amphiaraus in seinem Gebet an Jupiter richtet. Er bittet, die *primordia pugnae* und den *venturus labor* am Himmel zu erkennen. Dies überschreitet den Rahmen dessen, was im *auspicium* kommuniziert werden kann. Um sie mit entsprechenden (Vogel-)Zeichen zu beantworten, ‚muss' eine Störung der *pax deorum* stattfinden. Die raummotivische Ausgestaltung der Passage verleiht der Idee des verbotenen Eindringens in den Raum des Himmels weitere Tiefe. So ist der Aphesas als Schauplatz der Vogelschau Startpunkt des Himmelsstürmers Perseus auf seinem Flug zur Gorgo. Auf den ersten Blick weist Perseus vor allem die Argiver als Himmelsstürmer aus. Im Rahmen des Vogelzeichens wirken die argivischen Heerführer wie quasi-prodigienhafte Hybrid-Wesen, die, ganz wie Perseus, in die Zone des Himmels eindringen. Nimmt man diese Figurenparallele ernst, wirkt es nachgerade ironisch, wenn Capaneus den Vögeln ‚des' Amphiaraus unterstellt, sie hätten keinerlei Macht (*exeat, aut hodie, volucrum quae tanta potestas, / experiar*, 3,617f.): Auch Capaneus' *potestas* wird nur für eine Annäherung an die Sonne ausreichen. Es zeigt sich aber bei näherem Hinsehen, dass Perseus vor allem die Figur des Amphiaraus spiegelt. Wie Amphiaraus schafft es Perseus, sich der menschlichen Sphäre zu entziehen, so dass er in Buch 10 wie selbstverständlich unter den Göttern weilt, als wäre er gleichsam geradewegs vom Aphesas aus zu Jupiter geflogen.

Die Argiver wiederum werden mit den Giganten in Verbindung gesetzt. Die akustischen Zeichen, um die, unter anderem, Amphiaraus den Jupiter gebeten hatte, werden von den Argivern schließlich selbst geliefert, womit sie sich und Capaneus in blasphemischer Weise in die Rolle von Seher und Sehergottheit versetzen. Ihr Geschrei wird außerdem über die Ebene des Vergleichs mit dem Gigantensturm in Verbindung gebracht. Hierbei zeigt aber gleich der erste Vergleich, mit welchem Ende zu rechnen ist. Wie Enceladus unter dem Aetna liegt, so wird sich Capaneus als Jupiter unterlegen wiederfinden. Das Geschrei der Argiver vermag zwar bis zum Himmel zu reichen und das Geschrei des Capaneus in Buch 10 bis in den Olymp, aber letztlich wird es bei dem akustischen Eindringen bleiben.

Die Konsequenzen des Eindringens sind umso schlimmer und werden in den Gleichnissen über Naturbilder ausgemalt. Diese Naturbilder erzeugen einen semantischen Überschuss und suggerieren einen engen kausalen Zusammenhang zwischen dem Geschrei der Argiver und dem Auslösen einer Katastrophe. Das Gebirgsbach-Gleichnis am Ende der Vogelschau-Episode korrespondiert mit zwei weiteren Stellen: Einmal lässt es sich zurückbeziehen auf die Beschreibung des

Zeitpunkts der Vogelschau. Während die Seher im Morgengrauen den Berg besteigen, taut der Reif auf den Feldern. Was harmlos mit dem Morgentau beginnt, endet im Gebirgsbach-Gleichnis mit dem Schmelzen großer Eismassen, die die katastrophale Überschwemmung auslösen. Wie der Gebirgsbach versinnbildlicht auch der Ausbruch des Aetna die katastrophalen Konsequenzen, die der Himmelssturm für die Argiver haben wird. Das Herablaufen von Flüssigkeiten spiegelt den Abstieg der Seher vom Berg. Diese topologische Parallele zeigt an, dass die Vogelschau schon als erster Schritt auf dem Weg zum *nefas* aufzufassen ist. Dies wird weiter plausibilisiert über den ebenfalls aufgerufenen Parnass. Wie die Pythia führt Amphiaraus Informationen vom Berg mit sich. Auch hier zeigt sich im Ansatz eine Ausdifferenzierung der motivischen Assoziationen: Amphiaraus wird natürlich auch an der gigantischen Unternehmung der Argiver teilnehmen. Wenn er in die Erdspalte einfährt, wird er, ähnlich wie Enceladus, zumindest temporär lebendig begraben sein. Doch die Rede des Capaneus bietet bereits die positive Berg-motivische Alternative. So wird Amphiaraus nicht sein wie Enceladus, sondern wie Apollo als Gott der Erdspalte. Das Haus des Amphiaraus wird assoziativ in die Nähe eines *fanum* gerückt. Die verschiedenen in der Episode thematisierten Berge lassen sich also hinsichtlich ihrer Figurenbezüge differenziert betrachten. Für Amphiaraus sind der Aphesas und der Parnass die Berge, die sein Schicksal repräsentieren. Für Capaneus stehen der Zentauren-Berg Pholoe und, vor allem, der Aetna. Der begrabene Enceladus und die Zyklopen in den Höhlen des Aetna weisen jeweils auf ihre Weise auf das Schicksal des Capaneus voraus. Während die Argiver und Capaneus ihr Kriegsgeschrei erheben, sind die Zyklopen mit der lärmintensiven Blitzproduktion befasst. Der namenlose Berg im Gebirgsbach-Gleichnis weist voraus ins 10. und 11. Buch, wo Capaneus im Gleichnis zum reißenden Strom wird, der Theben (verglichen mit einer Brücke) dahinreißt. Doch die Götterversammlung selbst vermag er nicht zu erstürmen, Jupiter siegt auch in dieser Gigantomachie.

Wie wir gesehen haben, unterläuft die Episode die Lesererwartung, der Krieg stehe unmittelbar bevor. Darüber hinaus erscheint auch das Ergebnis der Vogelschau selbst innerhalb der Episode ohne wirklichen Effekt. Zwar warten die Argiver darauf, dass Amphiaraus sich äußert, doch seine Worte selbst haben dann keinerlei Gewicht, wie er selbst konstatiert. Im Nachgang der Vogelschau-Episode deutet sich zunächst eine zumindest motivationale Plausibilisierung der Geschehnisse an, wenn Adrast gegenüber Argia die Verzögerung als eine Art Kriegsstrategie beschreibt. Doch Adrasts Erklärungen können bei näherem Hinsehen nur als Rechtfertigung post festum gewertet werden, wenn man bedenkt, welche Überlegungen des Adrast der Erzähler zu Beginn der Episode geschildert hat. Da die

Vogelschau außer einer kleinen Verzögerung keinerlei Konsequenzen hat,[312] erscheint es gerechtfertigt, dass der Erzähler und Capaneus ihr, jeder auf seine Weise, jede Daseinsberechtigung absprechen. Entsprechend scheint es keinen Platz mehr zu geben für die Seher selbst. Als hätten sie die Kritik des Erzählers vernommen (falls der Erzähler nicht ohnehin aus ihrer Perspektive gesprochen hat), legen sie die priesterlichen Insignien ab. Die negative Bewertung der Seherkunst ist im Text direkt verknüpft mit der Vogelschau. Vor der Vogelschau erscheinen Mantik und Situation der Seher noch in einem positiven Licht. Als sie vorüber ist, ist die unmittelbare Reaktion der Seher der Hass auf die Götter. Die Isolation des Amphiaraus von den übrigen Figuren zeigt, dass es für ihn als Seher in diesem Argos keinen Platz mehr gibt. Sein letztes ‚seherisches Aufbäumen' nach Art der ekstatischen Pythia wird konterkariert von Capaneus, der sich selbst in der Rolle eines vom Kriegsfuror inspirierten *augur* imaginiert – am Ende der Episode wird Amphiaraus die Seherrolle wieder aberkannt, die er ohnehin nicht wieder hatte übernehmen wollen. Die literaturhistorisch stets relativ prekäre Stellung des Sehers wird von Statius als eine extrem instabile und unsichere dargestellt. Während Amphiaraus als Seher funktions- und bedeutungslos erscheint, wird seine Figur motivisch mit neuen heroisch-monströs-göttlichen Rollenoptionen (Perseus, Gigant, Apollo) assoziiert. Hier deutet sich an: Wenn es für den seherisch begabten Amphiaraus keinen Platz mehr auf Erden gibt, muss er seine Tätigkeit in der Sphäre der Götter fortsetzen. Allerdings wird er dies in der *Thebais* nicht tun, ohne nicht auch noch zwischenzeitlich die Rolle des Kriegers einnehmen zu müssen, wie wir im folgenden Kapitel sehen werden. Vor allem aber wird uns das folgende Kapitel zeigen, wie Amphiaraus jene Rolle in der göttlichen Sphäre zuerkannt wird und welch umfangreiche raummotivische Konstruktionen diesen Rollenwechsel umspielen und konstituieren. Im Kern erscheint dies alles bereits angelegt in der Ekphrasis des Aphesas, und das semantische Potential des episch-mythischen Raumes Berg wird in der Episode in verschiedenster Weise entfaltet.

---

**312** Aufgrund der verschiedenen Bezüge zur Makrostruktur der Handlung (vgl. auch die Fernbezüge zu Buch 10 und 11 in den Gleichnissen) könnte man soweit gehen, nicht nur das Vogelzeichen des Amphiaraus als allegorisch anzusehen, sondern auch die Abfolge der Vogelzeichen. Bevor die ‚eigentliche' Handlung (also die des Amphiaraus-Vogelzeichens) geschildert wird, muss erst noch gewartet werden, bis andere Ereignisse erzählt worden sind. Hiermit soll selbstverständlich nicht unterstellt sein, dass sich die Vögel, die sich dem Melampus zeigen, als Allegorie der Geschehnisse der folgenden Bücher verstehen lassen. Es ist nur die Retardation selbst relevant, die Melampus' Schilderung erzeugt, bis Amphiaraus' Vogelzeichen beginnt.

Teil III: **Sinnstiftung am Hadesschlund:**
   *Theb.* **7,688–8,372**

# 6 Einführung

Die Episode, die ich in diesem Kapitel diskutieren möchte, umfasst die Aristie und den *descensus* des Amphiaraus. Ihr zweiter Teil enthält die Reaktionen auf die Unterweltfahrt, und zwar die Plutos, die der Argiver und auch die der Thebaner, die in nächtlichen Paianen Theben preisen. Am Ende der Episode übernimmt Thiodamas das Seheramt von Amphiaraus, richtet ein Gebet an Tellus und Amphiaraus und führt die Truppen zusammen mit den anderen Führern wieder gegen die Thebaner.

Wie vollzieht sich hier die Transformation des Amphiaraus vom Seher zum Sehergott? In loser Orientierung an der Textchronologie betrachten wir hierfür zunächst die Ausgestaltung der Unterweltfahrt des Sehers, im Anschluss daran das Gebet des Thiodamas. Kapitel 7 zeigt auf, wie Statius Amphiaraus' Unterweltfahrt zu einer Situation größtmöglicher Instabilität ausgestaltet: Die Landschaft um Theben erweist sich als unberechenbar, das Aufreißen der Erde wird über mehrere Leitmotive als maximale Grenzverletzung und Grenztilgung dargestellt, in deren Folge im konkreten wie übertragenen Sinne kein sicherer Grund mehr vorhanden ist: Der Krieg ist unterbrochen, der Boden verdächtig, die Bewegungen gehemmt. Die Situation ist geprägt von einem Verlust an Orientierung sowohl auf der Handlungsebene als auch bei den Lesern, denen Statius verschiedene Deutungen und Erklärungen des Geschehens präsentiert, ohne dass sicher auszumachen ist, welches letztlich die zutreffende ist. Diese Instabilisierung bereitet dann den Boden für Neues (Kap. 8): Der Paian der Thebaner und das Gebet des Thiodamas erweisen sich als zwei Versuche der Restabilisierung der vorherigen Situation, die dabei den Geschehnissen jeweils eine bestimmte Deutung einzuschreiben versuchen. Thiodamas' Gebet wird zum Gegengewicht der Paiane der Thebaner. Es ist in hohem Maße intratextuell vernetzt mit dem gesamten vorherigen Text der Episode und greift die verschiedenen Leitmotive wieder auf, um ein eigenes Bild der Tellus zu entwerfen und Amphiaraus als neuen Sehergott zu präsentieren. Hierbei gehen Raumtransformation und Umdeutung der Figur Hand in Hand. So wie das Gebet des Thiodamas die Tellus neu stabilisieren möchte, werden *descensus* und Tod des Sehers zum Ausgangspunkt der Kreation eines neuen Kultes und Kultortes für Amphiaraus als neuen Sehergott. Der unmittelbare Nachgang der *descensus*-Episode ebenso wie der Auftritt des Amphiaraus im Traum des Thiodamas (*Theb.* 10) untermalen nochmals die Idee der Vergöttlichung des Sehers und deuten einen ‚Erfolg' von Thiodamas' Gebet an. Zunächst aber einige einleitende Bemerkungen zur *descensus*-Episode und zum Forschungsstand.

## 6.1 Die *descensus*-Episode: Verortung – Inhalt – Struktur

Die *descensus*-Episode ist mit ihren über 500 Versen umfangreich und zudem prominent platziert: Bei Statius ist Amphiaraus der erste der Sieben, der zu Tode kommt. Somit bildet die Schilderung des *descensus* den Auftakt jener Reihe von Episoden, die sich bis ins 11. Buch ziehen und jeweils den Tod eines der Heerführer schildern.[313]

Statius stellt die Unterweltfahrt des Sehers als eines der zentralen Ereignisse der Erzählung heraus, indem er über die gesamte *Thebais* hinweg immer wieder hierauf vor- oder zurückverweist.[314] Schon bei der ersten Erwähnung im Proöm ist Amphiaraus der „Seher (in) der Erdspalte" (1,41f., s. o. Kap. 1). In der Vogelschau erkennt Amphiaraus sich in einem der Adler (3,546–547: *illum, venerande Melampu, / qui cadit, agnosco*, s. o. Kap. 4.4), was die beiden Episoden nochmals aufeinander bezieht. Ein weiterer Vorverweis auf den *descensus* findet sich im 6. Buch im Rahmen der Leichenspiele für Opheltes. Hier nimmt Amphiaraus am Wagenrennen teil (6,249–549 [326–549]). Als Apollo vom Parnass aus nach Nemea blickt, sieht er Amphiaraus und auch Admet in ihren Wagen. In einer kurzen Rede apostrophiert er Amphiaraus und weist auf die Erdspalte hin: *tibi nulla supersunt / gaudia, nam Thebae iuxta et tenebrosa vorago. / scis miser, et nostrae pridem cecinere volucres* (6,381–383); während des Wagenrennens wiederum „droht" die Erde „schon" dem Seher (*dat gemitum tellus et iam tum saeva minatur*, 6,527).[315] An die Seite dieser Vorverweise treten mehrere Rückverweise. In Buch 9 reflektiert Apollo über den *descensus* des Sehers in einer Rede an seine Schwester Diana (9,644–662, s. hierzu unten Kap. 7.3), in Buch 10 berichtet Thiodamas, dass ihm Amphiaraus im Traum erschienen sei, und zwar habe dieser sich aus der abermals geöffneten Erde erhoben (*ipse, ipse adsurgens iterum tellure soluta*, 10,203; s. unten Kap. 8.7). In Buch 12, nach dem Ende des Krieges, sehen einige Thebaner auf dem Schlachtfeld nach, ob die Erdspalte, die den Seher verschlungen hat, nach wie vor offensteht: *an rapti pateat specus auguris* (12,42). Der Ort des *descensus* ist Gegenstand von „Schlachtfeldtourismus" geworden; die Berühmtheit des *specus* in der fiktiven Welt

---

[313] Dass Amphiaraus den ersten Wettkampf (das Wagenrennen) bei den Leichenspielen für Opheltes in *Theb.* 6 gewinnt, kann als „foreshadowing" dafür angesehen werden, dass er später als erster der Heerführer stirbt: Lovatt 2005, S. 17.

[314] Zu Vorverweisen in der *descensus*-Episode selbst s. u. Kap. 7.2 und 7.3.

[315] Lovatt 2005, S. 258f.; zum Wagenrennen insgesamt als Vorverweis auf den *descensus* Rebeggiani 2013, S. 189–198; Seo 2013, S. 150: „Amphiaraus' end is utterly overdetermined, both by the mythological tradition and throughout the narrative itself." Zum Wagenrennen und anderen Vorverweisen siehe ebd., S. 146–150.

hat ihre Entsprechung in der hohen Präsenz, die sie im Text der *Thebais* hat. Die Aufzählung der Vor- und Rückverweise ließe sich noch verlängern.[316]

Die *descensus*-Episode nimmt den letzten Teil des 7. Buches ein. Das vorherige 6. Buch ist ganz der Bestattung und den Leichenspielen für Opheltes gewidmet und stellt eine weitere Retardation des Kriegsbeginns dar, der dann schließlich im 7. Buch stattfindet. In Buch 6 wie in Buch 7 wird Amphiaraus in enger Verbindung mit seinem Wagen dargestellt. Entsprechend der thematischen Ausrichtung ist der Wagen in Buch 6 Rennwagen (6,424–530), in Buch 7 dagegen Streitwagen (Näheres unten Kap. 7.5). Ebenfalls entsprechend der thematischen Ausrichtung wird Amphiaraus in Buch 6 noch als Priesterseher präsentiert (6,326–331), während in der *descensus*-Episode in Buch 7 gerade der Wandel hin zur Rolle des Kämpfers betont wird – was uns unten noch beschäftigen wird (v. a. Kap. 8.5). Statius markiert den thematischen Schwenk hin zum Krieg ebenso wie die bisherige narrative Retardation gleich am Beginn des siebten Buches. Jupiter ist erbost, dass die Argiver den Krieg nur zögerlich beginnen, und sendet Merkur zu Mars, um diesen zu ermahnen, endlich den Krieg zu entfesseln (7,1–33). Merkur tut, wie ihm geheißen ist, Mars ist ebenfalls erbost über das Zögern und setzt sogleich seinen Wagen in Bewegung (7,34–89). Ganz im Sinne der Retardation fügt Statius an dieser Stelle noch das Totenopfer der Argiver für Opheltes in Nemea ein (7,90–104). Adrast beendet seine Rede auf den verstorbenen Opheltes mit der Aussicht auf Vergöttlichung (7,100-103) – ein Motiv, dass auch im Gebet des Thiodamas und im Folgenden eine wichtige Rolle spielen wird (s. u. Kap. 8.4.2, 8.5, 8.7) – und lässt dann Mars in Kombination mit der personifizierten Angst die Argiver in Nemea zum Krieg treiben (7,90–144). Daraufhin setzt sich Bacchus bei Jupiter für Theben ein, der ihn mit Verweis auf die *fata* zurückweist, immerhin aber verspricht, dass Theben selbst nicht untergehen werde (7,145–226). Es folgen im Text die Benachrichtigung des Eteocles über das Herannahen der Argiver, die Mauerschau, sowie die Rede des Eteocles (7,227–397). Dann kommen die Argiver zum ersten Mal in Kontakt mit der thebanischen Landschaft. Ihren Anmarsch begleiten schlimme Vorzeichen, der Asopus tritt über seine Ufer und ist für sie nur mit Mühe zu überschreiten (7,398–440). Sie finden aber immerhin einen geeigneten Platz für ihr Lager (7,441–451). Die Frage, wie sich die Landschaft Thebens gegenüber den Argivern ‚verhält', und das Motiv der sich widersetzenden Landschaft werden uns unten noch beschäftigen (Kap. 7.2, s. auch 8.3.4). In Theben breitet sich Schrecken aus; Iokaste versucht noch, den Krieg zu verhindern (7,452–533) – ein weiteres retardierendes Moment. Dann aber stachelt Tydeus alle zum Kampf an, beglei-

---

[316] 4,214–216; 4,241; 4,639 (Hinweis bei Criado 2000 S. 56 mit Fn. 112; dazu auch Lovatt 2005, S. 183); 9,22–24; s. auch 2,297–305 sowie 12,123f.

tet von der Furie, die die friedliebenden Bacchustiger aufstachelt, so dass diese Amphiaraus' Wagenlenker töten. Der Argiver Aconteus tötet daraufhin die Tiger und wird selbst vom Bacchuspriester Phegeus getötet, und der Kampf bricht aus (7,534–627). Der Tod des Wagenlenkers weist voraus nicht nur auf das Ende des Amphiaraus (7,786 *nec defuit omen*), sondern auch auf den Seherwagen und die weiteren Wagenlenker im Verlauf der *descensus*-Episode (hierzu unten Kap. 7.5 sowie 8.5). Dieser Überblick zeigt bereits, dass Statius Theben in enge Verbindung mit Bacchus bringt (Einsatz des Bacchus bei Jupiter, Tod der Tiger, Phegeus) – in der *descensus*-Episode wird uns Bacchus im Zusammenhang mit dem nächtlichen Fest der Thebaner wiederbegegnen (hierzu unten Kap. 8.1), und am Beginn der Episode wird ein Bacchuspriester getötet werden: Eunaeus.

Die Episode selbst ist durch zwei Eckpunkte markiert: durch den Musenanruf in 7,628–631 und in 8,373f. durch den Anruf der Calliope, verbunden mit der Aufforderung, Apollo solle eine größere Lyra reichen (8,373f.), worauf die Schilderung der Kämpfe am nächsten Tag folgt.[317] Es seien nun die für diese Untersuchung besonders relevanten Teile inhaltlich vorgestellt.[318] Dem Auftritt des Amphiaraus sind noch zwei Kampfszenen vorgeschaltet (7,632–648; 649–687). In der zweiten Kampfszene schildert der Erzähler den Tod des Bacchuspriesters Eunaeus, der von Capaneus erschlagen wird, dann wendet er sich Amphiaraus zu und kündigt dessen Aristie an (7,688–722). Nachdem Amphiaraus bereits unter seinen Gegnern gewütet hat, tritt Hypseus, der Sohn des Flusses Asopus, den Kampf gegen ihn an (7,723–771). Der Speerwurf des Hypseus wird von Apollo auf Herses umgelenkt, den Wagenlenker des Amphiaraus. Der Gott selbst übernimmt daraufhin die Zügel. Mit dem Seher und dem Gott beladen richtet der Wagen, der detailreich dargestellt wird, großen Schaden unter den Thebanern an. Schließlich (7,771–793) zeigt sich Apollo dem Seher in einer Epiphanie und kündigt ihm seinen nahenden Tod an. Amphiaraus weist den Gott darauf hin, dass er die Styx, den Dis und den Höllenhund bereits höre. Die *katabasis*-Szene (7,794–823) beschließt das siebte Buch. Die Erde beginnt zu zittern und zu dröhnen, woraufhin die Schlacht aufgrund der Furcht der Kämpfer unterbrochen wird. Es klafft die Erde auf, und der Seher lenkt seinen Streitwagen direkt in den Tartarus.

Der Beginn von Buch 8 (8,1–20) schildert die Reaktionen der Unterwelt-Bewohner über den überraschenden Eindringling. Erst jetzt durchschneiden die Parzen seinen Lebensfaden. Danach (8,21–83) hält der empörte Dis eine Rede, in der er das Eindringen des Sehers als Angriff auf sein Reich wertet, und sendet

---

317 Zum Musenanruf in 7,628 als Einschnitt Franchet d'Espèrey 1999, S. 113 mit Anm. 117.
318 Zur triadischen Gliederung der Amphiaraus-Episode Smolenaars 1994 S. XXVI sowie ebd. ad 7,690–823.

Tisiphone aus, weitere Gräuel hervorzurufen. Hierauf reagiert Amphiaraus (8,84–126), indem er ebenfalls eine Rede hält, in der er u. a. um Mäßigung des Zornes bittet. Die folgende Szene (8,127–161) spielt wieder in der Oberwelt. Der Wagen des Sehers kann nicht gefunden werden, man meidet den Ort der Unterweltfahrt. Palaemon, ein Augenzeuge der Fahrt, rät Adrast zum Rückzug vom thebanischen Schlachtfeld. Es folgt die Schilderung der Verzweiflung und Trauer des argivischen Heeres angesichts des Todes des Amphiaraus (8,162–217). Im Kontrast dazu steht die Freude und das nächtliche Feiern der Thebaner (8,218–239), an dem sogar Oedipus teilnimmt (8,240–258). Gegenüber im argivischen Lager hält Adrast allein Wache und hört die fröhlichen *tumultus* in der Stadt (8,259–270).

Der folgende Tag bringt die Ratsversammlung der Argiver, in der Thiodamas zum Nachfolger des Amphiaraus erkoren wird (8,271–293). Der neue Seher richtet ein Gebet an die Göttin Tellus, um sie zu besänftigen. Im zweiten Teil des Gebetes wendet er sich an Amphiaraus und weiht ihm anschließend ein Opfer lebender Rinder und Schafe, die mit Sand überschüttet werden (8,294–341). Auf das Gebet des Thiodamas folgen zwei kurze Übergangsszenen, die die jeweiligen Heere in Bewegung schildern. Beide Szenen beschließt Statius jeweils mit einem Gleichnis. Beide Gleichnisse stehen im Zeichen der raummotivischen Umkonstruktionen, die das Thiodamas-Gebet mit sich bringt (hierzu unten Kap. 8.7). Die zweite der beiden Übergangsszenen (8,363–372) zeigt die Argiver noch immer unter dem Eindruck des Verlustes des Sehers. Sie ziehen traurig und langsam in die Schlacht (*tristis at inde gradum tarde movet Inacha pubes*, 8,363). In der ersten Szene hingegen drängen die Thebaner zum Kampf hinaus (8,342–362), die Stadt kann die Kämpfer kaum mehr ‚halten' (8,348–352):

> *iam trepidas Bellona fores armataque pulsat*
> *limina, iam multo laxantur cardine Thebae.*
> *turbat eques pedites, currus properantibus obstant,*
> *ceu Danai post terga premant: sic omnibus alae*
> *artantur portis septemque excursibus haerent.*

> Schon hämmert Bellona an zitternde Tore und befestigte Pforten, schon leert sich Theben durch viele Ausgänge. Reiter verwirren das Fußvolk, Wagen behindern Krieger, die eilen, als ob ihnen die Danaer im Nacken säßen. So stecken an allen Toren die Scharen fest und bleiben in den sieben Ausfallspforten hängen.

Die *limina* und *portae* der Stadt werden hier zum Hindernis für die Krieger, weil zu viele von ihnen zugleich nach draußen drängen. Dieses Steckenbleiben verbildlicht anschaulich die narrative Struktur des Textes. Nachdem Amphiaraus mit Macht in den Kampf eingetreten ist und somit nicht mehr als *mora belli* fungiert, führt die Unterweltfahrt des Sehers zu einer Zwangspause des eigentlich schon entfesselten

Krieges – einer Zwangspause, die sich deutlich länger und schwerwiegender ausnimmt als im Falle der Heerführer, die nach Amphiaraus zu Tode kommen. Somit steht die *descensus*-Episode doch letztlich wieder in einer Reihe mit den diversen Retardationen im *Thebais*-Narrativ bis in Buch 8 hinein.[319]

Die Amphiaraus-Episode lässt sich auch noch in weiteren Hinsichten als eine Schwellen-Episode verstehen. Sie umfasst den ersten Kampftag, die Nacht und den Übergang in den zweiten Kampftag und bildet dabei das typisch epische Motiv des „Rückschlags für die Seite der Angreifer am Ende des ersten Kampfabschnitts" ab.[320] Weiterhin stellt der Tod des Amphiaraus den ersten in der Reihe der Tode der sieben Heerführer dar, die in der zweiten Werkhälfte des Epos ein dominierendes Element sind.[321] Entsprechend weist die Pluto-Rede auf die kommenden Ereignisse voraus (8,65–81).[322] Der weitere Verlauf der Geschehnisse erscheint angelegt in der mit chaotisch-entgrenzendem Potential versehenen Schwellensituation und wird dann später ‚nur noch' ausagiert werden.

## 6.2 Pluto und Tellus-Gebet – zum Forschungsstand

Eine detaillierte Analyse der *descensus*-Episode insgesamt ist bis jetzt noch nicht vorgenommen worden.[323] Dafür stehen zwei hervorragende Kommentare zur Verfügung, sowohl zu Buch 7 (Smolenaars 1994) als auch zu Buch 8 (Augoustakis 2016); gerade Smolenaars 1994 weist immer wieder auf mögliche Deutungsansätze sowie narrative und motivische Querbezüge hin, von denen diese Untersuchung an einzelnen Stellen sehr profitiert hat. Die in der Sache liegende Fokussierung auf jeweils ein(e) Buch(einheit) und das Interesse beider Kommentare an inter-

---

[319] Zur Rolle des Amphiaraus als *mora belli* S. 103, Fn. 271.
[320] Juhnke 1972, S. 125, mit Hinweis auf *Aen.* 9,1–175 (Turnus greift die Schiffe der Trojaner an, doch die Schiffsmetamorphose verhindert den Erfolg); *Il.* 8,335–349 (Flucht der Griechen ins Schiffslager am Ende des zweiten Kampftages).
[321] Abgesehen von *Theb.* 12, das eine Sonderstellung einnimmt, dazu z. B. Bessone 2011 Kap. I.2–IV. Newlands 2012, S. 134 weist hin auf *Theb.* 7 als Grenze im Text, weil dort der Marsch der Thebaner ende und Amphiaraus zu Tode komme. Burck 1979 S. 312f. spricht sich für eine Triadengliederung aus; die „Trias" 7–9 ist dadurch gekennzeichnet, dass „jedes Buch mit einer Aristie und dem Tode eines der argivischen Führer endet, auf den das folgende Buch mit der Schilderung der Auswirkung dieses Verlustes einleitend zurückgreift." Eine Diskussion alternativer Gliederungen ebd., S. 312 Fn. 32.
[322] Vgl. Dominik 1996 S. 65, ebenso Dominik 1994b S. 35. Zur Rolle des Endes der Rede Dominik 1994a, S. 194f.
[323] Eine Überblicksdiskussion bietet Vessey 1973, S. 258–269; zur Rezeption der Unterweltfahrt und der Figur des Amphiaraus bei Dante Wenskus 2014.

textuellen Fragen bringt es mit sich, dass relevante Querbezüge zwischen beiden Büchern nicht so oft gesehen und diskutiert wurden, wie es für das tiefere Verständnis der Episode wünschenswert gewesen wäre. Erdbeben und Unterweltfahrt sind als einzelne Szene diskutiert worden,[324] wie auch andere Teile der Episode, oftmals mit besonderem Interesse an der Figur Plutos.[325] In einem hervorragenden Aufsatz hat Rebeggiani 2013 herausgearbeitet, inwiefern Statius (u. a.) in der Amphiaraus-Episode „Roman anxieties about succession" Ausdruck verleihe (insbes. S. 197–204).[326] Ich werde hier im Anschluss daran zeigen, wie Amphiaraus' Übergang in die Unterwelt und seine von Thiodamas imaginierte Rolle als neuer Orakelgott im Text figural vorbereitet und bespiegelt werden.

Was für die *katabasis*-Episode insgesamt gilt, gilt für das Gebet des Thiodamas umso mehr. Der einzige dezidiert dem Gebet gewidmete Aufsatz ist Gesztelyi 1976, der sowohl Prätexte wie religionshistorische Aspekte des Gebetes ansatzweise aufarbeitet.[327] Der Kommentar von Augoustakis 2016 bietet einiges Material,[328] vor allem was literarische Vorbilder und das Konzept der Tellus angeht. Weniger Interesse besteht an den im engeren Sinne kultisch-rituellen Aspekten des Gebetes.

---

**324** Lovatt 2010, S. 77–79.
**325** Zur Quellenlage bzw. Innovationscharakter von 8,1–342 Legras 1905, S. 98–101; zu Pluto in der *descensus*-Episode und zur Amphiaraus-Tradition Kroll 1932, S.448–461: Pluto bei Statius habe „sehr viel vom Charakter des spätjüdischen und christlichen Teufels an sich"(S. 451); zur Rede Plutos Burgess 1978, S. 67–71; Ahl 1986, S. 2858–2866 (mit einigen wenigen weiteren Stellen aus Amphiaraus' Antwortrede und Thiodamas' Gebet); Dominik 1994b, S. 33–35 (s. auch Dominik 1994a, S. 194f.; S. 244–248 zur sprachlichen Gestaltung der Rede); Delarue 2000, S. 308–311; S. 392f.; Ganiban 2007, S. 41f.; S. 117–123; S. 181–183; zum innovativen Charakter der statianischen Unterweltfahrt und zur Rolle Plutos Franchet d'Espèrey 1999, S. 331–333; zum „Redeagon zwischen Pluto und Amphiaraus" Frings 1991, S. 85–105; zur Aristie und *androktasia* des Amphiaraus (7,711–22 / 760–770) Dominik 1994b, S. 104–107; Delarue 2000, S. 343–345; zum Gleichnis in 7,744-751 Hershkowitz 1998, S. 249–251; zu Poetologie und Genderaspekten in der Episode Masterson 2005; Dinter 2013, S. 280f. über „epitaphic markers" in der Klage der Argiver um Amphiaraus; überblicksartig zu Amphiaraus in *Theb.* 7 und 8 Walter 2014, S. 173–177, die die weitere „Verschärfung" des in der *Thebais* so präsenten *furor* hervorhebt (s. auch Vessey 1973, S. 135).
**326** Diese Idee im Ansatz bei Vessey 1973, S. 266 Fn. 2; zu einer möglichen Identifikation des *Achaemenius puer* (Gleichnis in 8,286–293) mit dem Partherkönig Pakoros II. siehe Hollis 1994.
**327** Dies erscheint umso bemerkenswerter, als dieses Gebet eine Sonderstellung innehat: Gesztelyi 1976, S. 53: „dieses […] in der griechischen und römischen Überlieferung beispiellos lange Tellus-Gebet"(so auch im Überblicksbeitrag zu Tellus/Terra Gesztelyi 1981, S. 439f.); eine knappe Erläuterung der Gliederung des Gebetes bei Swoboda 1980, S. 296; eine kurze Diskussion bei Teifel 1952, S. 69, Anm. 2.
**328** S. xlvi–li (neben den Kommentarlemmata). Während der Amphiaraus-*descensus* in der griechischen Literatur gut belegt ist (Näheres S.xxv–xxvii), ist es denkbar, dass Thiodamas eine Erfindung des Statius ist (ad 8,277–279; siehe auch Walter 2014, S. 181; Georgacopoulou 2005, S. 35; Delarue 2000, S. 319–320).

Andere behandeln das Gebet knapp in anderen Zusammenhängen.[329] Hervorgehoben wurde zum einen, dass das Gebet als Mischform verschiedener kultisch-literarischer Vorläufer aufzufassen ist,[330] zum anderen, dass es den Versuch einer Normalisierung und Tilgung der katastrophalen Ereignisse der *descensus*-Episode darstelle: „Thiodamas seeks to nullify the [...] events of the preceding day."[331] Als ein wichtiges Element dieser Normalisierung lässt sich der Versuch auffassen, die Tellus zur Akzeptanz der Argiver zu bewegen: „Thiodamas' prayer attempts to integrate the alien Argive host into the territory of Thebes through the mediating figure of Amphiaraus [...]."[332] Im Anschluss daran untersuche ich die Darstellung der Tellus in Thiodamas' Gebet weniger als Versuch, die Tellus zur Akzeptanz der Argiver zu bewegen, sondern vielmehr als den Versuch, eine ganz bestimmte Form der Tellus ‚herbeizukonstruieren', die auch und gerade in Abgrenzung zum vorherigen Narrativ der *descensus*-Episode Kontur und Relevanz gewinnt. Weiterhin argumentiere ich dafür, dass es hier nicht nur um eine Tilgung vorheriger Ereignisse geht, sondern vielmehr um eine produktive Weiterentwicklung und Umkonstruktion der Figur des Amphiaraus, an den ja der zweite Teil des Gebetes gerichtet ist. Ebenjener Teil hat noch weniger Aufmerksamkeit gefunden als der an Tellus gerichtete.[333] Beginnen wir nun unsere Analyse der *descensus*-Episode mit einem Blick auf die Ausgestaltung des *hiatus* und den unsicheren Grund unter den Füßen des Amphiaraus und der Argiver...

---

**329** Legras 1905, S. 165–168; Vessey 1973, S. 266–268 ; Ahl 1986 S. 2589, S. 2863; Hardie 1993, S. 111f.; Augoustakis 2010, S. 41–43; Keith 2000, S. 61–63 (im Rahmen der Darstellung der Rolle der Tellus in der *Thebais* insgesamt). Leider keine Behandlung erfährt das Gebet im hervorragenden Sammelband von Augoustakis 2013, zu anderen Gebeten in der *Thebais* vgl. den Beitrag von Hubert 2013 ebd., die auf Gebete im 1. Buch und Gebete und gebets-ähnliche Phänomene an den jeweiligen Buchschlüssen fokussiert. Eine dankenswerte Gesamtwürdigung des Thiodamas in der *Thebais* liefert Walter 2014, S. 181–190, bei der sie auch Thiodamas' Auftritt in Buch 8 behandelt.
**330** Keith 2000, S. 61; ähnlich Joyce 2008, S. 404; Augoustakis 2016, S. l: „syncretic mysticism".
**331** Vessey 1973, S. 267.
**332** Keith 2000, S. 61; im Anschluss daran Augoustakis 2016, S. xlvi.
**333** Auch Augoustakis 2016 diskutiert in seiner Einleitung breit das Tellus-Gebet, nicht aber das an Amphiaraus; einige Aspekte behandelt Gesztelyi 1976; etwas unpräzise erscheint Vessey 1973, der den Amphiaraus-Teil praktisch überhaupt nicht behandelt in seiner überblicksartigen Diskussion der *katabasis*-Episode. Stattdessen spricht er davon, Thiodamas wolle ein Prophet der *Erde* und des Apollo sein („Thiodamas closes with a prayer for help in his own priestly office, promising that he will be a prophet of Earth as well as of Apollo", S. 267).

# 7 Destabilisierungen: Amphiaraus und der *hiatus*

Wie ich schon oben erläutert habe, erweist sich die Schilderung des *descensus* als eine raummotivisch grundierte, komplexe Evokation von Instabilität. Statius etabliert über die Strecke des Textes mehrere zentrale Themen und Motive, um sie hinterher in komprimierter Form im Gebet des Thiodamas wiederaufzugreifen. Dieses Kapitel erschließt jenen Komplex und zeigt den Ort des Amphiaraus in dem motivischen Netzwerk auf, das Statius um den *hiatus* knüpft.

Kapitel 7.1 stellt in einem ersten Überblick dar, welche Bewegungen der Erzähler schildert und in welchem Zusammenhang sie mit der Aristie des Sehers und der Einfahrt in die Unterwelt stehen. Es zeigt weiterhin, wie Statius den *hiatus* im Text als liminalen Ort konstruiert. Kapitel 7.2 fragt nach der Darstellung der Landschaft um Theben in der *descensus*-Episode und zeigt auf, wie Statius sie im Verlauf des Textes immer weiter als instabil inszeniert. Kapitel 7.3 diskutiert die verschiedenen Deutungen von Erdspalte und Unterweltfahrt, die Statius den Lesern präsentiert. Die folgenden Kapitel (7.4–7.6) analysieren drei für den *descensus* sowie die Figur des Amphiaraus zentrale Motivkomplexe: die Opposition zwischen heller Oberwelt und dunkler Unterwelt, den Seherwagen sowie den Raum des Wassers.

## 7.1 Raumbewegung in der Episode und der *hiatus* als Schwellenort

Von der ersten explizit erwähnten Bewegung des Amphiaraus an steht die Episode im Zeichen der Unterweltfahrt des Sehers. Apollos und Mars' Einwirken verleiht dem Seher Stärke und Glanz, der allerdings nicht nur für die Aristie, sondern auch für sein „Begräbnis" gedacht ist: *sanctum et venerabile Diti / funus eat. talis medios aufertur in hostes* (7,697f.). Noch vor dem Angriff auf die Feinde (*aufertur in hostes*) erwähnt der Erzähler proleptisch das Hinabsteigen zum Gott der Unterwelt (vgl. auch *obitus inlustrat Apollo*, 7,693).[334] Davor wird implizit die Bewegung des Amphiaraus mit seinem Wagen greifbar, wenn er den Staub des Feldes aufwirbelt (7,691). Der Seherwagen wird an diversen weiteren Stellen in Aktion geschildert. Statius verwendet hierbei einerseits Verben, die die Bewegung des Wagens betreffen, in Kombination mit solchen, die das Niederfallen der Kämpfer schildern, z. B. *metit* (7,713), *ruunt* (7,741), *fervet* (7,751) oder *sternuntur* (7,755, vgl. 8,186, im Rückblick der

---

[334] Zu dieser Stelle und dem Vorwissen des Amphiaraus um seinen bevorstehenden Tod s. u. Kap. 7.3.

Argiver: *tu Tyrias acies adversaque signa vacasti / sternere*).[335] Eine ganze Reihe von imaginierten oder tatsächlich berichteten Bewegungen ist bildlich oder ganz konkret auf die Fahrt hinab in den *hiatus* bezogen, wie Hinabgehen, Versinken oder Fallen (z. B. 7,819 *mergit*, 7,821 *cadens*, oder, als der Erzähler Wagen und Gott mit einer abstürzenden Bergflanke vergleicht: *montis latus* [...] / *desilit* 7,744–746[336]). Der Bericht von der Unterwelt-,Fahrt' selbst lässt die Erdspalte als Extremform eines Schwellenraumes erscheinen (7,818–821, s. auch o. S. 19):

> *illum ingens haurit specus et transire parantis*
> *mergit equos; non arma manu, non frena remisit:*
> *sicut erat, rectos defert in Tartara currus,*
> *respexitque cadens caelum*[337]

Der *specus* erscheint hier als Vermischung der Räume Meer, Luft und Erde. So wird Amphiaraus von der Erde nach Art des Meeres „eingesogen" und mitsamt seinen Pferden „versenkt" (7,818: *haurit*; 7,819: *mergit*), hat aber immer noch Kontrolle über seinen Wagen, so dass er ihn wie auf der Erde in die Unterwelt „lenkt" (*rectos defert in Tartara currus*, 7,820), gleichzeitig befindet er sich de facto in der Luft (*cadens* 7,821), in der das Lenken eines Wagens eigentlich sinnlos ist. Das Motiv der Vermischung dieser Räume zieht sich auch durch den sonstigen Text der *descensus*-Episode.[338] So zeigt der Bericht des Amphiaraus vor Dis in Buch 8 den *hiatus* als liminalen Raum, in dem sich die Gesetzmäßigkeiten der Räume Luft und Erde vermischt haben (8,109b–110, s. o. Kap. 1.3.) Das von Cerberus (nicht) bewachte *limen* zur Unterwelt in der Rede des Dis bespiegelt räumlich ebenfalls den *hiatus* (8,53–56):

> *me Pirithoi temerarius ardor*
> *temptat et audaci Theseus iuratus amico,*
> *me ferus Alcides tum cum custode remoto*
> *ferrea Cerbereae tacuerunt limina portae*

Mich reizten Leichtsinn und Hitze des Pirithous, dazu Theseus, verschworener Freund des Verwegnen, und der wilde Alcide, als er den Wächter entführte und an Cerberus' eisernem Tor das Bellen verstummt war.

---

335 Zum Wagen als zentralem Motiv der Unterweltfahrt s. u. Kap. 7.5.
336 Zu diesem Gleichnis s. u. Kap. 7.3; zur Assoziation der Hadesfahrt mit dem Versinken in Wasser und Meer siehe Kap. 7.6.
337 Zu dieser Stelle siehe unten Kap. 8.5, Übersetzung siehe unten S. 164.
338 Siehe dazu u. Kap. 7.4, 7.5 und 7.6.

Statius parallelisiert Herkules und Amphiaraus und hebt so den Schwellencharakter des *hiatus* hervor: So wie Herkules als Lebender die von Cerberus bewachte Schwelle eigentlich nicht hätte überschreiten dürfen, ist Amphiaraus durch die Erdspalte gegen Plutos Willen lebend in die Unterwelt eingedrungen.

Statius' formale Gestaltung des Textes unterstreicht den liminalen Charakter von *hiatus* und Unterweltfahrt. So macht Statius die Buchgrenze selbst zu einem Ort von Trennung und Übergang zugleich (7,821–8,1):

> *respexitque cadens caelum campumque coire*
> *ingemuit, donec levior distantia rursus*
> *miscuit arva tremor lucemque exclusit Averno.*[339]
> *Ut subitus vates pallentibus incidit umbris*

> Er blickte im Fallen zurück zum Himmel und seufzte, weil sich die Ebene schloss, bis schließlich ein leichtes Zittern die getrennten Fluren wieder vereinte und das Licht vom Avernus ausschloss.
> Als der Seher jäh mitten in die bleichen Schatten hinabfiel[340] [...].

Einerseits ist die Grenze zwischen Ober- und Unterwelt genau an der Buchgrenze wieder verschlossen. Zum anderen verweist aber *Averno* als letztes Wort des siebten Buches voraus auf den nächsten Schauplatz und stellt insofern wieder eine Verbindung zwischen beiden Büchern her. Darüber hinaus ist der letzte Vers genau genommen schon aus der ‚Perspektive' der Unterwelt gesprochen. Es ist nicht etwa die Rede davon, dass der Blick in die Unterwelt wieder versperrt ist, sondern vielmehr, dass das Licht aus der Unterwelt ausgesperrt wird (*exclusit*, 7,823). Vor allem aber der Beginn von Buch 8 sorgt dafür, dass die Buchgrenze hier als ein Raum des Übergangs wahrgenommen wird (8,1). Die erste Verbalhandlung des achten Buches ist das Fallen des Sehers, von dem das Ende von Buch 7 schon gehandelt hatte (7,821 *cadens*). Amphiaraus fällt von Buch 7 hinab in Buch 8 und stellt so Kontinuität zwischen den Büchern her, ganz entsprechend der thematischen Kontinuität, die seine Person zwischen der Schluss-Episode des siebten und der Anfangs-Episode des achten Buches herstellt.[341] Amphiaraus' plötzliches Erscheinen in der Unterwelt wird von Statius ausgestaltet zur Extremform der ohnehin schon liminalen Situation, der jeder Tote auf dem mythisch-rituellen Weg zu den Schatten ausgesetzt ist (8,1–20, s. o. Kap. 1.3).

---

[339] Zur weiteren Diskussion der Stelle s. u. Kap. 7.4.
[340] Vgl. Augoustakis 2016: „When suddenly the seer fell among the pallid shades [...]." Ähnlich Shackleton Bailey 2003b, Joyce 2008; dagegen Schönberger 1998: „hinabfuhr".
[341] Augoustakis 2016, S. xx: „The unexpected end of the seventh book spills into Book 8, with the descent of Amphiaraus left in suspension [...]."

Nachdem Statius das achte Buch mit der Bewegung des Sehers Richtung Unterwelt begonnen hatte, weist er auch im Folgenden immer wieder auf die Unterweltfahrt zurück. Sehr viele der erwähnten Bewegungen hängen direkt oder indirekt mit der Unterweltfahrt zusammen und etablieren sie als das zentrale Ereignis der Episode. So werden der Weg des Sehers in die Unterwelt und das Beben der Erde an diversen Stellen erwähnt.[342]

Verschiedene weitere Bewegungen lassen sich in Bezug setzen zur Bewegung des Amphiaraus in Richtung Unterwelt, vor allem in der Rede des Dis.[343] Die entscheidende Gegen-Bewegung zu Amphiaraus' Unterweltfahrt ist Tisiphones Gang in die Oberwelt, den ihr Dis am Ende seiner Rede befiehlt: *i, Tartareas ulciscere sedes, / Tisiphone* (8,65f.). Die Furie wird die weitere Handlung der zweiten *Thebais*-Hälfte in Gang setzen, einschließlich des Bruderduells (vgl. Dis' Auftrag an Tisiphone: 8,65–79; 8,344–346).[344]

Die Bewegungen, die die Argiver vollziehen (oder imaginieren), erscheinen stark beeinflusst durch den Schock, den der *descensus* des Sehers ausgelöst hat.[345] Umgekehrt sind die mit den Thebanern assoziierten Bewegungen positiv konnotiert (*fortius incursant Tyrii*, 8,159; vgl. auch *ingenti sulcatum Nerea tauro*, 8,230: Zeus durchfurcht mit Europa als Stier das Meer). Als am nächsten Tag Thiodamas die Szenerie betritt, ist seine Bewegung ebenfalls wieder positiv konnotiert (*hilari per castra tumultu / vadit ovans*, 8,295f.), entsprechend der Bewältigung der Situation,

---

**342** *adventabat*, 8,6; *disiluisse*, 8,19; *ruis*, 8,85; *subit ille minantem / iam tenuis visu, iam vanescentibus armis / iam pedes*, 8,85–87: Hier ist Amphiaraus einen Schritt weiter auf dem Weg, ein ‚echter' Schatten zu werden, vgl. *subeo nova fata*, 8,101; *intramus Lethen*, 8,97; *ini*, 8,107; *veni*, 8,115; *ruentem*, 8,144; *abeuntem*, 8,188.

**343** 8,38f.: *deiecit magno Polo*, hierzu Augoustakis 2016 ad locum; siehe auch 8,43: *exire sub axem / Titanas* (angedrohte Reaktion des Pluto auf Amphiaraus' Eindringen von oben); 8,48f.: *quid enim mihi nuntius ambas / itque reditque domos* (Pluto droht, Hermes nicht mehr aus der Unterwelt herauszulassen); 8,61f. (Proserpina als Plutos einziger Gang nach oben); 8,82: *nutabat tellus*; s. auch *poterisne reverti / sedibus a Stygiis altaque erumpere terra?* (8,189f.): Mutmaßungen der Argiver über Amphiaraus' weiteres Schicksal). Zu verschiedenen Figuren, die Amphiaraus' Unterweltfahrt und sein Schicksal bespiegeln, s. u. Kap. 8.5.

**344** In *Thebais* 11 werden die Furien „endgültig die Kontrolle über die Erzählung" übernehmen, wie Walter 2014, S. 141–143 zeigt; s. hierzu auch Ganiban 2007, S. 41f.; S. 119; S. 181–183.

**345** *infidi miles vestigia campi / circumit*, 8,131f. (zu dieser Stelle unten Kap. 8.4.3); *Palaemon / advolat* 8,135f.; *verte gradum, fuge rector*, 8,138; *praecipitant: sed torpet iter, falluntque ruentes*, 8,155; *et per tentoria sermo / unus: abisse deos dilapsaque numina castris*, 8,172f.; *venisti tamen et miseris comes additus armis*, 8,184: rückblickend negative Bewertung von Amphiaraus' Teilnahme am Feldzug; *nec Clarias hac luce fores Didymaeaque quisquam / limina nec Lyciam supplex consultor adibit*, 8,199f.: Orakel schweigen aus Trauer um Amphiaraus' Tod, so dass man nicht mehr zu ihnen gehen kann; zu den sakralen *limina* in 8,200 s. u. Kap. 8.4.3.

die sein Auftritt bedeutet.³⁴⁶ Die Bewegungen, die Thiodamas dann in seinem Gebet (8,303–338) schildert, werde ich unten diskutieren (Kap. 8.2).

Wie die erste Bestandsaufnahme zeigt, erscheinen sehr weite Teile der Bewegungshandlung bezogen auf das Eindringen von Seher und Seherwagen in die Unterwelt, das als das zentrale Ereignis der Episode stark herausgehoben erscheint. Wie nun stellt Statius die Landschaft dar, in der diese Bewegungen stattfinden? Wie wandelt sich die Darstellung der Landschaft auf dem Weg zur Erdspalte?

## 7.2 *iugum*, *campus*, *terra*, *tellus* – Thebens trügerische *arva*

Der ‚erste Kontakt' der Argiver mit der thebanischen Landschaft ist ein wichtiges Thema in der zweiten Hälfte des siebten *Thebais*-Buches. Das erste markante Element thebanischer Landschaft, auf das die Argiver treffen, ist der Asopus (7,424–429):

> *iam ripas, Asope, tuas Boeotaque ventum*
> *flumina. non ausae transmittere protinus alae*
> *hostilem fluvium; forte et trepidantibus ingens*
> *descendebat agris, animos sive imbrifer arcus,*
> *seu montana dedit nubes, seu fluminis illa*
> *mens fuit obiectusque vado pater arma vetabat.*

> Schon war man zu deinem Ufer, Asopus, gekommen und zu Boeotiens Strömen. Die Reiter wagten es nicht, den feindlichen Fluss sogleich zu durchqueren; eben überschwemmte er mit riesiger Flut die ängstlichen Felder, mochte seine Macht vom regenbringenden Bogen kommen, von Wolkenbrüchen im Bergland, oder der Vaterfluss wollte den Krieg mit seinen Fluren verhindern und verbieten.

Der Erzähler markiert den Fluss als der thebanischen Landschaft zugehörig. Er ist einer der *Boeota flumina* (7,424f.) und zudem ein *hostilis fluvius* aus Sicht der Argiver (7,426). Diese Idee wird fortgeführt, wenn der Erzähler den Flussgott als *pater* bezeichnet, der sich für die Thebaner und ihre *patria* Theben einsetzt. Statius insinuiert so ein Eigenleben des Asopus. Die Argiver scheuen davor zurück, diesen Fluss zu überschreiten, da er offenbar aufseiten ihrer Feinde steht bzw. stehen kann. Die Mehrfacherklärung des Erzählers wird uns unten am *hiatus* noch näher beschäftigen (7.3), hier bietet er zwei Erklärungen für das Phänomen der Überschwemmung an: Entweder trete der Fluss über die Ufer aufgrund von Regen oder,

---

346 Zum Gesang der Thebaner und Thiodamas' Gebet als Versuche, der dynamischen Schwellensituation eine bestimmte Bedeutung einzuschreiben, s. u. Kap. 8.1 und 8.2.

weil er den Krieg verhindern wolle. Es ließe sich hier einwenden, dass ein Eigenleben des Flusses wenig aufsehenerregend erscheint in einem mythisch-religiösen Denken, das die Existenz von Flussgöttern einschließt (und als solcher wird uns der Asopus in der Episode auch noch begegnen, s. u. Kap. 7.6), die Pointe liegt hier aber gerade darin, dass die naturphilosophisch-alltägliche Erklärung die Möglichkeit eröffnet, dass der Fluss auch nicht gottartig-intentional handeln könnte, was ihn für die Argiver unberechenbar werden lässt. Auch Hippomedon fasst den Fluss als feindlich auf, als er als erster sein Pferd in die Fluten treibt: Genauso wolle er auch Theben angreifen (7,430–434). Die Argiver folgen und werden mit einer Herde Rinder verglichen, die zunächst Angst vor dem Strom hat, dann aber den Eindruck hat, der Fluss sei nicht mehr so reißend, sobald sie dem Leittier hineingefolgt ist (7,435–440). Der Vergleich spinnt das Motiv der Wahrnehmung der thebanischen Landschaft durch die Argiver fort.

Nachdem die Argiver den Asopus überschritten haben, finden sie sogleich einen geeigneten Ort für ihr Lager (7,441–451):

> *haud procul inde iugum tutisque adcommoda castris*
> *arva notant, unde urbem etiam turresque videre*
> *Sidonias; placuit sedes fidique receptus,*
> *colle per excelsum patulo quem subter aperto*
> *arva sinu, nullique aliis a montibus instant*
> *despectus; nec longa labor munimina durus*
> *addidit: ipsa loco mirum natura favebat.*
> *in vallum elatae rupes devexaque fossis*
> *aequa et fortuito ductae quater aggere pinnae;*
> *cetera dant ipsi, donec sol montibus omnis*
> *erepsit rebusque dedit sopor otia fessis.*

Unfern davon entdecken sie einen Hügel und günstigen Platz für ein sicheres Lager, von wo aus man auch die Stadt und die Sidonischen Türme sah. Der Platz gefiel ihnen, bot auch sichere Zuflucht auf der freien Fläche am Gipfel, während unten rings offenes Feld lag und keine Sicht von anderen Bergen drohte. Harte Mühe war auch nicht nötig für lange Schanzwerke: Die Natur selbst begünstigte den Ort wunderbar. Felsen türmten sich zu einem Wall, Steilabfälle glichen Gräben, und wie durch Zufall standen vier Hügel als Bollwerk. Was noch fehlte, besorgten sie selbst, bis das letzte Licht von den Bergen verschwand und Schlaf den Ermüdeten Rast gab.

Schlimme Vorzeichen haben den Anmarsch der Argiver begleitet (7,398–424). Angesichts dieser Vorzeichen scheint es fast zu schön, um wahr zu sein (*mirum*, 7,447), dass die Argiver einen so geeigneten Ort für ihr Lager finden. Die Dominanz, die das *iugum* über die Landschaft hat, suggeriert, dass der Krieg für die Argiver günstig verlaufen könnte (7,444–446). Die Natur selbst scheint das Vorhaben der Argiver zu begünstigen und für sie praktisch schon eine Art befestigtes Lager angelegt zu haben (7,447–449). Der Ort erscheint ihnen dementsprechend sicher, worauf der Erzähler gleich im ersten Vers der Textpassage hinweist (*tutis*, 7,441, s. auch *fidique receptus*, 7,443). Am Ende der Passage wirken die Argiver sorglos, wenn der Schlaf ihnen *otia* verschafft nach ihrer nicht allzu mühevollen Schanzarbeit (7,450f.). Die ganze Passage über erwähnt der Erzähler Raumelemente, die für die Stabilität der Landschaft stehen: *iugum* (7,441), *castris* (ebd.), *urbem ... turresque* (7,442), *colle* (7,444), *montibus* (7,445; 450), *munimina* (7,446), *rupes* (7,448), *ductae quater aggere pinnae* (7,449).

Dies setzt sich fort in der weiteren Erzählung. Die Thebaner bewegen sich auf den Mauern der Stadt (7,455), fürchten um die *Amphionis arces* (7,456) und sehen ihrerseits Zelte und Feuer der Argiver auf dem Berg (7,458f.: *spectant tentoria contra / Inachia externosque suis in montibus ignes*). Als der Erzähler vom Tod der Bacchustiger berichtet, tritt Theben als Stadt nochmals in Form verschiedener Raumelemente hervor (*ad portas, muris, templa, urbemque*, 7,595–601). In der letzten Szene vor Amphiaraus' Aristie tötet Capaneus den Bacchuspriester Eunaeus. Die Mauern Thebens werden hier nochmals an prominenter Stelle erwähnt. Eunaeus möchte den Angreifern Einhalt gebieten, indem er darauf hinweist, die Thebaner seien eine *gens sacrata* (7,666). Ein Beleg hierfür sind die Mauern der Stadt, mit ihnen beginnt Eunaeus seine Rede. Sie seien von Apollo selbst unter ein günstiges Vorzeichen gestellt worden und die Steine hätten sich freiwillig zur Mauer gefügt (7,663–665). In der mythischen Tradition kommen die Steine zur Mauer zusammen, als Amphion auf seiner *chelys* spielt.[347] Wie die Musik Amphions für eine mühelose Befestigung Thebens gesorgt hat, so hat die Natur das Lager der Argiver bereits auf wundersame Weise fast vollends befestigt. Statius inszeniert über diese Verbindung eine Art von Konkurrenzsituation, für den aufmerksamen Leser mag sich die Frage stellen: Welcher der beiden Räume wird am Ende ‚dominieren'?

Im Anschluss an die Eunaeus-Szene berichtet der Erzähler in zwei Versen, dass Polynices weniger hart gegen seine Mitbürger kämpft als Eteocles, um dann Amphiaraus' Aristie folgendermaßen einzuleiten (7,690–692):

*eminet ante alios iam formidantibus arva*
*Amphiaraus equis ac multo pulvere vertit*
*campum indignantem*

Vor allen übrigen ragte Amphiaraus hervor, dessen Pferde bereits vor dem Erdboden scheuten, und ließ das grollende Feld in einer Staubwolke wirbeln.

---

[347] Smolenaars 1994 ad 7,665, u. a. mit Verweis auf Hor. *carm.* 3,11,2; *Theb.* 1,9f. u. a.; ergänzen ließe sich noch *Theb.* 8,232f., mehr dazu unten, Kap. 8.1.

Gleich im ersten Satz der Episode zeigt sich eine Engführung von Amphiaraus und dem Boden selbst. Sobald Amphiaraus die Bühne des Geschehens betritt, ändert sich die Darstellung der Landschaft. Bei der Errichtung des Lagers waren die Argiver noch auf *accomoda arva* gestoßen (7,441f., s. o.), nun fürchten sich die Pferde des Amphiaraus vor den *arva* (7,690f.), da auch sie prophetisch begabt sind und die bevorstehende *katabasis* erahnen.[348] Der aufgewirbelte Staub (*multo pulvere*, 7,691) lässt das Schlachtfeld gleich am Beginn der Passage plastisch hervortreten und zeigt Amphiaraus in Interaktion mit dem Boden (zu *indignantem* s. u. Kap.7.3).

Einige Verse später erwähnt der Erzähler dann die *tellus*. Amphiaraus hat gerade den Fischer Alcathous getötet (7,718). Für Alcathous war wider Erwarten nicht das Meer, sondern das Land lebensgefährlich (7,720–722):

> *vixerat ille diu pauper scrutator aquarum,*
> *decepit tellus, moriens hiemesque Notosque*
> *laudat et experti meliora pericula ponti.*

> Lang hatte er als armer Fischer gelebt; das Land war sein Verderben, sterbend pries er Stürme und Winde und zog die Gefahren des Meeres vor, das ihm vertraut war.

Was diese Stelle mit den vorherigen beiden verbindet: Der Schein, oder: die *tellus* ‚trügt' (*decepit*, 7,721). So wie die *arva* den argivischen Neuankömmlingen offenbar doch nicht so wohlgesonnen sind, ist die *tellus* dem Alcathous ein gefährlicherer Ort als das Meer.

Das nächste Mal erwähnt der Erzähler die *terra* in Vers 755, als er schildert, wie Apollo vom Wagen des Amphiaraus aus einige Thebaner tötet (7,755–759). Kurz darauf erwähnt er den Boden wieder, wie schon zuvor, im Zusammenhang mit den Pferden des Sehers (7,760f.):

> *et iam cornipedes trepidi ad moribunda reflantes / corpora rimantur terras*

> Schon werden die Pferde ängstlich, schnauben vor sterbenden Leibern und scharren den Boden […].

Auch hier schildert er die Pferde als ängstlich (*trepidi*), diesmal, weil der Boden mittlerweile mit toten Kämpfern bedeckt ist. Die Pferde haben Mühe, einen Ort zu finden, wo sie nicht auf Leichen treten (*rimantur terras*, 7,761).[349] Mit Unterstützung von Apollo hat Amphiaraus die Landschaft weiter transformiert hin zu einem unsicheren, furchteinflößenden Ort.

---

[348] Smolenaars 1994 ad 690f.
[349] Smolenaars 1994 ad 7,760f.

Als nächstes berichtet der Erzähler von der *terra*, als er das Erdbeben und die Öffnung des *hiatus* beschreibt (7,794–803):

*iamque recessurae paulatim horrescere terrae*
*summaque terga quati graviorque effervere pulvis*
*coeperat; inferno mugit iam murmure campus.*
*bella putant trepidi bellique hunc esse fragorem*
*hortanturque gradus; alius tremor arma virosque*
*mirantesque inclinat equos; iam frondea nutant*
*culmina, iam muri, ripisque Ismenos apertis*
*effugit; exciderunt irae, nutantia figunt*
*tela solo, dubiasque vagi nituntur in hastas*
*comminus inque vicem viso pallore recedunt.*

Schon begann die Erde, die sich öffnen sollte, allmählich zu zittern, die Oberfläche erbebte, und Staub stieg auf in schwereren Wolken; auch dröhnt das Feld schon und grollt in der Tiefe. Die Erschrockenen meinen, dies sei der Krieg, der Lärm entstehe durch Kämpfe, und eilen rasch herbei. Doch wirft ein stärkeres Beben Waffen und Männer und scheuende Pferde zu Boden. Schon neigen sich waldige Gipfel, schon Mauern; der Ismenos flieht und entblößt seine Ufer. Nun ist der Kampfzorn verraucht, sie stemmen die zitternden Waffen in den Boden, halten sich torkelnd an schwankenden Speeren und weichen beim nahen Anblick der bleichen Gesichter voreinander zurück.

Wie schon zu Beginn der Passage berichtet der Erzähler, dass Staub aufgewirbelt wird (7,795, vgl. 7,691f.). Am Beginn der Passage war es Amphiaraus mit seinem Wagen, der den Staub aufgewirbelt hatte, hier ist es nun das Erdbeben selbst, das die Erdspalte erzeugen wird, die wiederum Seher und Wagen verschlingen wird. Während eingangs vom Schlachtfeld als *campus* die Rede war (7,692), bezeichnet der Erzähler nun die Unterwelt als *campus* (7,796). Das Beben führt dann dazu, dass die Waffen, Kämpfer und Pferde zu Boden geworfen werden (7,798f.).[350] Die Dynamik der vorherigen Kampfesszenen findet hier ein plötzliches Ende. Zuvor waren die Kämpfer zu Boden geschleudert worden, weil Apollo sie im Kampf getroffen hatte (*sternuntur terrae*, 7,755, s. o.). Das Beben bringt außerdem die Bäume auf den Gipfeln der Berge ins Wanken,[351] dazu auch *muri* (7,800). Der

---

[350] Smolenaars 1994 ad 7,798f. merkt an, dass *inclinat* hier zu verstehen ist im Sinne von „zu Boden werfen", dass aber „ins Wanken bringen" mitschwingen könne (mit Hinweis auf OLD s.v. *inclino* 6).

[351] Smolenaars 1994 ad 7,799f. weist darauf hin, dass sich *culmina* sowohl auf Berggipfel als auch auf Baumwipfel beziehen könnte, und schlägt nach differenzierter Diskussion vor, beide Möglichkeiten zusammenzudenken: „The phrase [...] most likely, I think, comprises both the rocking summits and the consequently swaying of trees on top of them, a picture made explicit in Silius' version 5,613 [...] ."

Erzähler spezifiziert nicht weiter, um welche Mauern es sich handelt, für den Leser liegt jedoch die Vermutung nahe, dass es die Mauern Thebens sind, die in Eunaeus' Rede eine so zentrale Bedeutung hatten für die Stadt. Da auch Berggipfel und Mauern wanken, kann der Leser weiterhin davon ausgehen, dass auch die *munimina* des Lagers der Argiver in Mitleidenschaft gezogen worden sind. Die Sicherheit, die das *iugum* versprochen hat, ist erschüttert worden.

Schließlich öffnet sich der Boden: *ecce alte praeceps humus ore profundo / dissilit* (7,816f.), um sich dann gleich nach Verschlingen des Sehers wieder zu schließen: *campumque coire / ingemuit, donec levior distantia rursus miscuit arva tremor lucemque exclusit Averno* (7,821–823). Das Buch endet, wie die Amphiaraus-Episode begonnen hatte: Mit dem *campus* und den *arva*,[352] die die Pferde so sehr gefürchtet hatten – zu Recht, wie dieser intratextuelle Rückbezug unterstreicht.

Die Erde bebt dann sogar noch ein weiteres Mal, als die Unterwelt dem Dis für dessen Rede Beifall spendet: *dixerat: atque illi iamdudum regia tristis / attremit oranti, suaque et quae desuper urguet / nutabat tellus* (8,80–82).[353] Die psychischen Nachwirkungen des Erdbebens schildert der Erzähler in Buch 8. Der Kampf kann erst einmal nicht wie bisher weitergeführt werden. Als würde das Erdbeben noch anhalten, gehen die Argiver und deren Pferde unsicher-schwankend umher (8,152–158):

> *iam Fama novis terroribus audax*
> *non unum cecidisse refert. sponte agmina retro*
> *non expectato revocantum more tubarum*
> *praecipitant: sed torpet iter, falluntque ruentes*
> *genua viros; ipsique (putes sensisse) repugnant*
> *cornipedes nulloque truces hortamine parent*
> *nec celerare gradum nec tollere lumina terra.*

> Schon kündet Fama, kühn, neue Schrecken zu melden, es sei nicht nur einer gefallen. Von sich aus, ohne, wie sonst, auf den Rückruf der Hörner zu warten, stürzen die Truppen zurück, doch torkeln sie wie betäubt, und bei hastiger Flucht versagen den Männern die Knie. Selbst die Pferde – man meinte, sie spürten es – sind störrisch, verweigern trotzig jeden Befehl, wollen nicht rascher traben und den Kopf nicht vom Boden erheben.

Der günstige Lagerplatz auf dem Hügel ist nicht mehr relevant, alle sind fixiert auf den Boden. Während eingangs die Thebaner Angst hatten vor den Feuern der Argiver auf dem *iugum*, haben nunmehr die Argiver Angst vor der Landschaft Thebens, die Natur scheint ihnen nicht mehr gewogen. Nun haben auch die anderen Pferde

---

[352] Auf diese „thematic repetition" weist Smolenaars 1994 ad 7,690f. hin.
[353] Joyce 2008 S. 403 ad 8,80–82: Hierbei handele es sich um „the aftershock described at 7,822-823.", eine m. E. nicht zwingende Lesart.

Angst vor dem Boden, wie sie die Pferde des Amphiaraus schon vor dem Erdbeben hatten. Dies unterstreicht nochmals den unterschiedlichen Informationsstand der Figuren: Während Amphiaraus sich über seinen nahenden Hadessturz im Klaren ist, passiert er für die Argiver überraschend und schockierend. Indem Statius gleich nach der Ankunft der Argiver ihr Verhältnis (und das der Thebaner) zum Raum Theben thematisiert, steigert er Amphiaraus' ‚Fallhöhe'. Die positiven Erwartungen, die die Landschaft um Theben anfangs erweckt hatte, werden enttäuscht, sobald Amphiaraus das Schlachtfeld betritt, und umso mehr noch, als er im *hiatus* verschwindet. Dies führt uns auf die Frage nach dem Grund seines *descensus*.

## 7.3 Wie(so) wird Amphiaraus verschlungen?

Für den Leser wird an vielen Stellen der Erzählung deutlich, dass es sich bei Erdbeben und Aufklaffen des *hiatus* um ein vom Schicksal festgelegtes Ereignis handelt – schon in der Vogelschau-Episode hatte Amphiaraus es vorausgesehen.[354] Gleich im ersten Satz über Amphiaraus' Pferde sagt der Erzähler, dass diese „schon" die *arva* fürchteten – anders als die anderen Pferde der Argiver, die das Ereignis nicht voraussehen können (*iam formidantibus arva* / [...] *equis*, 7,690f., s. o.). Amphiaraus' Aristie steht von Anfang an unter dem Vorzeichen seines baldigen Untergangs, wie die nächsten Verse klar machen (7,692–695):

> *famulo decus addit inane*
> *maestus et extremos obitus inlustrat Apollo.*
> *ille etiam clipeum galeamque incendit honoro*
> *sidere*

> Betrübt schenkte Apollo seinem Diener nichtigen Glanz und verklärte die letzten Stunden. Auch seinen Schild und Helm ließ er herrlich glänzen wie Sterne.

Auch Mars' Hilfe für den Kampf dient letztlich dazu, Amphiaraus' Untergang zu gestalten, und auch Amphiaraus selbst weiß um seinen Untergang, ganz wie seine Pferde und Apollo (7,695–700):[355]

> *nec tarde fratri, Gradive, dedisti*
> *ne qua manus vatem, ne quid mortalia bello*
> *laedere tela queant: sanctum et venerabile Diti*
> *funus eat. talis medios aufertus in hostes*

---

[354] Zu weiteren Stellen s. o. Kap. 6.1; s. auch Smolenaars 1994 ad 7,699.
[355] Smolenaars 1994 ad 7,699.

> *certus et ipse necis, vires fiducia leti*
> *suggerit*

> [...] und du, Gradivus, gewährtest dem Bruder, ohne zu zögern, dass keine Hand, kein Geschoss eines Menschen den Seher im Kampf verletzte; er soll im Tode heilig und würdig zu Dis hinabgehen. So stürmt er mitten in die Feinde, auch selbst des Todes gewiss, und diese Gewissheit schenkte ihm Kräfte [...].

Auch hier verknüpft der Erzähler Aristie und Unterweltfahrt. Das Wissen um seinen bevorstehenden Tod verleiht dem Seher Kräfte (s. auch die folgenden Verse 7,700–704). Im Kampfesrausch opfert Amphiaraus dann bereits seinem eigenen Totenschatten feindliche Kämpfer (*immolat umbris / ipse suis*, 7,710f.).

Die Vorausdeutungen auf Amphiaraus' Ende beschränken sich aber nicht auf die eigentliche Erzählung, sondern sind auch in einem Vergleich angelegt. Als Apollo in Gestalt des Haliacmon die Zügel des Seherwagens übernommen hat, sterben die Thebaner schon, weil sie sich so sehr erschrecken (7,738–743). Der Vergleich illustriert nun das Rasen des von Apollo angetriebenen Wagens (7,744–751):

> *sic ubi nubiferum montis latus aut nova ventis*
> *solvit hiems, aut victa situ non pertulit aetas,*
> *desilit horrendus campo timor, arva virosque*
> *limite non uno longaevaque robora secum*
> *praecipitans, tandemque exhaustus turbine fesso*
> *aut vallem cavat aut medios intercipit amnes.*
> *non secus ingentique viro magnoque gravatus*
> *temo deo nunc hoc, nunc illo in sanguine fervet.*

> Es war, wie wenn ein frischer Wintersturm die umwölkte Flanke des Berges löste oder die Länge der Zeit sie abreißen ließ: Sie stürzt herunter als furchtbarer Schreck für die Flur, reißt Felder und Männer und uralte Bäume auf mehrfacher Bahn mit herab; schließlich erschöpft sich das Toben, lässt nach und wühlt entweder eine Schlucht oder verlegt den Lauf eines Flusses. So rast glühend der Wagen, beladen mit dem riesigen Kämpfer und dem großen Gott, einmal hier und einmal dort und richtet ein Blutbad an.

Mehrere verbale und inhaltliche Referenzen verbinden diesen Vergleich einmal mit dem Sturz des Sehers in die Erdspalte, zum anderen mit den Effekten des Erdbebens selbst. Der Erzähler führt zwei mögliche Erklärungen dafür an, dass sich die Bergflanke gelöst hat: den Wind und den ‚Zahn der Zeit' (7,744f.). In ähnlicher Weise wird er in den Versen 809 bis 816 mehrere Erklärungsmöglichkeiten dafür angeben, wie es zu dem Erdbeben gekommen sein könnte. Als erste Erklärungsmöglichkeit führt er dort an, dass das Beben durch „aufgenommene Winde"[356] erzeugt worden sein könnte (7,809f.: *sive laborantes concepto flamine terrae / ventorum rabiem et clausum eiecere furorem*). Auch die zweite Erklärung ähnelt der im Gleichnis: Dort ist es unterirdisches Wasser, das für eine Korrosion (im geologischen Sinne) oder Erosion sorgt, so dass irgendwann die Erde ‚zusammenstürzt' (*exedit seu putre solum carpsitque terendo / unda latens*, 7,811f.).[357]

Die eigentliche Katastrophe, das Hinabstürzen der Bergflanke, beschreibt der Erzähler hier mit *desilit* (7,746). Dies klingt wieder an in *dissilit* in 7,817, welches das Aufreißen des Bodens bezeichnet (dort ebenfalls am Versanfang). Hier sorgt die Bergflanke dafür, dass sich der *campus* erschreckt (7,746), am Ende von Buch 7 ist der *campus* selbst aktiv, entsprechend groß ist dort der Schrecken der Kämpfer (7,796; 7,803; 7,808; 7,821). Die Landschaft im Vergleich (7,746) und in 7,823 bezeichnet der Erzähler mit *arva*.[358] Zugleich hat *arva virosque* [...] *praecipitans* (7,746–748) sein Pendant in 7,798f.: *altus tremor arma virosque / mirantisque inclinat equos*.[359] Die Bäume, die mit der Bergflanke hinabgerissen werden (7,747), haben eine Entsprechung in den *frondea* [...] *culmina*, die aufgrund des Erdbebens ins Wanken geraten (7,799f.).

Der Sturz der Bergflanke weist weiterhin in seinem Ergebnis auf das Ende von Buch 7 voraus. Im Vergleich sorgt der Sturz dafür, dass ein Tal entsteht (*vallem cavat*), ähnlich wie das Beben die Erdspalte (*specus*, 818) erzeugt.[360] Auch auf einen Fluss hat die hinabstürzende Flanke einen Effekt: *medios intercipit amnes*.[361]

---

356 Schönberger 1998.
357 Näheres dazu bei Smolenaars 1994 ad 7,811f.
358 Smolenaars 1994 ad 744–752.
359 Hier stürzen die *arva* und die Männer mit der Bergspalte herab, dort fallen sie auf den Boden wegen des Erdbebens. Formal sind die Verse außerdem insofern aufeinander bezogen, als einmal die Junkturen *arva virosque* und *arma virosque* gleich gebaut sind, zum anderen beide in Versendstellung stehen; beide Stellen sind gleichermaßen ein Echo des Beginns der *Aeneis* (*arma virumque*, *Aen.* 1,1), was ihre Korrespondenz nochmals unterstreicht.
360 Smolenaars 1994 ad 7,749; Corti 1987, S. 16f. nennt *Aen.* 12,684–689 als Vorbild und weist darauf hin, dass bei Vergil nur der Sturz des *montis saxum* geschildert wird, während Statius auch schildert, wie die Bergflanke am Boden ankommt und das Tal entstehen lässt, wie im Vergleich in Hom. *Il.* 13,137–142, einem weiteren Vorbild der Statius-Stelle. Dies versteht Corti als Vorverweis auf den Wagen des Amphiaraus, der in die Erdspalte einfahren wird.
361 Zum Verständnis: Smolenaars 1994 ad 7,749: „bars a river in mid-course" (nach Mozley 1928b, ähnlich Lesueur 1991; Micozzi 2010: „blocca a metà il corso dei fiumi"); Schönberger 1998 dagegen übersetzt „verlegt den Lauf eines Flusses". Letztere Variante kann für sich reklamieren, dass natürlich ein Fluss nicht einfach aufgehalten werden kann und sich einen neuen Weg suchen würde. Möglich auch, dass hier das Schaffen eines neuen Flussbettes als analog zum *vallem cavare* verstanden werden könnte. Die erstere Variante würde ein Aufhalten des Flusses annehmen, etwa

Die Auswirkungen des Erdbebens auf den Fluss Ismenus beschreibt der Erzähler in 7,800f.: *ripisque Ismenus apertis effugit*.[362]

Als Apollo sich dann dem Amphiaraus offenbart, weist er darauf hin, dass Amphiaraus' Tod letztlich unausweichlich und vom Schicksal bestimmt sei – er, Apollo, könne nur für eine Verzögerung sorgen (7,773–775). Dass also Amphiaraus auf diese Weise zu Tode kommen muss und wird, macht Statius auf verschiedenen Textebenen deutlich. Erdbeben und Unterweltfahrt erscheinen im Text als vorherbestimmte Ereignisse. Doch hierin erschöpfen sich keineswegs die Deutungen der Geschehnisse. Gehen wir nochmals zum Anfang der Amphiaraus-Episode zurück.

Wie oben dargelegt, werden Amphiaraus und seine Pferde von Anfang an in Interaktion mit dem *campus* dargestellt (*Amphiaraus equis ac multo pulvere vertit / campum indignantem*, 7,691f.). Bemerkenswerterweise schreibt der Erzähler dem Boden in Vers 692 eine Art von Emotion zu, die normalerweise lebende Wesen haben: Der *campus* „grollt", oder „ist erzürnt"[363] darüber, dass der Wagen ihn aufwühlt.[364] Wenn an anderen Stellen *indignari* mit nicht-lebendigem Subjekt in vergleichbarer Weise gebraucht wird, kommen Subjekte vor wie Winde, das wogende Meer oder dahinströmende Flüsse,[365] Subjekte also, bei denen es nahe liegt, ihnen aufgrund ihrer physischen Bewegung (oder: Bewegbarkeit) auch eine

---

durch Hineinstürzen der Flanke. Lexikalisch sind beide Varianten möglich, vgl. OLD s. v. *intercipio* 1d.

Hershkowitz 1998, S. 250f. sieht in 7,748f. ebenfalls Bezüge zu Aristie und *katabasis* des Amphiaraus: „Amphiaraus' extreme energy, [...] like that of the landslide, will soon be dissipated, first by Apollo's necessary abandonment of his doomed prophet, and then, permanently, by the prophet's mysterious disappearance into the underworld through a valley (of sorts) suddenly carved out of the earth."

362 Es ist nicht ganz klar, wie diese Stelle zu verstehen ist. Tritt der Fluss über seine Ufer oder zieht er sich zurück? So Smolenaars 1994 ad 7,800f.: „Mozley's ‚flees with all his banks exposed to view' yields poor sense." Schönberger 1998 übersetzt ähnlich. Smolenaars 1994 verweist auf ähnliche Textstellen, in denen sich Flüsse entweder zurückziehen oder über ihre Ufer treten und vermutet, dass hier eine Flut entsteht, weil der Flussgott aus Angst die Ufer verlasse. In jedem Fall wird ein wesentliches Element der Topographie verändert. Beide Flüsse fließen nicht mehr in den gewohnten Bahnen.

363 „das grollende Feld" (Schönberger 1998); „the vexed field" (Joyce 2008); „la terra sdegnata" (Micozzi 2010).

364 Smolenaars 1994 ad 7,691f.

365 Smolenaars 1994 ad 7,691f.: dieser Gebrauch zuerst bei Lucr. 6,196f.: *cernere, quas venti cum tempestate coorta / conplerunt, magno indignantur murmure clausi*; weiterhin, bezogen auf Winde/Stürme: *Aen*. 1,55; *Theb*. 12,652; *silv*. 3,2,71; bezogen auf Gewässer: *georg*. 2,161–164: *an memorem portus Lucrinoque addita claustra / atque indignatum magnis stridoribus aequor, / Iulia qua ponto longe sonat unda refuso / Tyrrhenusque fretis immittitur aestus Avernis?*; *Aen*. 7,728; Ov. *met*. 11,491; Val. Fl. 1,9; 1; 202; *Theb*. 7,318; eher wenig physische Bewegung ist den *indignantia stagna* zuzuerkennen, die in *Theb*. 5,579–582 erzürnt trauern über die von Capaneus erschlagene

psychische Regung zuzuschreiben. Dass Statius hier *indignari* verwendet, erscheint insofern passend, als auch der *campus* ja in Bälde eine – für ihn normalerweise untypische – physische Bewegung vollziehen wird. Ein Eigenleben des Feldes deutet auch die Wortwahl in Vers 7,721 an. In der Formulierung des Erzählers täuscht die *tellus* (*decepit*), während sich ja eigentlich Alcathous selbst täuscht über die Gefahren, die auch das Land für ihn bereitet.

Auch der Vergleich mit der Bergflanke legt eine solche Lesart nahe: Eigentlich illustriert er die Zerstörungskraft, die der mit Apollo und Amphiaraus besetzte Wagen auf die feindlichen Kämpfer hat. Doch welche Handlung genau illustriert die herabstürzende Bergflanke? Formal gesehen leitet *non secus* direkt im Anschluss an den Vergleich zu dem über, was durch den Vergleich illustriert wird: *non secus ingentique viro magnoque gravatus / temo deo nunc hoc, nunc illo in sanguine fervet* (7,750f.). Der Erzähler erwähnt hier zwar den Boden nicht, aber es ist möglich, die beiden Verse so zu verstehen, dass der Wagen durch das am Boden befindliche Blut fährt.[366] Darüber hinaus illustriert der Vergleich aber sicherlich auch die vorher berichteten Ereignisse. Die Thebaner stürzen schon tot zu Boden, als der Wagen sich nähert (*ruunt solo terrore*, 7,741), so wie die herabstürzende Bergflanke die Männer mit sich herunterreißt (*viros* [...] *praecipitans*, 7,746–748). Im Vergleich selbst taucht der *campus* auf, auch hier wird ihm eine Art von emotionaler Reaktion zugeschrieben, die Bergflanke ist für den *campus* ein großer Schrecken: *desilit horrendus campo timor* (7,746), so wie der Wagen die thebanischen Kämpfer zu Tode erschreckt. Auch die abstürzende Bergflanke selbst wird einer personalen Darstellung angenähert (z. B. 7,745 *non pertulit aetas*, 748 *exhaustus*).[367] Sobald der Leser die eigentliche Erdbeben-Schilderung rezipiert hat, kann er den Vergleich im neuen Licht sehen: Die zerstörerische Wirkung, die die Bergflanke auf die Landschaft hat, entspricht der zerstörerischen Wirkung des Erdbebens und damit wiederum der zerstörerischen Wirkung des Seherwagens. An einer Stelle aber fließen die inhaltliche und die bildliche Ebene zusammen: Die quasi-emotionale Reaktion des *campus* auf die Bergflanke im Vergleich entspricht der quasi-emotionalen Reaktion des eigentlichen *campus* auf das, was der Wagen auf und mit ihm anrichtet. Der Leser gewinnt den – allerdings wohl eher diffusen – Eindruck, als würde der mit Apollo und Amphiaraus beladene Wagen selbst die Katastrophe *auslösen*. Dieser

---

Schlange: *illum et cognatae stagna indignantia Lernae, / floribus et vernis adsuetae spargere Nymphae, / et Nemees reptatus ager, lucosque per omnes / silvicolae fracta gemuistis harundine Fauni*. Die Stelle ist ein Beispiel für den Topos der trauernden Natur.

**366** Smolenaars 1994 ad 7,750f. / ad 7,751 versteht *fervet* im Sinne von „be in swift movement" (nach OLD s.v. *ferveo* 4) und erklärt, zurückhaltend: „If my interpretation of *fervet* ist correct, *in sanguine* rather denotes place than circumstance or instrument [...]."

**367** Dies bei Smolenaars 1994 ad 7,744–751, der hierin eine Form der „pathetic fallacy" sieht.

Eindruck mag noch dadurch verstärkt werden, dass das Bergflanken-Gleichnis auch als motivische Vorwegnahme nicht nur des Erdbebens, sondern auch der Unterweltfahrt selbst verstanden werden kann. So heißt es im Vergleich, die Bergflanke reiße „auf mehreren Wegen" Männer mit sich hinunter (*virosque / limite non uno* [...] / *praecipitans*, 7,746–748). Als Dis Amphiaraus' Unterweltfahrt erwähnt, sagt er, der Seher stürze „kopfüber" „auf verbotenem Weg" hinunter: *qui limite praeceps / non licito per inane ruis* (8,84f.).

Als der Erzähler von der eigentlichen Öffnung der Erdspalte berichtet, führt er eine Vielzahl möglicher Erklärungen an, wie es zum Aufspringen des *campus* gekommen sein könnte (7,809–816):

> *sive laborantes concepto flamine terrae*
> *ventorum rabiem et clausum eiecere furorem,*
> *exedit seu putre solum carpsitque terendo*
> *unda latens, sive hac volventis machina caeli*
> *incubuit, sive omne fretum Neptunia movit*
> *cuspis et extremas gravius mare torsit in oras,*
> *seu vati datus ille fragor, seu terra minata est*
> *fratribus*

> Entweder litt die Erde an aufgenommenen Winden und stieß deren gestaute Wut in wilden Stürmen hervor, oder verborgenes Wasser benagte den mürben Boden und rieb und zerriss ihn, oder die Last des drehenden Himmels drückte auf diese Stelle, oder Neptuns Dreizack wühlte alles Meer auf und warf es in schweren Wogen an die Gestade, oder dieses Dröhnen ertönte dem Seher zu Ehren, oder die Erde drohte den Brüdern.

Der Erzähler präsentiert hier gleich sechs[368] Erklärungsansätze, die naturphilosophische Überlegungen zu Erdbeben ebenso wie eine mythologisch eingefärbte einschließen (die *Neptunia cuspis*, 7,813f.). Er beginnt mit den verschiedenen naturphilosophischen Erklärungen, die eigentlich dazu geeignet wären, den Eindruck eines *campus indignans* wieder zu zerstreuen. Doch just diese ersten Erklärungen weisen zurück auf das Bergflanken-Gleichnis (s. o.), so dass dem Leser mittelbar doch wieder der Wagen und dessen zerstörerische Wirkung vor Augen stehen. Am Schluss der möglichen Erklärungen steht schließlich ‚doch' wieder die personal

---

[368] Smolenaars 1994 ad 7,809–816, vgl. auch Morzadec 2009, S. 169; zur Rezeption Lukrezischer Mehrfacherklärung in dieser Textstelle Hardie 2009, S. 260f.; Chaudhuri 2014, S. 281, 283f.(zur Mehrfacherklärung von Capaneus Theomachie in 10,831–836; dazu auch Burgess 1978, S. 73f.); zu *sive...sive*-Erklärungen bei Statius Franchet d'Espèrey 2001; Seo 2013, S. 172 sieht hierin „a generically appropriate ending for the didactic *vates*"; ebd., S. 173–178 zu Lukrez-Bezügen (Erklärung von Erdbeben, aber auch: Ausbruch des Aetna, bei Lukrez und in Sen. *nat*. 6); zu antiken Erdbebentheorien und der Statius-Stelle Wenskus 2014, S. 145f.

gedachte *terra*: Entweder gilt der *fragor* des Erdbebens dem Seher oder die *terra* selbst droht den „Brüdern", gemeint sind hier wohl Eteocles und Polynices.[369]

Plutos erste Rede (8,34–79) präsentiert dem Leser einen weiteren Deutungsansatz. In ihr werden sowohl über die Ursachen des Ereignisses Vermutungen angestellt als auch die erste von mehreren Perspektiven auf eine mögliche ‚Lösung' der undefinierten Raumsituation eröffnet. Die Notwendigkeit, das unerhörte Ereignis zu erklären, drückt sich aus in einer Reihe von Fragen, mit denen Pluto seine Rede einleitet und die sich schließlich zu einer Deutung der Ereignisse verfestigen (8,33–37):

> *iucundaque offensus luce profatur:*
> *quae superum labes inimicum impegit Averno*
> *aethera? quis rupit tenebras vitaeque silentes*
> *admonet? unde minae? uter haec mihi proelia fratrum?*
> *congredior, pereant agedum discrimina rerum.*

> [...] und rief, erzürnt vom freundlichen Licht: Welche Schandtat der oberen Götter warf feindlich den Aether in unseren Avernus? Wer riss das Dunkel auf und erinnert die schweigenden Seelen ans Leben? Woher diese Drohung? Welcher meiner Brüder will mich bekämpfen? Nun gut, ich stelle mich, gleich sollen die Grenzen unserer Reiche fallen.

Während der Erzähler die Erdspalte auf der mittleren Ebene der *terra* gedeutet hatte, steht Plutos Rede für die Deutung auf der Ebene der Götter. Für ihn ist es ausgemachte Sache, dass die Erdspaltung von den Göttern der Oberwelt ausgeht (*quae superum labes*, 8,34). Statius veranschaulicht die deutende Aktivität des Gottes, indem er Pluto *labes* verwenden lässt, das hier sehr wörtlich verstanden werden kann in seiner Bedeutung ‚Erdrutsch', aber auch in der übertragenen Bedeutung, im Sinne von ‚Schande, Entehrung' (vgl. *offensus* in 8,33). Das Eindringen des Aethers in den Avernus ist eine *labes* für Pluto, die von den *superi* ausgeht.[370] Pluto charakterisiert hier die Erdspaltung als Grenzverletzung (*rupit*, 8,35), im Anschluss an seine Rede wird er zu Amphiaraus sagen, dass dieser sich nach Beendigung seiner Rede *limite* [...] *non licito* (8,84f.) in die Unterwelt begeben habe.

Nachdem Pluto die Erdspaltung als einen Akt der Aggression gedeutet hat (*unde minae*, 8,36),[371] grenzt er die möglichen Schuldigen ein. Entweder muss sie

---

[369] Smolenaars 1994 ad 7,815f.
[370] Georges s.v. *labes* I; II B) 2); OLD s.v. 1; 5; vgl. Prop. 4,11,41f.: *neque ulla / labe mea nostros erubuisse focos*. Ähnlich Lact. Plac. (Schol. Stat. *Theb.* 8,34): *quae superum labes violentia sive ruina* und die Übersetzung Schönberger 1998 („Schandtat")); Augoustakis 2016 übersetzt „the landslide of the High Ones" und erklärt dann (ad ibid.) in Abgrenzung zu Lactantius: „but the word has the common meaning of ‚disaster, dèbâcle' in epic [...]."
[371] Hierauf weist Kroll 1932, S. 460 hin, ebenso Ahl 1986, S. 2859.

das Werk Jupiters oder das Werk Neptuns sein (*uter haec mihi proelia fratrum*, 8,36). Für Pluto stellt der *hiatus* eine Verletzung der hergebrachten Weltaufteilung dar, auf die er sich hatte einlassen müssen (8,37–41). Dementsprechend droht er seinerseits mit einer Auflösung jener Welteinteilung (8,37: *pereant agedum discrimina rerum*; 8,46: *pandam omnia regna*). Dem Leser werden hier weitere Erklärungen präsentiert, wieso es zu der Spaltung der Erde gekommen sein könnte. Für ihn dürften beide Götter plausiblerweise als Urheber in Frage kommen: Jupiter mindestens als derjenige, der sich um die *fata* kümmert, aber auch Neptun, hatte doch der Erzähler bei einer seiner naturphilosophischen Erklärungen den Einsatz der *Neptunia cuspis* erwähnt (7,813f.). Pluto nun verlegt sich auf Jupiter und vermutet, dieser habe ihn absichtlich herausfordern wollen (8,41f.):

> *tumidusne meas regnator Olympi / explorat vires?*
>
> Will der stolze Herr des Olympus meine Macht erproben?

Plutos Jupiter-Interpretation wird an mehreren Stellen in diesem Teil greifbar, insofern, als er dort Jupiter jeweils nochmals erwähnt: einmal im Zusammenhang mit der Proserpina-Geschichte (*iniustaeque a Iove leges / protinus, et sectum genetrix mihi computat annum*, 8,63f.), vor allem aber, als er der Tisiphone das aufträgt, was die weitere Handlung des Epos darstellt (8,68–79). So endet der Gott die Reihe seiner Ankündigungen mit Capaneus, der sich direkt gegen Jupiter erheben wird (8,75–79). In seiner Antwortrede liefert Amphiaraus selbst keine eigene Erklärung der Ereignisse, sondern weist lediglich punktuell vorherige Deutungsansätze aus Plutos Rede zurück (8,95–98): Er sei nicht wie Herkules als Entführer in die Unterwelt gekommen. Er sei in die Unterwelt gekommen, obwohl er sich nichts habe zuschulden kommen lassen (8,101f.).

Nachdem Statius eine Deutung der Ereignisse durch den Erzähler und durch Pluto präsentiert hat, fügt er eine weitere Deutung der Geschehnisse durch die Menschen hinzu. Nach Erdbeben und Unterweltfahrt betrachten die Argiver die *tellus* nicht mehr als sicher und machen einen Bogen um den Ort, wo der Seher in die Tiefe gefahren ist (8,130–133):

> *suspectaque tellus*
> *omnibus, infidi miles vestigia campi*
> *circumit, atque avidae tristis locus ille ruinae*
> *cessat et inferni vitatur honore sepulcri.*
>
> [...] der Boden ist allen verdächtig, die Krieger umgehen die Spuren auf dem unsicheren Feld, der düstere Ort des verschlingenden Erdsturzes liegt verlassen, gemieden aus Ehrfurcht vor dem Grab in der Tiefe.

Die Reaktion der Argiver ist allzu verständlich. Da sie sich vor der Unglücksstelle fürchten und weil sie Amphiaraus ehren wollen, meiden sie den Ort der *ruina*. Statius greift hier wieder das Thema des gefährlichen Bodens auf und hebt in den ersten beiden Versen hervor, dass die Argiver misstrauisch sind, indem er den Erzähler gleich zweimal darauf hinweisen lässt, einmal mit der Formulierung *suspecta tellus*, zum anderen mit *infidi campi*. Beide Adjektive werden sowohl von Personen gebraucht als auch von unbelebten Dingen, die jemandem verdächtig, unsicher, unzuverlässig u. Ä. erscheinen.[372] Sie weisen also noch nicht direkt auf eine Deutung hin, die von einem Eigenleben der *tellus* ausgeht, liegen ihr aber keinesfalls fern. Gleiches gilt für *avidae* (8,132).[373]

Hiernach wendet sich der Erzähler dem Argiver Palaemon zu, der unmittelbarer Augenzeuge der Unterweltfahrt des Sehers gewesen ist. Dieser rät zur Flucht, die er mit seiner Deutung der Ereignisse begründet (8,134–150):

> *nuntius hortanti diversa in parte maniplos*
> *Adrasto, vix ipse ratus vidisse, Palaemon*
> *advolat et trepidans (steterat nam forte cadenti*
> *proximus inspectoque miser pallebat hiatu),*
> *‚verte gradum, fuge, rector‘ ait ‚si Dorica saltem*
> *terra loco patriaeque manent, ubi liquimus, arces.*
> *non armis, non sanguine opus: quid inutile ferrum*
> *stringimus in Thebas? currus humus impia sorbet*
> *armaque bellantesque viros; fugere ecce videtur*
> *hic etiam, quo stamus, ager. vidi ipse profundae*
> *noctis iter ruptaque soli compage ruentem*
> *illum heu, praesagis quo nullus amicior astris,*
> *Oecliden, frustraque manus cum voce tetendi.*
> *[...]*
> *nec commune malum est: tellus agnoscit alumnos,*
> *stat Thebana acies.‘*

Während Adrast an anderer Stelle die Truppen ermahnt, fliegt Palaemon, der selbst seinen Augen kaum glaubte, herbei und rief zitternd – der Arme war gleich neben dem Versinkenden gestanden und erbleichte beim Anblick des klaffenden Schlundes –: „Kehre um, Feldherr, fliehe, wenn Dorisches Land noch steht und die heimischen Burgen dort, wo wir sie ließen. Hier nützen nicht Waffen noch Blut; was ziehen wir sinnlos das Schwert gegen Theben? Die gottlose Erde verschluckt ja Wagen, Waffen und Kämpfer. Sogar das Feld, auf dem wir hier stehen, scheint nachzugeben. Mit eigenen Augen sah ich die Fahrt in die nächtliche Tiefe, sah, wie der feste Boden aufriss und, wehe, der Sohn des Oecleus, den die weissagenden

---

[372] OLD s.v. *suspectus* 1; Cic. *Quinct.* 14; Verg. *Aen* 2,36; OLD s.v. *infidus*; Verg. *georg.* 2,496; Lucr. 2,557.
[373] Georges s.v. *avidus* II b); OLD s.v. *avidus* 1 und 3; Cic. *Q. Rosc.* 21; Hor. *carm.* 1,28,18.

> Sterne vor allen liebten, hinabfuhr, während ich hilflos Hände und Stimme erhob. [...] Auch trifft das Unheil nicht alle: Die Erde erkennt ihre Kinder, Thebens Heer steht sicher.

Palaemon ist schockiert (*trepidans*, 8,136) über die wundersamen Ereignisse, die er gesehen hat (*vix ipse ratus vidisse*, 8,135; *mira loquor*, 8,147). Ähnlich wie Pluto mit einer Auflösung der Weltordnung gedroht hat, stellt nun Palaemon die Möglichkeit vor Augen, dass nicht nur die *terra* bei Theben, sondern auch ihre Heimat Opfer der Katastrophe geworden sei, und auch die *Dorica terra* nicht mehr an ihrem Platz sein könnte (8,138f.). Es gewinnt eine Idee an Gestalt, die schon im vorherigen Text immer wieder angedeutet worden ist, zuletzt als ‚Verdacht' von Palaemons Kameraden, die Idee nämlich, dass die Argiver nicht eigentlich mit den Thebanern, sondern mit dem *Ort* Theben selbst kämpften: *quid inutile ferrum / stringimus in Thebas?* (8,140f.). Palaemon spricht dem Ort ein Eigenleben zu, das über die ‚Handlung' des Verschlingens plausibilisiert wird. So ist die Erde bei Palaemon *impia* (8,141), und darüber hinaus verfügt sie über kognitive Fähigkeiten, so dass sie auswählen kann, wen sie verschlingt (*agnoscit alumnos*, 8,149), und so die Thebaner verschont (*stat Thebana acies*, 8,150). Noch unter dem Schock des Erdbebens führt er als Beleg seiner Behauptung an, dass man noch spüren könne, wie der Boden „fliehe" (*fugere ecce videtur / hic etiam, quo stamus, ager*, 8,142f.).

Diese Deutung der Ereignisse wird kurz als möglicherweise unglaubwürdig markiert (*stupet haec et credere Adrastus cunctatur*, 150f.), um sie dann aber sogleich zu festigen, indem zwei weitere Zeugen eingeführt werden, die *idem* sagen, Actor und Mopsus (8,151f.).[374] Der Blick der Argiver richtet sich also gleich von Anfang an auf die Tellus als Ursache.[375] Dann kommt noch *fama* in der Polyphonie der ‚Erklärungen' ins Spiel. Es geht das Gerücht, dass nicht nur einer gefallen sei (8,152f.). Dies lässt sich verstehen als inkorrekte Wiedergabe des Palaemon, der aus dem Tod des Amphiaraus gefolgert hat, dass es das allgemeine Verhalten der *humus* bzw. der den ihren thebanischen *alumni* wohlgesonnenen *terra* sei, Feinde zu verschlingen (vgl. die Plurale vv. 141f.: *currus humus impia sorbet / armaque bellantisque viros*). Aus dieser verallgemeinernden Deutung entsteht nunmehr das Gerücht, dass *de facto* weitere Kämpfer verschlungen worden seien. Entsprechend der problematischen Raumsituation wird auch die Fortbewegung der Argiver beeinträchtigt (8,152–158), man ist fixiert auf den Boden (8,158: *nec tollere lumina terra*). Ich habe oben bereits auf die Reaktion der Pferde hingewiesen, die sich vor dem Boden fürchten. Vor dem Hintergrund der Rede des Palaemon wird dieses erwartbare, natürliche Verhalten der Tiere zu einem Indiz dafür, dass Palaemons

---

[374] Letzterer ist nicht zu verwechseln mit dem gleichnamigen Seher, vgl. Wacht 2000 s.vv. Mopsus 1, Mopsus 2 sowie Joyce 2008, S. 403 ad 8,151.
[375] Vgl. Gesztelyi 1976, S. 54.

Deutung korrekt ist. Als eine weitere Verselbständigung von Palaemons Deutung lässt sich die Klage der Argiver verstehen, die davon ausgehen, alle Götter hätten sie verlassen (*et per tentoria sermo / unus: abisse deos dilapsaque numina castris*, 8,172f.). Als die Argiver dann ihre Klagen über den Verlust des Sehers äußern, deutet sich bereits an, dass sie Palaemons Deutung von einem Eigenleben der *tellus* übernehmen. Sie sagen, die *tellus* selbst habe den Seher zu sich gerufen: *et cum te tellus fatalisque hora vocaret* (8,185).[376]

Vessey und Ahl haben die *descensus*-Episode dahingehend verstanden, dass es letztlich auf Apollo zurückzuführen sei, dass Amphiaraus in die Erde einfährt.[377] In dieser Lesart sind die Äußerungen des Pluto und der Argiver eine Fehlinterpretation der Ereignisse:

> Thiodamas, it must be remembered, is labouring under a delusion, shared by the other Argives, that the disappearance of Amphiaraus was caused by the wrath of Tellus, whereas, as the reader knows, it was a boon granted to him by Apollo.[378]

---

[376] Zu Beginn von Buch 9 greift Eteocles diese Deutung wieder auf, als er die Argiver als große Frevler darstellt, die nicht einmal ihre eigene, heimatliche *humus* tragen würde: *sed enim hiscere campos / conquesti terraeque fugam mirantur; an istos / vel sua portet humus?* (9,22–24); Franchet d'Espèrey 2001 hat die These vertreten, dass bei den Mehrfacherklärungen der *Thebais* jeweils der letzten durch *sive* eingeleiteten Erklärung besonderes Gewicht und ein anderer Status als den vorherigen Erklärungen zukomme (summarisch S. 31, zu 7,815f. S. 26). Als letzte in der Reihe der Deutungen der Erdspalte nennt nun der Erzähler gerade jene, die vom Eigenleben der *terra* ausgeht: *seu terra minata est / fratribus* (7,815f.). In ähnlicher Weise erhält nun diese Deutung besonderes Gewicht im weiteren Verlauf des Textes: Die Argiver mit ihrer Deutung vom Eigenleben der *Tellus* behalten in der Episode in Buch 8 das „letzte Wort".
[377] Vessey 1973, S. 267; Ahl 1986, S. 2859.
[378] Vessey 1973, S. 267. Ähnlich äußert sich McGuire 1997 S. 74f., der aber interessanterweise die Amphiaraus-Passage, wenn auch mit etwas anderer Argumentation, anführt als Beispiel für Statius' Durchkreuzen von Sinneindeutigkeit: „Rather than presenting a linear picture of cause and effect terminating with the mutual killings of Eteocles and Polynices, Statius confounds such logic and insists on its impossibility. For an example of this impossibility we might look to Thebaid 8, to the scene in which Amphiaraus rides down into the Underworld to his death. Amphiaraus was sent by Apollo to his death because Apollo feared that if he was killed in battle his corpse would be unburied." Dominik 1996, S. 65 tendiert ebenfalls eher zur unklaren Urheberschaft; siehe auch Dominik 1994b, S. 111. Seo 2013, S. 173 sieht in der Mehrfacherklärung des Erdbebens eine Maximierung von „uncertainty and horror". Vorsichtig äußert sich Wenskus 2014, S. 144, Anm. 16; „das letzte Gespräch zwischen Apollo und Amphiaros […] lässt eher die Deutung zu, dass Apollo den Leichnam seines geliebten *vates* vor Schändung schützen will." Explizit gegen Vessey neigt Gesztelyi 1976, S. 53 dazu, die Tellus-Deutung als eine Art eigentliche Erklärung für das Geschehen anzusehen; er weist auf die „ursprüngliche […] Tradition" der Sage hin, in der Amphiaraus aufgrund der Wohlgesonnenheit der Götter gerettet wird: Zeus sendet einen Blitz, der die Erde spaltet, so dass Amphiaraus seinem Kampfgegner Periclymenus im letzten Moment

Apollo schütze so seinen Seher vor der „ignominy of death".[379] Auch für Plutos Deutung der Unterweltfahrt gilt: „Pluto [...] also misconstrues what has happened."[380] Für Ahl sind auch die Vorausdeutungen auf Amphiaraus' Tod (z. B. *Theb.* 6,372) nicht notwendigerweise ein Hinweis darauf, dass das lebendige Begräbnis „preordained" sei.[381] Da aber der Erzähler diverse Erklärungsansätze für die Entstehung der Erdspalte präsentiert, erkennt auch Ahl an, dass es im Text letztlich unklar bleibe, wie und warum genau die Unterweltfahrt stattfinde:

> Yet neither the poet in editorial capacity nor any of the characters offer a tangible clue as to why (or how) Amphiaraus departs life in this spectacular way.[382]

Ich möchte davon aus- und darüber hinausgehend dafür argumentieren, dass auch die Rolle Apollos keineswegs so klar zu fassen ist wie mitunter behauptet,[383] sondern dass vielmehr seine Äußerungen jeweils auch einen Sinn ergeben, ohne dass man annehmen muss, dass letztlich er für Erdbeben und Erdspaltung verantwortlich ist. Die Einfahrt in die Erdspalte würde in Vesseys Lesart das *decus* sichern, das Apollo seinem Seher verleiht (7,692); *decus* wäre gewissermaßen das Gegenteil

---

entkommen kann. Bei Statius aber handele es sich „keinesfalls um eine Rettung vor irgendeiner Gefahr, vielmehr um die unvermeidbare Vollendung des Schicksals." Durch die Eliminierung des Elementes der Flucht vor Periclymenus nun sei die Unterweltfahrt „unverständlich" geworden; weiterhin sei Statius anscheinend geradezu gezwungen gewesen, die „Angst der Argiver" zu beseitigen. „Diese doppelte Aufgabe fiel dem Opferdienst für Tellus [...] zu." Gesztelyi ignoriert in seinem Aufsatz allerdings die diversen anderen Deutungen, die ja ebenso geeignet wären, die von ihm festgestellte „Unverständlichkeit" zu beseitigen. Vermittelnd äußert sich Morzadec 2009: „À l'irrationnel de la scène et des représentations infernales se mêlent une recherche de l'explication rationnelle et une connaissance des phénomènes physiques, pour mimer toute la complexité d'un monde."

379 Vessey 1973, S. 258; siehe auch Ahl 1986, S. 2860: „[...] Amphiaraus' burial alive was intended by Apollo (the god of prophecy) as an honor for his good and noble seer, and to protect him from the actions of Creon."

380 Ahl 1986, S. 2859.

381 Ahl 1986, S. 2860f. Ahl argumentiert für eine Art zirkulären Kausalzusammenhang: Da Apollo um das drohende Bestattungsverbot Kreons wisse, lasse er es nicht zu, dass der Seher unbestattet auf dem Schlachtfeld liegen bleibe, sondern bewirke, dass der Seher durch die Erdspalte in die Unterwelt gelange (dazu 7,775–777). Dieses Eindringen führe aber dazu, dass Pluto als eine der Strafen für das unerlaubte Eindringen in die Unterwelt androhe, dass die Toten nicht mehr bestattet würden (dazu 8,72–74), was dann in Form von Kreons Verbot Wirklichkeit werde.

382 Ahl 1986 S. 2859.

383 Wenskus 2014, S. 147: „[...] bleibt Apollo [...] in diesem Werk [sc. der *Thebais*] noch schwerer zu durchschauen als sonst in der antiken Literatur."

der „ignominy of death".³⁸⁴ Die Verse 7,692f. müssen jedoch keineswegs auch auf die Unterweltfahrt bezogen sein, sondern könnten nur die Aristie betreffen. Das *illustrare* der *obitus* (7,693) bestünde eben darin, dass Amphiaraus sich noch mit Unterstützung von Apollo und Mars im Kampf hervortun kann, um danach in die Erdspalte einzufahren. So stellt Apollo das *decus* dadurch sicher, dass er den Speer des Hypseus weg von Amphiaraus auf Herses umlenkt (7,736–737) und dann als Haliacmon das Steuer übernimmt, woraufhin die Aristie ihren Höhepunkt erreicht (7,738–770). Als Apollo sich dann offenbart, spricht er zunächst davon, dass er den Tod des Sehers nur hinauszögern könne (*dum tibi me iunctum Mors inrevocata veretur*, 7,773), was nicht unbedingt darauf hindeutet, dass Apollo einen weitergehenden Einfluss auf die folgenden Geschehnisse hat. Der Gott erscheint vielmehr genau wie Amphiaraus an das Schicksal gebunden: *vincimur: inmites scis nulla revolvere Parcas / stamina* (7,774f.).³⁸⁵

Wie verhält es sich nun mit den Versen 7,775–777: *vade diu populis promissa voluptas / Elysiis, certe non perpessure Creontis / imperia aut vetito nudus iaciture sepulcro*? Diese Verse scheinen am ehesten eine Einflussnahme Apollos nahezulegen, Smolenaars betrachtet sie als ein Versprechen Apollos an Amphiaraus.³⁸⁶ Einen eindeutigen Hinweis liefern aber auch sie nicht – sie müssen keineswegs zwingend verstanden werden als Versprechen oder als Mitteilung über die Art und Weise, in der Apollo den Tod des Sehers beeinflusst hat. Man könnte auch schlicht davon ausgehen, dass Apollo bereits weiß, welche Todesart das Schicksal für den Seher vorgesehen hat, oder dass er in irgendeiner Weise dafür sorgen wird,

---

**384** Nach Smolenaars 1994 ad 7,692f. ist mit *decus* hier „glory, honour" gemeint, ähnlich wie in *Il.* 5,2f. (Athene verleiht Diomedes Kraft, damit er sich κλέος erwirbt). Dass Apollo den Waffen des Sehers zusätzlichen Glanz verleihe, sei ein weiteres Geschenk, zusätzlich zum *decus*.

**385** Natürlich könnte man einwenden, dass die Parzen nur festgelegt hätten, dass Amphiaraus sterben muss, nicht aber, auf welche Art, die dann von Apollo beeinflusst würde. Dies allerdings ist eine sehr viel anspruchsvollere Lesart, die explizit am Text belegt werden müsste. An Vers 7,773 jedenfalls lässt sich nur festmachen, dass Apollo Einfluss auf den Zeitpunkt des Todes des Amphiaraus hat. Und wenn der Erzähler sicher davon ausginge, dass Apollo die Erdspaltung als Todesart festgelegt hat, erschiene zumindest sein Erklärungsansatz *seu terra minata est / fratribus* (7,815f.) seltsam. Dass Apollo in irgendeiner Weise ein Erdbeben initiiert, das dann wiederum naturphilosophisch erklärt wird, mag noch einleuchten, aber es erscheint wenig plausibel, dass Apollo die *terra* reizt, so dass sie aus Zorn über Eteocles und Polynices sich öffnet und dabei seinen Seher verschlingt. Und selbst wenn dies sein Plan sein sollte, dann wäre eine *placatio Telluris* durch die Argiver doch angeraten, da zumindest mittelbar einer der Ihren Ursache für diese Reizung gewesen sein könnte.

**386** Smolenaars 1994 ad 7,815f. (der *fragor* der *terra* diene der Ehrung des Amphiaraus, wie sie Apollo versprochen habe in 7,776f.). Ähnlich Ahl 1986, S. 2860. Zurückhaltender (und m. E. treffender) Lovatt 2005, S. 238: „Apollo works hard to provide Amphiaraus with a glorious death, trying to reread the manner of his death as advantageous".

dass Amphiaraus ins Elysium gelangen wird. Indem er sich vor Augen stellt, dass Amphiaraus immerhin nicht von Kreons Bestattungsverbot betroffen sein wird, tröstet sich Apollo selbst wegen des schmerzlichen Verlustes ‚seines' Sehers – einige Verse später wird er trauernd vom Wagen springen (7,789). Auch Amphiaraus in seiner Rede vor Pluto erwähnt eine Einflussnahme Apollos mit keinem Wort, die Ursache der Unterweltfahrt bildet in seiner Rede vielmehr eine Leerstelle. Und wenn er hervorhebt, dass er es nicht verdiene, in dieser Weise des Tageslichts beraubt worden zu sein (8,101f.), scheint zumindest er selbst diese Tatsache nichts als ein *decus* zu betrachten. Gerade er als Seher, dem sich Apollo zudem gerade nochmals offenbart hat, wäre ja eigentlich prädestiniert dafür, sein Wissen über die Ursachen der Unterweltfahrt kundzutun.

Als Apollo in Buch 9 die Unterweltfahrt des Sehers gegenüber Diana rekapituliert, äußert er sich folgendermaßen (9,652–657):

> utinam indulgere precanti
> fata darent! en ipse mei (pudet!) inritus arma
> cultoris frondesque sacras ad inania vidi
> Tartara et in memet versos descendere vultus;
> nec tenui currus terraeque abrupta coegi,
> saevus ego inmeritusque coli.

> Ach, wenn doch das Schicksal erlaubte die Bitte zu erhören! Aber siehe mich selbst! Sah ich doch beschämt und hilflos die Waffen meines Priesters und seinen heiligen Lorbeer zum leeren Tartarus sinken und sein Antlitz, das er mir zuwandte. Ich hielt seinen Wagen nicht auf, schloss nicht den Spalt in der Erde, ich, ein grausamer Gott, der Verehrung mitnichten verdient.

Auch hier ist die Rolle des Gottes unklar, auch hier erscheinen seine Einflussmöglichkeiten ähnlich eingeschränkt wie in Buch 7. Der Gott stellt sich dar als passiver Zuschauer der Ereignisse, die vom Schicksal bestimmt sind (*inritus* [...] *vidi*, 9,653f.).[387] Zudem trifft der Gott eine negative Aussage bezüglich der Erdspalte: Diese habe er nicht verhindert (*nec* [...] *terraeque abrupta coegi*, 9,656). Wenn die Erdspaltung von Apollo initiiert worden wäre, wäre es mindestens merkwürdig, wenn er nun erklären würde, dass seine Grausamkeit darin bestand, die Spalte nicht zu schließen, nachdem just er dafür gesorgt hatte, dass sie sich geöffnet hat.[388] Hier klingt es vielmehr so, als würde Apollo noch den Vorwurf der Grau-

---

[387] Dewar 1991 ad 9,653 versteht *inritus* im Sinne von „unsuccessful" (mit Hinweis u. a. auf Ov. *rem.* 198) und übersetzt „powerless".

[388] Da Dewar von *Thebais* 9 her denkt, liegt es für ihn überhaupt nicht nahe, die Erdspaltung als eine Art Ehrung oder Rettung vor Kreon durch Apollo zu verstehen: „[...] Amphiaraus, whose

samkeit und Undankbarkeit bestätigen, wie ihn die Argiver bei ihrer Klage um den Seher äußern: (*sic gratus Apollo?*, 8,176; vgl. *saevus ego*, 9,657).

Es sei ausdrücklich darauf hingewiesen, dass ich nicht *gegen* die Lesart argumentieren möchte, dass Apollo dem Seher die Ehrung der lebendigen Bestattung als Schutz vor Kreon zukommen lassen wolle. Mein Argument richtet sich nur dagegen, dies als die einzig mögliche und richtige Lesart der Ereignisse anzunehmen. Der statianische Text erlaubt es gerade nicht, zu konstatieren, dass die Argiver einer Illusion bzgl. der Tellus erliegen und in Wirklichkeit Apollo der Urheber sei, wie es Vessey tut. Ob Apollo einen Einfluss auf die konkrete Ausgestaltung der *fata* hat und wie weit dieser reicht, kann anhand des statianischen Textes nicht geklärt werden.[389] Statius hat seinen Text so gestaltet, dass der Leser sich in einer ähnlichen Ungewissheit befindet wie die Argiver, die noch verunsichert sind durch die *fama*, und wie Pluto – und zwar trotz der Mehrinformation, über die er als Leser im Vergleich zu den Figuren verfügt.[390] Der Instabilität der erschütterten Erde entspricht die unsichere Deutungslage aufseiten des Lesers.[391]

Wenngleich der *descensus* des Sehers als vom Schicksal vorherbestimmtes, klar von Amphiaraus vorhergesehenes Ereignis dargestellt wird, so bleibt doch der Leser bis zum Schluss auf unsicherem Grund, was die genaue Erklärung angeht, wieso Amphiaraus verschlungen wird. Das Bergflanken-Gleichnis insinuiert eine zerstörerische Wirkung, die Amphiaraus, Apollo und der Wagen auf die Landschaft ausüben, so dass das Erdbeben fast wie eine Konsequenz der Interaktion mit dem Seher wirkt. An anderer Stelle hat es den Anschein, dass das Erdbeben *zugunsten* des Amphiaraus von Apollo ausgelöst wird, während andere Textstellen wiederum gerade kein aktives, gestalterisches Eingreifen des Sehergottes nahelegen. Bei allem Vorwissen um seinen Tod scheint Amphiaraus nicht in der Lage zu sein, Pluto gegenüber eine echte Erklärung der Geschehnisse zu präsentieren, vielmehr versichert er nur, er komme nicht in feindlicher Absicht. Hinzu kommen diverse naturphilosophische Erklärungen und schließlich die Einordnung des Geschehens

---

fated demise through being engulfed by a chasm which opened in the earth [...] he [sc. Apollo] was unable to prevent [...]." (Dewar 1991 ad 9,644ff.).

**389** Passend dazu die Beobachtung bei Ganiban 2007, S. 129: „If anything, what Amphiaraus' death shows us ist that fate does not govern the seer's descent into hell, for the Parcae (the very goddesses Apollo invokes at 7.774) are caught by surprise (8.11–13)." Apollo selbst missverstehe die *fata* (ebd.).
**390** Hardie 2009, S. 261 über die Mehrfach-Erklärungen im Vorlauf des Erdbebens: „It is hard not to feel that Statius is being less than serious here."
**391** Vgl. Ganiban 2013 zu „conflicting interpretations" (S. 264) bei den Begräbnisriten des Opheltes. Nach Gell. 2,28,3 bestand Unsicherheit darüber, welcher Gottheit nach einem Erdbeben zu opfern sei. Die Deutungs-Unsicherheit im statianischen Text wäre demnach für Statius' Rezipienten in dieser Hinsicht plausibel gewesen.

als Handlung einer feindlichen *Tellus Thebana*, die erkennt, das Amphiaraus nicht zu ihren *alumni* gehört. So wie die Argiver von der Landschaft um Theben getäuscht werden, sieht sich der Leser bei der Deutung der Ereignisse auf unsicherem Grund. Da Amphiaraus als Fremdkörper, als *corpus novum* in der Unterwelt ankommt (8,5; s. o. Kap. 1.3), erschließt sich der logische Ort des *descensus* im Sinnzusammenhang in letzter Konsequenz nicht. Wie sich schon am Bergflanken-Gleichnis andeutet, hat Statius Seher und *descensus* in ein breites motivisches Netzwerk eingebunden, das das Moment der Instabilität noch verstärkt, wie wir gleich sehen werden.

## 7.4 Lichtmotivik und vertikale Raumkonstruktion: Amphiaraus und die Sterne

Kroll hat in seiner Besprechung der Episode die Oberwelt als „lichte[] Welt" und Jupiter als den „machtvollen Repräsentanten der Lichtwelt" bezeichnet, basierend auf der Beobachtung, dass Plutos Abneigung gegen die Oberwelt formuliert sei als Hass auf den Äther, die Sterne und den Tag bzw. das Tageslicht (vgl. 8,34f.; 8,40; 8,46).[392] Der Gegensatz zwischen der Helligkeit der Oberwelt und der Dunkelheit der Unterwelt zieht sich in der Tat durch die gesamte Textpassage. Apollo in seiner Rolle als Sonnengott erleuchtet Amphiaraus' Untergang, verleiht Amphiaraus' Waffen „Sternenglanz" und sorgt dafür, dass dem Seher der Tag „heller" und die Zeichen am Himmel umso klarer erscheinen.[393] Wenige Verse später vergleicht der Erzähler Amphiaraus u. a. mit dem großen Glanz des Hundssterns, diesem gegenüber stehen die Schatten der Toten (7,709–711):

> *innumeram ferro plebem, ceu letifer annus*
> *aut iubar adversi grave sideris, immolat umbris*
> *ipse suis*

> Wie ein todbringendes Jahr, wie der Glanz eines bösen Unheilsgestirns opfert er [...] zahlloses Volk seinem eigenen Schatten.

Indem Statius hier *umbrae* verwendet, erzeugt er einen Hell-Dunkel-Kontrast zwischen dem Seher als Hundsstern und dem Seher als Totengeist.[394] Außerdem greift

---

[392] Kroll 1932, S. 454f.
[393] *extremos obitus inlustrat* , 7,693; *ille etiam clipeum galeamque incendit honoro / sidere*, 7,694f.; *inde viro maioraque membra diesque / laetior et numquam tanta experientia caeli*, 7,700f.; Smolenaars 1994 ad 7,694f. / ad 7,700f.
[394] An vergleichbaren Stellen kann für den Totengeist neben *umbrae* alternativ auch von den *manes* die Rede sein: Smolenaars 1994 ad 7,709ff. *umbrae*, ebenfalls im Plural in *Aen.* 10,519; Ov.

## 7.4 Lichtmotivik und vertikale Raumkonstruktion: Amphiaraus und die Sterne — 157

*sideris* in 7,710 *sidere* aus 7,695 wieder auf.[395] Als Apollo später zu Amphiaraus spricht, sagt er, der Seher möge das Leben nutzen, das ihm bleibe, wobei er *lux* (im Sinne von ‚Lebenslicht') verwendet: *utere luce tua* (7,772).[396]

Das Licht-Motiv verwendet Statius nicht nur in Bezug auf Amphiaraus, sondern auch bei der Schilderung der Unterweltfahrt. So setzt der Erzähler *sidera* und *umbrae* in Verbindung, als er die Spaltung der Erde schildert (*inque vicem timuerunt sidera et umbrae*, 7,817).[397] Der Hell-Dunkel-Kontrast umspielt auch die Buchgrenze. Im letzten Vers des 7. Buches wird das Licht wieder von der Unterwelt ausgeschlossen, im ersten Vers des 8. Buches erwähnt der Erzähler gleich wieder die „bleichen" Schatten: *lucemque exclusit Averno. / Ut subitus vates pallentibus incidit umbris* (7,823–8,1). Auch aus Plutos Perspektive bedeutet die Unterweltfahrt des Sehers nicht zuletzt ein Eindringen der lichten Oberwelt in die dunkle Unterwelt.[398] Einige Verse später erwähnt Pluto erneut die Sterne. Er selbst sei niemals in so dreister Weise in die Oberwelt eingedrungen wie Jupiter in die Unterwelt. So habe er sich beim Raub der Proserpina keineswegs bis zu den „hohen Gestirnen" begeben (*ast ego vix unum, nec celsa ad sidera, furto / ausus iter Siculo rapui conubia campo*, 8,61f.). Als nach Plutos Rede die Erde bebt, weil die Unterwelt ihre Zustimmung bekundet, vergleicht der Erzähler diese Wirkung mit jener, die Jupiter auf die „sternentragende(n)" Himmelsachse(n) ausübt: *astriferos inclinat Iuppiter axes* (8,83). Amphiaraus schildert dann gegenüber Pluto seine Unterweltfahrt

---

*met.* 9,406f.: *subductaque suos manes tellure videbit / vivus adhuc vates* (gemeint ist Amphiaraus); *Theb.* 5,742f.
**395** Smolenaars 1994 ad 7,709f.
**396** Smolenaars 1994 ad 7,772; Georges s.v. *lux* B 2.
**397** Das Motiv vom Licht der Oberwelt, das in die Unterwelt eindringt, verwendet Vergil in einem Gleichnis in der *Cacus*-Episode in der *Aeneis* (8,241–246; Franchet d'Espèrey 1999, S. 331).
**398** Siehe o. zu Kroll 1932. So hat Pluto Angst vor den plötzlich eingedrungenen Sternen und ist zornig über die *iucunda lux* (8,32f.). Zornig fragt er zu Beginn seiner Rede, wer „das Dunkel aufgerissen" habe (8,35: *quis rupit tenebras*), beklagt sich, sein *mundus* stünde nun den Sternen offen (8,40f.), und weist auf das Tageslicht hin, dass ihm selbst nicht mehr zugänglich sei (8,46: *amissumque odisse diem*, hierzu Augoustakis 2016 ad 8,44–46).
Als Rache für die Erhellung der Unterwelt möchte Pluto umgekehrt die Oberwelt verdunkeln, indem er die Sonne mit seinem „Himmel", dem Stygischen Nebel, „verschleiert": *Stygio praetexam Hyperiona caelo* (8,47); Feeney 1991, S. 347 weist auf die kosmischen Dimensionen dieser Verdunklung hin und kontrastiert damit die lokalen Dimensionen der Sonnenverdunklung in Theben in den ovidischen *Metamorphosen* im Bereich der Schwelle des Palastes, auf der sich Tisiphone niederlässt (*met.* 4,486–488). Zu dieser Stelle der Pluto-Rede vgl. auch Morzadec 2009, S. 172.

ebenfalls mit Blick auf die Helligkeit des Tages. Er sei unverdientermaßen dem „freundlichen Licht entrissen" worden: *nec alma / sic merui de luce rapi* (8,101f.).[399]

Die Dunkelheit der Unterwelt und die Helligkeit der Oberwelt stehen sich auch in Palaemons Rede gegenüber: *vidi ipse profundae / noctis iter ruptaque soli compage ruentem / illum heu, praesagis quo nullus amicior astris* (8,143–145). Auf den ersten Blick geht es Palaemon in dem Relativsatz darum, zum Ausdruck zu bringen, dass Amphiaraus ein begabter Seher war (*praesagis*, 8,145). Durch die Zusammenstellung mit der Nacht gewinnt die Aussage weiteren Gehalt: Ausgerechnet Amphiaraus, der den Sternen so ‚nahestand', ist nun auf direktem Wege in die Dunkelheit der Unterwelt eingefahren. Die Stelle kann als motivischer Wiederaufgriff des Hundsstern-Vergleichs in Buch 7 (s. o.) verstanden werden. Auch dort stellt Statius dem Leser die ‚Fallhöhe' des Amphiaraus vor Augen: Der Seher, der eigentlich dem verderblich hellen Hundsstern gleicht, opfert bereits seinem eigenen, blassen Totenschatten in der Unterwelt. Im weiteren Verlauf des Textes wird Amphiaraus weiterhin mit den Sternen assoziiert. Als die Argiver um den Seher klagen, nennen sie von seinen Fertigkeiten zuerst die Sterndeutung: *quis mihi sidereos lapsus mentemque sinistri / fulguris, aut caesis saliat quod numen in extis* (8,177f.).

Vor dem Hintergrund der Hell-Dunkel-Opposition erscheint die Einleitung zur Thiodamas-Episode in neuem Licht, die prima facie eher topisch wirkt (8,271–274):[400]

> *tempus erat iunctos cum iam soror ignea Phoebi*
> *sensit equos penitusque cavam sub luce parata*
> *Oceani mugire domum, seseque vagantem*
> *colligit et leviter moto fugat astra flagello*

> Es war die Zeit, wo die leuchtende Schwester schon das Gespann des Phoebus hört und den Hall beim Kommen des Lichts in den tiefen Gewölben des Ozeans; nun holt sie die schweifenden Strahlen ein und vertreibt die Sterne mit leichtem Schnellen der Peitsche.

Phoebe, Apollos Schwester und hier in der Rolle des Mondes, kann den Sonnenwagen schon wahrnehmen. Noch expliziter als in Buch 7 tritt Apollo hier in seiner Rolle als Sonnengott auf, der nach der Dunkelheit der Unterwelt und der der Nacht

---

**399** Eine weitere Erwähnung der *lux* wäre *interea vittis lauruque insignis opima / currus et egregiis modo formidatus in armis / luce palam* (8,127–129), allerdings folge ich hier der Konjektur von Shackleton Bailey, der *ipse* statt *luce* setzt (s. u. S. 164, Fn. 425).

**400** Mit *tempus erat* verwendet Statius eine typisch epische Formel und leitet zum zweiten Kampftag über (Augoustakis 2016 ad 8,271–3); an anderen Stellen werden ebenfalls die Sterne vertrieben (Augoustakis 2016 ad 8,273–4), und zwar von Aurora: Ps.-Sen. *Oct.* 1f.; *Aen.* 3,521; oder Phoebus: Hor. *carm.* 3,21,24.

## 7.4 Lichtmotivik und vertikale Raumkonstruktion: Amphiaraus und die Sterne — 159

neues Tageslicht bringt. Phoebe beendet ihr Strahlen und vertreibt die *sidera*, die eben noch das Fest der Thebaner erleuchtet haben und zuvor immer wieder im problematischen Kontakt mit der Unterwelt dargestellt worden sind.[401] Plutos angedrohte Verdunklung der Oberwelt ist nicht eingetreten.

Eng verbunden mit der Lichtmotivik ist das Raummotiv der Bewegung entlang vertikaler und horizontaler Achsen, das den unerhörten Weg herausstellt, den der Seherwagen in die Unterwelt nimmt.[402] So beschreibt der Erzähler das Hinabstürzen der Bergflanke im Gleichnis unter anderem mit *praecipitans* (7,748), was einen ziemlich direkten Sturz „kopfüber", also entlang der Vertikalen impliziert.[403] Eine Störung der gewohnten horizontalen Achse der Erde zeigt das *inclinat* in der Erdbebenschilderung an (7,799). Die vertikale Bewegung des Seherwagens in die Unterwelt wird vom Erzähler klar herausgestellt: *rectos defert in Tartara currus* (7,820).[404] Mit *respexit [...] cadens caelum* im Folgevers (7,821) wird die besondere Blickachse, die die neue räumliche Situation erzeugt hat, nochmals (vgl. 7,817) hervorgehoben. Auch Pluto erscheint ähnlich wie Amphiaraus als jemand, der in die Unterwelt hinabgefallen ist. So erklärt er in seiner Zornesrede: *magno me tertia victum / deiecit Fortuna polo* (8,38f.). Die Giganten wiederum werden gemäß Plutos Drohung ihren Weg wieder hinaufgehen in Richtung Himmel: *aetherium cupidos exire sub axem* (8,43). Kurz darauf wird die Himmelsachse erneut erwähnt, als der Erzähler den Applaus der Unterwelt mit einem Vergleich illustriert. Zudem verwendet er hier erneut *inclinare*, wie schon bei der Erdbebenschilderung: *non fortius aethera vultu / torquet et astriferos inclinat Iuppiter axes.* (8,82f.). Für den Leser entsteht das Bild einer Welt-Katastrophe, bei der weder der irdische noch der himmlische Horizont in ihrer Form erhalten bleiben. Als Pluto den Sturz des Sehers rekapituliert, ist erneut der vertikale Sturz „kopfüber" Thema (*qui limite praeceps / non licito per inane ruis?*, 8,84f.). Eine Überschreibung der problematischen Bewegungen (Seher, Giganten) entlang der vertikalen Achse bringt wiederum die Schilderung des Überganges zum nächsten Tag, wenn auch nur implizit: Der Sonnenwagen Apollos steht bereit, um sogleich die gewohnte Bewegung in Richtung

---

**401** Augoustakis 2016 ad 8,271–3: *igneus* wird normalerweise für das Licht der Sonne verwendet. Vielleicht setzt Statius es auch deswegen hier mit Bezug auf Phoebe, um die Verbindung zu Phoebus Apollo herzustellen und die assoziative Verbindung des Mondes mit (v. a.) der (eben vergangenen) Nacht zu schwächen. Phoebe ist an dieser Stelle weniger Teil der Nacht als Teil des neuen Tages, der die Nacht vertreibt.
**402** Die Raumstruktur der *Thebais* folgt insgesamt dem vertikalen Schema aus der Welt der Olympischen Götter, der Sphäre der Menschen und der Unterwelt. Auch die Handlung ist entsprechend verteilt auf diese Ebenen: Feeney 1991, S. 345 (mit Verweis auf Burck 1979, S. 338).
**403** OLD s.v. *praecipito* 1.
**404** Smolenaars 1994 ad 7,820 „moving in a straight line", gegen Mozley 1928b „unshaken".

Himmel zu vollziehen. Das Motiv des Wagens nun ist im Text nicht nur in Form von Apollos Sonnenwagen präsent, sondern vor allem in Form von Amphiaraus' Wagen, wie ich im Folgenden zeigen möchte.

## 7.5 Der Seherwagen, oder: Amphiaraus' Spuren

Statius thematisiert die ganze *descensus*-Episode über den Streitwagen des Sehers. Schon die ersten Verse der Episode lassen den Wagen greifbar werden. So erwähnt der Erzähler die Pferde des Sehers. *vertit* in 7,691 ist zudem terminus technicus für Pflügen,[405] so dass vor dem Auge des Lesers sogleich das Bild des Pfluges als einer Art von Gespann entsteht, wie es auch der Streitwagen mit den Pferden darstellt. Die subtile Anspielung auf das Pflügen weist bereits darauf hin, dass sich Amphiaraus in die Landschaft dauerhaft einschreiben wird: So wie der Pflug die Furche erzeugt, werden Amphiaraus und sein Wagen die Erdspalte ‚erzeugen'. Während der Aristie des Sehers ist der Wagen selbst dessen tödliche Waffe (7,711–718):

> *iaculo Phlegyan iaculoque superbum*
> *Phylea, falcato Clonin et Chremetaona curru*
> *comminus hunc stantem metit, hunc a poplite sectum,*
> *cuspide non missa Chromin Iphinoumque Sagenque*
> *intonsumque Gyan sacrumque Lycorea Phoebo*
> *(invitus: iam fraxineum demiserat hastae*
> *robur, et excussis apparuit infula cristis),*
> *Alcathoum saxo*

Er mäht mit dem Speer Phlegyas und den stolzen Phyleus hin, mit dem Sichelwagen Clonis und Chremetaon, von denen der eine zum Nahkampf bereit stand, dem anderen die Kniekehle durgeschnitten wurde. Mit dem Speer in der Faust mähte[406] er Chromis, Iphinous und Sages nieder, dazu den lockigen Gyas und Lycoreus, den Priester des Phoebus, diesen freilich ohne Absicht, denn als er ihm schon die mächtige Eschenlanze tief hineingestoßen hatte, neigte sich dessen Helmbusch und enthüllte die Priesterbinde. Mit einem Stein mähte[407] er Alcathous.

Der Wagen ist mit Sicheln versehen (*falcato*, 7,712) und steht parallel zu den anderen Waffen (*iaculo*, 7,711; *cuspide non missa*, 7,714; *fraxineum hastae robur*, 7,716f.; *saxo*, 7,718). Besonders hervor tritt hier *metit*: Der Erzähler beschreibt alle Tötungshand-

---

405 Smolenaars 1994 ad 7,691f.
406 Schönberger 1998: „stieß".
407 Schönberger 1998: „erlegte".

lungen gleichermaßen mit diesem Verb (abgesehen von *demiserat* im Einschub), das eigentlich „mähen" bedeutet und hier übertragen gebraucht wird.[408] In Verbindung mit dem Sichelwagen allerdings erhält *metit* teilweise wieder seine wörtliche Bedeutung.[409] Der semi-metaphorische Gebrauch von *metit* gewinnt weiteren Sinn vor dem Hintergrund, dass Amphiaraus hier ‚erdentsprossene' Thebaner tötet.[410] Darüber hinaus weist *metit* zurück auf *vertit*, das den Seher in Interaktion mit dem Feld dargestellt hatte. Nachdem Amphiaraus mit dem Wagen und seinen Pferden das Feld „gepflügt" hat, mäht er nun die Thebaner wie Ähren nieder. Im Anschluss an diese Szene schildert der Erzähler, wie der Thebaner Hypseus versucht, Amphiaraus zu töten (7,723–739). Wie Amphiaraus tötet auch Hypseus seine Feinde mit seinem Streitwagen (*quamquam haud ipse minus curru Tirynthia fundens / robora*, 7,725f.). Hypseus' Versuch bleibt erfolglos, da Apollo das Geschoss auf Amphiaraus' *auriga* Herses umlenkt (7,737–739):

> *et aurigam iactus detorquet in Hersen.*
> *ille ruit: deus ipse vagis succedit habenis,*
> *Lernaeum falso simulans Haliacmona vultu.*

[...] und lenkte den Schuss zur Seite auf Herses, den Wagenlenker. Dieser stürzte herab, der Gott selbst ergriff die herrenlosen Zügel, indem er täuschend die Gestalt des Haliacmon von Lerna annahm.

Der Streitwagen des Sehers erhält hier schon insofern weitere Bedeutung, als ihn nunmehr der Gott selbst lenkt.[411] Mit den Zügeln, die Apollo übernimmt (7,738) gewinnt das Bild des Wagens an Kontur. Kurze Zeit später spricht der Erzähler von der Last des Gottes auf dem Wagen (7,742–743).[412] Im Anschluss an den Bergflanken-Vergleich weist der Erzähler dann nochmals auf die Belastung des Wagens hin

---

**408** Smolenaars 1994 ad 7,713; Statius verwendet die Ernte-Metapher auch im zweiten Teil des Verses 713 (*sectum*) (ebd.).
**409** Smolenaars 1994 ad 7,713.
**410** Die Saat (des Cadmus) in *Theb.* 1,7–9, mit vergleichbarer Metaphorik (*agricola, sulcis*; siehe auch Heuvel 1932 ad *Theb.* 1,8): *trepidum si Martis operti / agricolam infandis condentem proelia sulcis / expediam penitusque sequar*; 3,180–183: *fatorum gens nostra fuit, Sidonius ex quo / hospes in Aonios iecit sata ferrea sulcos, / unde novi fetus et formidata colonis / arva suis*, auch hier mit ähnlicher Metaphorik; vgl. weiterhin das Wortspiel in Apoll. Rhod. 3,1382, wo Jason die gerade der Erde entsprossenen Kämpfer „mäht" (Hinweis bei Smolenaars 1994 ad 7,713, basierend auf Lyne 1989, S. 140f. mit Fn. 24).
**411** Zur Signifikanz der Figur des Wagenlenkers s. u. Kap. 8.5.
**412** Als einen weiteren ‚technischen' Begriff setzt Statius hier *iugales* (*dubiumque tuenti / presserit infestos onus impulerintne iugales*, 7,242f.). Das Adjektiv wird hier in seiner substantivierten Bedeutung im Sinne von ‚Gespann' gebraucht, es erscheint aber auch von seiner Grundbedeutung ‚ans Joch gefügt' (Georges s.v. *iugalis* I a) her passend, und zwar insofern, als es darauf hinweist,

(7,750–753a).[413] Den Höhe- und Schlusspunkt der Aristie von Amphiaraus bzw. von Apollo selbst bildet die Schilderung, wie die Pferde und der Streitwagen sich inmitten der feindlichen Leichen kaum mehr wie gewohnt fortbewegen können (7,760–770):[414]

> et iam cornipedes trepidi ac moribunda reflantes
> corpora rimantur terras, omnisque per artus
> sulcus et incisis altum rubet orbita membris.
> hos iam ignorantes terit impius axis, at illi
> vulnere semineces (nec devitare facultas)
> venturum super ora vident; iam lubrica tabo
> frena, nec insisti madidus dat temo, rotaeque
> sanguine difficiles, et tardior ungula fossis
> visceribus: tunc ipse furens in morte relicta
> spicula et e mediis extantes ossibus hastas
> avellit, strident animae currumque sequuntur.

Schon werden die Pferde ängstlich, schnauben vor sterbenden Leibern und scharren den Boden; jede Wagenspur läuft über Leichen, die Bahn des Wagens wird[415] von angeschnittenen Gliedern tief[416] blutig gerötet. Die einen zermalmt die schreckliche Achse bewusstlos, doch andere sind verwundet und nur halbtot, können nicht ausweichen und müssen sehen, wie sie[417] auf sie zukommt. Schon sind die Zügel glitschig vom Blut, der feuchte Wagen bietet nicht festen Stand mehr, Blut verklebt die Räder, Hufe hängen in getretenen Eingeweiden. Amphiaraus selbst reißt wütend Pfeile, die in Leichen stecken heraus, dazu Speere, die mitten aus Toten ragen, und zischend verfolgen Geister den Wagen.

Pferde und Wagen werden hier erneut in einer Art von Interaktion mit dem Feld dargestellt, das nunmehr im wahrsten Sinne zum Schlacht-Feld geworden ist. Die Pferde sind gezwungen nach Stellen zu suchen (*rimantur*, 7,761), wo sie nicht

---

auf welchem Wege die Belastung, die der Gott auf den Wagen ausübt, sich auf die Pferde überträgt bzw. wo sie für die Pferde spürbar ist. Vgl. die Übersetzung bei Joyce 2008: „Those watching were puzzled: that driver – / was his weight holding the yoked team back? or urging them onward?"

413 Indem Statius hier das metonymische *temo* zur Bezeichnung des Wagens gebraucht (7,751; Smolenaars 1994 ad 7,750f.) ruft er ein weiteres Detail des Gespanns auf, und zwar die Deichsel, nachdem er zuvor bereits mit *iugales* auf das Joch des Wagens Bezug genommen hatte. Erneut werden auch die Zügel erwähnt (*habenis*, 7,752).

414 Smolenaars 1994 ad 7,760–770.

415 Schönberger 1998: „die Räder werden"; Smolenaars 1994 ad 7,762: „The reference is to the thick layer of blood covering the track […]." Shackleton Bailey 2003a: „every wheel track reddens deep with severed members."

416 Schönberger 1998: „hinauf".

417 „sie": die Achse, Schönberger 1998: „das Rad"; Mozley 1928b: „Some the remorseless axle grinds unconscious, but others half-dead from wounds – and powerless to escape – see it [sc. the axle] as it draws nigh to crush them."

auf eine Leiche treten.[418] Wie schon zuvor werden der Wagen und seine Fahrt in diversen technischen Formulierungen und Details greifbar.[419] So hinterlässt er einen *sulcus* (7,762) und seine *orbita* ist gerötet vom Blut. Das Bild der Spur des Wagens, die sich im Blut abzeichnet, bereitet Statius in 7,751 vor, wo der Wagen *in sanguine* hin und her rast. Über *sulcus* bringt Statius den Streitwagen erneut in Zusammenhang mit einem Pflug, später auch noch gestützt durch *fossis* (7,767).[420] Wieder hinterlässt der Seher Spuren auf dem Feld.

Ein weiteres technisches Detail ist die Achse des Wagens, die der Erzähler hier (im prädikativen Sinne) als *impius* charakterisiert (7,763) aufgrund ihres rücksichtslosen ‚Verhaltens'.[421] Man könnte annehmen, *axis* werde hier als *pars pro toto* für den Wagen verwendet, doch da auch diverse andere Teile des Wagens zur Sprache kommen (*frena, temo, rotae*; 7,766), erscheint es plausibel, hier einen nicht-übertragenen Gebrauch anzunehmen.[422] Die Erwähnung weiterer Details halten das Bild des Wagen präsent bis zum Ende von Buch 7 (*iuga, axe,* 7,780; *currus, iugales,* 7,790). Dort wird der Wagen schließlich ein letztes Mal erwähnt bei der Schilderung der Unterweltfahrt (7,818–820):

*illum ingens haurit specus et transire parantis*[423]
*mergit equos; non arma manu, non frena remisit:*

---

**418** Smolenaars 1994 ad 7,760f.
**419** Smolenaars 1994 ad 7,760–70 / ad 7,763.
**420** Vgl. Smolenaars 1994 ad 7,761f. sowie ad 7,713 *metit*.
**421** Smolenaars 1994 ad 7,763.
**422** Smolenaars 1994 ad 7,763; Smolenaars 1994 ad 7,766 merkt an, dass *temo* hier möglicherweise im eigentlichen Sinne gebraucht werde, um dann aber einzuschränken: „But a reference to the slippery chariot's bodywork […] seems more appropriate."
An dieser Stelle zielt Statius im Vergleich zu 7,712 vermutlich auf eine neue Todesform ab. Die Kämpfer werden nicht mehr ‚gemäht', sondern liegen bewusstlos oder halbtot am Boden und werden zerdrückt von der Achse (7,763–765), treffend dazu Raabe 1974, S. 211f. Kritisch Smolenaars 1994 ad 7,763: „Raabe seems to overlook that this is a scythe-chariot […]." Die ‚Pointe' der Stelle scheint aber gerade darin zu liegen, dass der Sichelwagen nicht mehr im ‚technisch-sauberen' Sinne Waffe ist wie zuvor, wo die Sicheln neben Geschosse und andere Waffen gestellt wurden (s. o. zu 7,711ff.). An dieser Stelle wird er vielmehr notwendigerweise zur Waffe, und zwar durch die schiere Masse einmal des Gottes, zum anderen aber auch die Masse der vielen Kämpfer, die überall verwundet und bewusstlos auf dem Feld liegen, so dass der Wagen praktisch immer jemanden tötet, egal, wo entlang sein Weg verläuft. Man könnte soweit gehen, *terit* hier ebenfalls im Sinne der Ernte-Metaphorik zu verstehen: Nachdem der Wagen eingangs das Schlachtfeld ‚gepflügt' und dann die erdentsprossenen Thebaner ‚gemäht' hat (s. o.), werden sie nunmehr ‚zerrieben/gedroschen'. *tero* in der Bedeutung „dreschen" z. B. Cato *agr.* 129; Liv. 42,64,3; Verg. *georg.* 1,912: *nequiquam pinguis palea teret area culmos*; Hor. *sat.* 1,1,45: *milia frumenti tua triverit area centum*.
**423** Ich folge mit *parantis* dem Text von Klotz und Klinnert 1973 (dagegen Hill 1996: *parentes*).

*sicut erat, rectos defert in Tartara currus*

Jenen verschlingt ein riesiger Schlund und lässt die Pferde versinken, die darüber sprengen wollen; er aber ließ nicht die Waffen und ließ auch die Zügel nicht fallen. So, wie er ist, lenkt er den Wagen geradewegs zum Tartarus.

Zusammen mit dem Wagen im poetischen Plural (*currus* 7,820) erwähnt der Erzähler die Pferde, die eigentlich über die Erdspalte springen wollen, und die Zügel, die Amphiaraus fest in der Hand hält. Vers 820 erscheint wie das Ergebnis des Festhaltens der Zügel: Der Wagen gelangt auf einer geraden Linie in den Tartarus.[424]

In Buch 8 taucht der Wagen zunächst die ganze Unterweltszene hindurch fast gar nicht auf. Zweimal werden lediglich die Pferde des Wagens erwähnt, erst vom Erzähler (8,4f.), später von Amphiaraus (8,116). Auch als Amphiaraus rückblickend seinen *descensus* schildert, deutet sich lediglich im Verb *volvor* an, dass der Seher mitsamt dem Wagen in die Unterwelt gelangt ist (8,109f.). Das einzige Mal erwähnt wird der Wagen selbst, als Amphiaraus darauf hinweist, Proserpina müsse sich nicht vor dem Wagen fürchten (8,98).

Sobald sich aber der Erzähler der Oberwelt zuwendet, ist der Wagen sofort wieder zentrales Thema. Die erste Handlung in der Oberwelt, von der der Erzähler in Buch 8 berichtet, ist die Suche nach dem *Wagen*, dann erst die nach dem Seher selbst (8,127–130):

*interea vittis lauruque insignis opima*
*currus et egregiis modo formidatus in armis*
*ipse*[425] *palam, fusus nulli nullique fugatus,*
*quaeritur*

---

[424] Smolenaars 1994 ad 7,820 spricht sich dafür aus, *rectos* hier aufzufassen als „moving in a straight line" (nach OLD s.v. *rectus* 3b). Es ließe sich diskutieren, wie genau diese Stelle sich inhaltlich verhält zur rückblickenden Schilderung der Unterweltfahrt in 8,109f., wo sich Amphiaraus eher im freien Fall zu befinden scheint, was ein gezieltes Lenken der Pferde und des Wagens als unmöglich erscheinen lässt: *dum per cava viscera terrae / vado diu pendens et in aere volvor operto*. Vgl. Augoustakis 2016 ad 8,109–110: „the verbal choice is also intriguing, because Amphiaraus is not in control, even though *vado* implies a purposeful movement [...]." Vielleicht ließen sich beide Stellen zusammengenommen so verstehen, dass am Ende von Buch 7 tatsächlich nur der Start der Unterweltfahrt gemeint ist, wo Amphiaraus' Wagen noch ein Stück weit die fast senkrechte Innenseite der Erdspalte hinunterfährt, bevor er dann weiter unten mitsamt seinem Wagen in den freien Fall übergeht. Zum liminalen Charakter des Unterweltfalls, der sich aus dem Ineinanderblenden der Fortbewegungsarten ergibt, s. o. Kap. 1.3.

[425] Ich folge hier dem textkritischen Vorschlag von Shackleton Bailey 2000, S. 471, der überzeugend gegen das überlieferte *luce* argumentiert; auch Augoustakis 2016 setzt hier im Gefolge von Shackleton Bailey *ipse* (ergänzende Argumente zu denen von Shackleton Bailey: ebd. ad 8,127–30).

Indes vermisst man den Wagen mit Binden und Siegeslorbeer geschmückt und ihn selbst, wegen herrlicher Waffentaten eben noch offen gefürchtet, den keiner zurückwarf und niemand vertrieb.[426]

Weiterhin markieren die Spuren, die Amphiaraus hinterlassen hat, den Ort der Unterweltfahrt, den die Argiver nunmehr meiden (8,131f.)[427] Als Palaemon seine Deutung der Geschehnisse präsentiert, weist auch er nochmals explizit auf den Wagen als eines der Dinge hin, die die Tellus offenbar zu verschlingen bereit ist (8,141f.). Kurz vor Schluss seiner Rede erwähnt Palaemon dann auch nochmals die Spuren, die der Wagen hinterlassen hat (8,147f.):

> *mira loquor?*[428] *sulcos etiamnum rector equorum*
> *fumantemque locum et spumis madida arva reliquit.*[429]

> Berichte ich ein Wunder?[430] Eben verließ mein Pferdelenker die Spuren, die rauchende Stelle und das Feld, das feucht ist vom Schaume.

Die Wortwahl an dieser Stelle weist zurück zur Aristieschilderung, in der Statius das Bild der blutigen *sulci* evoziert, die der Wagen hinterlässt (7,760–762, s. o.). Die Deichsel des Wagens ist in 7,766 *madidus* vom Blut. Hier ist nun das Feld ebenfalls feucht, diesmal aber nicht vom Blut der Kämpfer, die (auch) der Wagen getötet hat, sondern vom Schaum der Pferde, die ihn gezogen haben. Erneut stellt Statius den Lesern die Spuren vor Augen, die Amphiaraus in der Landschaft hinterlassen hat. Das „anonymous Epicedion"[431] beginnt ebenfalls mit dem Wagen, wie zuvor schon die Überleitung zur Schilderung der Geschehnisse in der Oberwelt (8,127–130, s. o.), er wird zusammen mit den Waffen und dem *apex* des Amphiaraus vermisst (8,174f.). Der Rest der Klage konzentriert sich dann auf Amphiaraus selbst.

---

**426** Vgl. Shackleton Bailey 2003b: „Meanwhile search is made for the chariot conspicuous with fillets and triumphal laurel, and for himself, lately feared in the open in his glorious arms, not routed, not put to flight by any." Schönberger 1998, der den Text von Klotz und Klinnert 1973 (*luce* in 8,129) zugrunde legt, übersetzt: „Indes vermisst man oben im hellen Licht den Wagen [...]."
**427** Augoustakis 2016 ad 8,131-2: „They seem to move around the traces left by Amphiaraus' chariot [...]."; zu 8,131f. s. auch o. Kap. 8.4.3.
**428** Ich folge hier mit Augoustakis 2016 der Interpunktion, die Shackleton Bailey 2000, S. 417 vorschlägt.
**429** Hill 1996 entscheidet sich hier für *reliqui* und fasst *rector* in 8,147 als Vokativ auf. S. hierzu unten Fn. 560.
**430** Vgl. Shackleton Bailey 2003b: „Do I speak marvels?"
**431** Augoustakis 2016 ad 8,174–207.

Neben dem Seherwagen werden in der Episode noch zwei weitere Wagen erwähnt, und zwar zum einen der Mondwagen, als der Erzähler den Einbruch der Nacht schildert, welche den ersten Kampftag beendet (8,159–161):

*fortius incursant Tyrii, sed Vesper opacus*
*lunares iam ducit equos; data foedere parvo*
*maesta viris requies et nox auctura timores.*

Mutiger griffen die Tyrier an, doch führt der dunkle Abend schon die Pferde des Mondes herauf; ein kurzer Vertrag gönnt den Männern traurige Rast, desgleichen die Nacht, die ihre Furcht aber steigert.

Der Erzähler erwähnt den Mondwagen zwar nicht explizit, aber das Bild des Abendsterns, der die Pferde des Mondes „hereinführt",[432] stellt dem Leser den Mondwagen recht klar vor Augen.[433] Die Nacht ist hier, wenig überraschend, negativ konnotiert. Sie bringt zwar eine Kampfpause, vergrößert aber auch die Furcht der Argiver. Die Kombination aus der Dunkelheit (*opacus*, 8,159) des Abendsterns mit den Pferden des Mondwagens erinnert an den Wagen des Sehers, der in die dunkle Unterwelt einfährt (s. o. Kap. 7.4), was eine zumindest temporäre Aufhellung der Unterwelt bewirkt, ähnlich wie der Mond die Nacht erhellt.

Am Übergang zur Thiodamas-Handlung steht dann der Sonnenwagen (8,271–274), auf den wir in Kap. 7.4 bereits im Zusammenhang mit der Lichtmotivik eingegangen sind. Auch hier wird der Wagen nicht explizit erwähnt, sondern über Andeutungen evoziert, so wie zuvor der Mondwagen: Phoebe als Mondgöttin und Schwester des Apollo nimmt bereits die angeschirrten Pferde des Sonnenwagens wahr (8,271f.).[434] Im Kontext der Episode kann der Sonnenwagen vom Leser als ein positives Zeichen verstanden werden. Nachdem die Argiver (auch) den Wagen schmerzlich vermisst haben, wird nun gleichsam ein Ersatz in Form des Sonnenwagens gestellt.

Ziehen wir Bilanz: Der Wagen des Sehers wird in der Episode immer wieder aufgerufen, mitsamt seinen technischen Details, auch die Pferde des Wagens

---

**432** Augoustakis 2016 ad 8,159–160: „The evening star introduces the moon's horses and chariot", vgl. auch seine Übersetzung: „but dark Vesper is already leading the moon's horses."
**433** Zumal *lunaris* an anderer Stelle in der *Thebais* (und auch bei Ovid) auf den Wagen des Mondes bezogen gebraucht wird, siehe Augoustakis 2016 ad 8,159–60: Ov. *met.* 15,790: *sparsi lunares sanguine currus*; *Theb.* 12,297f.: *et lunaribus obvia bigis / advertit vultum placidaque ita voce locuta est.*
**434** Möglicherweise soll auch die Peitsche, mit der Phoebe die Sterne vertreibt, eine Assoziation zum Mondwagen hervorrufen (*leviter moto fugat astra flagello*, 8,274); vgl. OLD s.v. *flagellum* 1 b „for driving horses"; Cato *orig.* 72: *Equos respondit: oreas mihi inde, tibi cape flagellum*; Verg. *Aen.* 5,578f.: *signum clamore paratis / Epytides longe dedit insonuitque flagello.*

werden die ganze Episode über präsent gehalten. Während der Aristie fungiert der Wagen geradezu als die Hauptwaffe des Sehers (bzw. des Apollo). Statius bringt den Wagen außerdem an mehreren Stellen in Verbindung mit landwirtschaftlichen Aktivitäten und insinuiert so eine Interaktion von Amphiaraus mit dem Feld (vgl. v. a. das ‚Pflügen' und Staub-Aufwirbeln am Anfang der Episode). Eine besondere Rolle spielt die Spur, die der Wagen hinterlässt. Sie zeichnet sich ab im Blut und in den Leichenbergen der von Amphiaraus und Apollo getöteten Kämpfer. Auch in diesem Zusammenhang wird Amphiaraus in einer Art von Interaktion mit dem Schlachtfeld dargestellt. Es kommen so viele Männer durch Amphiaraus und Apollo zu Tode, dass die Bedingungen der Fortbewegung auf dem Feld neu definiert werden.

Das Bergflanken-Gleichnis (s. o. Kap. 7.3) unterstützt diese Darstellung. Die Bergflanke, die im Gleichnis den Wagen repräsentiert, verändert mit ihrem Absturz die Landschaft selbst und hinterlässt ebenfalls mit dem neu geschaffenen Tal ihre zerstörerische ‚Spur' (7,749). Hinzu kommt im Nachgang der Unterweltfahrt die physische Veränderung des Feldes: Der Ort der Unterweltfahrt ist feucht und dampft vom Schaum der Pferde des Wagens. Die Spuren des Wagens markieren den Ort der Unterweltfahrt, die Erdspalte selbst steht als Markierung eher im Hintergrund. Auch hier bringt Statius die Spur des Wagens in Verbindung mit einer Veränderung der Bedingungen der Bewegung auf dem Feld: Die Spuren zeigen für die Argiver an, wohin sie sich auf dem Feld nicht mehr begeben werden. In der Unterweltszene ist der Wagen nur sehr eingeschränkt präsent, in der darauffolgenden dafür umso mehr. So betrauern die Argiver nicht nur den Verlust des Sehers, sondern explizit auch den Verlust des Wagens. Indem Statius den Seherwagen in der Episode breit thematisiert, schafft er einen Rahmen, in dem die eher topischen Elemente von Mond- und Sonnenwagen eine tiefere Bedeutung bekommen. Gerade der Sonnenwagen lässt sich als eine Art Zeichen verstehen, dass der Verlust des Seherwagens – und der Verlust des Sehers – ausgeglichen werden wird.

Ein Aspekt, den wir in diesem Abschnitt außen vor gelassen haben, ist die Assoziation des Seherwagens mit einem Schiff. Als Apollo den Wagen verlässt und dieser „ächzt" (*ingemuit*, 7,790), vergleicht ihn der Erzähler mit einer *ratis*, die schon um ihren bevorstehenden Untergang „weiß", da sie schon von den Dioskuren verlassen ist (7,791–793). Diese Stelle ist Bestandteil eines größeren motivischen Komplexes, den wir jetzt diskutieren wollen, wo uns auch die *sulci* wieder begegnen werden. Es handelt sich um die „association of the katabasis with ships and sea".[435]

---

[435] Smolenaars 1994 ad 791–793

## 7.6 *hiatus* und Wasser

In der *descensus*-Episode ist das *ratis*-Gleichnis das erste in einer Reihe von Gleichnissen, die Wasser und Seefahrt im Allgemeinen sowie das „Seenotmotiv" im Besonderen thematisieren.[436] Smolenaars hat bereits treffend angemerkt, dass diese Gleichnisse und die Verwendung maritimen Vokabulars die Unterweltfahrt des Sehers mit See und Seefahrt in Verbindung brächten.[437] Im Anschluss daran soll dieses Kapitel aufzeigen, dass der Motivkomplex „Wasser" über die Gleichnisse hinausreicht und sich über die gesamte Episode erstreckt. Er dient der Inszenierung maximaler Instabilität, die Erdbeben und *hiatus* mit sich bringen, und etabliert die Idee einer konflikthaltigen Zusammenlegung und Vermischung eigentlich getrennter Räume, ähnlich wie die Hell-Dunkel-Motivik. Hierbei spielen zwei Gewässer eine zentrale Rolle: Fluss und Meer. Gehen wir die verschiedenen Stellen in textchronologischer Reihenfolge durch.

Bereits Vers 7,692 kann man als einen ersten Ansatz werten, die Unterweltfahrt mit dem Versinken in Wasser zu verbinden, da in diesem Vers, wie oben (7.3) dargestellt, der Erzähler *indignari* auf den *campus* bezieht – ein Wort, das üblicherweise in einer solchen Bedeutung in Kombination mit Winden, Flüssen oder anderen Gewässern steht.[438] Der See nahe steht weiterhin der von Amphiaraus getötete Fischer Alcathous (vgl. *cui circum stagna Carysti / et domus et coniunx et amantes litora nati*; 7,718f.; *scrutator aquarum / [...] hiemesque Notosque / laudat et experti meliora pericula ponti*, 720–722). Dieser stirbt paradoxerweise an Land, nachdem er den Gefahren des Meeres so lange getrotzt hat.[439] Statius führt anhand dieser Figur das Motiv der Gefahren des Wassers ein, das sich im folgenden Text

---

[436] Hierzu über ein Gleichnis aus *Theb.* 11 Luipold 1970, S. 91f. Eine ausführliche Untersuchung zu Gleichnissen in der *Thebais* ebd., mit einer nützlichen Übersicht über sämtliche Gleichnisse im Anhang S. 148–151; vgl. weiterhin S. 132–134 zu „Wechselbeziehungen zwischen mehreren Gll [sic]", zum Gleichnisreichtum der *Thebais* S. 7 mit Endn. 3.
Die weiteren Wasser- und Seefahrt-Gleichnisse: 7,804–807 (Sturm während einer Seeschlacht); 8,212–214 (Tod des Tiphys); 8,267–270 (Steuermann nachts allein an Deck); 8,358–362 (Nil mündet mit seinen sieben Armen ins Meer); 8,369–372 (Seeleute blicken zum Himmel, wo gerade eine Wolke einen der Sterne des Großen Wagens verdeckt).
[437] Smolenaars 1994 ad 791–793. Zu Gleichnisrelationen in *Theb.* 7 vgl. Smolenaars 1994 z. B. ad 791–793, der insgesamt öfters Bezüge zwischen den Gleichnissen ausmacht. Zu ähnlichen Phänomenen bei Lukan Walde 2007 S. 82.
[438] Siehe oben Fn. 365.
[439] Smolenaars 1994 ad 7,718–722, der außerdem darauf hinweist, dass Statius ihn ausgehend von seinen Vorbildern (*Aen.* 12,527–530, Ov. *met.* 3,582–592, Sen. *Her. F.* 154–159) umarbeitet von einem „shore fisherman" zu einem Fischer auf See. Smolenaars merkt außerdem an (ad 7,721), dass *decepit* sowohl im Sinne von „fangen" als auch im Sinne von „täuschen" verstanden werden kann und vergleicht u. a. Ov. *met.* 3,587 (*decipere et calamo salientis ducere pisces*): Alcathous

weiter entfaltet. Alcathous stellt eine Art Modellrezipient dar, der dem Leser die erwünschte Reflexion über Land und Meer in dieser Passage vorführt.

Direkt im Anschluss an die Alcathous-Vignette tritt Hypseus als nächster Gegner des Amphiaraus auf. Auch Hypseus ist eine eng mit dem Wasser verbundene Figur. In der Szene führt Statius außerdem das Motiv des Untergehens im Wasser ein, das implizit auch schon bei Alcathous auszumachen war. Hypseus betet nämlich zu seinem Vater, dem Flussgott Asopus, dieser möge es ihm gewähren, Waffen und Binden des Sehers in dessen Fluten zu versenken (sc. nachdem er ihn getötet hat) (7,728–735). Wie schon bei Alcathous stellt Statius auch bei Hypseus dessen Affinität zum Wasser heraus. So hat Hypseus eine Lanze bei sich, die aus einem Baum von den Ufern des Flusses stammt (*ripis*, 7,729; *tuique / quercus alumna vadi*, 7,732f.), er redet seinen Vater an mit *largitor aquarum* (7,730) und schließt sein Gebet mit dem Versprechen, Waffen und *vittae* des Sehers in den Wassern seines Vaters zu versenken (*mergam / fontibus … tuis*, 7,734f.). In der Zusammenschau mit Alcathous zeigt sich, dass Statius die Räume Wasser und Land gegeneinander ausspielt. Nachdem Amphiaraus den Fischer Alcathous getötet hat, holt nun Hypseus zum Gegenschlag aus – als ein weiterer Repräsentant des Raumes Wasser. Doch sein Wunsch, Amphiraus' Waffen und Priesterbinden in den Wassern des Asopus zu versenken, bleibt unerfüllt: Amphiaraus' Waffen werden in der Erde ‚versinken' und nicht im Wasser (vgl. 7,819 *mergit*).[440] Apollo lenkt Hypseus' Geschoss auf Amphiaraus' Wagenlenker Herses um und übernimmt dann selbst die Zügel des Wagens.[441] Der mit dem Gott beladene Wagen wird dann mit der abreißenden Bergflanke verglichen. In diesem Gleichnis treffen, in einem ziemlich wörtlichen Sinne, erneut Land und Wasser aufeinander, wenn die Bergflanke den Fluss in seinem Lauf beeinflusst (*aut medios intercipit amnes*, 7,749).[442]

Einige Verse später ruft Statius erneut den Raum Fluss auf, wenn er Amphiaraus gegenüber Apollo erklären lässt, er könne bereits die Flüsse der Unterwelt hören (7,782f.):

*audio iam rapidae cursum Stygis atraque Ditis / flumina*

---

wird von der *tellus* getäuscht und gefangen wie ein Fisch im Meer vom Fischer getäuscht und gefangen wird.

**440** Der Text ist nicht konsistent in Bezug auf die Frage, ob auch *vittae* und Lorbeer mit Amphiaraus in die Unterwelt gelangen oder nicht, siehe hierzu Smolenaars 1994 ad 7,785.
**441** *Theb.* 7,752f. ist eine Imitation von *Aen.* 10,218, wo Aeneas selbst Steuermann ist; dies trägt zu einer Assoziation des Wagens mit einem Schiff bei (Smolenaars 1994 ad 7,752f.).
**442** Für eine weitere intertextuell vermittelte Assoziation des Wagens mit einem Schiff vgl. 7,762 (*sulcus*), *Aen.* 10,296 (*sulcum*), dazu Smolenaars 1994 ad 7,761f. Außerdem *Aen.* 10,197 (*sulcat*); Vgl. auch das Steuermann-Wagenlenker-Gleichnis (Polynices im Wagenrennen) in 6,451–453 und das Gleichnis in 6,483–485 sowie 8,18: *umbriferaeque fremit sulcator pallidus undae*.

> Schon höre ich die Wogen der reißenden Styx, die schwarzen Flüsse des Dis.

Hier bringt Statius nun den Raum des Wassers mit der Unterwelt zusammen und bereitet darüber hinaus das Ineinanderblenden vom Raum des Meeres, der Unterwelt und der Oberwelt im Seeschlacht-Seesturm-Gleichnis vor, das der Erzähler einige Verse später anführen wird (s. dazu u.). Die Äußerung des Amphiaraus gewinnt weiteren Sinn in der Zusammenstellung mit dem Bergflanken-Gleichnis. So wie die Bergflanke in unerhörter Weise hinabgestürzt ist in den Fluss, wird der Seher mit seinem Wagen in Kürze in unerhörter Weise zu den Unterweltflüssen hinabfahren. Das bereits erwähnte *ratis*-Gleichnis bringt die unmittelbar bevorstehende *katabasis* in Verbindung mit dem drohenden Untergang eines Schiffes (7,789–793):

> *desiluit maerens lacrimasque avertit Apollo:*
> *tunc vero ingemuit currusque orbique iugales.*
> *non aliter caeco nocturni turbine Cori*
> *scit peritura ratis, cum iam damnata sororis*
> *igne Therapnaei fugerunt carbasa fratres.*

> Apollo sprang trauernd vom Wagen und wandte sich ab unter Tränen. Da aber ächzte der Wagen und mit ihm die führerlosen Pferde. Ganz so spürt ein Schiff beim blinden Toben des nächtlichen Corus, dass es verloren ist, wenn die Brüder von Therapnae die Segel flohen, die das Flämmchen der Schwester bereits dem Untergang weihte.

Dass Apollo vom Wagen springt, erscheint als Voraussetzung dafür, dass dieser in die Unterwelt einfahren kann. In ähnlicher Weise ist das Schiff im nächtlichen Sturm offenbar erst dann zum Untergang verdammt, nachdem es von den Dioskuren verlassen wurde (vgl .7,792 und *peritura … / ad iuga*, 7,779f.).[443] Während im Bergflanken-Gleichnis der Sturz des Wagens ein aktiv-zerstörerisches Element darstellt, ist in diesem Gleichnis das Schiff zum Spielball der Meere geworden, so wie der Wagen gleich zum Spielball der Tellus werden wird.

Auch in den Folgeversen sieht Smolenaars ein Ineinanderblenden von Land und Meer (7,794–796):

> *iamque recessurae paulatim horrescere terrae*
> *summaque terga quati graviorque effervere pulvis*
> *coeperat; inferno mugit iam murmure campus.*

---

[443] Smolenaars 1994 ad 7,793–793. Dem Wissen des Schiffes um seinen bevorstehenden Untergang entspricht das Vorwissen der Pferde des Amphiaraus in 7,690f.

## 7.6 hiatus und Wasser — 171

Schon begann die Erde, die sich öffnen sollte, allmählich zu zittern, die Oberfläche erbebte, und Staub stieg auf in schweren Wolken; auch dröhnt das Feld schon und grollt in der Tiefe.

Smolenaars weist darauf hin, dass *horrescere* auch in Bezug auf die Meeresoberfläche gebraucht werde; *effervere* seinerseits erzeuge eine Assoziation zu „violently agitated sea water".[444] Das *mugire* des *campus* weist darüber hinaus zurück auf die Unterweltflüsse, die Amphiaraus bereits hören konnte. Eine weitere Begleiterscheinung des Erdbebens ist, dass der Ismenus seine Ufer „entblößt" (7,800f.).[445] Kurz darauf illustriert der Erzähler mit einem weiteren Gleichnis die Auswirkungen des Erdbebens auf die Schlacht zwischen den Thebanern und den Argivern (7,804–808):

> *sic ubi navales miscet super aequora pugnas*
> *contempto Bellona mari, si forte benigna*
> *tempestas, sibi quisque cavent, ensesque recondit*
> *mors alia, et socii pacem fecere timores.*
> *talis erat campo belli fluitantis imago.*

Es ist, wie wenn Bellona das Meer entweiht und eine Seeschlacht entfesselt, dann aber ein barmherziger Sturm kommt, jeder nur für sich sorgt, ein anderer Tod sie zwingt, das Schwert in die Scheide zu stecken, und gemeinsame Angst für Frieden sorgt. Solch einer Seeschlacht glich das Bild, das die Ebene darbot.

Der Vergleich ist motiviert durch die Todesfurcht vor der Naturgewalt.[446] Wie die Kämpfer auf dem thebanischen Schlachtfeld ihre Waffen in den Boden (*solo figunt*, 7,801f.), müssen die Kämpfer zur See ihre Schwerter in die Scheide stecken (7,806f.). Das im Text mit *talis* markierte Verglichene ist das *Bild* des Schlachtfeldes, die *belli fluitantis imago* (7,808).[447] Die ‚Verbildlichung des Bildes' beeinflusst ihrerseits die Rezeption des Textes. Das eigentlich ‚Sichtbare', das ausführlich verglichen wird, sind ja die Kämpfer, die ihre Waffen niederlegen. Das Bild des *bellum fluitans* hingegen ist ein durchaus reicheres, das durch die im Gleichnis aufgerufenen Elemente (*aequora, mari, temptestas*) die gesamte räumliche Situation in ihrer Instabilität evoziert: Seesturm und Meer werden Teil des Vorstellungskomplexes

---

**444** Smolenaars 1994 ad 7,794 mit Hinweis auf Cic. *rep.* 1,62; Verg. *georg.* 3,198f. / ad 7,795f. mit Hinweis auf Lucr. 3,494; *Aen.* 7,24.
**445** Siehe hierzu oben S. 144, Fn. 362.
**446** Zum Thema der „violent nature" Smolenaars 1994 ad 7,625–627, 794–823 und *passim* ad *Theb.* 7.
**447** Zur Frage der Interpunktion und damit verbunden der Frage, ob Vers 808 zum Gleichnis zu zählen ist oder nicht, siehe Smolenaars 1994 ad 7,808.

um den *hiatus*.⁴⁴⁸ Ein ebensolcher, mit *imago* bezeichneter Vorstellungskomplex, ergibt sich aber nicht nur aus dem bisher beleuchteten unmittelbaren Umfeld dieser Textstelle, sondern wird über die gesamte Episode hin etabliert.

Auch unter den möglichen Erklärungen für das Erdbeben finden sich solche, die mit Wasser in Verbindung stehen. So nennt der Erzähler die *Neptunia cuspis* (7,813f.), mit deren Hilfe – so die Überlegung – der Gott der Meere das Erdbeben durch ein verstärktes Bedrängen der Küsten mit seinen Wassern erzeugen könnte.⁴⁴⁹ In 7,812 ist zudem die Rede von einer möglicherweise in der Erde verborgenen *unda* als Ursache. Das Verschlingen des Wagens selbst wird mit *haurire* (7,818) und *mergere* (7,819) beschrieben, zwei Verben mit maritimen Implikationen⁴⁵⁰ (vgl. auch 7,791: *nocturni turbine Cori*, zusammen mit 8,107f.: *subito me turbine mundi / [...] mediis e milibus hausit*).

Buch 8 beginnt mit einer Beschreibung des Schreckens und der Verwirrung, die Amphiaraus in der Unterwelt auslöst, als er mitsamt Wagen und Pferden dort eindringt (8,1–20). Den Schlusspunkt dieser ersten Szene bilden die Gewässer der Unterwelt und der Fährmann Charon. Nachdem Amphiaraus in Buch 7 die Unterweltflüsse hatte hören können (s. o.), reagieren nun in Buch 8 die Sümpfe und Seen der Unterwelt auf Amphiaraus' Eindringen. Charon selbst ist erzürnt, dass Manen nicht mit seinem Kahn in die Unterwelt befördert wurden (8,17–20):

> *tunc regemunt pigrique lacus ustaeque paludes,*
> *umbriferaeque fremit sulcator pallidus undae*
> *dissiluisse novo penitus telluris hiatu*
> *Tartara et admissos non per sua flumina manes.*

---

**448** Dazu Lovatt 2010, S. 78 im Sinne einer maritimen Lesart: „The image of the earthquake as a sea battle and the description of war as flowing [...] suggests the intrusion of the sea into the landscape" (vgl. auch S. 77–79 für Bezüge zum Erdbeben auf dem Höhepunkt der Schlacht am Trasimenischen See bei Liv. 22,5,8 und S. 78 Fußn. 20, s. auch Smolenaars 1994 Einl. ad 7,794–823). Zur Zusammenhang stiftenden Wirkung des Gleichnisses Moisy 1971, S. 106, die auch auf den liminalen Charakter der Passage abhebt („Grenzsituation", ebd.). Zur engen Bezogenheit zwischen Erzählung und Gleichnissen Smolenaars 1994 Einl. ad 7,771–793 und ad 7,804–807: „The simile does not so much illustrate the action in the narrative as provide a psychological explanation for each stage of the narrative [...]." Zu einem ähnlichen Gleichnis bei Silius Italicus (Sil. 4,300–310) Morzadec 2009, S. 105f.

**449** Es gab einige Theorien in der Antike, die eine Verbindung zwischen Erdbeben und dem Meer annehmen; im Vergleich zu diesen nimmt sich die bei Statius allerdings als besondere aus: „In Statius' explanation, however, the sea has a far more active role." (Smolenaars 1994 ad 7,813f.); auch Lovatt 2015, S. 417 Anm. 33 sieht einen Zusammenhang zwischen Seesturm-Gleichnis und der *Neptunia-cuspis*-Erklärung.

**450** Smolenaars 1994 ad 7,791–793; OLD s.v. *haurio* 7 b; s.v. *mergo* 1–4.

## 7.6 *hiatus* und Wasser — 173

> Nun stöhnen träge Seen und versengte Sümpfe, und der bleiche Fährmann[451] des schattentragenden Stroms schreit, ein neuer Erdspalt habe den Tartarus völlig aufgerissen, und Seelen hätten Eingang gefunden, doch nicht über seinen Fluss.

Auf den ersten Blick scheint diese Stelle nicht dazu geeignet, die Unterweltfahrt des Sehers weiter in die Nähe von See- bzw. Flussfahrt zu rücken, denn hier geht es ja gerade um den Gegensatz zwischen dem Wasserweg *per sua flumina* (8,20) und jenem ,Land'-Weg, der mit *novo telluris hiatu* (8,19) angedeutet wird. Im Anschluss an Buch 7 inszeniert hier Statius erneut einen Konflikt zwischen Land/Erde und Wasser. Bedenkt man darüber hinaus, wie Seher, Wagen und Unterweltfahrt in Buch 7 motivisch aufgeladen wurden, erscheint der Wagen des Sehers geradezu als ein Gegenbild zum Kahn des Fährmannes. So waren ja bereits in Buch 7 die Unterwelt-Flüsse und die Styx klanglich in Erscheinung getreten. Amphiaraus berichtet Apollo, er könne sie bereits hören (7,782f.). Der Leser gewinnt hier den Eindruck, dass Amphiaraus sich in räumlicher Nähe zur Styx befinden muss. Während Charon hier den ,horizontalen Wasserweg' in die Unterwelt darstellt, wird der Wagen über die Vergleiche in Buch 7 (*ratis* in 7,791–793; *bellum fluitans* in 7,804–808) als untergehendes Schiff verbildlicht, so dass er gleichsam einen ,vertikalen Wasserweg' in die Unterwelt repräsentiert. Es besteht weiterhin ein raummotivischer Bezug zwischen Charons *flumina* (8,20) und den *amnes* im Bergflanken-Gleichnis (7,749). So wie die herabstürzende Bergflanke den normalen Lauf des Flusses im Gleichnis umlenkt, wird hier nun der normale Fluss-Weg in die Unterwelt überschrieben durch den herabfallenden Seherwagen mit einem neuartigen Weg .[452]

Wie schon in Buch 7 verwendet Statius auch in Buch 8 Gleichnisse aus dem Bereich der Seefahrt. Die Niedergeschlagenheit der Argiver illustriert er mit einem Gleichnis aus dem Argonauten-Mythos (8,212–214):

> *sic fortes Minyas subito cum funere Tiphys*
> *destituit, non arma sequi, non ferre videtur*
> *remus aquas, ipsique minus iam ducere venti.*

> Ähnlich schien es, als Tiphys die tapferen Minyer plötzlich sterbend verließ; die Segel wollten nicht mehr gehorchen, die Ruder das Wasser nicht schlagen, und selbst die Winde nicht kraftvoll blasen.

---

451 Schönberger 1998: „Ferge".
452 Das Bergflanken-Gleichnis und die Schilderung der Reaktion der Unterwelt-Gewässer ähneln sich auch insofern, als sich bei beiden das Motiv der „pathetic fallacy" findet (Smolenaars 1994 ad 7,744-751; Augoustakis 2016 ad 8,17). Im Gegensatz zu den *flumina* Charons steht der Lethe-Strom: Ihn als typische ,Unterwelt-Station' steuert Amphiaraus offenbar wieder an (*intramus Lethen*, 8,97).

## 7 Destabilisierungen: Amphiaraus und der *hiatus*

Amphiaraus in seiner richtungsweisenden Funktion gleicht Tiphys, dem Steuermann der Argo. Die Antriebslosigkeit der Argiver bzw. Argonauten ist so groß, dass der Eindruck entsteht (*videtur*, 8,213), auch die Natur selbst leide darunter.[453] In diesem Zusammenhang evoziert Statius das Bild der (zu) windstillen, ruhigen See (8,214). Dies stellt ein Gegenbild dar zu den vorherigen beiden Seefahrts-Gleichnissen, wo jeweils ein Sturm geschildert wurde (7,791: *caeco nocturni turbine Cori*; 7,805f.: *si forte benigna / tempestas*). Kurz nach diesem Gleichnis folgt die Schilderung des nächtlichen Festes der Thebaner.[454] Adrast lauscht dem nächtlichen Fest vom Lagerwall aus und wird verglichen mit einem Steuermann, der nachts allein das Schiff lenkt (8,267–270):

> *sic ubi per fluctus uno ratis obruta somno*
> *conticuit, tantique maris secura iuventus*
> *mandavere animas: solus stat puppe magister*
> *pervigil inscriptaque deus qui navigat alno.*

> So ist es, wenn auf See alles im Schiff verstummt ist und schläft, die Männer vom gewaltigen Meer nichts fürchten und ruhen; allein der Steuermann steht wachsam an Deck und daneben der Gott, der im Schiff fährt, das nach ihm benannt ist.

Wie schon beim vorherigen Gleichnis ruft Statius hier die Figur des Steuermannes auf. Ähnlich wie zuvor evoziert er ein Bild der Ruhe (8,268). An die Stelle des nächtlichen Sturmes aus dem *ratis*-Gleichnis (7,791–793) ist die sorglose Nachtruhe auf dem – man darf annehmen: ruhigen – Meer getreten. Während im Tiphys-Gleichnis die Ruhe des Meeres noch negativ konnotiert war, trägt sie hier nun deutlich positivere Züge. Somit bildet das Gleichnis die passende Überleitung zum ebenfalls positiven Anfangsbild der Thiodamas-Handlung, das wir zuvor bereits in anderen Zusammenhängen diskutiert haben und das auch mit dem Motivkomplex „Wasser" in Verbindung steht. So berichtet der Erzähler, dass Phoebus' Gespann bereits in den Tiefen des Ozeans zu hören sei: *tempus erat iunctos cum iam soror ignea Phoebi / sensit equos penitusque cavam sub luce parata / Oceani mugire domum* (8,271–273). Nachdem Statius zuvor die *katabasis* des Seherwagens mitsamt der Pferde in die Unterwelt verknüpft hatte mit dem Untergang eines Schiffes, wird nun als ein weiteres Gegenbild das Gespann des Phoebus aufgerufen, das die umgekehrte Bewegung vollziehen wird: vom Meer in Richtung Oberwelt.[455]

---

[453] Ein Fall von „pathetic fallacy" (Lovatt 2015, S. 413).
[454] Die maritime Motivik dieser Schilderung behandele ich unten im Kapitel zum Gesang der Thebaner (8.1).
[455] Augoustakis 2016 ad 8,271–273 weist auf die Parallele zwischen *per cava viscera terrae* (8,109) und *cavam [...] domum* (8,272f.) hin.

Fassen wir zusammen: Der Motivkomplex „Wasser" speist sich zum einen aus den verschiedenen Seefahrts-Gleichnissen, weiterhin aus den Figuren (Alcathous und Hypseus; auf Ebene der Gleichnisse: die Dioskuren, Tiphys, der namenlose *magister*), schließlich aus dem übertragenen Gebrauch von Vokabular, das normalerweise auf Flüsse und Meere bezogen wird. Der Motivkomplex bespiegelt zunächst die Handlung: So führen die Alcathous- und die Hypseus-Szene die Idee des Todes durch Ertrinken ein, also die Todesart, mit der Amphiaraus' *katabasis* assoziiert wird.[456] Die chaotische, zerstörerische See ist weiterhin charakteristisch für die Gleichnisse in der ersten Hälfte der Amphiaraus-Episode im 7. Buch (*ratis*-Gleichnis, Seeschlacht-Gleichnis). Nachdem das Erdbeben vorbei ist, ist es (im Tiphys-Gleichnis) wieder windstill, allerdings ist hier die Ruhe des Meeres noch negativ konnotiert. Im *magister*-Gleichnis hat der Steuermann eine ruhige Nacht auf dem Meer, im Kontrast zum *ratis*-Gleichnis mit dem nächtlichen Sturm.

Darüber hinaus dient der Motivkomplex aber auch der Inszenierung der Aufhebung räumlicher Grenzen sowie der Evokation einer für die Figuren höchstproblematischen landschaftlichen Instabilität. Er bespiegelt aber nicht einfach nur die Vermischung von Ober- und Unterwelt an der Erdspalte, vielmehr evoziert Statius über praktisch die ganze Episode hinweg einen Konflikt zwischen den beiden Räumen Land und Wasser, lässt das Wasser motivisch auf die Landschaft ‚übergreifen' und blendet Meer, Oberwelt und Unterwelt ineinander.

## 7.7 Zwischenbilanz

Mit dem Auftritt des Amphiaraus beginnt eine Transformation der Landschaft um Theben. Sie erweist sich als trügerisch und schwer einzuschätzen. Entsprechend vielstimmig werden Erdbeben und Erdspalte im Text gedeutet, ohne dass der Leser eine eindeutige, ‚korrekte' Lesart identifizieren könnte. Vonseiten der Argiver setzt sich die Deutung fest, dass die Tellus selbst ein Eigenleben führe und die thebanische Landschaft Feinde wie Amphiaraus zu erkennen und anzugreifen vermöge. Statius gestaltet Erdbeben und Unterweltfahrt plastisch aus: Lichtmotivik bespiegelt den Kontakt zwischen Ober- und Unterwelt. Amphiaraus wird mit dem Licht der Oberwelt und den Sternen assoziiert, was einen großen Kontrast zu seiner Erscheinung als blasser Schatten in der Dunkelheit erzeugt. Der Wagen des Sehers wird in vielen Details anschaulich greifbar. Amphiaraus tritt in Interaktion

---

[456] Möglicherweise ist diese Assoziation auch dadurch motiviert, dass Amphiaraus' Leichnam nicht mehr für die Durchführung der eigentlichen Bestattungsriten zur Verfügung steht, so dass die Argiver nur ein „quasi-burial" (Parkes 2013, S. 168) durchführen können, ähnlich wie man für einen auf See Verstorbenen ein Kenotaph als ‚quasi-Grab' errichtet (s. hierzu Dinter 2013, S. 280).

mit der Erde und hinterlässt im Zuge der Aristie seine blutige Spur in der thebanische Landschaft, was bereits auf die Erdspaltung und temporäre Umkonstruktion des Schlachtfeldes vorausweist. Auch der Motivkomplex Wasser bespiegelt die Vermischung der Ober- und Unterwelt. Statius bezieht Seher-Wagen, das Schiff im *ratis*-Gleichnis sowie Bergflanke im Gleichnis eng aufeinander. Amphiaraus ‚pflügt' und ‚mäht' mit seinem Wagen das Feld und geht schließlich unter wie ein Schiff, zerstört aber dabei zugleich Landschaft wie die Bergflanke. Die Bergflanke als eigentlich unbelebter Teil der Natur wird als belebt imaginiert, die Erde verhält sich beim Beben wie das Meer, das staubige Schlachtfeld wird motivisch mit Wasser ‚geflutet' und der blutigen Wagenspur durchzogen. Der hohe Grad an Instabilität und Liminalität, den Statius in der Episode kreiert, dient nicht zuletzt dazu, der Situation um den Verlust des Amphiaraus ein kreativ-chaotisches, transformatorisches Potential zu verleihen (klar greifbar zum Beispiel in der Rede des Dis, der verschiedene Veränderungen der kosmischen Ordnung androht). Die Offenheit und Dynamik der Schwellensituation plausibilisiert und motiviert auf der Ebene der menschlichen Akteure zwei Versuche, der gegebenen Situation um den Tod des Sehers und dem *hiatus* als plötzlich entstandenem neuen Raum eine bestimmte Bedeutung einzuschreiben: den Gesang beim nächtlichen Fest der Thebaner sowie das Gebet des Thiodamas (8,218–270; 271–341). Ihnen wollen wir uns nun zuwenden.

# 8 Restabilisierungen: Amphiaraus und das Gebet des Thiodamas

Im Anschluss an die Vorstellung der Themen und Leitmotive des *descensus* diskutiere ich nunmehr das nächtliche Fest, bei dem die Thebaner ihre Stadt besingen (Kap. 8.1), bevor am nächsten Tag Thiodamas seine *placatio Telluris* vornimmt. Hier wie später im Gebet des Thiodamas greift Statius die verschiedenen Leitmotive des *descensus* wieder auf. Kapitel 8.2 bis 8.6 sind diesem Gebet gewidmet und diskutieren es hinsichtlich des rituellen Intertextes sowie in literarisch-motivischer Hinsicht. Entsprechend der Textchronologie behandele ich zunächst den Teil des Thiodamas-Gebetes, der an Tellus gerichtet ist (Kap. 8.3), im Anschluss daran den, der sich an Amphiaraus richtet (Kap. 8.4). Abschließend stelle ich die Frage, inwiefern Statius auf die Vergöttlichung des Amphiaraus anspielt und hinleitet (Kap. 8.5) und wie er im weiteren Verlauf des Textes einen Erfolg von Thiodamas' ‚Normalisierungs-Operation' insinuiert (8.7).

## 8.1 Die Paiane der Thebaner

Das nächtliche Fest der Thebaner bringt eine Umkehr der vorherigen Darstellung von Instabilität. Nachdem zuvor in Buch 7 die Thebaner furchtsam auf der Stadtmauer herumgelaufen waren und das Lager der Argiver auf den Bergen beobachtet hatten (7,455; 458f., s. o.), hört nun Adrast vom frisch errichteten *agger* aus den Lärm der Thebaner, die den Tod des feindlichen Sehers und Anführers feiern (8,260f.). Gesang und Fest der Thebaner stehen für eine Deutung der Ereignisse im für die Thebaner günstigen Sinne. Das Aufreißen des *hiatus* wird als Handlung einer *Tellus Thebana* gedeutet, die sich gegen ihre argivischen Feinde richtet. Darüber hinaus bietet die Theben-Szene eine textuelle Wiedererrichtung der Stadt, für die die oben skizzierten Motivkomplexe Licht, Wasser, *sulci* und Wagen wiederaufgegriffen und im Sinne eines landschaftlich restabilisierten, wiedererstarkten und neu errichteten Theben funktionalisiert werden, wie ich im Folgenden zeigen möchte.

Um das nächtliche Fest der Thebaner besser einordnen zu können, ist ein Blick zurück ins 7. Buch, in den unmittelbaren Vorlauf der *descensus*-Episode, hilfreich. Dort schildert der Erzähler den Tod der Bacchustiger (7,564–607) sowie den des Bacchuspriesters Eunaeus (7,649–687). Die Tiger stehen in enger Verbindung mit Bacchus und dessen Indien-Feldzug (vgl. 7,565–571, insbesondere *Indum gramen olentes*, 569; *palmite maturo*, 570). Sie sind für die Moral und Identität der Thebaner von höchster Bedeutung, wie der Erzähler deutlich macht, als er die Reaktion der

Thebaner schildert, nachdem Aconteus die von der Furie rasend gemachten Tiger getötet hat (7,595–603):

> *illae autem longo cum limite fusi*
> *sanguinis ad portas utrimque extantia ducunt*
> *spicula semianimes, gemituque imitante querelas*
> *saucia dilectis adclinant pectora muris.*
> *templa putes urbemque rapi facibusque nefandis*
> *Sidonios ardere lares, sic clamor apertis*
> *exoritur muris; mallent cunabula magni*
> *Herculis aut Semeles thalamum aut penetrale ruisse*
> *Harmoniae.*

Diese aber zogen eine lange Blutspur hinter sich und schleppten sich halbtot mit links und rechts hervorstehenden Speeren zu den Toren, jammerten und klagten wie Menschen und schmiegten die verwundete Brust an die teuren Mauern. Man sollte denken, Tempel und Stadt würden geplündert, die Sidonischen Häuser loderten von frevlen Bränden, solches Geschrei drang aus den offenen Mauern. Lieber wäre es ihnen, die Wiege des großen Hercules oder Semeles Gemach oder Harmonias Brautkammer stürzten ein.

Ähnliches gilt für den Bacchuspriester Eunaeus, dessen Tod als Verlust nicht nur für die Thebaner, sondern vor allem für Bacchus selbst dargestellt wird – Bacchus' Verbindung zu Theben hatte Eunaeus gegenüber den angreifenden Argivern ins Feld geführt, unter anderem mit dem Hinweis, Bacchus sei ein *alumnus* der Stadt (7,667). Der Schmerz des Bacchus um den Tod des Eunaeus steht am Schluss der Eunaeus-Szene (7,683–687). Auch hier stellt Statius im letzten Vers wieder eine Verbindung mit Indien her:

> *occidis audax,*
> *occidis Aonii puer altera cura Lyaei.*
> *marcida te fractis planxerunt Ismara thyrsis,*
> *te Tmolos, te Nysa ferax Theseaque Naxos*
> *et Thebana metu iuratus in orgia Ganges.*

Kühner Jüngling, du sinkst dahin, ein weiterer Schmerz dem Aonischen Bacchus. Der weichliche Ismarus zerbrach Thyrsusstäbe und weinte um dich, auch Tmolos und das fruchtbare Nysa, die Theseus-Insel Naxos und Ganges, der furchtsam schwor, die Orgien Thebens zu feiern.

Zu diesen Verlusten kommen kurz darauf weitere hinzu, als Amphiaraus seine Aristie erlebt, unterstützt von Apollo (7,690–793). Der Tod des Sehers gibt dann den Thebanern Aufwind, ihre gehobene Moral wird vom Erzähler mit der der Argiver kontrastiert (8,215–222):

> *iam fessis gemitu paulatim corda levabat*
> *exhaustus sermone dolor; nox addita curas*
> *obruit et facilis lacrimis inrepere somnus.*
> *at non Sidoniam diversa in parte per urbem*
> *nox eadem: vario producunt sidera ludo*
> *ante domos intraque, ipsaeque ad moenia marcent*
> *excubiae; gemina aera sonant Idaeaque terga*
> *et moderata sonum vario spiramine buxus.*

> Nun waren sie vom Klagen ermüdet, hatten den Schmerz durch Reden erschöpft und ihr Herz allmählich erleichtert; dann kam die Nacht hinzu und dämpfte die Sorgen, leicht stahl sich Schlaf in weinende Augen.
> Beim Gegner freilich, in der Sidonischen Stadt, bot die Nacht ein anderes Bild: Bei allerhand Spielen verbringen sie die Sternennacht vor ihren Häusern und drinnen, und selbst die Mauerwächter sind lässig; Cymbeln erklingen, Idaeische Trommeln und tönende Flöten, gespielt mit wechselnden Löchern.

Die Stimmung im Lager der Argiver und in Theben ist so unterschiedlich, dass die Nacht „nicht dieselbe" ist. In Theben nun ist die Nacht auch insofern „nicht dieselbe", als hier von den *sidera* die Rede ist. Während diese im bisherigen Teil der *descensus*-Episode mit der Helligkeit des Tages assoziiert sind und gerade in Opposition zu der nachtartigen Dunkelheit der Unterwelt stehen (s. o. Kap. 7.4), ist hier vom nächtlichen Sternenhimmel die Rede, der den leuchtenden Rahmen bildet für das Fest der Thebaner. Der gehobenen Stimmung der Thebaner entspricht die größere Helligkeit, die die sternenklare Nacht für sie hat.

Auch klanglich unterscheidet sich die Theben-Szene vom vorherigen Text. Kein unterweltliches Grollen ist mehr zu vernehmen (7,782f.; 796f.), stattdessen die Klänge verschiedener Instrumente (8,221f.). Dies setzt sich fort in den Paianen, die in ähnlicher Weise „tönen" (8,223f., vgl. 8,221 *sonant*):

> *tunc dulces superos atque omne ex ordine alumnum*
> *numen ubique sacri resonant paeanes*

> Auch schallen überall heilige Paiane[457] auf die geliebten Götter und dem Rang nach auf jede heimische Gottheit.

Der aufmerksame Leser mag hinter *omne alumnum* sogleich Bacchus oder auch Herkules erkannt haben, die ja zuvor in Buch 7 von Eunaeus entsprechend benannt wurden (7,667f., s. o.).[458] Das Motiv der *alumni* Thebens ist darüber hinaus kurz zu-

---

[457] Schönberger 1998: „Hymnen"; vgl. dessen Übersetzung von *Theb.* 10,306 *Sidonium paeana canens* („Gesang eines Sidonischen Paeans").
[458] Augoustakis 2016 ad 8,223–225.

vor aufgetaucht im Zusammenhang mit der Deutung des *hiatus*. So hatte Palaemon behauptet, Thebens Erde erkenne ihre eigenen *alumni* und verschlinge somit nur Feinde Thebens (8,149f., s. dazu o. Kap. 7.3): eine für die Argiver höchst ungute, für die Thebaner aber sehr willkommene Deutung. Es ist möglich, *alumnum* hier auf zwei Weisen zu verstehen, einmal als Passiv, im Sinne einer „heimische[n] Gottheit"[459] oder als Götter, die die Thebaner nähren; in jedem Fall findet sich die Idee einer nährenden Gottheit, wie sie die Tellus par excellence ist.[460] Die Verbindung zwischen *alumni* und Tellus ist im Epos und auch in anderen dichterischen Texten gut belegt.[461]

Der typisch epische Rückschlag der Angreifer am ersten Kampftag ist keiner, der durch die Waffengewalt der thebanischen Verteidiger bedingt ist, sondern einer, den die *Tellus Thebana* in gewisser Weise selbst hervorgebracht hat. Entsprechend besingen die Thebaner auch die Stadt selbst (8,225–236):

> *nunc funera rident*
> *auguris ignari, contraque in tempore certant*
> *Tiresian laudare suum; nunc facta revolvunt*
> *maiorum veteresque canunt ab origine Thebas:*
> *hi mare Sidonium manibusque attrita Tonantis*
> *cornua et ingenti sulcatum Nerea tauro,*
> *hi Cadmum lassamque bovem fetosque cruenti*
> *Martis agros, alii Tyriam reptantia saxa*
> *ad chelyn et duras animantem Amphiona cautes,*
> *hi gravidam Semelen, illi Cythereia laudant*
> *conubia et multa deductam lampade fratrum*
> *Harmoniam*

---

**459** Übers. Schönberger 1998, vgl. auch „native deity" bei Shackleton Bailey 2003b.

**460** Wir finden die Idee von den Göttern als *alumni* Thebens auch an anderer Stelle, und zwar in *Theb.* 10,901 (Capaneus): *ubi infandae segnes telluris alumni, / Bacchus et Alcides?* (Hinweis bei Augoustakis 2016 ad 8,223-225).

**461** Vgl. v. a. *Aen.* 6,877 *nec Romula quondam / ullo se tantum tellus iactabit alumno*; Sil. 3,40; 8,172 *Laomedonteae noscis telluris alumnos?*; 8,424; 14,342; Prop. 4,3,67f. *sed tua sic domitis Parthae telluris alumnis / pura triumphantes hasta sequatur equos*; nicht im lokalen Sinne von Tellus Sen. *Oct.* 404–406 *et ipsa Tellus laeta fecundos sinus / pandebat ultro, tam piis felix parens / et tuta alumnis*; *silv.* 3,2,62; *alumnus* in Verbindung mit *terra*: *Theb.* 5,54.

Somit ist es zweitrangig, ob die *Tellus Thebana* selbst als *numen alumnum* (hier im aktiven Sinn) der Thebaner (zusammen mit Bacchus) oder, was ohnehin näher liegt, ein Gott wie Bacchus als *alumnus* (im passiven Sinne) der *Tellus Thebana* aufgefasst wird. Die passive Lesart, die auch die zitierten Übersetzungen verfolgen, ist sehr wahrscheinlich die gängigere in Verbindung mit Tellus, vgl. ThLL s.v. *alumnus* Sp. 1796 und s.v. *alumna* Sp. 1797f. Vgl. weiterhin Smolenaars 1994 ad 7,732f. (*tuique quercus alumna vadi*). Man beachte auch die sich aus den strukturell und inhaltlich ähnlichen Versschlüssen *ex ordine alumnum* (8,223) und *ab origine Thebas* (8,228) ergebende Bezogenheit der beiden Verse aufeinander.

Nun spotten sie über den Tod des unprophetischen Sehers, loben dagegen zugleich um die Wette ihren Tiresias; nun erzählen sie Taten der Ahnen und singen Thebens Geschichte seit Anfang: Die einen berichten vom Sidonischen Meer, von Händen, die des Donnerers Hörner ergriffen und hielten, und vom mächtigen Stier, der das Meer durchfurchte; andere singen von Cadmus, der müden Kuh, vom Feld, das die Saat des blutigen Mars trug, noch andere von den Steinen, die zum Lied der Tyrischen Leier herbeikamen, von Amphion, der harte Felsen mit Leben erfüllte. Jene preisen die schwangere Semele, diese die Cytherische Hochzeit und Harmonia, die ihre Brüder im großen Fackelzug führten.

An die Seite der göttlichen *alumni* tritt nun Tiresias, dessen Zugehörigkeit zu Theben durch das Possesivum *suus* hervorgehoben wird. Die Stelle verweist auf den großen Verlust, als den die Argiver den Tod des Amphiaraus zuvor betrachtet haben. Die Thebaner haben nicht nur die Tellus auf ihrer Seite, sondern im Gegensatz zu den Argivern noch einen Seher, der ihnen weiter Rat erteilen kann. Die verschiedenen Paiane auf die lokalen Götter und Heroen werden dann eingeleitet mit *canunt ab origine Thebas*: Hier wie bei *alumnus* zeigt sich die Engführung zwischen thebanischen Göttern, der *Tellus Thebana* und der Stadt Theben. Anfangspunkt der Gründungsgeschichte ist hier der Raub der Europa, der mit *mare Sidonium* (8,229) und *sulcatum Nerea* (8,230) aufgerufen wird. Der Thebaner-Gesang weist starke Rückbezüge zum Proöm der *Thebais* auf, und zwar sowohl inhaltlich als auch im Blick auf die Konstruktion Thebens im und durch den Gesang.[462] Cowan hat herausgearbeitet, dass das *condere*, das Cadmus im Proöm betreibt (1,8: *agricolam infandis condentem proelia sulcis*), auf verschiedenen Ebenen gelesen werden kann, u. a. auf der metapoetischen, aber auch im Hinblick auf die Tätigkeit eines Stadtgründers.[463] Ausgehend von den durch Cadmus kreierten *sulci* weist er weiterhin nach, dass die Gründung des Cadmus im Proöm römisch koloriert ist, und zwar vermittelt durch den *sulcus primigenius*, der bei einer römischen Stadtgründung gezogen wird.[464]

Bedenkt man den Rückbezug auf das Proöm, so erweist sich die Formulierung *sulcatum Nerea* als implikationsreich. Inhaltlich gesehen „durchpflügt" Zeus als Stier hier das Meer. Dieses *sulcare* allerdings weist zurück auf die Tätigkeit des Cadmus im Proöm und zugleich voraus auf die Tätigkeit des Cadmus im nächsten

---

[462] Cowan 2003, S. 232: „they sing of – no, they *sing* [i.O.h.] ancient Thebes, they compose the Thebaid, repeat the proem [...]." (vgl. auch S. 231). Vor diesem Hintergrund lässt sich auch die Erwähnung des Amphion im Proöm der *Achilleis* deuten: *scit Dircaeus ager meque inter prisca parentum / nomina cumque suo numerant Amphione Thebae.* (1,12f.): Der Dichter wird deshalb zusammen mit Amphion aufgeführt, weil er wie dieser musisch für die ‚Errichtung' der Stadt verantwortlich zeichnet.
[463] Cowan 2003, S. 201f. Nach Walter 2014, S. 125, Fn. 38 stellt Cadmus im Proöm der *Thebais* eine „Verkörperung des Erzählers" dar.
[464] Cowan 2003, S. 201f., vgl. OLD s.v. *sulcus* 1 b.

Vers (8,231). Letztere wiederum steht mit seiner Tätigkeit im Proöm in engem Zusammenhang, zumal Zeus in Gestalt eines als Zugtier geeigneten Tieres pointiert am Versende steht (*tauro*, 8,230), inhaltlich korrespondierend mit *bovem* im folgenden Vers. Der Europa-Episode wird somit geradezu ein Stadtgründungs-Subtext eingeschrieben. Weiterhin spiegelt sich in *sulcatum Nerea* auch der Motivkomplex Wasser. Die Neugründung Thebens im Gesang nimmt ihren assoziativ-imaginären Anfang mit dem Ziehen des *sulcus primigenius* im Meer, das die thebanische Landschaft während des Erdbebens motivisch ‚überflutet' hatte. Weiterhin bilden der pflügende Zeus und der pflügende Cadmus zusammen ein Gegenbild zum Sichelwagen des Amphiaraus, der zunächst das Feld metaphorisch ‚gepflügt' hatte, um dann die thebanischen Kämpfer niederzumähen (s. o. Kap. 7.5 zu 7,691; 713). Auch eine imaginäre Wiedererrichtung der zuvor instabilisierten Mauern (*iam frondea nutant / culmina, iam muri*, 7,799f.) wird im Gesang der Thebaner betrieben: *alii Tyriam reptantia saxa / ad chelyn et duras animantem Amphiona cautes,* [...] *laudant* (8,232–234).

Neben Cadmus und Amphion tauchen im Gesang der Thebaner zwei weibliche Figuren auf, bei denen jeweils der Fokus auf ihrer Rolle als Mutter liegt. Es sind dies die schwangere Semele (*gravidam Semelen*, 8,234), und Venus, auf deren Hochzeit mit Mars Bezug genommen wird (*Cythereia laudant / conubia*, 8,235). Entsprechend folgt die aus dieser Verbindung hervorgegangene Harmonia in Vers 236, während Bacchus, die Leibesfrucht der Semele, im Gleichnis wieder auftaucht (8,237–239). Der Erzähler selbst zeigt sich mit diesem Gleichnis geradezu selbst inspiriert von der fröhlichen Stimmung der Thebaner und den Inhalten der Gesänge, die er schildert. So vergleicht er die Stimmung bei dem nächtlichen Fest mit dem Triumphzug von Semeles Sohn Bacchus nach der Eroberung Indiens (8,236–239):

> *nullis deest sua fabula mensis.*
> *ceu modo gemmiferum thyrso populatus Hydaspen*
> *Eoasque domos nigri vexilla triumphi*
> *Liber et ignotos populis ostenderet Indos.*

> Jeder Tisch lauscht eigenem Liede. Es ist, als hätte Liber eben den perlenreichen Hydaspes und die Reiche des Ostens mit dem Thyrsus erobert und führte dem Volk die Fahnen seiner dunkelhäutigen Gegner vor und die noch unbekannten Inder.

Bacchus' Präsentation der besiegten Inder (8,237f.) markiert den Moment der größten Herrschaftsausdehnung Thebens. Zugleich wird über die *nigri vexilla triumphi* und die *ignoti Indi* ein symbolischer Ausgleich geschaffen für die getöteten Bacchustiger, ebenfalls ein Symbol für Bacchus' Erfolge in Indien (s. o. zu 7,565–569).[465]

Der Gesang der Thebaner bildet zusammen mit dem Gleichnis eine erstaunlich positive oder ‚positivierte' Darstellung Thebens. Cowan 2003 betrachtet in seiner Diskussion die Passage als letztlich negativ konnotiert,[466] ähnlich Augoustakis 2016.[467] Es ist aber zu bedenken, dass eine Gründungsgeschichte von Theben, die auch nur halbwegs vollständig sein soll, mehr oder weniger die hier vorkommenden Elemente enthalten muss. Somit könnte man aber praktische jegliche Gründungssage aus dem Theben-Kreis als negativ qualifizieren und es wäre für das spezifische Verständnis dieser Textstelle nichts gewonnen.[468] Vielmehr sollten wir bei der Betrachtung solcher Anspielungen unser genaues Augenmerk auf den Aspekt legen, auf den im Text fokussiert wird.[469] So wird hier Europa im Moment der Entführung aufgerufen und ist zudem nur in Form ihrer *manus* präsent (8,229), der viel stärkere Akzent liegt auf der Stiergestalt des Zeus und vor allem dem Meer, von der Vergewaltigung ist nicht einmal andeutungsweise die Rede. Die *Martis agri* (8,232) lassen sich im unmittelbaren Kontext des Kampfes um Theben auch im Sinne eines Symbols der Kampfkraft und Kampfbereitschaft der Thebaner lesen, korrespondierend zum Mauerbau des Amphion, der für die Wehrhaftigkeit der Stadt steht. Semele mag in der gezeigten Form kurz vor ihrem Untergang stehen, aber eben nur kurz davor. Stattdessen wird aber auf ihre Schwangerschaft fokussiert. Das Ergebnis dieser Schwangerschaft wird dann auf Erzählerebene kurz darauf im Gleichnis präsentiert. Es wird hier also der Semele-Teil der Bacchus-Geschichte aufgerufen, die Mutter bleibt unproblematisierte Randfigur. Ähnlich verhält es sich mit der Hochzeit der Harmonia, zumindest explizit stellt der Er-

---

**465** Einen ähnlichen ‚Ausgleich' beobachtet Vessey 1973, S. 268, der den Tod des Eunaeus einerseits als Präfiguration des Todes von Amphiaraus ansieht, zugleich aber auch einen kompositorischen Bezug zu Thiodamas aufzeigt: „The death of Eunaeus [...] balances the appointment of Thiodamas to sacerdotal office at the end of the unit."
**466** „Yet, these are the usual catalogue of horrors, as will be revealed by any second thought given to the euphemistically allusive subjects." (S. 232). So stehe Europa für „rape", die Saat des Cadmus sei problematisch, „Semele pregnant is but one step from Semele burnt to a crisp" und „even the wedding of Cadmus and Harmonia adumbrates their metamorphosis into snakes, and bears further dark traces of the future of her necklace."
**467** Ad 8,229–236 (S. 159): „The only positive element is the privileged power of song and *chelys*, with Amphion giving life to the amorphic elements of nature to be formed into structure [...]."
**468** Zudem ließen sich viele mythologische Anspielungen nicht nur in der *Thebais* als letztlich problematisch ansehen, da fast alle Mythen zumindest auch problematische und ambige Züge tragen, zumal der thebanische. Siehe hierzu auch Henderson 1998, S. 213: „[...] a plot summary will be provided, to show how inherently and infectiously contentious any Theban narrative must be."
**469** Dazu z. B. Bessone 2011, S.136–144.

zähler keinen Zusammenhang zu ihrem Halsband her.[470] Der Auftritt des Oedipus allerdings (8,240–258) weist dann schon wieder voraus auf den weiteren höchst problematischen Verlauf der Haupthandlung (8,250–253).

Die Theben-Szene bringt somit eine weitere Festigung jener Deutung des *hiatus*, die auch die Argiver hatten. Die Stadt bzw. die *Tellus Thebana* selbst wird als eine Art Akteur inszeniert, der gezeigt hat, dass er sich gegen Feinde wie Amphiaraus richten kann. Statius gestaltet Thebens Neugründung im Gesang, indem er vorherige Themen und Motive aufgreift. Im motivisch instabil-wässrigen Erdbebenraum ziehen Zeus und Cadmus einen neuen *sulcus primigenius* jener Stadt, deren Mauern Amphion kurz darauf neu errichtet und dessen Götter und Urahnen von Semele und Venus neu geboren werden, beide als Mutterfiguren ihrerseits assoziativ verknüpft mit dem Konzept einer *Tellus Thebana* mitsamt *alumni*.

Dass der Erzähler die Gesänge der Thebaner als *paeanes* bezeichnet (8,224), fügt sich passend. Käppel 1992 hat die Frage nach dem „Sitz im Leben" des Paian für die Gattungsgeschichte bis zum Ende des 5. Jh. v. Chr. erörtert.[471] Im Krieg diene der Paian zusammen mit Mahl und Opfer der „,Vor- und Nachbereitung' der Bedrohung für Leib und Leben".[472] Statius selbst reflektiert dieses Moment des Paians in *Theb.* 4,157–160 im Truppenkatalog der Argiver. Dort erhört Herkules die Tirynthier mit ihrem Paian und beschafft weitere Truppen aus Nemea und Cleonae. Eine Hoffnung auf Erhörung lässt sich auch mit dem Gesang der Thebaner verbunden sehen, der zugleich als „Nachbereitung" des ersten Kampftages und „Vorbereitung" der weiteren Kämpfe verstanden werden kann.[473] Der vom Erzähler referierte Inhalt der Lieder bildet zusammengenommen gerade das Wiedererstarken der Stadt ab, welches die der Stadt Theben verbundenen Götter als „Heilsstifter" verbürgen sollen.[474]

Wir sind nun an dem Punkt angelangt, einen Blick auf das Gebet des Thiodamas zu werfen. Ein wichtiger Bezugspunkt ist hierbei der Gesang der Thebaner,

---

**470** Augoustakis 2016 ad 8,234–236 sieht „ominously dark overtones" in den Harmonia gewidmeten Versen, da *deducere* in *Theb.* 12,266 bezogen auf *funera* gebraucht werde und *lampas* an diversen Stellen in der *Thebais* auch im Sinne von Hochzeitsfackel problematisch konnotiert sei (4,133; 11,491f.). Im unmittelbaren Kontext mag auch wieder der starke Schein der Fackeln im großen Fackelzug für Harmonia relevant sein und die Stimmung des nächtlich-hellen Festes der Thebaner wieder aufgreifen.
**471** Käppel 1992, S. 43–65.
**472** Käppel 1992, S. 45 mit Hinweis u. a. auf Eur. *Tro.* 122–128; Aischyl. *Sept.* 262–271; *Il.* 22,391–394; Xen. *hell.* 7,2,15; 7,2,23; 7,2,36; Tim. *Pers.* PMG 791, 196–201 Page; s. auch Lact. ad *Theb.* 8,224.
**473** Parkes 2012 ad *Theb.* 4,157f. weist darauf hin, dass in der lateinischen Literatur *paean* im Zusammenhang mit Schlachten zumeist „overtones of victory" habe (mit Hinweis auf *Aen.* 10,738; Sen. *suas.* 2,19 mit *Il.* 22,391 sowie die vorliegende Stelle *Theb.* 8,224).
**474** Zusammenfassend zum Sitz im Leben des Paians und dessen Struktur Käppel 1992, S. 73.

den Statius als solchen gesondert markiert. Indem er nämlich den Gesang der Thebaner als rituell-gebetsartigen Paian beschreibt, erzeugt er einen starken Bezug zum Gebet des Thiodamas. Ich möchte im Folgenden zeigen, dass Thiodamas' *precatio* als literarisch inszeniertes ‚Gegen-Gebet' zu den Paianen der Thebaner verstanden werden kann und eine Umdeutung der Geschehnisse im Sinne der Argiver darstellt. Für Thiodamas besteht die Herausforderung erstens darin, mit der problematischen *Tellus-Thebana*-Deutung der Ereignisse umzugehen; zweitens darin, mit dem Verlust des Sehers fertig zu werden. Aus Sicht des Lesers, der den Inhalt der Paiane kennt, stellt sich eine weitere Herausforderung für Thiodamas: ein Gegengewicht zu schaffen zu den verschiedenen Göttern, die die Thebaner in ihrem Gesang ‚herbeigesungen' haben. Dies weist bereits in Richtung des Sehergottes Amphiaraus. Werfen wir nun also einen Blick auf Thiodamas' Auftritt in der *Thebais*.

## 8.2 Thiodamas als neuer *sacerdos*: rituelles Katastrophenmanagement

Nachdem die Versammlung der Argiver bei Tagesanbruch Thiodamas das Seheramt übertragen und dieser das Amt angenommen hat (8,271–293), legt er sich die priesterlichen Zeichen an und läuft durch das Lager der Argiver (8,294–297):

> *atque is ubi intorto signatus vellere crinem*
> *convenitque deis, hilari per castra tumultu*
> *vadit ovans ac, prima sui documenta, sacerdos*
> *Tellurem placare parat*

> Als jener nun die Priesterzeichen aus gedrehter Wolle sich in die Locken gedrückt und bei den Göttern Gefallen gefunden hatte, zog er feierlich durch das fröhlich lärmende[475] Lager und ging daran, in seiner ersten Handlung als Priester die Erdgöttin zu versöhnen.

Nachdem die Argiver unmittelbar vor Thiodamas' Einsetzung traurig und klagend beraten hatten (8,275: *concilium rex triste vocat, quaeruntque gementes*), ist nun

---

[475] Anders Schönberger 1998: „zog er in frohem Getümmel feierlich durch das Lager"; da sowohl *tumultus* als auch *ovare* von der Bedeutung her beide mit Lärmen und Geräuschen in Verbindung stehen (OLD s.v. *tumultus* 1, s.v. *ovo* 2; Georges s.vv.), sollte die Übersetzung dies zumindest an einer Stelle reflektieren, zumal angesichts des Rückbezugs auf *laetificos tumultus* in 8,261. Joyce 2008 übersetzt „triumphant, he toured the joyfully noisy camp", Augoustakis 2016 „he proceeds triumphantly amidst the camp with an exultant uproar", Micozzi 2010 „Tiodamante trascorre esultante per l'accampamento accompagnato da festose acclamazioni".

das Lager erfüllt von fröhlich-jubelnden Klängen. Statius verwendet Klangmotivik, die die verschiedenen Geschehnisse miteinander in Beziehung setzt. In der vorherigen Nacht hatte Adrast die *laetifici tumultus* des nächtlichen Festes der Thebaner mitanhören müssen (8,261), nun berichtet der Erzähler vom *hilaris tumultus* der Argiver.[476] So wie dieser *tumultus* den vorherigen übertönt, wird Thiodamas' Gebet den Gesang der Thebaner überschreiben und in den Hintergrund treten lassen.

## 8.3 Tellus vs. Tellus, oder: den Boden bereiten für Amphiaraus

Das Gebet des Thiodamas ist seine erste ‚Amtshandlung' als neuer Seher, die Argiver wollen durch das Gebet eine *placatio* der Tellus erreichen (8,296–298). Amphiaraus' Unterweltfahrt wurde in der römischen Literatur mit der *devotio* in Verbindung gebracht, in der sich der Feldherr vor seinem bewussten Selbstopfer der Tellus und den Manen weihte, so dass es für Statius nahegelegen haben mag, Unterweltfahrt und Tellus-*placatio* zu kombinieren.[477] Das Gebet begleiten weitere sakrale Handlungen. Thiodamas errichtet zunächst *geminae arae* (8,298–302) und opfert vor (8,338–341) und nach (8,338–341) seinem Gebet. Die *placatio* erscheint angesichts der vorher berichteten Ereignisse folgerichtig, wenn man – wie die Argiver – davon ausgeht, dass Erdbeben und Aufklaffen des *hiatus* eine Handlung der Tellus darstellen.

Es ist bereits darauf hingewiesen worden, dass Thiodamas in diesem Gebet versuche, die Ereignisse um die Erdspalte für nichtig zu erklären und einen Kontrast zum Thema „Tod" im vorherigen Text von Buch 8 zu erzeugen.[478] Im Anschluss daran möchte ich aufzeigen, dass das Gebet eine komplexe ‚Normalisierungs-Operation' darstellt, und zwar nicht nur aus Perspektive der Argiver als textinterne Adressaten, sondern auch aus Perspektive der Leser, und dass sich diese Normalisierung keineswegs nur auf das Thema ‚Tod' beschränkt.[479] Anders als die Argiver (oder irgendwelche anderen Figuren) kennen die Leser die Leitmotive und Themen der *descensus*-Episode; sie können daher das Gebet in seiner ganzen Tragweite erfassen. In Abschnitt 8.3.1 soll die raumkonstruktive Leistung des Gebetes vor dem Hintergrund der zuvor im Text evozierten kosmischen Erschütterung

---

[476] Dieser Rückbezug ist m. E. noch relevanter als diejenigen, die Augoustakis 2016 ad 8,295–298 aufführt (8,191; 332; 7,608f.).

[477] Augoustakis 2016, S. xxviii f.; Gesztelyi 1976, S. 58f.; Cic. *fam.* 6,6,6; Enn. *Ann.* 191–193 Skutsch; Liv. 8,9,8; siehe auch Keith 2000, S. 62 über *Theb.* 10,793f.

[478] Vessey 1973, S. 267 (und f.), s. auch oben Kap. 6.2 zum Forschungsstand.

[479] Hardie 1993, S. 80: „his first act on his inauguration is to sing a hymn to Earth in which he attempts to confirm the cosmic distinctions just now effaced […]."

deutlich gemacht werden. Eng anschließend daran sollen dann Strategien der Erzeugung neuer Stabilität im Gebet aufgezeigt werden (Kap. 8.3.2), in Abgrenzung zum Gesang der Thebaner, aber auch zu vorherigen argivischen und thebanischen Deutungen des Ereignisses (Kap. 8.3.3; 8.3.4). Mit dem an Tellus gerichteten Teil des Gebetes bereitet Thiodamas Amphiaraus als neuem Sehergott fast buchstäblich den Boden. Dieser ‚Boden' nun muss zunächst neu stabilisiert werden und umdefiniert werden von der Tellus Thebana in eine Tellus, die allen gemeinsam ist – und somit auch Amphiaraus freundlich gesonnen ist. Als Vorbereitung der Vergöttlichung im Gebet wird Thiodamas auch die katastrophale Schwellensituation um Amphiaraus als *corpus novum* in der Unterwelt überwinden und außerdem das Bild des Seherwagens hinter sich lassen, der seine zerstörerische Spur bis hin zur Erdspalte durch die Landschaft gezogen hat.

### 8.3.1 Kosmogonie en miniature

Das Gebet insgesamt und vor allem der erste seiner drei Teile lässt sich auffassen als performative Rekonstruktion des im Zuge von Amphiaraus' *descensus* erschütterten Kosmos. Ein erster Aspekt dieser Rekonstruktion ist die Verwendung kosmogonischer Motive, die die *invocatio* des Gebetes zu einer chronologisch geordneten Weltentstehungsgeschichte im Kleinen werden lassen (8,303–313):

> *o hominum divumque aeterna creatrix,*
> *quae fluvios silvasque animarum et semina mundo*
> *cuncta Prometheasque manus Pyrrhaeaque saxa*
> *gignis, et impastis quae prima alimenta dedisti*
> *mutastique viris, quae pontum ambisque vehisque:*
> *te penes et pecudum gens mitis et ira ferarum*
> *et volucrum requies; firmum atque immobile mundi*
> *robur inoccidui, te velox machina caeli*
> *aere pendentem vacuo, te currus uterque*
> *circumit, o rerum media indivisaque magnis*
> *fratribus!*

Schöpferin, ewige du der Menschen und Götter, Mutter der Flüsse, der Waldnymphen und aller Keimkräfte der Welt, der Werke des Prometheus und der Steine der Pyrrha; du schenktest den hungernden Menschen die erste und dann die verbesserte Nahrung, umgibst auch und trägst das Meer. Dein sind die sanften Scharen des Viehs, die zornigen wilden Tiere und die friedliche Welt der Vögel; fester, unverrückbarer Kern der ewigen Welt,[480] um dich, die mitten im leeren Aether schwebt, kreisen das rasche Gewölbe des Himmels und beide Wagen, du, Mitte der Welt, nicht geteilt von den mächtigen Brüdern!

---

[480] Zur von Schönberger 1998 abweichenden Übersetzung s. u. Fn. 533.

Thiodamas redet die *Tellus* als Schöpferin der Menschen und Götter an. Er fährt fort mit dem Hinweis darauf, sie habe Flüsse, Wälder, die *semina* (8,304) und auch die Menschen hervorgebracht (8,305), als deren *creatrix* er sie schon im Eingangsvers anredet. Dass er die *fluvii*, *silvae* und *semina* im Vers *vor* den Menschen erwähnt, passt zu ihrer Position in der Weltentstehungsgeschichte, wo sie ja ebenfalls vor den Menschen geschaffen werden.[481] Den Ansatz einer Weltentstehungserzählung stellen die Verse 306f. dar. So habe die Tellus die *prima alimenta* den Menschen gegeben, die noch *impasti* waren – nach der Schaffung der Menschen benötigen diese Nahrung, welche die Tellus nun bereitstellt. Diese ersten *alimenta* hat die Tellus dann im nächsten Schritt von dieser Weltentstehungsgeschichte verändert bzw. „verbessert".[482] Vers 305 spielt für die kosmogonische Lesart eine zentrale Rolle: Thiodamas führt die Menschen ein als *Prometheae manus* und *Pyrrhaea saxa*. Er spielt also auf zwei prominente Mythen von der Entstehung des Menschen an, die wiederum einen Teil der Entstehungsgeschichte der Welt darstellen,[483] und dies in der ‚korrekten' Reihenfolge der mythischen Genealogie, stellen doch Deukalion und Pyrrha die auf Prometheus bzw. Epimetheus folgende Generation dar.[484] Dann kommen in der Mini-Kosmogonie Nutztiere, wilde Tiere und Vögel hinzu (8,308f.).

Der nächste Schritt fügt sich allerdings nicht mehr so glatt in die chronologische Struktur ein und ist eher eine Weitung der Perspektive auf weitere Teile des Kosmos (vgl. *mundi* in 8,309): Thiodamas erwähnt den Himmel (*caeli*, 8,310) sowie Sonne und Mond (*currus uterque*, 8,311), die beiden wichtigsten Gestirne. Als er einige Verse später zur Begründung seiner Bitte übergeht, wird dieses Bild nochmals um das Firmament als ganzes ergänzt (8,315f.).

Der vorherigen Erdbebenerzählung setzt Statius hier also eine Art Rekonstruktionserzählung entgegen. Nachdem sich die *arva* Thebens als unberechenbar und chaotisch erwiesen haben, setzt Thiodamas das erschütterte Weltbild der Argiver neu zusammen. Bis er sich an Amphiaraus wenden kann, muss aber die Tellus noch weiter rekonstruiert und transformiert werden. Die Rekonstruktion des Kosmos steht vor allem im Gegensatz zum Gesang der Thebaner, der die Rekonstruktion Thebens quasi-narrativ und chronologisch sortiert entfaltet, ganz ähnlich wie hier

---

[481] Ov. *met*. 1,21–88.
[482] Gesztelyi 1976, S. 56 bezieht dies auf die Einführung des Ackerbaus. Augoustakis 2016 schließt sich in 8,307 gegen die meisten modernen Herausgeber Gronovius an mit *mutastique vices* (statt *viris*) und übersetzt „you who gave the first food to hungry humans and brought about succesive changes of condition". Für die vorliegende Deutung des Gebetes spielt diese Frage allerdings keine große Rolle.
[483] Gesztelyi 1976, S. 56.
[484] Apoll. Rhod. 3,1086f., Apollod. *bibl*. 1,46

Thiodamas mit der Tellus verfährt – zu dieser Transformation unten mehr (8.3.4). Die Rekonstruktion betreibt Thiodamas auch über das Bild der stabilen Tellus, wie ich im Folgenden zeigen möchte.

### 8.3.2 Restabilisierungen

An diversen Stellen im Gebet stellt Thiodamas die Stabilität der Tellus heraus. Im unmittelbaren Kontext des Gebetes dient dies der Argumentation, die Erde habe aufgrund der ihr zukommenden Funktion auch die Argiver zu tragen (8,317). Beginnen wir mit einem Teil der eben schon diskutierten *invocatio*. An jeweils pointierter Stelle am Anfang und Ende der auf drei Relativsätze verteilten Aufzählung der Leistungen der Tellus (8,304–307) stellt Thiodamas ihre Priorität (*quae fluvios [...] gignis*, 304) und ihre Superiorität gegenüber dem Wasser (*quae pontum ambisque vehisque*, 307) fest, das wie oben gezeigt (Kap.7.6) stark zur Evokation von Instabilität im Text beigetragen hat und eng mit Erdbeben und dem ‚Versinken' des Amphiaraus in Verbindung gebracht worden war. Die jeweilige Stellung von *fluvios* und *pontum* zwischen Subjekt (jeweils *quae*) und Prädikat (*gignis*; *ambis/vehis*) spiegelt Raumordnung und Raumhierarchie auf der Formebene; eine solche Funktion lässt sich auch der Elision zwischen *pontum* und *ambisque* zuweisen.[485] Thiodamas lässt das Wasser als ein von der Tellus dominiertes Element erscheinen. Die im Gebet erwähnten Flüsse können darüber hinaus als Element einer ländlich-stabilen Topographie aufgefasst werden. Das meeresartige Erdbeben hatte auch Auswirkungen auf den Ismenus (7, 800f., s. o. Kap. 7.3). Mit ihm zusammen wurden die Bäume auf den Bergen erschüttert (*frondea culmina*, 7,799). Thiodamas lässt beide Raumelemente gleich am Beginn seines Gebetes wieder neu entstehen (8,304: *fluvios silvasque*). Eine besondere ‚Pointe' im Sinne der Erzeugung von Raumstabilität, in Abgrenzung zur maritimen Motivik im Umkreis der Erdspalte zuvor im Text, zeigt sich, wenn wir unseren Blick nochmals auf den Beginn des Gebets richten, und zwar auf die *Pyrrhaea saxa* (305). Es wird hier gerade der Teil dieses *Sintflut*-Mythos aufgerufen, der die Zeit unmittelbar *nach* der Überschwemmung der Welt betrifft.[486]

---

[485] In der Tradition ist es Neptun, der das Meer mit seinen Armen umfasst (Joyce 2008 S. 404 ad 8,303–338). Der Meeresgott wird hier also von der Tellus geradezu ersetzt, was einen weiteren Ausbau der Superiorität der Tellus gegenüber dem maritimen Element bedeutet.
[486] Vgl. z. B. Ov. *met.* 1,253–312 (Flut auf der ganzen Welt); 313–415 (Deukalion und Pyrrha); Apollod. *bibl.* 1,47 (Flut in Hellas).

Thiodamas nennt die Tellus das *firmum atque immobile mundi / robur inoccidui* (8,309f.). Dies ist einerseits auf ihre zentrale Position im Weltgefüge beziehbar,[487] andererseits ist aber hier sicher auch die materielle Konnotation von *robur* als besonders hartem Holz mitzudenken, noch intensiviert durch *firmum*.[488] Auch die Qualifizierung des *mundus* als *inocciduus* steht dem weltuntergangsähnlichen Szenario des *descensus* diametral entgegen. Die Mittelstellung der Erde wird in den folgenden Versen weiter thematisiert, abgeschlossen durch *indivisa* im Vokativ in Vers 312. Gerade die durch *indivisa magnis fratribus* evozierte Weltenteilung zwischen Jupiter, Neptun und Dis, bei der die Tellus allen gemeinsam ist, war aber zuvor in Frage gestellt worden. Dis hatte in seiner Rede explizit hierauf hingewiesen (8,36–41).

Neben dieser Qualifizierung der Tellus als *indivisa* wird sie als *media* bezeichnet (8,312), was sich auf ihre Position im Kosmos bezieht. Die Tellus wird aber nicht nur durch *media* im Kosmos verortet. So weist Thiodamas auch darauf hin, dass sich Sonnen- und Mondwagen sowie die *velox machina caeli* um sie herumbewegten: *te velox machina caeli / [...] te currus uterque / circumit* (8,310–312). Auch dies dient im unmittelbaren Kontext dem Argument von der Stabilität der Tellus und präsentiert sie als ruhenden Fixpunkt.[489] Wenn wir jedoch erneut den Blick zurück auf die schon besprochenen Stellen aus *Theb.* 7 und 8 richten, wird deutlich, dass diese Verse eine weiterreichende Implikation haben. Die vertikale Achse am *hiatus*, die konstruiert wird über den außergewöhnlichen Hell-Dunkel- bzw. Unten-Oben-Kontakt und das senkrechte Stürzen des Seherwagens (s. o. Kap. 7.4), wird hier in zwei Richtungen verändert. Dem *currus* des Sehers stehen Sonnen- und Mondwagen gegenüber, die sich nicht entlang einer Senkrechte, sonder vielmehr in einem Kreis bewegen.

Zugleich wird der Vermischung von Unterwelt-Dunkelheit und Oberwelt-Helligkeit eine Aufteilung zwischen Helligkeit und Dunkelheit gegenübergestellt, die sich durch ihre klare, zeitlich stabile Abgrenzung auszeichnen (vgl. auch die Überleitung zum nächsten Tag am Beginn der Thiodamas-Episode, 8,271–274;

---

**487** Schönberger 1998 übersetzt „Kern".
**488** Vgl. Georges s.v. *robur* I), OLD s.v. *robur* 2 und 3.
**489** Gesztelyi 1976, S. 56 bemerkt unter Hinweis auf Lucr. 2,600ff. und Varro (Aug. *c. d.* 7,24), dass mit *vacuo aere pendens* „naturphilosophische Gedanken" ins Spiel gebracht würden. Statius schließe sich der Tellus-Konzeption des Varro an, bei der die Tellus „unbeweglich" sei, was einer stoischen Konzeption entspreche (Cic. *Somn. Scip.* 18 [*rep.* 6,18]). Statius wählt hier gerade nicht eine Version wie bei Lukrez, bei der die Tellus in einem Wagen fährt, was Thiodamas' Versuch einer gedanklich-emotionalen Normalisierung der aktuellen Situation nicht unbedingt dienlich gewesen wäre (Lucr. 2,600–604: *Hanc veteres Graium docti cecinere poetae / sedibus in curru biiugos agitare leones, / aeris in spatio magnam pendere docentes / tellurem neque posse in terra sistere terram*). Siehe auch Smolenaars 1994 ad *Theb.* 7,812f.

dazu oben Kap. 7.4 und 7.6). Zudem sind diese Wagen beide dem Himmel zugeordnet; die problematische und im Text als unpassend markierte Situierung des Streitwagens in der Unterwelt wird überschrieben mit zwei Wagen, die sich an entgegengesetzter Stelle befinden, an ihrem ‚richtigen' Platz im Kosmos. Darüber hinaus stellt *circumit* einen Bezug her zur Bewegung der Argiver auf der *suspecta tellus*, wie sie im Anschluss an die Dis-Szene beschrieben wird: *infidi miles vestigia campi / circumit* (8,131f., hier ebenfalls Enjambement; s. hierzu oben Kap. 8.4.3). Das Umkreisen des *campus*, das für Gefahr und Unsicherheit steht, wird im Gebet überschrieben mit einem Bild, das Stabilität und daraus resultierend Sicherheit vermittelt.

Das Licht der Oberwelt kommt vier Verse später nochmals in Form von Atlas' Epitheton *astrifer* vor. Sogar den Atlas könne die Tellus tragen, obwohl dieser seinerseits die Sterne und die *domus supernae* trage, so Thiodamas' Argumentation (8,315f.):

*astriferumque domos Atlanta supernas / ferre laborantem nullo vehis ipsa labore*

[...] trägt ohne Mühe den sternetragenden Atlas, der nur mühsam die hohen Himmelshäuser hält.

Auch hier lassen sich wieder Bezüge über den unmittelbaren Kontext hinaus ausmachen. Dem Direktkontakt zwischen *sidera /astra* und der Dunkelheit der Unterwelt am *hiatus* (7,817; s. o. Kap. 7.4) wird eine Schichtstruktur Tellus-Atlas-Sterne gegenübergestellt, so dass ein ‚Sicherheitsabstand' zwischen oben und unten entsteht.[490] Der direkte Fall von Amphiaraus als Hundsstern (8,709–711, Kap. 7.4) hinunter zu den *umbrae* erscheint nicht mehr möglich. Der Atlas als das tragend-stabile Gebirge par excellence ist darüber hinaus ein Gegenbild zur Instabilität der abbrechenden Bergflanke aus dem Vergleich in 7,744–749 (dazu oben Kap. 7.3).[491] *astriferum* stellt weiterhin einen verbalen Rückbezug dar zu *astriferos* im dem kurzen Vergleich am Anfang von Buch 8, wo das Wanken der *tellus*, das den Applaus der Dis-Rede begleitet, hinsichtlich seiner Intensität verglichen wird mit einer Erschütterung des Himmels durch Jupiter: *nutabat tellus: non fortius aethera vultu / torquet et astriferos inclinat Iuppiter axes* (8,83f., s. o. Kap. 7.4).

Doch Thiodamas betreibt in diesem Gebet nicht nur die imaginäre Wiederherstellung von kosmischer Ordnung und Stabilität, sondern hält der Tellus auch

---

**490** Zu *supernas domos* vgl. *ambas* [...] *domos*, 8,48f.
**491** In seiner Rolle als Träger des Himmels taucht Atlas in *Theb.* 7,3f. auf, wo Jupiters Nicken die Sterne zum Wanken bringt und Atlas über zusätzliche Last klagt. Smolenaars 1994 ad *Theb.* 7,4 weist auf die traditionelle Rolle des Atlas als *caelifer* hin: Hom. *Od.* 1,52f.; Ov. *met.* 6,174f.; Verg. *Aen.* 4,427f.; 8,136f.

vor, dass sie allen Völkern gehöre und es daher letztlich kein gegen die Tellus gerichtetes *scelus* sein könne, nach Theben gekommen zu sein (8,318–322). Wie wir oben (7.3) bereits herausgestellt haben, ist eine der konkurrierenden Deutungen der Erdspalte diejenige, dass es sich bei dem Erdbeben um eine Handlung der Tellus selbst gehandelt habe, die sich für ihre thebanischen *alumni* einsetze. Diese Lesart wird von Palaemon vertreten und von den Argivern übernommen (8,134–161). Das Lob, das die Thebaner ‚ihrer' Tellus zukommen lassen, kann ebenfalls als Ausdruck einer solchen Interpretation des Erdbebens verstanden werden. Im Folgenden möchte ich zeigen, inwiefern das Gebet des Thiodamas klar gegen eine solche lokal-thebanische Lesart der Ereignisse gerichtet ist.

### 8.3.3 Adressierung

Die Gebete, vor allem der römischen Antike, zeichnen sich dadurch aus, dass die Betenden um eine möglichst genaue Adressierung der Gottheit bemüht sind – die Anrufung des falschen Gottes lässt das komplette Gebet sinn- und nutzlos werden.[492] Dieses Bemühen zeigt sich in der Vielzahl der Beinamen und sonstigen Prädikationen der angerufenen Gottheiten.[493] Mitunter können die Beinamen auch einen bestimmten Aspekt der Gottheit gezielt hervorheben.[494] Für diese Analyse des Thiodamas-Gebetes ist der Aspekt der Schutz- und Lokalgottheit relevant. Der Name der Schutzgottheit einer Stadt wurde oft geheimgehalten, um Feinden die Möglichkeit zu nehmen, diese Gottheit in deren Sinne anzurufen.[495] So ruft Camillus bei Livius Iuno als Schutzgöttin von Veji an, bevor er die Stadt attackiert.[496] Cicero wiederum ruft am Schluss seiner Verrinen diverse Götter an, an denen sich Verres vergangen habe, darunter auch Ceres und Libera, und zwar auch speziell

---

**492** Hickson 1993, S. 1; S. 33; Teifel 1952, S. 53; Plin. *nat.* 28,10f.
**493** Severus 1972, S. 1137; S. 1152f.; Hickson 1993, S. 7; eine Übersicht über die in der *Thebais* verwendeten Formen der Anrufung bietet Teifel 1952, S. 53–57.
**494** Severus 1972, S. 1155; Hickson 1993, S. 33: „When known, an added epithet may specify a particular aspect of the deity, for example Jupiter Optimus Maximus"; s. auch Appel 1909, S. 86f. (nach Funktionsbereich angerufene Götter); Wissowa 1912, S. 34 (zur Genauigkeit im röm. Ritual); Fyntikoglou und Voutiras 2005, S. 158: „Diese Anreden konnten auch den *offiziellen Ehrentitel* des Gottes enthalten, d.h. eine traditionelle oder jüngere Ergänzung des Gottesnamens, den die Staatsreligion übernommen hatte, um genau festzulegen, unter welcher Eigenschaft man den Gott anruft, damit so seine aktive Teilnahme gesichert werden kann […]." ebd. als Beispiel: *Iuppiter Dapalis*, *Epulo*, *Optimus Maximus*.
**495** Hickson 1993, S. 33f.; S. 36f.; Plin. *nat.* 28,18 (hierzu und zu anderen Stellen bei Plinius maior Köves-Zulauf 1972, S. 85–102); Macrob. *sat.* 3,9,1–8; Serv. auct. *Aen.* 2,351; zur *evocatio* Basanoff 1947; Liv. 24,38,8 (Pinarius ruft Schutzgottheiten von Henna an, bevor er angreift).
**496** Liv. 5,21,3; Hinweis bei Hickson 1993, S. 37.

als ‚Bewohnerinnen' von Henna und Beschützerinnen von Sizilien, nicht nur in ihrer allgemeinen Funktion.[497]

Auch Thiodamas scheint um eine korrekte Adressierung bemüht. Er redet die Tellus mit speziellen Beinamen an (*o hominum divumque aeterna creatrix*, 8,303; *o rerum media indivisaque magnis / fratribus*, 8,312f.; im weiteren Sinne auch 8,309f.: *firmum atque inmobile mundi / robur inoccidui*; 8,313: *alma*; 8,320: *optima*) und nennt im ebenfalls für das Gebet typischen „Relativ-Stil"[498] weitere Eigenschaften der angesprochenen Gottheit (8,304–307: *quae fluvios silvasque animarum et semina mundo / cuncta Prometheasque manus Pyrrhaeaque saxa / gignis etc.*).[499] Doch ‚welche' Tellus spricht Thiodamas hier an? Gesztelyi 1976 hat darauf hingewiesen, dass in dem Gebet zwei antike Tellus-Konzeptionen greifbar seien:

> Im Gebet sind zwei, wenn auch einander nicht ausschließende, Tellus-Deutungen gegenübergestellt. In der einen Interpretation ist sie die gemeinsame Mutter, Ernährerin und Beschirmerin von allem und allen, ein festes Zentrum des Weltalls. Nach der anderen Auffassung ist sie die Erde einer bestimmten Landschaft oder eines Volkes, abgegrenzt von allen anderen Ländern.[500]

Es wird uns unten noch beschäftigen, inwiefern sich diese beiden Deutungen in Thiodamas' Gebet „ausschließen" oder nicht, zunächst ist in jedem Fall festzuhalten, dass die zweite, ‚lokale' Auffassung den Hintergrund von Thiodamas' Vermutung bildet, die Tellus weigere sich, die Argiver zu tragen, weil diese als *plebes externa* nach Theben gekommen seien (8,318f.):[501]

---

[497] Cic. Verr. II 5,188 (siehe auch 187): *vos etiam atque etiam imploro et appello, sanctissimae deae, quae illos Hennensis lacus lucosque incolitis, cunctaeque Siciliae, quae mihi defendenda tradita est, praesidetis, a quibus inventis frugibus et in orbem terrarum distributis omnes gentes ac nationes vestri religione numinis continentur.*
[498] Norden 1913, S. 168–176; s. auch Teifel 1952, S. 56.
[499] Die Anrede an die Tellus im 1. Vers des Gebetes trage aufgrund der zahlreichen Spondeen bei zur „sombre and sacred atmosphere of the prayer", so Dominik 1994a, S. 263.
[500] Gesztelyi 1976, S. 56, vgl. auch S. 57 mit Hinweisen auf literarische ebenso wie inschriftliche Zeugnisse.
[501] Dee 2013, S. 192f. geht davon aus, dass sich die Argiver vor allem in der Nemea-Episode immer wieder „sacrilegiously" verhielten, so dass Thiodamas eigentlich wissen müsste, welches *scelus* bzw. welche *scelera* die Argiver begangen hätten: „In the prayer, Thiodamas betrays his obliviousness to the Argives' sacrilege [...]." Dee zieht den Schluss: „Thiodamas' animal sacrifice [...] could not have pleased Tellus, since the seer does not understand for what wrongful act the sacrificial offering serves as a substitute." Zumindest aus ritualpraktischer Sicht erscheint es nicht zwingend, dass der Opfernde genau benennen kann, worin genau sein *piaculum* (von diesem Phänomen geht Dee aus, vgl. S. 190f.) bestanden hat, zumindest legen dies summarische

> *quod, precor, ignari luimus scelus? an quia plebes*
> *externa Inachiis huc adventamus ab oris?*

> Welches Verbrechen, sag doch, begingen wir ohne Wissen? Dass wir als fremdes Volk hierher von Inachus' Ufern kamen?

So wie Thiodamas nun aber die Tellus in diesem Gebet *adressiert*, erscheint sie sehr klar als Tellus im Sinne der ersten von Gesztelyi 1976 beschriebenen „Interpretation". Sie ist Mutter, Erzeugerin und Ernährerin aller Menschen und der Götter (8,303, s. o.; 8,313f.: *ergo simul tot gentibus alma, tot altis / urbibus ac populis*).[502] Dieses Charakteristikum der Tellus verwendet Thiodamas im Anschluss an seine Frage nach dem *scelus*, um zu begründen, wieso die Tellus eigentlich die Argiver tragen müsse (8,320–328):

> *omne homini natale solum, nec te, optima, saevo*
> *tamque humili populos deceat distinguere fine*
> *undique ubique tuos; maneas communis et arma*
> *hinc atque inde feras; liceat, precor, ordine belli*
> *pugnaces efflare animas et reddere caelo.*
> *ne rape tam subitis spirantia corpora bustis,*
> *ne propera: veniemus enim, quo limite cuncti,*
> *qua licet ire via; tantum exorata Pelasgis*
> *siste levem campum, celeres neu praecipe Parcas.*

> Die ganze Erde ist des Menschen Heimat, und du, allergütigste, wirst nicht mit so grausamer, kleinlicher Grenze die Völker trennen, die doch allerorten und überall dir gehören. Bleibe allen gemeinsam, ertrage die Waffen hier und dort. Lass uns, das ist meine Bitte, in ehrlichem Kampf die mutige Seele aushauchen und dem Himmel zurückgeben. Raffe nicht noch lebende Männer so plötzlich ins Grab, übereile dich nicht, denn wir kommen dorthin, wo alle hingehen, auf gehörigem Pfad; erhöre die Bitte, lass den Pelasgern den Boden nicht wanken und greife den eilenden Parzen nicht vor![503]

Thiodamas stellt hier heraus, dass die Tellus allen gemein sei und gerade keine Abgrenzung zwischen den Völkern vornehme, während zuvor Palaemon die Tellus

---

Piakular-Opfer nahe, vgl. Ehlers 1941, Sp. 1184; anders Dominik 1994b, S. 111: „[...] Thiodamas' mistaken belief that the death of Amphiaraus is punishment for an Argive crime that has been perpetrated".

**502** Hierzu Gesztelyi 1976, S. 56; zur Geschichte der Tellus und der Vermischung mit Magna Mater und Gaia siehe Augoustakis 2016, S. xlvi.

**503** In diesen Versen erscheint die Erde in einer weiteren typischen Funktion, nämlich in ihrer Rolle als *Tellus tumulans* (Augoustakis 2016 ad 8,322–324). Statius spielt mit der Aussage *siste levem campum* auf die typische Formel des *sit tibi terra levis* an (*STTL*, Augoustakis 2016 ad 3,327–328; siehe auch ad 8,208–210 *molli tellure*).

in umgekehrter Weise eingeschätzt hatte. Diese Stelle muss beim Leser Irritation ausgelöst haben, und zwar in Kombination mit Thiodamas' Vermutung, die Tellus sei über das *scelus* erzürnt, dass die Argiver als *plebes externa* nach Theben gekommen seien. Die Argumentation des Thiodamas würde nur dann funktionieren, wenn die Tellus wirklich *nicht* als Lokalgottheit aufgefasst würde, denn ansonsten wäre ihre Reaktion ja durchaus verständlich gewesen und es bedürfte nicht der Frage des Thiodamas nach dem *scelus*, denn diese Art von *scelus* kann sich nur gegen die Tellus als Lokalgottheit richten. Ansonsten müsste man unterstellen, dass Thiodamas nach einem *scelus* fragt, von dem er schon weiß, dass es nicht das *scelus* gewesen sein kann, dass sie begangen haben.[504] Aus Sicht der Gebetspraxis ließe sich dann fragen, wie gesichert der Erfolg von Thiodamas' Gebet noch wäre, da in diesem Falle ein Aspekt der Gottheit bei der Adressierung außer Acht gelassen worden wäre – und zudem ein höchst relevanter. Denn wenn Thiodamas in irgendeiner Weise eine *Tellus Thebarum* in seinem Gebet besänftigen wollte, wäre die Anrede, die er gebraucht, nicht passend, da er die Tellus ja gerade *nicht* in ihrer Rolle als Lokalgottheit Thebens anruft.[505]

Für den Leser aber wäre es eine sehr naheliegende Annahme, dass hier die Tellus als Lokalgottheit auf die Ankunft der Argiver reagiert hat: Dass Tellus/Terra auch als Lokalgottheit gedacht wurde, ist klar nachzuweisen,[506] das Konzept der Schutzgottheit einer Stadt ist bekannt (s. o. zu Ceres und Libera in Ciceros Verrinen) und eine solche Auffassung ist auch innerhalb der fiktiven Welt z. B. der *Aeneis*

---

**504** Dass Thiodamas glaubt (oder zumindest in seinem Gebet so darstellt), dass die Tellus ihrem Wesen nach allen gemein sei, lässt sich auch an der Haltung ablesen, mit der er seine Frage an sie richtet: Gesztelyi 1976, S. 56 , weist darauf hin, dass Thiodamas' Frage *nos tantum etc.* „kraftvolle Aufregung" enthalte; „ihr Ton ist vorwurfsvoll, fast zur Rechenschaft fordernd. Der heftige Ton mildert sich aber in den nächsten Zeilen zur Anflehung." (ebd.).
**505** Auch Augoustakis 2010 sieht (anders gelagerte) Widersprüche in Thiodamas' Argumentation. Er geht zwar nicht explizit auf die Unterscheidung zwischen globaler und lokaler Tellus-Lesart ein (und zitiert entsprechend auch nicht Gesztelyi 1976, sondern nur einen späteren Beitrag [Gesztelyi 1981]), beschreibt aber dennoch in ähnlicher Weise Spannungen zwischen Grenzauflösung und Grenzziehung im Gebet des Thiodamas: „With the phrase *omne homini natale solum*, the seer tries to elicit an alliance between Tellus and the Argives. A state without boundaries (*distinguere fine*), however, contradicts the imperialistic aims of the Argive expedition: the army has trespassed into hostile territory to claim back the throne, a prize that should have been communis between the two brothers but is not. [...] The word *ora* defines the boundary between the land of Inachus and the land of the Aonians: Thiodamas subconsciously replaces boundaries, while he thinks he is able to bring about their collapse" (S. 42f.).
**506** Gesztelyi 1976, S. 56 (ebenso Weinstock 1934, Sp. 806) führt an CIL III 1351 = 7853 (Fundort Micia [Vetel]): *I · O · M / TERRA · DAC /ET · GENIO · P · R* [...]; CIL V 327 (Fundort Parentium [Porec]): *CARMINIA · L · F / PRISCA / HISTRIAE · TERRAE / V · S · L · M.*

greifbar⁵⁰⁷ und darüber hinaus auch in der *Thebais* selbst, wie sich in Palaemons Aussage (s. o.) und in ähnlicher Weise auch beim nächtlichen Fest der Thebaner zeigt (8,223–239, s. oben Kap. 8.1). Um die *placatio* zu erzielen und die Tellus als Lokalgottheit auch für die beabsichtigte Eroberung Thebens als Unterstützerin zu gewinnen, erschiene eine Berücksichtigung des lokalen Aspekts der Tellus in der Anrufung als sinnvoll.

Bemerkenswert ist nun weiterhin, dass Thiodamas somit in seinem Gebet eigentlich überhaupt keine konsistente Deutung anbietet, worin die Verfehlung der Argiver bestünde. Wenn das *scelus*, von dem er spricht, darin bestünde, dass sie als Fremde gekommen sind, müsste man die Tellus als Lokalgottheit auffassen, was Thiodamas offenbar aber gerade nicht tut. Wenn sie dagegen als allumfassende Nährerin und Mutter verstanden wird, kann das *scelus* nicht darin bestanden haben, dass die Argiver nach Theben gekommen sind – in diesem Falle wiederum würde das Argument der *plebes externa* ins Leere laufen. Verbunden mit dieser ins Leere laufenden Deutung des Thiodamas ist die Annahme, dass das Aufreißen der Erde eine *Reaktion* der Tellus auf ein *scelus* ist. Da unklar ist, ob die Tellus nicht auch weiterhin so verfahren wird, besteht die Gefahr, dass Bestattung in ihrer normalen Form nicht mehr möglich sein könnte, so dass Thiodamas die Tellus entsprechend darum bittet, nicht den Parzen vorzugreifen. Das Gebet geht ganz offenbar nicht davon aus, dass Amphiaraus' Unterweltfahrt selbst die eigentliche Verletzung der Tellus darstellt und dass das Erdbeben und Aufreißen der Erde keine Handlung der Tellus darstellt, sondern anderweitig induziert worden ist. In der Amphiaraus-Tradition vor Statius retten Zeus und Apollo den Seher, indem Zeus einen Blitz entsendet, der die Erde spaltet.⁵⁰⁸ Die Gestaltung des Textes hingegen macht es letztlich unmöglich, eine Erklärung für den *hiatus* als die ausschließlich richtige zu identifizieren, wie ich – gegen früher vertretene Positionen – in Kap.7.3 dargelegt habe. Wenn Amphiaraus als einer der Argiver die Tellus in dieser Weise verletzt hätte oder mittelbar an der Verletzung schuld wäre, wäre die *placatio* eines solchen *scelus* eine deutlich größere Herausforderung gewesen und die eigentliche

---

**507** Gesztelyi 1976, S. 57 weist hin auf *Aen.* 12,777–779 (Turnus): ‚*Faune, precor, miserere*' *inquit* ‚*tuque optima ferrum / Terra tene, colui vestros si semper honores, / quos contra Aeneadae bello fecere profanos*'; *Aen.* 7,135–138 (Aeneas): *sic deinde effatus frondenti tempora ramo / implicat et geniumque loci primamque deorum / Tellurem Nymphasque et adhuc ignota precatur / flumina*; weiterhin Aischyl. *Sept.* 69 (69–77) (Eteocles) mit direktem Bezug auf Gaia als Schutzgöttin von Theben: ὢ Ζεῦ τε καὶ Γῆ καὶ πολισσοῦχοι θεοί (Gesztelyi 1976, ebd.: „Das hätte Statius eine direkte Inspiration geben können, wodurch er die Rolle der Erde von Theben bestimmen konnte"); *Suppl.* 890–892.
**508** Gesztelyi 1976, S. 53; Pind. *Nem.* 10,8; 9,24 (Hinweis bei Gruppe 1906, S. 535, Fn. 7; s. auch Augoustakis 2016, S. xxv).

Strafe für diese Verletzung der Sphäre der Erdgöttin würde überhaupt erst noch bevorstehen.

### 8.3.4 Zur Dekonstruktion der *Tellus Thebana*

Wie schon angedeutet, bildet Thiodamas' Weltentstehungsgeschichte das Gegengewicht zu den Ursprungssagen, die die Thebaner singen (8,218–239). Diese sind ebenfalls chronologisch strukturiert (vgl. 8,223: *ex ordine*) und können als Neuerrichtung der Stadt im Gesang verstanden werden (s. o. Kap. 8.1). Der Gesang der Thebaner nimmt seinen Ausgang vom Raub der Europa, Zeus/Jupiter wird in die thebanische Geschichte integriert.[509] Thiodamas dagegen stellt gleich zu Beginn die Priorität der Tellus gegenüber Jupiter und allen anderen Göttern heraus, wenn er sie als *divum creatrix* anredet (8,303).[510]

An die Seite der Tellus treten dann zwei weitere Schöpferfiguren, eine, Prometheus, männlich, die andere, Pyrrha, weiblich. Die drei bilden zusammen das Gegengewicht zu Semele als Mutter des Bacchus und Venus als Mutter der Harmonia (8,234–236). Mit den *Pyrrhaea saxa* ruft Statius das Motiv der menschlichen Erdsaat auf. Gestützt durch die *semina* in Vers 304 bedeutet dies eine weitere Abgrenzung zum thebanischen Mythos, namentlich zur Drachensaat des Cadmus. Auch diese mythische Episode hatten die feiernden Thebaner besungen (8,231–234, s. o. Kap. 8.1).[511] An die Seite des motivischen intratextuellen Bezuges zwischen der Saat des Cadmus und der Saat der Pyrrha tritt ein wörtlicher Rückbezug, der quer zum motivischen liegt. So kommen auch in den Gesängen der Thebaner *saxa* vor, dort allerdings sind diese Material für die Stadtmauer Thebens: *alii Tyriam reptantia saxa / ad chelyn et duras animantem Amphiona cautes* (8,232f.). Die *saxa*

---

509 Wie Tellus konnte auch Jupiter als Lokalgott verehrt werden, vgl. Gesztelyi 1976, S. 57; dies lässt sich zwar nicht am kurzen Auftreten Jupiters im Gesang der Thebaner festmachen, steht aber vielleicht als Konzept dennoch im Hintergrund, wenn man die unterschiedlichen Tellus-Lesarten in der Passage bedenkt.
510 Gesztelyi 1976, S. 54f.: Außer den Statius-Stellen komme ein derartiges Attribut für Tellus noch vor in der *Precatio Terrae* 17, PLM 1, S.139 (kaiserzeitlich). Ansonsten komme ein solcher Titel Zeus zu (γενέτωρ in Eur. Frg. 839 Nauck²), „der mit Uranos, dem Urvater der griechischen Theogonie, identifiziert [...], und mit der Urmutter Erde [...] verbunden wurde." Das Erzeuger-Attribut wird nicht auf Gaia übertragen, auch nicht in Anreden; allerdings kann sie als πάντων μήτηρ bezeichnet werden. Gesztelyi 1976 abschließend: „So wird sie – wenn auch unausgesagt – neben den Hauptgott Iuppiter gestellt und mit der Macht der gleich großen Mutter ausgestattet." zur Nähe von Tellus und Magna Mater Lucr. 2,589–599; s. auch CIL VIII 8309, wo die Tellus ebenfalls als *genetrix* bezeichnet wird; Verg. *Aen.* 9,82; Legras 1905, S. 165f.
511 Laut Joyce 2008, S. 404 ad 8,303–338 verweist 8,304f. auf Jupiters *semina belli* in 1,243; Walter 2014, S. 122, Anm. 26 weist darauf hin, dass die *semina belli* ein Leitmotiv der *Thebais* darstellten.

bewegen sich dank der musikalischen Aktivitäten Amphions. Besonders bemerkenswert ist, dass dieser in der Lage ist, die *cautes* (variierend für *saxa* im Vers zuvor, ebenfalls pointiert in Versendstellung) zu beseelen (*animantem*). Das Beseelen von eigentlich nicht lebendigem Material *saxa* stellt die Brücke her zu den *Pyrrhaea saxa*, die im Mythos eine ähnliche Transformation erfahren. Während die Thebaner ihre lokale *Tellus Thebana* ‚herbeisingen', ist Thiodamas darum bemüht, eine Tellus ‚herbeizubeten', die allen gemeinsam ist: Bei ihm werden die beseelten *saxa* nicht etwa zur Mauer Thebens, sondern zu Menschen. Thiodamas' Gebet übertrifft den Gesang der Thebaner, indem er eine Schöpferfigur mehr evoziert und auch eine größere Variation erreicht, indem er eine männliche Schöpferfigur evoziert. Bei den Geschöpfen dagegen scheinen auf den ersten Blick die Thebaner ‚in Führung': Anders als Prometheus und Pyrrha erzeugen Semele und Venus Götter. Hier nun wird erneut die Tellus als *creatrix divum* relevant. Bemerkenswert ist, dass zwar die *creatio* der Menschen durch die Tellus relativ ausführlich zur Sprache gekommen ist, nicht aber die von Göttern. Es werden lediglich die *magni fratres* erwähnt (8,312f.), was sich aber bereits auf die kosmische Ordnung und nicht etwa auf die Hervorbringung dieser Götter bezieht. Die Tellus nun wird aber nicht nur Menschen erzeugen, sondern in Kürze auch die quasi-Schöpferin des Sehergottes Amphiaraus sein, so dass die Argiver erneut einen Gott haben, als Gegengewicht zu Bacchus und Harmonia im Gesang der Thebaner.

Die Tellus bzw. der Kosmos, den Thiodamas in seinem Gebet imaginär neu erschafft, ist auch dadurch gekennzeichnet, dass in ihm die einzelnen Weltbereiche ihren klar abgegrenzten Platz haben. Auf dieser Grundlage kann Thiodamas dann am Schluss des ersten Teils seines Gebetes darum bitten, dass die Tellus allen den normalen Weg eines Toten gewährt (8,325–328, s. o.): Bis zu dieser Stelle hat Thiodamas Amphiaraus' Tod nicht zum Thema gemacht, sondern die Rolle der Tellus im Weltgefüge und im Verhältnis zu den Argivern (neu) bestimmt, was als Reaktion auf die große Niedergeschlagenheit und Angst des Heeres verstanden werden kann, wie sie im Vorlauf des Gebetes breit geschildert wurden (8,127–217). Die Stelle 8,325–328 geht einen Schritt weiter zurück im Text an den Beginn des achten Buches. Statius ruft die Eingangsszene wieder auf (8,1–20), in der er seinen Erzähler die Unerhörtheit von Amphiaraus' *descensus* aus Sicht der Unterwelt hatte herausstellen lassen. *subitis bustis* (8,325) verweist auf den Eingangsvers des achten Buches (*ut subitus vates pallentibus incidit umbris*, 8,1). Der Hinweis auf den normalen Weg eines Toten (*quo limite cuncti / qua licet ire via*, 8,326f.) wiederum verweist ebenfalls auf diverse Motive der Eingangsszene wie die fehlende Urne (8,5f.) oder das Überspringen des Fährmannes (8,18–20, s. auch 8,9–11 sowie 8,84f. (Pluto-Rede): *qui limite praeceps / non licito per inane ruis?*). *celeres neu praecipe Parcas* (8,328) schließlich weist zurück auf 8,11–13, wo die Parzen den Schicksalsfaden verspätet abreißen. Diese Worte bereiten somit gedanklich den zweiten Teil des Gebetes vor, der an Amphiaraus gerichtet ist und in dem Thiodamas eine Umdeutung der Unterweltfahrt und der Erdspalte betreibt, wie ich im Folgenden zeigen möchte.

## 8.4 Amphiaraus in Thiodamas' Gebet

Die *placatio* der Tellus ist nur ein Teil von Thiodamas' Gebetshandlung (8,303–328). So wendet er sich nach dem Gebet an Tellus Amphiaraus zu, betet zu ihm als neuem Sehergott und äußert sich auch über den Ort der Unterweltfahrt (8,329–338).[512] Ich möchte zum einen zeigen, welche Eigenschaften der Erdspalte Thiodamas herausgreift, um sie zu einem sakralen Ort umzugestalten (Kap. 8.4.3), zum anderen, inwiefern sich die Besonderheit, dass Thiodamas' Gebet das allererste Gebet an einen neuen Gott ist, im Gebet selbst strukturell niederschlägt (Kap. 8.4.2). Auch im an Amphiaraus gerichteten Teil des Gebetes nimmt Thiodamas eine weitere Umkonstruktion eines Raumes vor, die eng verknüpft ist mit einer Umdeutung des *hiatus*, hier nun interessanterweise wieder in einem sehr lokalen Sinne (hierzu Kap. 8.4.1), aber erneut in Abgrenzung von der thebanischen Sichtweise. Kapitel 8.5 präsentiert nochmals eine längsschnittartige Untersuchung der *descensus*-Episode und zeichnet nach, inwiefern Statius mittels verschiedener figuraler Spiegelungen vorausweist auf Thiodamas als neuen Seherpriester und vor allem auf Amphiaraus als neuen Sehergott, wie er sich im Gebet darstellt. Mit der Restabilisierung und Umdefinition der Tellus hat Thiodamas bereits den Boden für Amphiaraus ein Stück weit bereitet. Bevor er jedoch in vollem Umfang Amphiaraus als neuen Sehergott imaginieren kann, muss er zunächst noch für die ‚Bestattung' des Amphiaraus ‚sorgen'.

### 8.4.1 Tellus, Natura und Bestattungen

Der erste Teil des Amphiaraus-Gebetes führt nochmals weitere Schritte von einer problematischen *Tellus-Thebana*-Lesart der Ereignisse weg. In den ersten beiden Versen stellt Thiodamas knapp einen möglichen alternativen Ausgang der Ereig-

---

[512] Die Deutung von Walter 2014, S. 181f. greift etwas zu kurz, da sie das Gebet an Amphiaraus lediglich als Ausdruck besonderer „Verehrung" ansieht: „Die Verehrung des Thiodamas für seinen Vorgänger geht so weit, dass er ihn wie einen Gott anbetet und ihn bittet, ihm seine prophetische Gabe zu übertragen [....]. Der menschliche Seher tritt hier ganz an die Stelle des Gottes."Swoboda 1980, S. 296 erklärt fälschlich, dieser Teil des Gebetes richte sich an Apollo: „Secunda precationis pars (vv. 329–338) Apollini dicata est [...]." Vgl. dagegen Teifel 1952, S. 31.

nisse vor Augen: Es wäre möglich gewesen, dass Amphiaraus seinen Tod in der Schlacht gefunden hätte. Dieser Todesart wird das positive Bild des Umarmens durch die *magna Natura* entgegengestellt (8,329–332):

> *at tu, care deis, quem non manus ulla nec enses*
> *Sidonii, sed magna sinu Natura soluto,*
> *ceu te Cirrhaeo meritum tumularet hiatu,*
> *sic amplexa coit*

> Du aber, Liebling, der Götter, den keine Hand und kein Sidonisches Schwert, sondern die große Natur mit offenem Busen umarmend hinnahm, als wollte sie dich nach Verdienst im Cirrhaeischen Spalt bestatten [...].

Hier führt Thiodamas nun die *Natura* als Instanz ein, er spricht nicht mehr von der Tellus. Schon dadurch grenzt er sich gedanklich vom Vorherigen ab, wenngleich Augoustakis 2016 zu Recht darauf hinweist, dass die *Natura* hier zu verstehen sei als „a more abstract metamorphosis of Tellus", da sie hier in der Rolle der *Tellus tumulans* auftrete.[513] Nicht die Feinde und auch keine feindlich gesonnene Tellus haben Amphiaraus getötet, sondern die Natur hat ihn zu sich genommen, was dem Tod von thebanischer Hand sogar noch vorzuziehen ist – so die implizite Logik. Hier zeigt sich eine wichtige Differenzierung des Thiodamas hinsichtlich der Ereignisse am *hiatus*. So beschreibt er im Tellus-Gebet ein mit Tellus verbundenes Ereignis, das gegen die Argiver im Allgemeinen gerichtet war, namentlich das Erdbeben (*nos tantum portare negas*, 8,317). Erst gegen Ende des ersten Teils bezieht er sich auf den *descensus* des Amphiaraus, doch auch dort nennt er den Seher nicht namentlich, sondern spricht unspezifisch von *subitis bustis*, die die Tellus offenbar nun zulasse (8,325). Das Verschlingen des Sehers handelt er konkret erst im Amphiaraus-Teil des Gebetes ab, welchen er sprachlich vom vorherigen abgrenzt (*at*, 8,329). Dass Amphiaraus verschlungen wurde, erscheint dadurch als ein separates Ereignis, für das auch ein anderes ‚Kausal'-Verhältnis angedeutet wird als zuvor: Die eigentlich furchteinflößende Todesart des Amphiaraus wird zur Handlung der Natur, die auf die topographischen Besonderheiten der delphischen Orakelstätte verweist (*Cirrhaeo* [...] *tumularet hiatu*, 8,331). Das Versinken in der Erdspalte wird zur Umarmung durch die Natur (*amplexa*, 8,332), was nicht mehr als feindselige Handlung aufgefasst werden kann (vgl. dagegen 8,318f.). Diese ‚Umarmung' schildert Thiodamas in einer Art Mikro-Narration: zuerst das Öffnen der Arme, impliziert in *sinu* [...] *soluto*, dann Umarmung (*amplexa*), dann das Schließen mit *coit* (8,330–332). Dies überschreibt den Bericht vom Erdbeben: *sinu*

---

[513] Augoustakis 2016 ad 8,329–323.

## 8.4 Amphiaraus in Thiodamas' Gebet — 201

*soluto* entspricht *dissilit* (7,717), *amplexa* entspricht *haurit* (7,818) und *mergit* (7,819), *coit* schließlich hat seine direkte Entsprechung in *coire* (7,821).

Thiodamas entkoppelt hier subtil die Ereignisse um den *hiatus*. Denn das symbolische Begräbnis des Sehers durch die Natur wäre ja eigentlich erst dann nötig, wenn er verstorben ist. Dieses Sterben aber fällt aus Sicht der Argiver mit dem Aufreißen der Erde zusammen, und im Text wird die problematische Kombination zwischen Unterweltfahrt und Sterben zu Beginn von Buch 8 auch ausgespielt (s. o.).[514] Thiodamas lenkt also den Fokus weg vom eigentlichen Tod des Sehers durch Verschlingen, den man als feindliche Handlung hätte auffassen können. Das Aufklaffen stellt nunmehr eine Begräbnishandlung dar, die ‚Tötung' des Sehers ‚durch' die Unterweltfahrt bleibt eine geschickt überspielte Leerstelle im Gebet. In umgekehrter Weise hatte Palaemon zuvor beide Ereignisse eng verbunden gedacht, als er darauf hingewiesen hatte, dass die *humus impia* Wagen, Kämpfer und Waffen verschlinge (*sorbet*, 8,141), um dann als Beleg die Unterweltfahrt des Sehers zu berichten (8,143–146) und mit dem Hinweis auf die Feindseligkeit der Tellus zu enden (8,149f.).

Das symbolische Begräbnis des Sehers durch die Natur kann weiterhin als Reaktion des Thiodamas auf die Problematik verstanden werden, mit der sich die Argiver konfrontiert sehen, die ihrem Seher nur ein „quasi-burial"[515] zukommen lassen können, das lediglich aus dem Nachruf besteht, die üblichen Riten aber vermissen lässt: *ceu flammas ac dona rogo tristisque rependant / exsequias mollique animam tellure reponant* (8,209f.). Wie die Argiver kann auch die Natur hier nur eine ‚als-ob-Handlung' vollziehen. Der Vergleich in 8,331 (*ceu te Cirrhaeo meritum tumularet hiatu*) korrespondiert mit dem in 8,209f., die Argiver und die Natur erscheinen parallelisiert. Wie die Argiver ohnehin ist auch die Natur dem Amphiaraus wohlgesonnen und sorgt sich um dessen Bestattung. Darüber hinaus erhöht der Vergleich in 8,331 die Glaubwürdigkeit von Thiodamas' Darstellung. Denn das *Umarmen* durch die Natur wird als Tatsache präsentiert, die im *ceu*-Vergleich weiter erhellt wird.

Das Lebendopfer, welches Thiodamas im Anschluss an sein Gebet durchführt, stellt der symbolischen Handlung der Natur eine menschliche Handlung gegenüber, die in ähnlicher Weise funktioniert (8,338–341):

---

[514] Zur Ambiguität von Amphiaraus' Unterweltfahrt zwischen Begräbnis und Tod vgl. auch die Diskussion zur Bedeutung von *funus* („funeral procession"/„dead body") bei Smolenaars 1994 ad 7,697f.
[515] Vgl. Parkes 2013, S. 168 und *passim*.

> *haec ubi dicta,*
> *nigrantis terra pecudes obscuraque mergit*
> *armenta, ac vivis cumulos undantis harenae*
> *aggerat et vati mortis simulacra rependit.*

Nach diesen Worten versenkt er schwarze Schafe und dunkle Rinder in der Erde,[516] häuft Haufen wogenden Sands auf die noch lebenden Tiere und stiftet so dem Seher ein Bild seines Todes.

Das lebendige Begraben der Tiere wird vom Erzähler als das Schaffen von *simulacra* beschrieben, die in der Erde ‚ertrinkenden' Tiere (*mergit, undantis*) repräsentieren den untergehenden Seher.[517] Thiodamas betätigt sich rituell in ähnlich symbolischer Weise, wie er es der Natur im Gebet unterstellt hat. Er reinszeniert Amphiaraus' Tod ‚durch' Versinken, den die Natur als Begräbnis in der Delphischen Spalte inszeniert hatte. Doch im Gebet geht er noch einen Schritt weiter.

### 8.4.2 Erste Gebete, erste Argumente – Amphiaraus als neuer Sehergott

Vom ersten Vers des Gebetes an spricht Thiodamas zu Amphiaraus formal wie zu einem Gott. Das Gebet beginnt im typischen „Du-" und „Relativ-Stil" (*at tu, quem,* 8,329),[518] ähnlich wie das Gebet an Tellus. Das Personalpronomen (und Possessivum) der 2. Person durchzieht auch den Rest des Gebetes (8,331: *te*; 8,333: *tuos*; 8,335: *tibi*; ebd.: *tui*; 8,336: *te*). Wenngleich *care deis* inhaltlich noch auf Amphiaraus als einen mit den Göttern vertrauten Seher zurückweist, so ähnelt es doch formal den typischen Anrufungen einer Gottheit mit Beinamen oder Beiwort. Auch ansonsten zeichnet sich Amphiaraus durch all das aus, was einen kultisch verehrten Gott ausmacht: Gebete (*precatus,* 8,332),[519] Altäre (*aris,* 8,333), Opfer bzw. Riten (*sacra,* 8,335),[520] Thiodamas als *interpres* (8,336) in typischer Priesterrolle[521] und auch ein *adytum* (dazu u. Kap. 8.4.3).

---

516 Schönberger 1998, der sich mit Klotz und Klinnert 1973 für die Lesart *terrae* entscheidet, übersetzt: „sendet er der Erde".
517 Vgl. auch Ahl 1986, S. 2859.
518 Norden 1913, S. 144–163 zum „Du-Stil" und S. 168–176 zum „Relativ-Stil der Prädikation."
519 Vorbereitet durch 8,206f. (Augoustakis 2016 ad 8,332–334).
520 Schönberger 1998: „Opfer"; Micozzi 2010: „sacrifici"; Lesueur 1991: „sacrifices"; anders Shackleton Bailey 2003b und Joyce 2008: „rites".
521 „The role of the priest as the spokesman, ambassador, and messenger of the god [...] is common [...]." (Augoustakis 2016 ad 8,335–336 mit Hinweis auf OLD s.v. *interpres* 2; Cic. *nat.* 2,12; Sen. *Tro.* 351).

## 8.4 Amphiaraus in Thiodamas' Gebet

Das Besondere an diesem Gebet: Thiodamas betet das erste Mal zu einem neuen bzw. neu zu schaffenden Gott. Dies schlägt sich auch inhaltlich nieder. So bittet Thiodamas den neuen Gott darum, ihm Kenntnis von dessen Gebeten zu verschaffen (8,332f.: *hilaris des, oro, precatus / nosse tuos*). Es stellt sich hier die Frage, inwiefern das Gebet in seinem Aufbau diese besondere Situation widerspiegelt.

Schon die Gebete der homerischen Epen lassen sich häufig in drei Teile gliedern.[522] Am Anfang steht die Anrufung der Gottheit, in einem Mittelteil, der „pars epica" – oder treffender: dem „Argument"[523] – begründet der/die Betende dann seinen/ihren Anspruch, von der Gottheit erhört zu werden. Die Bitte schließt das Gebet ab. Diese Dreiteilung des Gebetes darf als literarische Konstruktion angesehen werden, die tatsächlichen Gebete enthielten nur Anrufung und Bitte, wohingegen das „Argument" literarisch-rhetorische Zutat ist.[524] Auch die Gebete der römischen Literatur folgen oft dieser Dreiteilung,[525] wohingegen die realen Gebete diese Form nicht erkennen lassen, ähnlich wie im griechischen Kulturkreis.[526] Einzig der Verweis auf ein gerade dargebrachtes Opfer oder die Weihung einer zukünftigen Opfergabe können als „eine Art Argument" angesehen werden.[527] Auch in der Literatur finden sich selbstverständlich Beispiele für diese Typen der Argumentation, so endet das Gebet an Pales in Ovids *fasti* (4,747–776, zu den Parilia am 21. April) mit der Ankündigung, wenn der Wunsch des Betenden erhört werde, werde dieser der Pales jährlich „Opferkuchen"[528] (*liba*) darbringen.[529] Im literarischen Gebet hingegen werden auch „past deeds of piety" oder „previous favors granted by the divinity" zur Argumentation herangezogen.[530]

---

**522** Jakov und Voutiras 2005, S. 116 mit Hinweis auf *Il.* 5,114–119; *Od.* 762–766; Graf 1998, Sp. 831 mit Hinweis auf *Il.* 1,37–42.
**523** Jakov und Voutiras 2005, S. 116; Hickson 1993, S. 10; anders Teifel 1952, S. 39, Anm. 1.
**524** Jakov und Voutiras 2005, S. 116.
**525** Fyntikoglou und Voutiras 2005, S. 159f.; Catull. 34; *Aen.* 2,689–691; Ogilvie 1969, S. 24–32.
**526** Fyntikoglou und Voutiras 2005, 159; S. 176, Nr. 27: CIL VI 32323, 90–99 (Augustus opfert und betet); siehe dazu auch Hickson 1993, S. 10f. Ein Beispiel aus der *Thebais* für die zweigeteilte Form aus Anrufung und Bitte wäre das Gebet der Argiverfrauen an Juno in 10,67–69.
**527** Hickson 1993, S. 10f.; Fyntikoglou und Voutiras 2005, S. 166: „Die rituellen Opfergebete wurden so verfasst, dass sie einerseits die Rahmenveranstaltung deutlich darstellten und andererseits eine Art Argument formulierten [...]."
**528** Übersetzung Bömer 1957.
**529** *quae precor, eveniant, et nos faciamus ad annum / pastorum dominae grandia liba Pali*, Ov. *fast.* 4,775f.; siehe auch *fast.* 4,931–932 (Robigalia, 25. April); zu beiden Stellen Fyntikoglou und Voutiras 2005, S. 160, die diese Stelle als ein Beispiel nennen für das Phänomen der „Ankündigung, dass die Reaktion des Gottes Voraussetzung für zukünftige Gaben und Weihgeschenke ist [...]".
**530** Hickson 1993, S. 11 (gegen ältere Forschungsmeinungen, die davon ausgehen, dass der Verweis auf frühere Leistungen auch für das rituelle Gebet typisch war) mit Hinweis auf *Aen.* 9,406–408 (Nisus betet zu Diana).

Dass die realen rituellen Gebete keine *pars epica* / kein Argument in dieser Form aufweisen, ist für die Zwecke dieser Arbeit nicht notwendigerweise ein Problem, da sich die Vorstellung vom Aufbau der rituellen Handlung „Gebet" auch aus der Literatur speisen kann, wenn die rituelle Anspielung funktionieren soll.[531] Die Gebete der *Thebais* folgen ebenfalls dem dreiteiligen Schema, wobei an einigen Stellen das Argument den Mittelteil einnimmt, öfters auch am Ende steht, nach Art eines Votum.[532] Eine Normalform innerhalb der *Thebais* auszumachen, von der der Rezipient dann auch beim Gebet an Amphiaraus ausgeht, ist also nicht ohne Weiteres möglich. Ganz unmittelbar aber dürfte das vorausgehende Gebet an Tellus die Erwartungshaltung gesteuert haben. Dieses Gebet nun lässt sich formal und inhaltlich in die eben beschriebenen drei Teile gliedern, die jeweils durch eine Scharnierstelle (313b–316, 320–323) verbunden sind.

Den ersten Teil stellt die Anrede an die Gottheit im engeren Sinne dar (303–313a), er wird eingeleitet und abgeschlossen durch Vokative, jeweils versehen mit der Interjektion *o*. Weiter untergliedert ist dieser erste Teil in einen ersten Abschnitt, bestehend aus drei Relativsätzen, in denen die Tellus Subjekt ist (304–307). In dem darauffolgenden Abschnitt (308–313a) steht strukturanalog zum dreimaligen *quae* zuvor dreimal *te*, unterbrochen durch *robur* als einem weiteren Vokativ (*te penes et pecudum gens mitis et ira ferarum / et volucrum requies; firmum atque inmobile mundi / robur inoccidui, te velox machina caeli / aere pendentem vacuo, te currus uterque / circumit*).[533] Es schließen sich zwei Hauptsätze an (313–316), eingeleitet durch *ergo*. Diese stellen das Scharnier zum folgenden zweiten, argumentierenden Teil dar, insofern, als einerseits vorherige Eigenschaften der Tellus nochmals variierend aufgenommen werden (Rolle der Ernährerin, stabiles Element

---

[531] Vgl. in dieser Arbeit S. 75, Fn. 212 sowie in der Einleitung Kap. 1.2; Jakov und Voutiras 2005, S. 117 (zum griechischen Gebet): „Inwieweit der rhetorische dreiteilige Aufbau mancher literarischer Gebete die Sprache der bei sakralen Handlungen rezitierten Kultgebete beeinflusst hat, muss dahingestellt bleiben."

[532] Eine hilfreiche Übersicht bei Teifel 1952, S. 92, die allerdings nicht immer zu überzeugen vermag. Oedipus (1,56–87) verweist in seinem Gebet erst auf seine Verdienste und seine Verbindung zu Tisiphone, um dann mit der Bitte zu schließen (zur Gliederung schon Lact. ad *Theb.* 1,56, s. auch Hartmann 2004, S. 179). Auch das Gebet des Parthenopaeus zu Diana ist so gegliedert (6,632–637); vgl. auch das Gebet der Atalante zu Diana (9,608–635; gegen Teifel 1952, S. 92, Anm. 5, s. Dewar 1991 ad *Theb.* 9,608ff.). Im Gebet des Tydeus an Minerva stehen die Bitten in der Mitte und das Votum am Schluss (2,715–742). In ähnlicher Weise schließt auch das Gebet des Hypseus an Asopus mit dem Hinweis, dass er die Waffen des Sehers im Wasser des Flussgottes versenken werde (7,730–735); vgl. auch das Gebet des Thiodamas an Apollo (10,337–345). Zur Sonderform des Gelübdes / Votum Fyntikoglou und Voutiras 2005, S. 168–170.

[533] Man könnte *robur* auch als vorgezogene Apposition zu *te* verstehen (Micozzi 2010) oder auch wie bei Schönberger 1998 im Nominativ als Subjekt eines Hauptsatzes mit *es*-Ellipse: „Du bist etc."; *robur* wie ein Vokativ übersetzt bei Joyce 2008.

im Kosmos), um sie dann aber schon in Richtung der Argumentation im zweiten Teil einzusetzen: Die Erde vermag ihre tragende Rolle *nullo labore* zu erfüllen (316), also sollte sie auch die Argiver mit Leichtigkeit tragen können, wie gleich im ersten (Frage-)Satz des zweiten Teiles (317–319) deutlich wird (*nos tantum portare negas?*, 317). Er besteht aus vier über drei Verse verteilten Fragen. Das Argument lässt sich grob zur Kategorie „(previous) favors granted by the divinity" rechnen. Im dritten Teil folgen die Bitten an die Gottheit. Dieser Teil weist dementsprechend mehrere Prädikate im Konjunktiv und mehrere (dichterisch) verneinte Imperative auf. Teil 2 und 3 verbindet ein Scharniersatz (320–322a), der noch argumentierenden Charakter hat, aber auch bereits in Richtung eines Soll-Zustandes deutet, wird doch hier erneut darauf hingewiesen, dass die Tellus allen gemeinsam und ein *saevus tamque humilis finis* ihrer Würde nicht angemessen sei. Das Gebet an Tellus erinnert den Leser also an den typischen dreigliedrigen Aufbau eines literarischen Gebetes.[534] Inwiefern entspricht nun Amphiaraus' Gebet strukturell der Erwartung des in dieser Weise vom Tellus-Gebet eingestimmten Lesers?

Das Gebet an Amphiaraus lässt sich formal und inhaltlich in drei Teile gliedern, ähnlich dem Gebet an Tellus. Der erste Teil, beginnend mit *at tu*, erstreckt sich von Vers 8,329 bis 8,332a und besteht aus einem Relativsatz,[535] in dem die (noch) kurze ‚Geschichte' der neuen Gottheit erzählt wird (vgl. Anrede und die Relativsätze im ersten Teil des Tellus-Gebetes); illustriert durch den Vergleich in 8,331: *ceu te Cirrhaeo meritum tumularet hiatu*, der bereits im Sinne der Anführung der Aspekte der Gottheit im Gebet verstanden werden kann, verweist er doch auf Amphiaraus' Funktion als Sehergott. Den zweiten Teil des Gebetes (8,332b–335a) machen nun aber wider Erwarten nicht die Begründungen der Bitten aus, sondern die Bitten selbst (*des*, 8,332; *concilies*, 8,334; *doceas*, 8,334). Die dritte Bitte leitet mit *me* (*doceas*) über zum letzten Teil, in dem Thiodamas ankündigt, er werde *sacra* für Amphiaraus durchführen, ihn anrufen sowie den Ort der Unterweltfahrt für mächtiger halten als Delos oder Delphi (8,335a–8,338a). Somit steht in diesem Gebet die *pars epica* / das Argument erst am Schluss, wohingegen die *preces* bereits in der Mitte stehen.[536]

---

534 Ähnlich Teifel 1952, S. 42, Anm. 1; Swoboda 1980, S. 296: „expositio": 303–316; „hypomnesis": 317–322; „preces": 322–335; Augoustakis 2016 ad 8,303–338 dagegen teilt das Gebet in zwei Teile (303–316 / 317–328).
535 Bzw. aus zwei Relativsätzen, von denen bei dem zweiten mit *sed* eingeleiteten das Relativpronomen ausgelassen ist – der Kasus bleibt gleich. Im ersten Relativsatz (*quem ... Sidonii*) müssen wir im Grunde von einer Ellipse des Prädikats ausgehen, ist doch *coit* wohl kaum sinnvolles Prädikat zu *manus ulla* und vor allem nicht zu *enses Sidonii*.
536 Ähnlich gliedert Swoboda 1980, S. 196: Die Versen 329–332 enthielten die „Apostropha cum epithetis", 332–335 die „preces" und 335–338 die „vota".

Die Anordnung weicht somit von der Reihenfolge ab, die Thiodamas im Gebet an Tellus eingehalten hatte. Dass die *preces* bereits den zweiten Teil des Gebetes bilden, kann mit ihrer besonderen Dringlichkeit begründet sein,[537] doch dies scheint hier keine plausible Erklärung – zumal Thiodamas die Bitten an Tellus auch an der gängigen Stelle im Gebet platziert, obgleich diese als noch dringender angesehen werden könnten als die Bitte um die Kenntnis neuer Gebete und Weissagungen des neuen Gottes. Plausibler ist die Erklärung, dass Thiodamas deswegen von der herkömmlichen Struktur abweicht, weil die Situation, in der das Gebet stattfindet, derart speziell ist, spezieller auch als jene Gebete in der *Thebais*, die mit einem Votum schließen. So stellt Thiodamas' Gebet das erste überhaupt dar, das sich an den neuen Gott richtet, welchen es eigentlich überhaupt erst kennenzulernen gilt. Thiodamas kann also nicht einfach z. B. darauf zurückverweisen, welche Opfer er dargebracht hat oder dass der Gott ihm auch in der Vergangenheit gewogen war.

Darüber hinaus spiegelt die Struktur des Gebetes die logische Abfolge des Geschehens. So muss Thiodamas zuerst in den Kult des Sehergottes eingeführt werden, ehe er ihn betreiben kann. Der Gott muss Thiodamas erst über seine Gebete informieren (8,332f.), bevor dieser ihn korrekt anrufen kann (8,336); Thiodamas muss zunächst Zugang zu den Altären erhalten (8,333f.), bevor er dort Opfer (oder andere rituelle Handlungen) durchführen kann (8,335). Und wenn der Gott Thiodamas Zugang gewährt zum – weitreichenden, da die „Völker" betreffenden – Wissen über die Zukunft (8,334f: *quae populis proferre parabas / me doceas*), wird Thiodamas dem neuen Orakelort die entsprechende Hochschätzung und Verehrung entgegenbringen (*ille mihi Delo Cirrhaque potentior omni, / quo ruis, ille adytis melior locus*, 8,337f.) – jenem Ort, in dessen Nähe sich auch die erwähnten *arae* des Gottes befinden, so dürfen wir annehmen. Außerdem hebt Statius die Bedingungsstruktur noch hervor, indem er den drei Bitten (*des precatus nosse / aris concilies / quae proferre parabas doceas*) genau drei Begründungen bzw. Versprechen gegenüberstellt (*sacra feram / te vocabo / locus mihi potentior* [*erit*]). Wie mitunter auch bei anderen Gebeten ist hier die Erfüllung der Bitten durch den Gott Voraussetzung für Opfer und kultische Verehrung auch in der Zukunft. Doch anders als in diesen Gebeten ist hier die Erfüllung der Bitten durch den Gott inhaltlich noch in ganz anderer Weise mit dem verbunden, was der Betende der Gottheit verspricht, stellt es doch die notwendige Voraussetzung dar, um überhaupt Kulthandlungen für den Gott durchführen zu können. Überspitzt gesagt: Das Prinzip des *do, ut des* wird verschärft zu einem *dare non possum, nisi das.*[538]

---

[537] Graf 1998, Sp. 831.
[538] Kritisch zum Prinzip des *do ut des* Rüpke 2006, S. 102.

### 8.4.3 Orte, die man nicht mehr betritt

Thiodamas' Gebet zu Amphiaraus erschließt sich nicht zuletzt durch die Reaktion der Argiver auf Amphiaraus' *descensus*. So hatten diese es vermieden, den Ort der Unterweltfahrt zu betreten (8,130–133):

> *absistunt turmae, suspectaque tellus*
> *omnibus, infidi miles vestigia campi*
> *circumit, atque avidae tristis locus ille ruinae*
> *cessat et inferni vitatur honore sepulcri.*

Die Scharen bleiben zurück, der Boden ist allen verdächtig, die Krieger umgehen die Spuren auf dem unsicheren Feld, der düstere Ort des verschlingenden Erdsturzes liegt verlassen, gemieden aus Ehrfurcht vor dem Grab in der Tiefe.

An dieser Stelle im Text erscheint der Ort der Unterweltfahrt in Ansätzen als ein sakraler Ort. Der Grund, diesen Ort nicht mehr zu betreten, ist nicht nur Furcht, sondern auch *honor*, den man gegenüber dem *sepulcrum* empfindet, das der Ort infolge der Unterweltfahrt geworden ist.[539] Das Verb *circumire* kann hier (unter Berücksichtigung von *cessat*) natürlich meinen, dass die Soldaten lediglich „einen Bogen machen" um den Ort der Unterweltfahrt. Es lässt sich aber auch so verstehen, dass die Soldaten den Ort „umkreisen" oder „einkreisen".[540] Diese Art von Herumgehen weckt Assoziationen zum rituellen Umkreisen von Scheiterhaufen, wie es z. B. in *Aen.* 11,188–190 und auch in der *Thebais* beim Begräbnis des Opheltes geschildert wird (6,215–217).[541] Bei der Klagerede der Argiver verwendet Statius nochmals das Motiv, dass ein sakraler Ort nicht betreten wird (8,199f.):

> *nec Clarias hac luce fores Didymaeaque quisquam*
> *limina nec Lyciam supplex consultor adibit.*

[...] und heute wird niemand die Tore des Clarischen Tempels, Didymas Schwelle oder den Lycischen Gott demütig bittend befragen.

Beide Stellen leiten gedanklich hin zum Gebet des Thiodamas, in dem er gegen Ende erneut auf den Ort der Unterweltfahrt eingeht (8,336f.):

---

[539] Rüpke 2006, S. 15 über *religiosus*: „Gräber vor allem, die den Verstorbenen zugewiesen sind, gelten als ‚religiöse' Orte, also Orte, die Ehrfurcht verdienen, die nicht ohne weiteres dem kommerziellen Zugriff geöffnet, die durch Androhung von Sanktionen vor einer Umnutzung geschützt sind." Siehe weiterhin Latte 1960, S. 39.
[540] Augoustakis 2016 ad 8,131f.
[541] Augoustakis 2016 ad 8,131–132; siehe auch Horsfall 2003 ad *Aen.* 11,188; ad *Aen.* 11,189.

*ille mihi Delo Cirrhaque potentior omni,*
*quo ruis, ille adytis melior locus.*

Der Ort, wo du versankst, ist für mich mächtiger als jegliches Delos oder Cirrha, gilt mir mehr als jeder Tempel.

Dass Thiodamas die Heiligtümer der anderen Orakelstätten metonymisch als *adyta* (8,338) bezeichnet,[542] ist aus raummotivischer Sicht bemerkenswert. Es dürfte Statius' Lesern klar gewesen sein, dass sich ein *a-dytum* sowohl etymologisch als auch kultpraktisch dadurch auszeichnet, dass es von niemandem außer Priestern betreten werden darf.[543] Während es zuvor noch eher negativ konnotiert war, dass man sich der Erdspalte nicht nähert, erscheint es in Thiodamas' Gebet als positiv, da es nunmehr den sakralen Charakter des Ortes auszeichnet. Aus Angst vor der Erdspalte ist religiöse (Be-)Achtung geworden, die Grab und Heiligtum zuteil wird.[544]

Nachdem der an Tellus gerichtete Teil des Gebetes darauf abzielte, die Lokalität und Spezifizität von Amphiaraus' Untergang zu überspielen, nennt Thiodamas im zweiten Teil des Gebetes wieder konkrete Orte, und zwar einmal die Delphische Spalte, zum anderen die Insel Delos (*Cirrhaeo* [...] *hiatu,* 8,331; *Delo Cirrhaque,* 8,337). Thiodamas löst damit die Bindung der Erdspalte an Theben und setzt sie in einen anderen räumlichen Kontext. Die Erdspalte steht nicht mehr für eine Zerstörung des Kosmos oder ein Erstarken Thebens, sie ist vielmehr ein Ort, dessen numinose Qualität sich bewiesen hat, der sogar mächtiger sein soll als Delos und Delphi. Indem Thiodamas die Erdspalte so einordnet, schließt er seine Rekonstruktion des Kosmos ab: Die Erdspalte verliert ihren singulären Status und wird zu einem von mehreren Orten im Kosmos, an denen der Kontakt zwischen menschlicher und göttlicher Sphäre möglich ist. Dass Thiodamas just Delos und Delphi als sakrale Bezugsorte wählt, erklärt sich aus ihrem besonders markanten liminalen Charakter. Wenngleich natürlich sakrale Orte ohnehin typischerweise liminale Züge aufweisen, schon aufgrund des an ihnen organisierten Kontaktes zwischen der Sphäre des Menschlichen und des Göttlichen, so stechen Delos und die Erdspalte in Delphi im Vergleich mit anderen Orakelorten nochmals hervor,

---

542 Augoustakis 2016 ad 8,337–338: „the *adytum* [...] here stands for the sanctuary as a whole."
543 Vgl. Caes. *civ.* 3,105,5: *Pergami in occultis ac reconditis templi, quo praeter sacerdotes adire fas non est, quae Graeci adyta appellant, tympana sonuerunt.*; vgl. auch Serv. *Aen.* 2,115: *ADYTIS adytum est locus templi secretior, ad quem nulli est aditus nisi sacerdoti.* (und Serv. *Aen.* 2,404). Für ein *adytum* als Grabstätte (oder zumindest in Verbindung mit einem Grab) *Aen.* 5,84 bzw. 5,80–89; siehe auch Georges und Lewis/Short s.v. *adytum.*
544 OLD s.v. *religio* 1; s. auch o. Fn. 539; Wissowa 1912, S. 380.

wie anhand der Orakel ersichtlich ist, die nach Amphiaraus' Tod verstummen (8,195–202):

> quidquid es, aeternus Phoebo dolor et nova clades
> semper eris mutisque diu plorabere Delphis.
> hic Tenedon Chrysenque dies partuque ligatam
> Delon et intonsi claudet penetralia Branchi,
> ...
> quin et cornigeri vatis nemus atque Molosso
> quercus anhela Iovi Troianaque Thymbra tacebit.

Wie auch immer, du bleibst für Phoebus ein ewiger Schmerz, stets neuer Verlust und dem verstummten Delphi Anlass zur Klage. Dieser Tag wird Tenedos und Chryse zum Schweigen bringen, auch das zur Geburt befestigte Delos, wird auch den Tempel des lockigen Branchus schließen [...]. Schweigen wird auch der Hain des gehörnten Propheten, die rauschende Eiche des Molossischen Jupiter und das Trojanische Thymbra.

Die *quercus anhela Iovi* in Dodona beispielsweise hat aus topographischer Sicht weit schwächere liminale Züge als das umherschweifende Delos. Zudem ist gerade Delos ein Ort, der in seiner Geschichte von einer instabileren in eine stabilere Form überführt wurde, was ihn ebenfalls zum prädestinierten Anknüpfungspunkt für den *hiatus* macht. Es ist wohl kein Zufall, wenn Statius zuvor die Argiver in ihrer Klagerede die Fixierung von Delos erwähnen lässt (8,197f.).[545] Amphiaraus als neuer Sehergott und der *hiatus* als neues Heiligtum wirken auf den ersten Blick überraschend. Ein genauerer Blick auf verschiedene Figuren in der *descensus*-Episode zeigt jedoch, dass Statius dies von langer Hand vorbereitet.

## 8.5 Steuermänner, Götter und Co.: Figurationen des Amphiaraus

In der *descensus*-Episode tritt Amphiaraus in mehreren Rollen auf, als Seherpriester, Heerführer, Wagenlenker – mehrere Gleichnisse und Spiegel-Figuren heben diese verschiedenen Rollen hervor und beziehen sie aufeinander, was wiederum auf Amphiaraus als neuen Sehergott hinleitet. Dass im Text das „succession"-Motiv eine wichtige Rolle spielt, ist bereits mit Bezug auf die Übernahme des Seheramtes durch Thiodamas angemerkt worden.[546] Die Motivik des ‚Nachrückens' allerdings

---

[545] Zum Motiv des umherschweifenden Delos vgl. *Aen.* 3,73–76.
[546] Dominik 1994b sieht die Übernahme des Seheramtes als „model succession (the gods do not interfere)"; differenzierter Rebeggiani 2013 (s. o. zum Forschungsstand Kap. 6.2); siehe auch Hardie 1993, S. 111.

verwendet Statius nicht nur in der Thiodamas-Szene, sondern vielmehr in der ganzen *descensus*-Episode.

Schon vor der eigentlichen Aristie und der Unterweltfahrt des Sehers tritt die Figur des Wagenlenkers auf. Als der (namentlich nicht näher spezifizierte) *auriga* des Amphiaraus die Pferde des Seherwagens zum nahegelegenen Wasser führt, wird er zum ersten Opfer der von der Furie angestachelten Bacchustiger (7,585–588).[547] Der Erzähler charakterisiert diesen Tod als Vorzeichen für den Tod des Sehers selbst (*nec defuit omen*, 7,586).[548] Statius stellt somit schon an dieser Stelle eine Verbindung her zwischen der Figur des Wagenlenkers und Amphiaraus, wenngleich der Seher hier noch nicht selbst zum Wagenlenker wird. Ersetzt wird nämlich der ursprüngliche Wagenlenker durch Herses (wie aus 7,737 hervorgeht, s. dazu u.). Als die eigentlichen Kämpfe schon begonnen haben, ist Eunaeus einer der ersten, der zu Tode kommt (7,649–686). Vessey sieht den Tod des Priesters Eunaeus als „foreshadowing" des Todes von Amphiaraus.[549]

In der Einleitung der Aristie-Schilderung weist der Erzähler darauf hin, wie sehr sich Amphiaraus verändert habe. Nachdem Apollo und Mars dem Amphiaraus Glanz und Stärke verliehen haben, unterscheidet sich dessen Erscheinung sehr stark von seiner vorherigen als Seher (7,706–708):

> *quantum subito diversus ab illo*
> *qui tripodas laurusque sequi, qui doctus in omni*
> *nube salutato volucrem cognoscere Phoebo!*

> Wie wenig gleicht er plötzlich noch dem, der klug dem Wink von Dreifuß und Lorbeer folgte, der Phoebus grüßte und in allen Wolken die Vogelzeichen erkannte!

Amphiaraus hat sich vom Seher zum Krieger gewandelt.[550] Dass Amphiaraus seine Rolle als Seher der Argiver nicht mehr innehat, wird sich im Zuge der Unterweltfahrt als endgültig erweisen. Wie im Falle des Eunaeus ist auch der Tod des Lycoreus ein motivischer Vorgriff auf den Tod des Amphiaraus. Lycoreus ist ein Priester des Apollo und steht somit in ähnlicher Weise dem Gott nahe, wie es Amphiaraus

---

[547] Vermutlich handelt es sich hier um Batoon. Für eine Diskussion über den Namen dieses Wagenlenkers, vgl. Smolenaars 1994 ad 7,585f.; dagegen Ahl 1986, S. 2864.
[548] Smolenaars 1994 ad 7,586.
[549] Vessey 1973, S. 260, unter Bezugnahme auf Klinnert 1970, S. 39–42; s. auch o. Fn. 465.
[550] Ähnlich Hershkowitz 1998, S. 250, Anm. 7 über 7,703 *ardet inexpleto saevi Mavortis amore*: „a complete change of his role of peaceful prophet"; ähnlich Masterson 2005, S. 292–294; Valenti 2011, S. 236; Seo 2013, S. 162f.; anders akzentuiert Walter 2014, S. 174 (über den Teil der Erzählung ab 7,738): Gerade Apollo als Amphiaraus' Wagenlenker unterstreiche, „wie wenig Sehertum und Krieg an dieser Stelle noch zu trennen sind."

tut. Amphiaraus tötet Lycoreus unabsichtlich, da er dessen Priesterbinde nicht rechtzeitig sieht (7,715–717):

> sacrumque Lycorea Phoebo
> (invitus: iam fraxineum demiserat hastae
> robur, et excussis apparuit infula cristis)

[...] und Lycoreus, den Priester des Phoebus, diesen freilich ohne Absicht, denn als er ihm schon die mächtige Eschenlanze tief hineingestoßen hatte, neigte sich dessen Helmbusch und enthüllte die Priesterbinde.

Die Tötung dieses Priesters zeigt Amphiaraus in weiterer Distanz zu seiner früheren Rolle.[551] Mit Lycoreus tritt ein Priester des ‚alten' Orakelgottes Apollo ab, mit Thiodamas wird kurze Zeit später ein Priester des Orakelgottes Amphiaraus in die Welt treten. Einige Verse später kommt dann Herses zu Tode, der neue Wagenlenker des Amphiaraus. Nachdem Apollo Hypseus' Geschoss auf Herses umgeleitet hat, übernimmt er selbst die Rolle des Wagenlenkers, und zwar in Gestalt des Haliacmon (7,737–739):

> aurigam iactus detorquet in Hersen.
> ille ruit: deus ipse vagis succedit habenis,
> Lernaeum falso simulans Haliacmona vultu.

[...] lenkte den Schuss zur Seite auf Herses, den Wagenlenker. Dieser stürzte herab, der Gott selbst ergriff die herrenlosen Zügel, indem er täuschend die Gestalt des Haliacmon von Lerna annahm.

Der Erzähler berichtet, wie der Gott den Wagen übernimmt, und vor allem, welche Auswirkungen der neue Wagenlenker auf den Wagen hat. Der Gott übernimmt die losen Zügel (7,738; s. auch 7,752f. *ministrat habenis / Delius*). Smolenaars 1994 hat darauf hingewiesen, dass Statius hier anspielt auf *Aen.* 10,218, wo Aeneas als Steuermann agiert, so dass hier die Rolle des Wagenlenkers mit der des Steuermannes in Verbindung gebracht wird.[552] Weiterhin berichtet der Erzähler, dass Apollos großes Gewicht auf dem Wagen lastet (7,743 *presserit infestos onus impuleritne iugalis*; 7,750f. *magnoque gravatus / temo deo*). Im unmittelbaren Vorlauf des Erdbebens lässt Statius Amphiaraus seine Rolle als Priester und Seher des Phoebus endgültig

---

**551** Dominik 1994b, S. 114: „His character is so transmuted by supernatural forces that he even slays a fellow priest of Apollo against his own will." Ähnlich Vessey 1973, S. 260.
**552** Smolenaars 1994 ad 7,752f.

aufgeben. Amphiaraus gibt die Insignien ab, die ihn als *sacerdos* auszeichnen (7,784f.):[553]

> *accipe commissum capiti decus, accipe laurus,*
> *quas Erebo deferre nefas.*

> Nimm den Schmuck hin, den du meinem Haupte verliehst, nimm den Lorbeer, den ich zum Erebus nicht hinabnehmen darf.

Als Thiodamas in Buch 8 dann die Nachfolge des Amphiaraus antritt, wird er entsprechend mit diesen Insignien ausgestattet (8,294), wobei die Argiver zunächst diskutieren, wem sie zu übertragen seien (8,276f.).[554] Nachdem der Erzähler plastisch geschildert hatte, wie Apollo die Zügel übernimmt, berichtet er nun ähnlich anschaulich, wie der Wagen auf Apollos Absprung reagiert (7,789f.). Er vergleicht die Reaktion des Wagens mit der eines Schiffes im nächtlichen Sturm, welches spürt, dass die Dioskuren es verlassen haben (7,791–793, s. dazu auch o. Kap. 7.6):

> *non aliter caeco nocturni turbine Cori*
> *scit peritura ratis, cum iam damnata sororis*
> *igne Therapnaei fugerunt carbasa fratres.*

> Ganz so spürt ein Schiff beim blinden Toben des nächtlichen Corus, dass es verloren ist, wenn die Brüder von Therapnae von Segeln flohen, die das Flämmchen der Schwester bereits dem Untergang geweiht hatte.

So wie Apollo Amphiaraus nicht mehr beschützt, beschützen auch die Dioskuren das Schiff nicht mehr.[555] Diese Textstelle hebt darüber hinaus das Motiv der Abwesenheit des Gottes Apollo hervor, die im weiteren Verlauf der *descensus*-Episode noch eine wichtige Rolle spielen wird, und zwar vor allem im Gebet des Thiodamas. Indem Statius Unterweltfahrt und Untergang des Schiffes parallelisiert, schafft er eine Verbindung zwischen Apollo und Amphiaraus und deutet bereits subtil an,

---

[553] Unmittelbar im Anschluss hieran bittet Amphiaraus Apollo darum, dafür zu sorgen, dass er gerächt werde an seiner Gattin Eriphyle (7,785–788). Versteht man dies mit Walter 2014, S. 175 dahingehend, dass Amphiaraus hier „implizit eine letzte Prophezeiung aus[spricht]", würde – sehr passend – die ‚Weitergabe' der Insignien mit einer letzten ‚Amtshandlung' des Sehers zusammenfallen.
[554] Smolenaars 1994 ad 7,784, wobei er fälschlich behauptet, sie würden Melampus übertragen („fillet and laurel crown [...] to be transferred to Melampus in 8.294").
[555] Smolenaars 1994 ad 7,791–793, der weiterhin anmerkt, dass das Schiffs-Gleichnis dadurch vorbereitet worden sei, dass zuvor schon Wagenlenker und Steuermann in Verbindung gebracht wurden, vermittels der Anspielung auf *Aen.* 10,218 (s. o.).

dass der Seher eine Rolle wie die des Gottes würde übernehmen können.[556] Zwar setzt das Gleichnis Apollo mit den Dioskuren als Schutzgottheiten gleich, de facto hat Apollo aber auf der Handlungsebene auch die Rolle des Wagenlenkers, welcher im maritimen Kontext die des Steuermannes entspräche. Das Gleichnis spricht zwar nicht über den Steuermann der *ratis* oder – was denkbar wäre – darüber, dass dieser selbst bereits über Bord gegangen ist, deutet aber immerhin die chaotische Situation und einen Verlust von Kontrolle und Orientierung an (*caeco nocturni turbine Cori*, 7,791). Auch das folgende Erdbeben zeichnet sich durch diese Art von Orientierungs- und Kontrollverlust aus (s. o. Kap. 7.6 und 7.3). Bemerkenswert ist nun aber, wie Statius Amphiaraus während der Unterweltfahrt darstellt (7,819f.):

> *non arma manu, non frena remisit:*
> *sicut erat, rectos defert in Tartara currus*

> Er aber ließ nicht die Waffen und ließ auch die Zügel nicht fallen. So, wie er ist, lenkt er den Wagen geradewegs zum Tartarus.

Die quasi-Litotes *non remisit* hebt hervor: Bei all dem Chaos, das das Erdbeben mit sich bringt, behält Amphiaraus dennoch als Wagenlenker ein Stück weit die Kontrolle.[557] In diesem Punkt unterscheidet sich der *descensus* des Sehers recht stark vom Untergang eines Schiffes, mit dem er ja ansonsten immer wieder in Verbindung gebracht wird. Die Sequenz der Wagenlenker [Batoon] – Herses – Apollo/Haliacmon endet nicht etwa mit dem Gott, sondern mit Amphiaraus. Mit dieser Reihung von Wagenlenkern weicht Statius offenbar signifikant von der Tradition ab, bei der Batoon zusammen mit Amphiaraus in die Unterwelt einfährt.[558] Statius schaltet gleich zwei weitere Wagenlenker-Figuren ein, von denen keiner mit in die Erde einfährt, Herses nicht, weil er vorher stirbt, Apollo nicht, weil er vorher abspringt.[559] Ähnlich wie Apollo die Zügel des Wagens zusammen mit den Waffen kontrolliert hatte (*ipse sedens telis pariterque ministrat habenis / Delius*, 7,752f.), hat hier Amphiaraus *arma* und *frena* nach wie vor fest in der Hand.[560]

---

**556** Rebeggiani 2018, S. 116–119 arbeitet die „constant association" von Amphiaraus und den Dioskuren im Rahmen der *Thebais* heraus und weist auf S. 117 darauf hin, dass Castors „periodical permanence" in der Unterwelt und seine Rolle als chthonische Gottheit eine Parallele zu Amphiaraus als Orakelgott darstelle; s. auch die Anspielung auf die Dioskuren als Unterweltgänger in der Pluto-Rede (8,49f.).
**557** Rebeggiani 2013, S. 198: „[...] Amphiaraus' death is described with an insistence on how he remains on the chariot until the very end."
**558** Smolenaars 1994 ad 7,585, vgl. auch Vessey 1973, S. 141.
**559** Zum „substitution-motif" Smolenaars 1994 ad 7,738f.
**560** Vgl. hierzu auch das Wagenrennen in 6,355–549. Dazu Seo 2013, S. 149. Möglicherweise erwähnt auch Palaemon Amphiaraus in dessen Rolle als Wagenlenker in 8,147f. (*rector equorum /*

Als kurz darauf in Buch 8 Pluto in seiner Rede die Neuordnung des Kosmos androht, erwähnt er verschiedene Figuren, denen nunmehr neue Wege gangbar oder alte Wege versperrt sein sollen: Er könne die Giganten freilassen und mit ihnen Saturn (8,42–44); Merkur und die Dioskuren wiederum könnte er hindern, zwischen Ober- und Unterwelt zu pendeln, und sie ganz bei sich behalten (8,48–50). Weiterhin klagt er über frühere Eindringlinge: Pirithous, Theseus, Herkules sowie Orpheus (8,52–59). Orpheus habe sogar die Parzen dazu gebracht, den Lebensfaden neu zu knüpfen (sc. für Eurydike): *vidi egomet blanda inter carmina turpes / Eumenidum lacrimas iterataque pensa Sororum* (8,58f.). Er selbst hingegen habe fast nie einen Ausflug in die Oberwelt gewagt, und der Raub der Proserpina habe sogleich harsche Konsequenzen für ihn gehabt (8,60–64).

Die von Pluto aufgeführten Figuren lassen sich insofern auf Amphiaraus beziehen, als sie alle Wege in oder aus der Unterwelt nutzen, die für andere normalerweise nicht gangbar sind. Die Idee von Amphiaraus als Sehergott wird hier nicht im engen Sinne vorbereitet, aber immerhin deuten alle diese Figuren darauf hin, dass das Reich der Toten nicht notwendigerweise die Endstation (für Amphiaraus) sein muss, zumal sogar die Möglichkeit einer Wiederauferstehung von den Toten besteht, wie man an Eurydike sieht. Der Lebensfaden kann nicht nur zu spät abgeschnitten werden wie im Falle des Amphiaraus (8,12f.), sondern auch neu gewebt werden wie im Falle der Eurydike.[561] Darüber hinaus stehen die Figuren für die Umstrukturierung des bestehenden Kosmos, der sich nach Erdbeben und Unterweltfahrt ‚im Fluss' befindet. In einer derartig dynamischen Situation wird die Genese des neuen Orakelgottes Amphiaraus vorstellbar.

In seinem Antwort-Gebet[562] stellt nun Amphiaraus Dis gegenüber klar, wie seine aktuelle Rolle einzuordnen ist – und vor allem: wie nicht. Früher habe er tiefe Einsicht in die Geheimnisse des Universums gehabt (8,92 *qui quondam causas elementaque noram*).[563] Er beteuert, er sei nicht wie Herkules oder Theseus und Pirithous (8,95–98), und verweist zur Bekräftigung auf seine priesterlichen *insignia* (8,96). Amphiaraus' Rolle wird sich also von der der anderen Unterwelt-Heimkehrer

---

*fumantemque locum et spumis madida arva reliquit*), wobei mit *rector* auch der Wagenlenker des Palaemon gemeint sein könnte, oder auch Adrast (im Vokativ), wenn man die Lesart *reliqui* übernimmt: *mira loquor, sulcos etiamnum, rector, equorum / fumantemque locum et spumis madida arva reliqui* (Augoustakis 2016 ad 147–148, weitere Literaturhinweise ebd.), der selbst *rector* als Vokativ nimmt, mit Hinweis auf 8,138, wo Palaemon Adrast ebenfalls mit *rector* anspricht.

561 Vessey 1973 dagegen schreibt diesen Figuren keine besondere Funktion zu: „the catalogue of katabaseis and the reference to Dis' seizure of Proserpina seem frigid. But no doubt to Statius these conventional *exempla* appeared virtually de rigueur." (S. 263).

562 Zu den typischen Gebets-Elementen Augoustakis 2016 ad 8,90–91; ad 8,91–93.

563 Augoustakis 2016 ad 8,91–93: „Amphiaraus' epistemic understanding of the mysteries of the universe".

## 8.5 Steuermänner, Götter und Co.: Figurationen des Amphiaraus

unterscheiden, und zwar insofern, als er nicht wieder in die Sphäre der Menschen zurückkehren wird. Nachdem Amphiaraus bereits andeutungsweise auf seine Rolle als Seherpriester hingewiesen hat, wird er im darauffolgenden Vers explizit. Gerade eben sei er noch Seher des Apollo gewesen und er hege keine bösen Absichten (8,99–101):

> *augur Apollineis modo dilectissimus aris,*
> *testor inane Chaos (quid enim hic iurandus Apollo?),*
> *crimine non ullo subeo nova fata*

> Eben noch war ich der liebste Seher an Apollos Altären und rufe das leere Chaos zum Zeugen – denn was gilt hier ein Eid bei Apollo? –, dass ich vollkommen schuldlos dieses unerhörte Los verdiene.

Vers 99 ist ein *Versus aureus*, in dessen Zentrum (an der eigentlichen Stelle des Verbums) das Adverb *modo* steht,[564] was den Verlust der Seherrolle nochmals hervorhebt. An dieser Stelle verwendet Statius erneut das Motiv der Abwesenheit des Gottes Apollo. Trotz der Verbindung des ehemaligen *augur* mit Apollo steht dieser nun nicht mehr zur Verfügung als Garant für Amphiaraus' Schwur. Amphiaraus ist vielmehr gezwungen, das *inane Chaos* anzurufen. Indem Statius hier den Sehergott Apollo und das Chaos einander gegenüberstellt, deutet er auch das Motiv des Verlustes von Orientierung an, das kurze Zeit später im Text eine zentrale Rolle spielt in der Klage der Argiver.

Als Amphiaraus am Ende seiner Gebets-Rede Dis gegenüber seine Bereitschaft beteuert, zum Schatten zu werden, kommt er erneut auf seine Rolle als Seher zu sprechen (8,116–119):

> *nec deprecor umbram*
> *accipere et tripodum iam non meminisse meorum.*
> *nam tibi praesagi quis iam super auguris usus,*
> *cum Parcae tua iussa trahant?*

> Ich sträube mich nicht, zum Schatten zu werden und meine Dreifüße nun zu vergessen. Wozu brauchst du noch einen Seher, da die Parzen nach deinem Befehl die Fäden spinnen?

Indem Statius Amphiaraus den Dreifuß erwähnen lässt, hebt er nochmals besonders hervor, dass Amphiaraus nun seine Rolle als Seher hinter sich lässt, ist der Dreifuß doch „the most significant part of his profession".[565] Die Parzen dienen hier als Begründung dafür, dass der Seher seine Rolle nicht mehr ausüben kann

---

**564** Augoustakis 2016 ad 8,99–100.
**565** Augoustakis 2016 ad locum.

bzw. muss. Kurz nach dieser Stelle hört der Erzähler auf, die Begegnung von Dis und Amphiaraus zu schildern, und wendet sich wieder den Argivern zu (8,127–217); breiten Raum nimmt die Schilderung ihrer Trauer und Sorge ein (8,162–217). Ein Thema beherrscht das ganze Lager (8,172f.):

> *et per tentoria sermo*
> *unus: abisse deos dilapsaque numina castris*

> In allen Zelten ist nur eine Stimme: Die Göttern hätten sie verlassen und seien vom Lager gewichen.

Einige wenige Verse später werfen die Argiver Apollo zudem vor, sich nicht für den Seher eingesetzt zu haben (*sic gratus Apollo?*, 8,176). Erneut ruft Statius an diesen Stellen das Motiv eines Gottes bzw. mehrerer Götter auf, die die Menschen verlassen haben. In den Versen 177–181 klagen die Argiver, dass ihnen nun jemand fehle, der ihnen Rat im Krieg geben könnte, und zählen verschiedene Formen der Weissagung auf, für die nunmehr ein neuer Seher gefunden werden muss:[566] Astrologie, Blitzdeutung, Eingeweideschau sowie Vogeldeutung.[567] Während diese Stelle bereits hinleitet auf die Übernahme des Seheramtes durch Thiodamas, wird einige Verse später auch die neue Rolle angedeutet, in der Amphiaraus in Thiodamas' Gebet auftreten wird. So stellen sich die Argiver die Frage, welches Schicksal Amphiaraus nach der Unterweltfahrt ereilen werde (8,189–194):

> *et nunc te quis casus habet? poterisne reverti*
> *sedibus a Stygiis altaque erumpere terra?*
> *anne sedes hilaris iuxta, tua numina, Parcas*
> *et vice concordi discis ventura docesque?*
> *an tibi felices lucos miseratus Averni*
> *rector et Elysias dedit inservare volucres?*

> Und nun, welches Schicksal fesselt dich? Kannst du von Stygischen Sitzen zurückkehren und aus der Erdtiefe hervorbrechen? Oder sitzt du heiter bei den Parzen, deinen Göttinnen, und lehrst und lernst im Austausch kommendes Schicksal? Oder wies dir der Herr des Avernus voll Mitleid die Haine der Seligen und die Vogelschau im Elysium zu?

Dass Amphiaraus nur zu einem ‚normalen' Schatten in der Unterwelt wird, ist für die Argiver nicht denkbar. Vielmehr überlegen sie, ob er erneut in umgekehrter

---

[566] Siehe hierzu Augoustakis 2016 ad 8,177–178; ad 8,178.
[567] Augoustakis 2016 ad 8,180–181 weist darauf hin, dass Statius hier speziell die *oscinatio* aufrufe, bei der die Laute der Vögel gedeutet werden (*cum quo volucres mea fata loquentur*).

Richtung zur Erdoberfläche ‚durchbrechen' könnte (*erumpere*).[568] Als weitere Optionen führen sie an, dass er entweder als neuer Seher in der Unterwelt bei den Parzen sitzt oder ins Elysium zu gelangen vermag, um dort die Vogelschau zu betreiben. Das positive Bild, das die Argiver sich hier von der Unterwelt machen, steht in starkem Kontrast zur Schilderung der Unterwelt am Beginn des 8. Buches.[569] Augoustakis 2016 merkt an, die Idee, Amphiaraus werde in der Unterwelt seine Aktivität als Seher fortsetzen, sei letztlich nur Wunschdenken der Soldaten, da Amphiaraus in 8,117 ja bereits erklärt habe, seine Rolle als Seher nicht mehr ausüben zu wollen.[570] Die vorliegende Textstelle lässt sich darüber hinaus aber auch als Umdeutung einer vorherigen Aussage des Amphiaraus lesen, die bereits auf seine Rolle als neuer Seher*gott* hinleitet. Als Begründung dafür, dass Amphiaraus seine Seherrolle in der Unterwelt nicht mehr ausübt, führt er die Parzen an (8,118f., s. o.). Pluto mag keinen Bedarf an Weissagung haben, da er mit den Parzen schon ‚an der Quelle sitzt'. Doch aus Sicht der Argiver ist natürlich ein ihnen wohlgesonnener Sehergott, der nunmehr ebenfalls in Kommunikation mit den Parzen treten kann, von großer Bedeutung. Vers 117 (*tripodum iam non meminisse meorum*) würde dann weniger für eine Absage an „all vatic business"[571] stehen als vielmehr darauf vorbereiten, dass der Orakelgott Apollo mit seinen Dreifüßen nicht mehr länger der Bezugspunkt für die Argiver ist, sondern vielmehr der den Parzen nahe Amphiaraus mit seinem Kult, den Thiodamas etablieren wird.

Am Ende des Epicedions führen die Argiver all jene Orakelinstitutionen auf, die über den Tod des Sehers temporär verstummen (8,195–205), um dann abschließend die Einrichtung eines Kultes für Amphiaraus anzukündigen (8,206f.):

*iamque erit ille dies quo te quoque conscia fatis*
*templa colant reddatque tuus responsa sacerdos.*

Bald schon naht der Tag, wo auch dich ein Orakeltempel verehrt und dein Priester das Schicksal verkündet.

Das Motiv der verstummenden Orakel und Orakelgötter erfüllt eine ähnliche Funktion wie das Motiv der Götter, die die Argiver verlassen haben. Statius kreiert das Bild einer ‚vatisch-numinosen Lücke', um sie dann mit Thiodamas als neuem Se-

---

[568] Eine ähnliche Verwendung von *erumpere* in Sen. *Her. F.* 290; Ov. *Ibis* 153 (Hinweis bei Augoustakis 2016 ad 8,189-190).
[569] Augoustakis 2016 ad 8,191–192.
[570] ad 8,191-192: „Amphiaraus' learning and teaching activities in the Underworld are naturally stressed as another wishful thought on the part of the soldiers, especially since the seer has declared to Pluto that he will abandon all vatic business in the future [...]."
[571] Siehe Fn. 570.

herpriester des Sehergottes Amphiaraus zu füllen. Der Verlust an Orientierung wird nochmals ausgedrückt in dem Vergleich, der den Bericht von der Klage der Argiver beschließt. Hier greift Statius wieder auf die Figur des Steuermannes zurück, namentlich auf Tiphys, den Steuermann der Argo, dessen Begräbnis mit dem quasi-Begräbnis des Amphiaraus verglichen wird (8,212–215, s. o. Kap. 7.6).[572] Die Figur des Tiphys weist ebenfalls auf Thiodamas als neuen Seher und Amphiaraus als neuen Sehergott voraus, und zwar insofern, als auch für Tiphys in der Argonautensage ein Nachfolger antritt.[573] Wie bei der Figur des Wagenlenkers zeigt sich hier Statius' Bestreben, eine Sequenz von Orientierungsfiguren zu erzeugen.[574]

Im nächsten Gleichnis bemüht Statius ebenfalls die Figur des Steuermannes. Diesmal ist es Adrast, der vom Lagerwall aus den Lärm der feiernden Thebaner hört[575] und mit einem *magister* verglichen wird, der nachts wachsam bleiben muss, während alle anderen schlafen (8,267–270, s. o. Kap. 7.6). Ist es ein Zufall, dass Adrast, der eigentliche ‚Kapitän' des Schiffes, das imaginäre Ruder ausgerechnet genau in der Nacht *vor* Einsetzung des neuen Sehers Thiodamas übernimmt? Wohl kaum, markiert das Gleichnis doch so nochmals die Vakanz der Seherstelle. In Ermangelung eines eigentlichen Sehers/Wagenlenkers/Steuermannes muss der König nun selbst das Ruder übernehmen.[576] Statius reiht Adrast über dieses Gleichnis in die Sequenz der verschiedenen Orientierungsfiguren ein, die auf die Einsetzung des Thiodamas und Amphiaraus als neuen Sehergott hinleiten. Hierzu fügt sich passend, dass der *magister* seinen Dienst letztlich nicht alleine versieht, sondern sich vielmehr in Gesellschaft eines *deus* befindet (8,269f. *solus stat puppe magister / pervigil inscriptaque deus qui navigat alno*).[577] Die Kombination aus

---

[572] Das Tiphys-Gleichnis korrespondiert mit dem Phineus-Gleichnis in 8,254–258, hierzu und über intertextuelle Bezüge zu Valerius' und Apollonios' Argonautenepen Lovatt 2015, insbes. S. 411–416, zusammenfassend S. 417: „Amphiaraus combines the functions of Phineus and Tiphys as prophet and (spiritual) helmsman."

[573] Ankaios als Nachfolger des Tiphys: Apollod. *bibl.* 1,126; Apoll. Rhod. 2,854–898; Erginus als Nachfolger: Val. Fl. 5,13–66.

[574] Lovatt 2015, S. 417 über Amphiaraus in *Theb.* 6,450–453 und 7,83: „His charioteering prowess makes him a figurative helmsman [...]."

[575] Hierzu Morzadec 2009, S. 66.

[576] Rebeggiani 2013, S. 199 (mit Anm. 45) weist darauf hin, dass der Steuermann eine typische Metapher für den Herrscher sei (Aischyl. *Sept.* 1–3), die auch Statius in *Theb.* 2,105–108 sowie hier im Tiphys-Gleichnis und im *magister*-Gleichnis verwende; zum Motiv der Schlaflosigkeit des Adrast als Steuermann und Herrscher Sacerdoti 2014, S. 19f.; zu nautischen Gleichnissen in Bezug auf Eteocles und Polynices als Herrscherfiguren Dominik 2015, S. 277, vgl. insbes. *Theb.* 3,22–30; zur Alleinstellung des Adrast Vessey 1973, S. 266: „Adrastus is now utterly alone, for only the seer has previously supported him in his desire for peace."

[577] Augoustakis 2016 weist darauf hin, dass Adrasts Wachen ihn in die Nähe eines Gottes rücke, und zwar im Speziellen in die Nähe der Schutzgottheit eines Schiffes, die sich am Heck befindet.

dem Steuermann Adrast und dem *deus* bereitet gedanklich auf Thiodamas als neuen Seher und Amphiaraus als neuen Sehergott vor. Die Rollen von Gott, Steuermann und Wagenlenker erweisen sich einmal mehr als eng aufeinander bezogen. Wie oben (Kap. 7.6) schon angedeutet, korrespondiert dieses Gleichnis zeitmotivisch mit dem in 7,791–793. Dort ist es ein *nächtlicher* Sturm, der das Schiff in den Untergang führen wird (7,791), hier schlafen alle außer dem Steuermann (8,267), woraus sich schließen lässt, dass ebenfalls Nacht ist. Während sich das Schiff im Sturm-Gleichnis dadurch auszeichnete, dass selbst die Dioskuren als Schutzgötter es verlassen – von einem Steuermann ist (schon) nicht (mehr) die Rede – ist das Schiff in diesem Gleichnis mit Mannschaft, Steuermann und vor allem *deus* versehen. Die Dioskuren im Sturm-Gleichnis haben auf der Handlungsebene ihre Entsprechung im Gott Apollo, der vom Wagen kurz vor der Unterweltfahrt abspringt. Der *deus* in diesem Gleichnis hat keine unmittelbare Entsprechung auf der Handlungsebene; es wird nur von den argivischen Soldaten und Adrast berichtet, nicht aber von einer weiteren Figur, die dem *deus* entsprechen könnte. Es ließe sich einwenden, dass natürlich nicht jedes Element eines Gleichnisses eine Entsprechung auf der Handlungsebene haben muss, aber die Korrespondenz mit dem Sturm-Gleichnis am Ende von Buch 7 sorgt dafür, dass dieser semantische Überschuss des Gleichnisses für den Leser erkennbar wird. Der *deus* des Schiffes weist auf den neuen Orakelgott Amphiaraus voraus.

Die Probleme, die die Vakanz der Seherstelle mit sich bringt, sind dann in der Versammlung der Argiver das beherrschende Thema (8,275–277). Schnell einigt man sich auf Thiodamas als Nachfolger. Das Gleichnis vom Partherprinzen (8,286–293) hebt nochmals Thema und Problematik der Übernahme der Seherrolle hervor. Der Erzähler berichtet weiterhin, dass Thiodamas „bei den Göttern Gefallen gefunden hatte" (*convenitque deis*, 8,295). Nachdem der vorherige Text gerade die Abwesenheit von Göttern hervorgehoben hatte, halten diese nun passenderweise zusammen mit Thiodamas wieder Einzug in die Erzählung, der in 8,296 zum ersten Mal[578] mit seiner neuen Amtsbezeichnung *sacerdos* versehen wird.

Auf der Handlungsebene ist in der *descensus*-Episode nicht klar auszumachen, ob Amphiaraus nun tatsächlich zum Orakelgott wird oder nicht. Doch die zahlreichen, teils recht subtilen Vorausdeutungen bewirken, dass Thiodamas' Gebet an Amphiaraus als neuen Orakelgott nicht nur motiviert erscheint durch das Wunschdenken der Argiver, sondern auch weit darüber hinaus. Statius verwebt die Rollen von Wagenlenker, Steuermann, Seher und (Seher-)Gott miteinander und erzeugt

---

Davon zu unterscheiden sei die Darstellung des Kopfes der namensgebenden Gottheit des Schiffes, die sich am Bug befindet (ad 8,269–270); siehe hierzu Nisbet und Hubbard 1970 ad Hor. *carm.* 1,14,10.

**578** Augoustakis 2016 ad 8,293–295.

eine Sequenz an Orientierungsfiguren, als deren Höhepunkt sich Amphiaraus erweist. Das Motiv der Abwesenheit eines Gottes bzw. speziell der Abwesenheit des Gottes Apollo greift Statius dann wieder auf im Gebet des Thiodamas (8,335–338):

> tibi sacra feram praesaga, tuique
> numinis interpres te Phoebo absente vocabo.
> ille mihi Delo Cirrhaque potentior omni,
> quo ruis, ille adytis melior locus.

> Dir will ich Opfer zur Deutung der Zukunft weihen und dich, wenn Phoebus fern ist, als Priester deiner Gottheit anrufen. Der Ort, wo du versankst, ist für mich mächtiger als jegliches Delos und Cirrha, gilt mir mehr als jeder Tempel.

Dass Thiodamas Amphiaraus *Phoebo absente* anrufen wird, kann innerhalb des Gebetes verstanden werden als Ausdruck des Respekts vor dem höherstehenden, älteren Sehergott Apollo, was die Aussage ausbalanciert, die Erdspalte übertreffe (für Thiodamas) noch die beiden apollinischen Orakelorte. Dadurch aber, dass Statius zuvor gezielt eine Situation göttlicher *absentia* im Text konstruiert und inszeniert, gewinnt die Aussage des Thiodamas an Gewicht.[579] Schließlich ist die Situation *Phoebo absente* bereits eingetreten, die Thiodamas in der Zukunft verortet, zeitgleich zur Anrufung (*vocabo*). Diese Anrufung aber hat ebenfalls bereits stattgefunden bzw. findet gerade statt in Form von Thiodamas' Gebet, in dem Amphiaraus bereits angerufen wurde als Sehergott, wie Apollo (8,332–335). Thiodamas tritt im Gebet als exklusiver *interpres* des neuen Sehergottes auf und bittet darum, die *precatus* des neuen Gottes zu erfahren – und betet dabei zugleich das erste dieser Gebete. Ähnlich wie *Phoebo absente* lässt sich auch die Erwähnung von Delos und Cirrha einordnen. In ihrem Epicedion hatten die Argiver ja gleich mehrere Orakelorte (nicht nur des Apollo) aufgezählt, die aus Trauer über Amphiaraus' Tod zeitweise verstummen (8,195–205). Zugleich präsentiert und konstruiert Thiodamas im Gebet einen alternativen, neuen, mächtigen Orakelort, nachdem er zuvor selbst den Gott gebeten hatte, ihm Zugang zu dessen sakralen Orten zu gewähren (8,333f.) Das Opfer, das Thiodamas direkt nach dem Gebet durchführt, ist Teil der Konstruktion dieses neuen Sakralortes.[580]

---

[579] Seo 2013, S. 182 sieht hier auch einen Bezug zu Statius' Gegenwart, in der Orakel wie Dodona und Delphi – vermutlich im Unterschied zum Amphiaraus-Kult – ihren Status weitgehend eingebüßt haben (Cic. *nat.* 3,49 weise darauf hin, dass zumindest im 1. Jh. v. Chr. der Amphiaraus-Kult noch „active" gewesen sei; zum Niedergang der Orakels von Delphi bis ins 1. Jh. n. Chr.: Levin 1989, S. 1601–1615); s. auch oben S. 10, Fn. 26.
[580] Wenn man wie Hall, Ritchie und Edwards 2007 in 8,333 *astris* statt *aris* liest, ergäbe sich dieser Zusammenhang nicht. Augoustakis 2016 entscheidet sich für *aris*: „given the ritual sacrifice that follows the prayer, *aris* is effective" (ad 8,332–334).

## 8.6 Zwischenbilanz

Thiodamas' Gebet an Tellus erscheint zunächst aus kultpraktischer Sicht irritierend. Einerseits entsteht für den Leser durch Thiodamas' Argumentation der Eindruck, dass die Tellus den Argivern deswegen feindlich gesonnen ist, weil sie sich nach Art einer Lokal- oder Schutzgottheit gegen die Argiver gerichtet hat. Zugleich scheint aber die *invocatio* des Gebetes just den Aspekt der Tellus als Lokalgottheit Thebens zu vernachlässigen, obwohl es gerade aus römischer Sicht von großer Bedeutung gewesen wäre, die Gottheit in möglichst allen ihren Aspekten anzurufen – und natürlich vor allem in den funktional relevanten. Gerade in einem als *placatio* eingeleiteten Gebet erscheine es als sinnvoll, wenn nicht geboten, den Aspekt der Tellus als Lokalgottheit bei der Adressierung der Gottheit zu berücksichtigen.[581] Vor dem Hintergrund des Gesanges der Thebaner wird klarer, wieso Statius die *invocatio* so gestaltet hat. Thiodamas betreibt die imaginäre Rekonstruktion der zuvor im Text als erschüttert dargestellten Welt, während die Thebaner im Gesang ihre Heimatstadt rekonstruieren, deren Stärke und Macht darstellen sowie Bacchus und Harmonia als thebanische Götter ‚herbeisingen'. Eine solche Tellus Thebana würde Amphiaraus nicht in freundlicher Weise aufnehmen und zum Ort eines Heiligtums für ihn werden können. Und so präsentiert Thiodamas die Tellus als eine allen Menschen gemeinsame. Statius gestaltet die Paiane der Thebaner und das Gebet des Thiodamas als konkurrierende Versuche der rituell-raumkonstruktiven Einflussnahme auf die gegenwärtige Situation. In vielfacher Weise überschreibt das Gebet die vorherigen Paiane: Der Geschichte von der Entstehung Thebens steht Thiodamas' Kosmogonie in Kurzform gegenüber, den erdentsprossenen Thebanern die von Prometheus und Pyrrha gezeugten Menschen. Die als *creatrix divum* bezeichnete Tellus birgt Amphiaraus als neuen Sehergott in sich, so wie im Gesang der Thebaner Semele den Bacchus und Venus die Harmonia in sich trägt. Der Dichter bringt weiterhin Erdbeben und Erdspalte immer wieder mit Aspekten von Wasser und Gewässern in Verbindung und erzeugt so den Eindruck starker Instabilität, um dann Thiodamas im Gebet das Wasser darstellen zu lassen als ein von der Tellus dominiertes und kontrolliertes Element. Das Bild vom in der Erde ‚ertrinkenden' Seher erscheint getilgt. Sonnen- und Mondwagen umkreisen im Gebet die Tellus und erweisen sich als Gegenbild zum Seherwagen, der die Tellus vertikal durchdrungen hatte. Während Amphiaraus in Buch 7 imaginär als Hundsstern vom hohen Himmel herab das Licht in die Unterwelt zu den Schatten

---

[581] Bernstein 2013, S. 247, äußert sich, zusammenfassend, über „ritual, agency, and power" in der *Thebais* folgendermaßen: „What is the point of engaging in ritual if it cannot certify a positive relationship with the gods?" Die problematische Adressierung an Tellus würde gewissermaßen noch früher als das Problem einer fehlenden „positive relationship" ansetzen.

stürzen lässt, bemüht Thiodamas im Gebet den *astrifer* Atlas, der für die klare Trennung der Weltbereiche voneinander steht.

Das an Amphiaraus gerichtete Gebet weist inhaltliche und formale Besonderheiten auf, die durch die spezielle Situation bedingt sind, die Unterweltfahrt und Vergöttlichung des Amphiaraus darstellen. Der Ort der Unterweltfahrt wird für die Argiver von einem angstbesetzten Un-Ort zum Grabort, dem man mit religiöser Achtung begegnet, und wird schließlich, in Thiodamas' Gebet, zu einem Heiligtum umgedeutet, das sich durch seinen räumlichen Sonderstatus auszeichnet. Das Gebet an Amphiaraus weicht von der (für das literarische Gebet) typischen Struktur ab, wie sie das Gebet an Tellus zuvor präsentiert hatte. Im Amphiaraus-Gebet steht die *pars epica* / das Argument erst am Schluss und nicht etwa in der Mitte, zwischen *invocatio* und *preces*, wie es beim Tellus-Gebet der Fall ist. Diese umgekehrte Reihenfolge bildet die Bedingungsstruktur ab, die sich ergibt aus der besonderen Situation des ersten Gebetes an den neuen Gott, in dem die *preces* den Kult selbst betreffen, zu dem der neue Sehergott seinem neuen Priester Zugang verschaffen muss. Amphiaraus muss notwendigerweise zuerst Thiodamas' Bitten erfüllen, ehe dieser das tun kann, was er im Argument vorbringt: dem Amphiaraus kultische Verehrung zukommen zu lassen.

Thiodamas versucht weiterhin in seinem Gebet, das Aufreißen der Erde und den *descensus* des Sehers voneinander zu trennen. Einerseits bittet er die Tellus, in Zukunft wieder alle ihre Zöglinge zu tragen und niemanden mehr zu verschlingen, andererseits deutet er die Unterweltfahrt als eine ehrende Bestattungsgeste durch die *Natura*. Die Erdspalte selbst lässt er zum liminal-numinosen Orakelort werden, den er passend mit Delos und der Delphischen Spalte vergleicht. Struktur, Personal und Motivik der *descensus*-Episode leiten darauf hin, dass Thiodamas Amphiaraus als neuen Orakelgott und sich selbst als dessen neuen Seherpriester präsentieren kann. Statius bezieht die Rollen von Wagenlenker, Steuermann und (Seher-)Gottheit eng aufeinander. Nachdem er die Absenz des Sehergottes Apollo ebenso wie den Abtritt des Seherpriesters Amphiaraus im Text breit inszeniert hat, ist der Weg frei für Amphiaraus als neuen Sehergott und Thiodamas als Priester des neuen Sehergottes.[582]

Statius durchsetzt das Gebet des Thiodamas (und auch die Paiane der Thebaner) mit zahlreichen inhaltlichen und motivischen Rückbezügen auf die vorherige Amphiaraus-Episode, so dass der Eindruck entsteht, als verfüge Thiodamas über ein Wissen der vorherigen Geschehnisse, und zwar auch über das, was in der Unterwelt und beim nächtlichen Fest der Thebaner passiert ist – ein Wissen, wie

---

[582] Rebeggiani 2013, S. 189 sieht den Beginn von *Thebais* 8 als „climax of Statius' discourse on succession".

es sogar für einen Seher eher ungewöhnlich erscheinen muss. Angesichts von Thiodamas' umfangreichem Versuch, den Kosmos wieder ‚ins Lot' zu bringen, die Erdspalte räumlich umzuwerten sowie Amphiaraus als neuen Sehergott darzustellen, stellt sich die Frage: Als wie erfolgreich stellt Statius diesen Versuch dar? Und in der Tat spiegeln die letzten beiden Gleichnisse der Passage das Textgeschehen insgesamt – ähnlich wie vorherige Gleichnisse – und suggerieren darüber hinaus einen teilweisen Erfolg von Thiodamas' Gebet. Die verschiedenen Motivkomplexe (Charakter der Landschaft, Raumaufteilung, Licht, Wasser, Amphiaraus als Orientierungsfigur) erscheinen hier einmal mehr ineinander verwoben. Auch für den Auftritt des Amphiaraus in *Thebais* 10 gilt, dass er einen ‚Erfolg' von Thiodamas' Gebet nahelegt.

## 8.7 Amphiaraus, der Große Wagen... und erste Traumorakel?

Nach dem Umkonstruktionsversuch des Thiodamas überschreibt Statius das frühere Bild von *hiatus* und Meeres-Schlachtfeld mit einer stabilen Topographie Thebens. Die von Dis geschickte Tisiphone schreit vom boeotischen Teumesus herab und der Cithaeron und die Türme Thebens staunen über den Klang der Kriegstrompeten, der sich mit dem Zischen der Tisiphone mischt (8,344–347) – ein Klang, der nun tatsächlich Krieg bedeutet, im Gegensatz zum *fragor* in 7,796f. Detailliert geht der Erzähler in der Folge auf die städtische Topographie ein, als er berichtet, wie die übermütig zum Kampf strömenden thebanischen Truppen in den sieben Toren der Stadt stecken bleiben (8,353–357). Ein Nil-Gleichnis illustriert, wie die Thebaner aus den Toren drängen (8,358–362):[583]

> *qualis ubi aversi secretus pabula caeli*
> *Nilus et Eoas magno bibit ore pruinas,*
> *scindit fontis opes septemque patentibus arvis*
> *in mare fert hiemes; penitus cessere fugatae*
> *Nereides dulcique timent occurrere ponto.*

> So entsendet der Nil, wenn er im Verborgenen mit mächtigem Schlund die Nahrung des fernen Himmels und eisigen Schnee des Ostens getrunken hat, seine reichen Fluten und trägt über sieben weite Fluren das Schmelzwasser ins Meer; die Nereiden entfliehen, tauchen zum Grund und fürchten, dem salzlosen Meer zu begegnen.

Statius konstruiert die maritim konnotierte Landschaft zum thebanischen Schlachtfeld um. Das Gleichnis spiegelt die literarische Umkonstruktion im Süßwasser des

---

[583] Eine kurze Diskussion dieses Gleichnisses bei Georgacopoulou 1996b, S. 116f.

Nils, das die Nereiden zu meiden suchen, da sie nur an Salzwasser gewöhnt sind. Nun ist nicht mehr der ‚meeresartige' *hiatus* Thema, sondern der ‚flussartige' Krieg, und das Nil-Gleichnis suggeriert zusammen mit den vorherigen Versen die Rückgewinnung von Stabilität. Zuvor wurde das Meer in den Gleichnissen rund um die Unterweltfahrt gerade nicht geographisch spezifiziert.[584] Realisiert wird diese Möglichkeit dann bezeichnenderweise wieder in diesem Gleichnis nach dem Gebet des Thiodamas. Die klar geographisch fassbaren sieben Arme des Flusses (*septemque patentibus arvis* 8,360) stehen für die Siebenzahl der Tore als typisches topographisches Merkmal von Theben. Wenn man aber die Raumsituation genauer betrachtet, zeigt sich, dass mit der Evokation des Süßwassers und des Flusses mitnichten eine Überschreibung eines instabil konnotierten Meerwassers mit einem stabil und ‚positiv' konnotierten Flusswasser vorgenommen wurde. So haben die Nereiden Angst vor der Berührung mit dem Süßwasser und sind zur Flucht gezwungen.

Zum zweiten konzentriert sich das Gleichnis auf den Ort, wo der Nil ins Meer mündet, das Herausdrängen der Thebaner aufs Schlachtfeld wird mit einer Bewegung hin auf das Meer verglichen; Statius schreibt dem Fluss weiterhin Eigenschaften zu, wie sie eigentlich für das Meer typisch wären. So lässt er den Erzähler sagen, der Nil trage *hiemes* (8,361) ins Meer. Hier ist vermutlich an Schmelzwasser zu denken. Dennoch mag der Leser hier auch an die Bedeutung „Sturm" gedacht haben infolge der unmittelbaren Nähe zu *mare* im selben Vers. [585] Zudem hat Statius *hiems* schon vorher in der *descensus*-Episode verwendet, und zwar in der Alcathous-Szene, dort ebenfalls im Plural: *vixerat ille diu pauper scrutator aquarum / decepit tellus, moriens hiemesque Notosque / laudat et experti meliora pericula ponti.* (7,720–722);[586] Weiterhin verwendet er es auch im Gleichnis von der abstürzenden Bergflanke: *sic ubi nubiferum montis latus aut nova ventis / solvit hiems* (7,744f.).[587]

---

**584** Die einzige, allerdings geographisch in diesem Zusammenhang nicht verwertbare Spezifizierung bildet *Cori* (7,791), vgl. Smolenaars 1994 ad 791, zu den verschiedenen Winden Plin. *nat.* 2,119.
**585** ThLL s.v. *hiems* I A; OLD s.v. *hiems* 3.
**586** Smolenaars 1994 ad 7,721f. spricht sich dafür aus, „wintry storms" eher als „winds and storms" zu übersetzen. Vor dem Hintergrund des Schmelzwassers im Gleichnis, das eine Brücke zur Jahreszeit Winter darstellt, ergäbe sich somit eine interessante zeitmotivische Brücke zwischen den beiden Stellen.
**587** Interessanterweise wird hier, vermittelt über den Intertext (dazu Smolenaars 1994 ad 7,744f.), auf eine weitere Jahreszeit Bezug genommen: „the reference is to autumnal storms." (ebd.) Vgl. darüber hinaus das Sturm-Motiv im Schiffs-Wagen-Gleichnis (7,791) und im Seeschlacht-Seesturm-Gleichnis (7,805f.).
Es besteht außerdem ein Rückbezug zur Auswirkung des Erdbebens auf die Schlacht, die im Gleichnis von der abstürzenden Bergflanke ebenfalls proleptisch thematisiert wurde (s. o. Kap. 7.3): So

## 8.7 Amphiaraus, der Große Wagen... und erste Traumorakel? — 225

Noch bemerkenswerter allerdings ist die Zusammenstellung von *dulcis* und *pontus* zum ‚Süßwasser-Meer'. Der Nil im Gleichnis sorgt keineswegs für eine imaginäre Tilgung des Meeres, sondern nur für eine Veränderung von dessen Qualität. Am Ende des Gleichnisses bleibt das Meer – in pointierter Versendstellung – bestehen. Das Oxymoron vom Süßwasser-Meer verweist auf die problematische Vermischung von Schlachtfeld und Meer, entsprechend dem Raumkonstrukt des maritimen *hiatus*. Man könnte die These vertreten, dass das Nil-Gleichnis im motivischen Kontext der *descensus*-Episode zum Ausdruck bringt, dass eine Trennung zwischen den Gefahren des Meeres und denen des Schlachtfeldes, wie sie zuvor in *Theb.* 7 noch bei Alcathous greifbar war (*laudat* [...] *meliora pericula*, s. o.), in Theben ganz wegzufallen droht und die Landschlacht sich letztlich strukturell von einer Seeschlacht mit deren zusätzlichen Gefahren nicht mehr unterscheidet.[588]

Gibt es also doch keine Entschärfung und Stabilisierung der Landschaft durch das Gebet des Thiodamas? Der Blick auf das letzte Gleichnis der *descensus*-Episode legt ein vorsichtiges „doch" als Antwort nahe. Dieses Gleichnis stellt zwar das Meer als unsicheren Raum vor, in dem aber immerhin die Orientierung anhand von Sternzeichen möglich ist (8,363–372):

> *tristis at inde gradum tarde movet Inacha pubes,*
> *praecipue Eleae Lacedaemoniaeque cohortes*
> *et Pylii; subitum nam Thiodamanta sequuntur*
> *augure fraudati, necdum accessere regenti.*
> *nec tua te, princeps tripodum, sola agmina quaerunt:*
> *cuncta phalanx sibi deesse putat; minor ille per alas*
> *septimus extat apex. liquido velut aethere nubes*
> *invida Parrhasiis unum si detrahat astris,*
> *truncus honor Plaustri, nec idem riget igne reciso*
> *axis, et incerti numerant sua sidera nautae.*

Drüben aber marschiert die Inachische Schar nur traurig und träg, besonders die Cohorten aus Elis und Laecedaemon und die aus Pylos; ihnen fehlt ja ihr Seher, und sie folgen zwar

---

wird im Bergflanken-Gleichnis am Ende einmal mit *vallem cavare* (7,749) das Entstehen des Schlundes vorweggenommen; *medios intercipit amnes* (ebd.) ließ sich, wie oben gezeigt, in Bezug setzen zur Beeinflussung des Ismenus durch das Erdbeben (7,800f.). Die Assoziation eines Flusses und seines Wassers mit einem Heer, wie sie sich hier im Nil-Gleichnis findet, lässt über den Rückbezug eine zweite Ebene des *intercipere* im Bergflanken-Gleichnis hervortreten. Das ‚Einströmen' der Kämpfer aufeinander wird durch das Erdbeben in gleicher Weise verhindert wie das normale Weiterfließen des Flusses infolge des Absturzes der Bergflanke.

**588** Auch das gut 100 Verse später verwendete Gleichnis lässt sich noch anführen (7,460–465), werden hier doch ebenfalls Meer und Flusswasser einander gegenübergestellt, und auch das Motiv der Vermischung von Wasser (hier allerdings von zwei Flüssen) kommt vor. Eine Diskussion dieses Gleichnisses bietet Hershkowitz 1998, S. 256f.

dem überraschend ernannten Thiodamas, fügen sich aber noch nicht gern seinem Befehl. Und nicht nur deine eigene Truppe, Seherfürst, vermisst dich; es ist das ganze Heer, dem du fehlst, und weniger stolz ragt der siebte Helmbusch über den Scharen. Es ist, wie wenn am klaren Himmel eine neidische Wolke einen der Parrhasischen Sterne wegnimmt, den Glanz des Wagens vermindert, das Gefährt nicht mehr seine feste Gestalt hat, weil ein Stern fehlt, die Seeleute unsicher werden und die vertrauten Sterne nachzählen.

Das Gleichnis illustriert den Verlust des Sehers. Amphiaraus wird verglichen mit einem Stern aus dem Sternbild des Großen Wagens (*Parrhasiis* [...] *astris*; *Plaustri*), der nicht mehr sichtbar ist, weil sich eine Wolke vor ihn geschoben hat, so dass die Achse des Wagens nicht mehr in gleichem Maße stabil erscheint: *nec idem riget igne reciso / axis*. Den sieben Sternen des Sternbildes entsprechen die sieben Heerführer der Argiver.

Das Gleichnis zeigt die ‚argivischen *nautae*' in der Situation einer zwar problematischen, aber doch in Teilen immerhin überhaupt möglichen Orientierung, gerade im Vergleich zu anderen Textstellen der *descensus*-Episode. Es sind Sterne sichtbar, die distinkt einzeln wahrgenommen werden können (*numerant*).[589] Zudem erscheint die Situation als nur temporäre Verunsicherung, die durch eine Regenwolke verursacht wurde. Das Motiv der Regenwolke ruft zudem einen weniger problematischen Aspekt des Wassers auf, anders als die Wassermassen des Nils oder etwa der Sturm aus dem *ratis*-Gleichnis, bei dem keine klare Sicht auf den Himmel gegeben ist (*caeco nocturni turbine Cori*, 7,791).[590]

Das Sternbild des Großen Wagens greift motivisch den Wagen des Sehers auf, nochmals gestützt durch den intratextuellen Bezug auf den *axis* des Wagens des Amphiaraus: *hos iam ignorantes terit impius axis* (7,763) – aber auch auf den Himmels-Vergleich am Anfang von Buch 8, in dem der Himmel ebenso wie der Wagen (*nec idem riget* [...] *axis*) als erschüttert in seiner Stabilität evoziert wird: *nutabat tellus: non fortius aethera vultu / torquet et astriferos inclinat Iuppiter axes*. (8,82f.). Einen weiten Bogen spannt dieses Gleichnis hin zur Aristie des Amphiaraus in Buch 7 am Anfang der hier diskutierten Textpassage, wo Amphiaraus verglichen wird mit dem Hundsstern (7,709f.). Ein weiterer motivischer Rückbezug ergibt sich schließlich auf das Gebet des Thiodamas, der wiederum zwei andere Formen von Wagen ins Spiel gebracht hat, die sich ebenfalls der Sphäre des Himmels zuordnen lassen und die im Gebet ebenfalls zur Erzeugung von Stabilität, Struktur und Orientierung gedient hatten: den Sonnen- und den Mondwagen (s. o.

---

**589** Als deutlich pessimistischer bewertet das Gleichnis Augoustakis 2016: ad 8,369–372 („emphasizing the hyperbolic cosmic repercussions"); ad 8,369–371; ad 371–372 („The loss of one of the stars of the Great Bear upsets nature's equilibrium and course [...].")
**590** Smolenaars 1994 ad 7,791: „The meaning [sc. of *caecus*] is [...] ‚dark, blinding' [...]", mit Hinweis auf OLD s.v. *caecus* 5.

Kap. 8.3.2). Es spiegelt sich in diesem Gleichnis also der Beitrag des neuen Sehers zur Normalisierung der Raumsituation.

Schließlich ist der Große Wagen im Gleichnis verbunden mit dem Sonnenwagen Apollos am Beginn der Thiodamas-Handlung (8,271–274): *tempus erat iunctos cum iam soror ignea Phoebi / sensit equos etc.* So wie Amphiaraus als neuer Sehergott neben Apollo tritt, tritt der Große Wagen neben die Sonne bzw. den Sonnenwagen des (Phoebus) Apollo.[591] Es ist denkbar, dass Statius hier gezielt Assoziationen wecken wollte zu Verstirnungssagen. Wie der Komet als Zeichen der Aufnahme Cäsars unter die Sterne gedeutet wird somit zum *sidus Iulium* wird,[592] so suggeriert das Gleichnis eine Verstirnung des Seher(wagen)s in Form des Großen Wagens.[593] Die Etablierung von Amphiaraus als neuem Sehergott hat ihren Lauf genommen. Die im Text motivisch angedeutete und von Thiodamas insinuierte Vergöttlichung des Amphiaraus wird allerdings an keiner Stelle explizit vom Erzähler festgestellt. Stattdessen setzen sich die Ambiguitäten und Uneindeutigkeiten fort, die bereits für die Unterweltfahrt kennzeichnend waren.[594]

Ähnliches gilt für Amphiaraus' Rolle in *Thebais* 10. Dort hat er nochmals einen Auftritt, und zwar im Rahmen der Episode, die den Angriff der Argiver auf die schlafenden Thebaner schildert. Als dort Thiodamas von seherischem Wahn ergriffen wird, gibt der Erzähler zwei mögliche Urheber des Wahnes an (10,160–163):

---

591 Zum Synkretismus Apollo/Sol und zu „solar connections" des Amphiaraus in der *Thebais* Rebeggiani 2018, S. 110–114.
592 Hierzu Bechtold 2011, S. 161–225; Plin. *nat.* 2,93–94; Hor. *carm.* 1,12,45–48; Verg. *ecl.* 9,46–50; Ov. *met.* 15,745–851.
593 Mehrere mit Verstirnung assoziierte Himmelskörper werden in der Nähe des Großen Wagens bzw. der Ursa maior verortet, einmal das *sidus Iulium*: *in regione caeli sub septemtrionibus est conspectum*, Plin. *nat.* 2,94; Cass. Dio 45,7,1 (weitere Stellen und Diskussion des Erscheinungsortes bei Bechtold 2011, S. 166 Anm. 732); zum anderen die Locke der Berenike: Bechtold 2011, S. 87f.; S. 83 mit Anm. 355; Marinone 1997, S. 256; Gee 2000, S. 170f.; weiterhin wird auch Arsinoë II. bei Kallimachos von den Dioskuren zum „Sternenwagen" hin gebracht: Callim. frg. 181 Asper; Bechtold 2011, S. 79.
Man könnte soweit gehen zu behaupten, dass Statius auch an dieser Stelle letztlich mit dem Motiv der Absenz des Apollo spielt, genauer gesagt: mit der Absenz des *Sehergottes* Apollo. Nachdem Abtritt und Abwesenheit des Sehergottes Apollo breit dargestellt wurden, tritt er fürs Erste ‚nur' in seiner Funktion als Sonnengott an topischer Stelle wieder in den Text ein, bei der Schilderung des Überganges zum nächsten Tag.
594 Ich hatte oben (Kap. 7.3) bereits diskutiert, inwiefern Apollos Aussage *vade diu populis promissa voluptas / Elysiis etc.* (7,775f.) nicht notwendigerweise Apollo als den Urheber des *hiatus* ausweist. Die dortige Aussage Apollos ist darüber hinaus auch geeignet, Zweifel zu säen, ob Amphiaraus wirklich zum Orakelgott werden wird und nicht doch ‚nur' zu einem der Bewohner des Elysiums.

> *ecce repens superis animum lymphantibus horror*
> *Thiodamanta subit formidandoque tumultu*
> *pandere fata iubet, sive hanc Saturnia mentem,*
> *sive novum comitem bonus instigabat Apollo.*

> Sieh! Da ergreift plötzlich Rasen, gesandt von begeisterten Göttern, Thiodamas und zwingt ihn in schrecklichem Aufruhr, das Schicksal zu künden, mochte ihn nun die Saturnische Iuno antreiben oder freundlich Apollo als neuen Gefolgsmann.

Iuno als Quelle *seherischen* Wahnes ist ungewöhnlich, so dass von Anfang an Zweifel bestehen, inwiefern hier nicht eher die Göttin Thiodamas lediglich zum „Instrument [...] zur Verwirklichung ihres Planes macht".[595] Und nachdem die Amphiaraus-Episode den Abtritt des Gottes inszeniert hatte und er auch in Buch 9 ein Verstummen seiner Orakel angekündigt hatte (9,657f.), soll er hier nun plötzlich wieder als Orakelgott aktiv werden?[596] Thiodamas spricht dann zu Adrast und den bei ihm versammelten Führern der Argiver (10,188–191):

> *magna deum mandata, duces, monitusque verendos*
> *advehimus: non hae nostro de pectore voces:*
> *ille canit, cui me famulari et sumere vittas*
> *vestra fides, ipso non discordante, subegit.*

> Große Gebote der Götter, ihr Führer, und heilige Mahnung überbringe ich euch; nicht meiner Brust entstammen die Worte, jener kündet sie, dem zu dienen und seine Binden zu tragen mich euer Vertrauen und seine Zustimmung trieb.

Hier erscheint Amphiaraus als der Sehergott, als den ihn Thiodamas in seinem Gebet dargestellt hatte: Thiodamas ist derjenige, der ihm „dient" (*famulari*, 10,190), und laut Thiodamas ist Amphiaraus derjenige, der Thiodamas' seherisches Rasen ausgelöst und Besitz von ihm ergriffen hat (10,189f.).[597]

Einige Verse später berichtet Thiodamas dann, wie Amphiaraus ihm im Traum erschienen sei (10,198–212):

---

595 Walter 2014, S. 182f.
596 Walter 2014, S. 182; Seo 2013, S. 182: Die Mehrfach-Erklärung sorge für „uncertainty" bei der Quelle der Vision.
597 Walter 2014, S. 186 Anm. 190 geht davon aus, dass Amphiaraus hier nicht als Gott auftritt. Sie merkt an, „dass hier Thiodamas' menschlicher Vorgänger, kein Gott spricht", unter Verweis auf Hardie 1993, S. 112: „it is unusual that the possessing divinity is the mortal prophet's own human predecessor in the art." Feeney 1991, S. 374 spricht von Amphiaraus in der Traumerscheinung als „ghost", so auch Wenskus 2014, S. 148: „Geist".

## 8.7 Amphiaraus, der Große Wagen... und erste Traumorakel? — 229

> *equidem haec et Marte diurno,*
> *dum res infractae pulsique in terga redimus,*
> *(per tripodas iuro et rapti nova fata magistri)*
> *vidi, et me volucres circum plausere secundae.*
> *sed nunc certa fides. modo me sub nocte silenti*
> *ipse, ipse adsurgens iterum tellure soluta,*
> *qualis erat (solos infecerat umbra iugales),*
> *Amphiaraus adit: non vanae monstra quietis,*
> *nec somno comperta loquor. „tune," inquit, „inertes*
> *Inachidas (redde haec Parnasia serta meosque*
> *redde deos) tantam patiere amittere noctem,*
> *degener? haec egomet caeli secreta vagosque*
> *edocui lapsus? vade heia, ulciscere ferro*
> *nos saltem!" dixit, meque haec ad limina visus*
> *cuspide sublata totoque impellere curru.*

Dies sah ich wahrlich schon bei der Schlacht dieses Tages, als wir geworfen und gejagt den Rücken wandten – ich schwöre es beim Dreifuß und beim beispiellosen Schicksal meines entrissenen Meisters –, und rings um mich spendeten günstige Vögel Beifall. Nun aber bin ich ganz sicher, denn eben stieg in schweigender Nacht Amphiaraus selbst in voller Gestalt – nur seine Pferde erschienen als Schatten – zu mir herauf aus der wieder eröffneten Erde, und ich spreche nicht von leeren, seltsamen Träumen, nicht von Bildern des Schlafs. „Lässt du", schrie er, „es zu, dass die Inachiden tatlos diese große Nacht vergeuden? Gib, Entarteter, diese Parnassischen Binden und gib mir meine Götter zurück! Habe ich dich dazu die Geheimnisse des Himmels und den schweifenden Flug der Vögel gelehrt? Auf jetzt! Räche zum mindesten mich mit dem Schwerte!" So rief er und schien mich mit erhobener Lanze und stürmendem Wagen zu dieser Schwelle zu treiben.

Auch hier deuten einige Stellen auf Amphiaraus als Sehergott hin. So schwört Thiodamas beim Dreifuß (wohl als Kultobjekt des Apollo und als einem für ihn als Seherpriester wichtigen Objekt) und bei seinem *magister* Amphiaraus (10,200), der hier somit als eine Art Schwurgott auftritt.[598] Außerdem bringt Thiodamas die Traumerscheinung in enge Verbindung mit der Vogelschau als einer der prominentesten Divinationsformen (10,201f.). Das Traumbild übertrifft hier sogar die andere Divinationsform, indem es *certum* werden lässt, was sich bei den Vögeln offenbar nur angedeutet hatte.

Auf den ersten Blick erscheint es nicht weiter bemerkenswert, dass das Traumbild eines Toten wie ein Lebender wahrgenommen wird (10,204), da es ein bekanntes traumpsychologisches Phänomen ist, dass sich der Träumende nicht

---

[598] Vgl. in Adrasts Rede auf den verstorbenen Opheltes das Versprechen, auch die Thebaner würden beim zum Gott gewordenen Opheltes schwören: *captivis etiam iurabere Thebis* (7,103) sowie das Chaos und Apollo in Amphiaraus' Rede vor Pluto: *testor inane Chaos (quid enim hic iurandus Apollo?)*, 8,100.

erinnern kann, dass die Person, von der er träumt, verstorben ist – auch die Hektor-Traumerscheinung in *Aeneis* 2 schlägt literarisches Kapital aus diesem Phänomen.[599] Der Bericht des Thiodamas scheint jedoch darauf abzuzielen, gerade eine solche Deutungsmöglichkeit auszuschließen. So weist er darauf hin, das Bild des aus der Erde wiederauferstandenen Amphiaraus sei nicht bloß ein Traumbild gewesen (*non vanae monstra quietis, / nec somno comperta loquor*, 10,205f.) und merkt eigens an, „allein" die *Pferde* des Sehers seien zum Schatten geworden (*solos infecerat umbra iugales* 10,204). Für den Leser entsteht das Bild, dass die zu Schatten gewordenen Pferde nach wie vor den Seher-Wagen ziehen, erscheint dieser Wagen doch auch im Traum des Thiodamas (10,212). Thiodamas hat also – in seiner Darstellung – die Möglichkeit, zwischen lebendem Amphiaraus und toten Pferden zu differenzieren, während man bei einem normal Träumenden eher erwarten würde, dass diese Art von Differenzierung nicht möglich gewesen wäre. Im Unterschied zu seinen Pferden scheint Amphiaraus also doch nicht den normalen Weg zu den Schatten gegangen sein, was wiederum eine Vergöttlichung andeutet.[600]

In der von Thiodamas referierten wörtlichen Rede erscheint Amphiaraus allerdings gedanklich eher der menschlichen Sphäre verhaftet, wenn er seine *serta* und *dei* zurückverlangt (10,207f.) und wenn er Rache für sich einfordert (10,210f.). Amphiaraus' vorwurfsvolle Frage *haec egomet caeli secreta vagosque / edocui lapsus?* (10,209f.) weist einerseits zurück auf jene Stelle in der *descensus*-Episode, wo der Erzähler von Thiodamas' und Amphiaraus' früheren gemeinsamen seherischen Aktivitäten berichtet (8,279–281); andererseits ließe sie sich auch beziehen auf Thiodamas' Bitte *caeloque et vera monentibus aris / concilies* im Gebet an Amphiaraus (8,333f.). Es weist also nichts Konkretes im Traumbericht direkt auf Amphiaraus als neuen Gott hin, lediglich die insinuierte ‚Wiederauferstehung' von den Toten ließe sich in eine solche Richtung lesen. Immerhin aber war Oneiromantie Teil des Amphiaraus-Kultes, so dass der Leser die Traumerscheinung hierauf beziehen und als eine Art erstes Traumorakel des Gottes verstehen konnte.[601] Ansonsten scheint die gesamte Textpassage auf Apollo und den Apollonkult bezogen, und zwar in „pervertiert[er]" Form: Übersteigerte prophetische Raserei geht über in den *furor*

---

[599] Zu diesem Phänomen und der Hektor-Traumerscheinung s. Walde 2001, S. 270.
[600] So auch Ahl 1986, S. 2865: „There are hints of his divinity in the suggestion that only the horses, not the man, are dead."
[601] Augoustakis 2016, S. xxvii, mit Verweis auf unsere Stelle: „St. exploits this aspect of Amphiaraus' cult, when Thiodamas claims that he saw the ghost of the seer prodding him on to action [...]." Zum Kult des Amphiaraus ebd., S. xxvi f.; Inkubation im Amphiaraion in Theben: Hdt. 8,134; Oneiromantie im Amphiaraion bei Oropos: Pausan. 1,34,5; 2,13,7: „Wahrsage-Haus" (οἶκος μαντικός) in Phlia, wo Amphiaraus geschlafen und dann mit der Weissagung begonnen habe; siehe auch Schachter 1981, S. 23; Ahl 1986, S. 2864f.; Sineux 2007, S. 187–198; Seo 2013, S. 182.

des Krieges.⁶⁰² Nach dem blutigen Gemetzel an den Thebanern gelten Opfer und Gebet des Thiodamas dem Apollo, nicht etwa (auch) Amphiaraus (10,336–346).⁶⁰³ Auf einen Leser, für den die Abwesenheit Apollos zuvor breit im Text inszeniert wurde, wirkt dies umso befremdlicher. Statius geht an keiner Stelle so weit, Amphiaraus im vollen Sinne als unterweltlichen Orakelgott darzustellen. Vielmehr schreibt er den liminalen Status des Sehers in der *descensus*-Episode fort. Amphiaraus hat zwar im Traumbild seine Rolle als Schatten hinter sich gelassen und erscheint bereits in Ansätzen als eine Art Gottheit ins Divinationswesen eingebunden, kultische Berücksichtigung erfährt er aber noch nicht, auch nicht von demjenigen, der sie ihm in Buch 8 vollmundig versprochen hatte (8,335–338, s. o. Kap. 8.4.2).⁶⁰⁴

In Buch 12 berichtet der Erzähler nochmals vom Ort der Unterweltfahrt (12,38–43):

> *at quibus est inlaesa domus vacuique doloris,*
> *aut deserta vagi Danaum tentoria lustrant*
> *inmittuntque faces, aut (quae post bella voluptas)*
> *quaerunt dispersi iaceat quo pulvere Tydeus,*
> *an rapti pateat specus auguris, aut ubi divum*
> *hostis, an aetheriae vivant per membra favillae.*

Solche aber, die Leid nicht traf, weil ihr Haus verschont blieb, schweifen umher, durchstöbern die leeren Zelte der Griechen und werfen Feuer hinein oder suchen verstreut⁶⁰⁵ – wie man es nach dem Krieg gerne macht –, wo Tydeus im Staub liegt, ob der Spalt, wo der Seher verschwand, noch klafft, wo der Götterfeind ist und ob himmlische Asche in seinen Gliedern noch glüht.

Anders als die Argiver hatten die Thebaner bis dahin noch keine Gelegenheit, den Ort der Unterweltfahrt näher in Augenschein zu nehmen, weswegen sie nicht wissen, ob er noch offen steht oder nicht (12,42). Der Leser hingegen weiß, dass er zu diesem Zeitpunkt schon längst wieder verschlossen ist. Indem Statius hier nochmals das Bild der offenen Erde evoziert und es direkt neben das Bild des noch glühenden Capaneus setzt (*an aetheriae vivant per membra favillae*, 12,43),

---

602 Walter 2014, S. 183; 183–190.
603 Obwohl der Thebaner Actor eher von mehreren Göttern auszugehen schien, als er Thiodamas um das Gebet zur Sicherung des göttlichen Wohlwollens gebeten hatte (10,334f.: *sunt et diris sua numina Thebis. / forsitan et nobis modo quae favere recedunt*), so dass es für Thiodamas nahegelegen hätte, auch Amphiaraus (und weitere Götter) in das Gebet einzuschließen.
604 Dies stützt auch die von Ahl 1986, S. 2866 vertretene These, dass Amphiaraus mitunter Apollo untergeordnet erscheine (z. B. als dessen Priester), mitunter aber auch nicht (z. B., wenn Apollo sein Wagenlenker wird): „Their relationship is thus not clearly hierarchical or totally static."
605 Schönberger 1998 geht mit Klotz und Klinnert 1973 von *dispersus* in 12,41 aus und übersetzt: „suchen [...], wo der zerfetzte Tydeus im Staub liegt".

verweist er auf das energetisch-liminale Potential dieses Ortes, das sich in den Büchern 7 und 8 so eindrucksvoll entfaltet hatte. Zugleich präsentiert er den Ort der Unterweltfahrt als einen, dem man sich nunmehr aus Schaulust nähert, anstatt ihn aus Furcht oder aus *religio* zu meiden (s. dazu o. Kap. 8.4.3): ein weiterer Schritt auf dem Weg zur „Entschärfung" dieses Ortes, wie sie Thiodamas in seinem Gebet betrieben hatte.

Als kurz darauf auch die Argiverfrauen ihre Toten suchen, um sie zu bestatten und zu betrauern, ist auch Eriphyle unter ihnen (12,123f.):

> *vatis mox impia coniunx / heu vacuos positura rogos.*

> Weiter [kam] die pflichtvergessene Gattin des Sehers, die, ach, nur einen leeren Scheiterhaufen errichten wird.

Das letzte Amphiaraus-Bild zeigt den Seher wieder in jener Rolle, in der ihn auch schon das 8. Buch gezeigt hatte: als Verstorbenen, über dessen Leichnam man nicht verfügt, so dass man für ihn nur ‚uneigentliche' Totenriten durchführen kann. Wir sind nun an dem Punkt, die Analyse der Vogelschau-Episode in unsere Schlussfolgerungen einzubeziehen.

Teil IV: **Fazit**

# 9 Amphiaraus-Transformationen

Statius geht es offenbar nicht in erster Linie darum, den Thiodamas ein im Sinne der Orthopraxie rituell ‚korrektes' Sühnegebet an Tellus halten zu lassen. Thiodamas scheint es zu versäumen, die Tellus anzurufen als lokale Schutzgottheit der Thebaner, obgleich sein Argument und die römische Gebetspraxis es nahegelegt hätten, gerade diesen Aspekt bei der Adressierung zu berücksichtigen. Thiodamas' Gebet scheint – auf der Figurenebene – vielmehr eine psychologische Funktion zu haben, die normalerweise nicht mit der rituellen Funktion in Konflikt steht, es in diesem Falle aber sehr wohl tut. Thiodamas scheint eher den Argivern versichern zu wollen, dass das Verschlingen des Amphiaraus gerade *kein* Indiz dafür ist, dass hier eine perfide, feindlich gesonnene *Tellus Thebana* zusammen mit den Thebanern gegen die Argiver kämpft. Hierzu entwirft er das Bild eines stabilen Weltgefüges und deutet das Verschlingen des Sehers um zu einer positiven Handlung der Natur. Der Hadesschlund wird zum Teil eines dem Amphiaraus heiligen Ortes und erhält so seinen Platz im Weltgefüge an der Seite von Delos und Delphi. Die gleichsam überschießende Energie des *limen*, die in der Passage inszeniert wird, plausibilisiert, dass die Situation nicht einfach getilgt werden kann, sondern integriert werden muss in ein entsprechend verändertes Weltbild, in dem Amphiaraus nunmehr als Sehergott firmiert. Die eigentliche Pointe des Gebetes erschließt sich erst für die Leser, die sehen können, wie eng das Gebet motivisch mit dem übrigen Text verwoben ist und wie weit und tief die semantische und topographische Umkonstruktion reicht, die Statius den Thiodamas hin zu jenem veränderten Weltbild vornehmen lässt.[606] Wie schon Keith beobachtet hat, dient das Gebet des Thiodamas dazu, die Argiver – vermittelt durch Amphiaraus – in die Landschaft um Theben zu „integrieren".[607] Man sollte hier allerdings nicht nur von Integration sprechen: Thiodamas' Gebet inszeniert einen mächtigen numinosen Ort im ‚Feindesland', auf den die Argiver nunmehr in der Person des Thiodamas exklusiven Zugriff haben. Mit Amphiaraus tritt außerdem eine neue Gottheit auf den Plan, die an den neuen Ort gebunden erscheint und ein Gegengewicht zu den verschiedenen thebanischen ‚Lokal'-Gottheiten aus den Paianen der Thebaner bildet.

---

[606] Dieses Ergebnis passt zur Schlussfolgerung, die Hubert 2013 auf Basis anderer Gebete in der *Thebais* zieht (s. auch o. Kap. 6.2, Fn. 329): „prayer becomes a decoy, a clever screen that, when lifted, reveals the world of the *Thebaid* as a bleak, irredeemable playground over which Oedipus, the gods, and even Statius himself placate their own desires." (S. 110), wobei Thiodamas' Gebet keineswegs nur „bleak, irredeemable playground" ist, auch wenn wir über dessen Erfolg keine Auskunft erhalten.
[607] Keith 2000, S. 61, s. o. Kap. 6.2 zum Forschungsstand.

Thiodamas' Gebet an Amphiaraus als neuen Sehergott wirkt wie ein logischer nächster Schritt, nachdem Statius dem Leser eine ganze Reihe von Figuren präsentiert hat, die den Seher in seiner Rolle als Orientierungsfigur bespiegeln und die nach und nach abtreten, um Raum und ‚Notwendigkeit' für Amphiaraus als neuen Sehergott und Thiodamas als neuen Seherpriester zu schaffen: Hierzu zählen Priester, Steuermänner, Schiffskapitäne, Wagenlenker und Apollo selbst.

Bereits in der Vogelschau-Episode setzt Statius vergleichbare Techniken figuraler Bespiegelung ein, was der *descensus*-Episode und der Apotheose des Amphiaraus eine weitere Dimension verleiht. Perseus und die Giganten stehen in der Vogelschau-Episode zuerst scheinbar unterschiedslos für die Argiver, Capaneus und auch Amphiaraus in ihrer Rolle als Himmelsstürmer, doch dann kreiert Statius die raummotivisch grundierte Trennung zwischen den beiden Gruppen: Amphiaraus wird wie Perseus ‚vom Berg aus' den Weg unter die Götter finden und er wird, wenn er denn einmal ‚unter der Erde' ist, nicht sein wie die Giganten, sondern wie der delphische Apollo werden (Kap. 4; 4.6). Passend dazu schafft Statius gleich zweimal eine Verbindung zwischen dem *hiatus* und der Erdspalte in Delphi. So sagt Thiodamas zum einen, die *Natura* selbst habe auf die Erdspalte in Delphi verweisen wollen (8,329–332, s. o. Kap. 8.4.1) und bezeichnet zum anderen den *hiatus* als der delphischen Erdspalte überlegen (8,337f.).[608]

Das Giganten-Motiv verwendet Statius auch in der *descensus*-Episode. So beendet Dis seine Rede mit dem Gedanken, dass Amphiaraus' Eindringen in die Unterwelt ebenso schlimm ist wie der Angriff der Giganten auf die Oberwelt (8,79f., vgl. Kap. 7.3). Auch hier rückt Statius Amphiaraus wieder in die Nähe der Giganten. Doch auch hier zeigt sich wieder bei aller Involviertheit des Amphiaraus der Unterschied zu den gigantengleichen Argivern, wie er schon in der Vogelschau-Episode angelegt ist. Denn die Antwortrede des Sehers stellt gegenüber Dis heraus, dass Amphiaraus gerade *nicht* wie die anderen Eindringlinge ist und dass er ohne eigenes Verschulden und ohne böse Absichten in die Unterwelt eingedrungen ist (8,95–122, s. o. Kap. 7.3, 8.5).[609] Am Schluss von Buch 10 wird es dann Capaneus sein, der wie die Giganten einen erfolglosen Himmelssturm versucht – die indirekte

---

[608] Eventuell ließen sich hier auch Verbindungen herstellen zwischen der Bergmotivik in der Vogelschau-Episode (oben Kap. 4) und jener in *Thebais* 7: Das Lager der Argiver auf dem Hügel/Berg (7,441f.; 450; 459) mag an die Himmelssturm-Problematik um den Aphesas zurückerinnern; s. auch u. Fn. 611.

[609] Statius hat zudem die Erzählung so gestaltet, dass Amphiaraus thematisch gesondert behandelt wird. Denn Pluto wendet sich erst an den Seher, als er seine eigentliche Rede beendet hat und die Unterwelt in Reaktion auf seine Rede gewankt hat (8,80–83). Er beginnt seine Rede mit adversativem *at*, was Amphiaraus zusätzlich abrückt vom vorherigen Kontext (8,84f.).

Verwirklichung der Drohung des Dis, er werde die Giganten freilassen (8,42–44).[610] Raummotivik und Buchgliederung setzen den vom Blitz getroffenen Capaneus nochmals in Bezug zu Amphiaraus: Amphiaraus fällt am Ende von Buch 7 in die Unterwelt, Capaneus kann sich am Ende von Buch 10 nicht mehr halten und zerfällt (*artus cessissent*, 10,939).[611] Der Beginn von Buch 8 greift den Fall des Amphiaraus wieder auf (*ut ... incidit*, 8,1), der Beginn von Buch 11 blickt zurück auf den Blitz, der zusammen mit Capaneus zu Boden „fällt" (*postquam magnanimus furias virtutis iniquae / consumpsit Capaneus expiravitque receptum / fulmen, et ad terras longe comitata cadentem / signavit muros ultricis semita flammae*, 11,1–4). In der mythischen Tradition vor Statius ist es oft Jupiters Blitz, der die Erdspalte für Amphiaraus erzeugt.[612] Bei Statius bleibt er für Capaneus ‚reserviert'. Während Amphiaraus' Geschichte sich fortsetzt in der Auseinandersetzung mit Pluto und seiner angedeuteten Vergöttlichung, ist Capaneus' Konflikt mit Jupiter und damit seine Geschichte zu Ende: *componit dextra victor concussa plagarum / Iuppiter et vultu caelumque diemque reducit* (11,5f.).

Auch das Zusammentreffen des Amphiaraus mit Hypseus in Buch 7 grenzt den Seher weiter von gigantischen Figuren ab, da Hypseus hier die Rolle des Giganten übernimmt und gerade nicht Amphiaraus. Phorbas hatte Antigone bei der Mauerschau berichtet, dass Hypseus' Vater Asopus nach Art eines Giganten die Götter angegriffen hatte, nachdem Jupiter dessen Tochter Aegina entführt hatte (7,309–339); als Hypseus sich dem Amphiaraus entgegenstellt und zu seinem Vater betet (7,730–735), verweist auch er auf dessen gigantenartigen Angriff (7,731: *clare Giganteis etiamnum, Asope, favillis*) und stellt sich selbst als Verächter Apollos dar, nach dem Vorbild seines Vaters, der Jupiter verachtet hatte (7,733f.: *fas et me spernere Phoebum, / si tibi conlatus divum sator*). Apollo nun ist ironischerweise gerade direkt auf dem Schlachtfeld präsent und lenkt Hypseus' Speer um auf Herses (7,736f., s. hierzu o. Kap. 7.6; 8.5). Man kann auch diese Stelle als eine Vorausdeutung auf Amphiaraus' Vergöttlichung verstehen. So wie Asopus Jupiter erfolglos angegriffen hatte, greift nun Hypseus Apollo/Amphiaraus erfolglos an.

Während in der *descensus*-Episode die Sequenz der Orientierungsfiguren den ‚Transfer' von Amphiaraus auf die göttliche Ebene vorbereitet, inszeniert Statius in der Vogelschau-Episode die Deplatziertheit des Sehers auf Erden, wo seine divinatorischen Fähigkeiten keine Relevanz mehr haben. Hierbei verknüpft der Dichter

---

**610** Franchet d'Espèrey 1999, S. 333f.; S. 245.
**611** Delarue 2000, S. 278 sieht eine Korrespondenz zwischen der Abwärtsbewegung des Amphiaraus in Buch 7 und der Aufwärtsbewegung des Capaneus in Buch 10; s. auch Smolenaars 1994 ad 7,744-751, der von einer „close relationship" des Bergflanken-Gleichnisses mit dem Gebirgsbach-Gleichnis in 3,671–676 und dem *amnis*-Gleichnis in 10,864–869 ausgeht.
**612** Siehe oben S. 10, Fn. 25.

verschiedene Figuren assoziativ mit Amphiaraus. Über die gesamte Vogelschau-Episode hinweg erscheint Amphiaraus als jemand, der in der ihm zugedachten Rolle nicht mehr richtig funktionieren kann und sich zunehmend isoliert sieht (Kap. 3.1; 3.7; 4.7). Statius hebt das von den Argivern ignorierte divinatorische Potential des Sehers noch dadurch hervor, dass er ihn in den verschiedensten seherischen Rollen präsentiert (*haruspex*, Vogelschauer, Astrologe, Pythia; s. o. Kap. 3). Der Rückzug des Melampus aufs Land (3,573) sorgt für eine weitere Isolation und Konzentration auf Amphiaraus. Melampus beginnt hier die Reihe der Begleiter des Amphiaraus, die den Seher einer nach dem anderen verlassen, welche dann in Buch 7 und 8 fortgeführt wird.[613] Nachdem Statius schon in der Vogelschau-Episode Effekt und Sinn der Seherrolle auf Erden als nichtig inszeniert hatte, greift er diese Idee wieder auf in der Rede des Amphiaraus in der Unterwelt. Hier, so Amphiaraus, seien seine Fähigkeiten nicht mehr gefragt (8,118f.). Statius konzentriert also gleichsam ungenutztes divinatorisches Potential auf die Figur des Amphiaraus, um es dann im Gebet des Thiodamas abzurufen.

Über den Erfolg des Gebets allerdings schweigt der Text, wir erfahren weder etwas über eine Reaktion der Tellus noch über eine des Amphiaraus. Stattdessen werden die Folgen des stabilisierenden Gebetes raummotivisch angedeutet: Der Erzähler erwähnt die städtische Topographie, der Vergleich der Thebaner mit dem meeresartigen Nil überschreibt den meeresartigen Hadesschlund, an die Stelle landschaftlicher Instabilität treten die Gefahren des Krieges. Das Gleichnis vom Großen Wagen steht für die zumindest ansatzweise Normalisierung der Situation, die das Gebet für die Argiver gebracht hat, und deutet darüber hinaus motivisch-assoziativ hin auf Amphiaraus als neuen Orakelgott. Ähnlich wie das Gebet des Thiodamas bringt das Gleichnis verschiedene prominente Motive aus dem vorherigen Text in einen Zusammenhang: Wasser und Seefahrt, das Problem der Orientierung, die Frage nach der Stabilität des Kosmos und schließlich auch die Vergöttlichung des Sehers, vermittelt über die Idee der Verstirnung. Die Sterne im Gleichnis vom Großen Wagen erinnern an die Vögel der Kosmologie in Amphiaraus' Gebet an Jupiter (3,471–496), die erst Menschen waren und danach in die reineren Sphären des Himmels übergetreten sind, wo sie dann – dem irdischen *nefas* entrückt – der Weissagung dienen. Auch wenn Amphiaraus sich im fallenden Vogel erkennt, wird er doch schlussendlich sein wie Perseus, der als Gott der Götterversammlung in Buch 10 beiwohnt, und wie die Vögel und Sterne, die den Argivern Orientierung bieten.

---

[613] Auch das Wagenrennen in *Thebais* 6 mag man in den Kontext des Wagenlenker-Motivs einordnen; vgl. zum Wagenrennen Rebeggiani 2013.

Raum und Ritual rahmen die Haupthandlung um die Figur des Amphiaraus. Zu Beginn betet Amphiaraus auf dem heiligen Aphesas zu Jupiter als Gott der Vogelschau und erklärt, diese sei den anderen Divinationsformen überlegen. Am Ende betet Thiodamas am *adytum* zu Amphiaraus als neuem Orakelgott der Erdspalte, die für Thiodamas mächtiger sein wird als Delos oder das Orakel in Delphi.

Die späteren Auftritte des Amphiaraus zeigen ihn – immerhin, aber doch auch immer noch – in dem Zwischen-Stadium zwischen Totenschatten und neuem Sehergott, in dem ihn auch schon die *descensus*-Episode präsentiert. Das traditionelle Motiv der Hadesfahrt des Amphiaraus und seine Rolle als Sehergott gewinnen in der *Thebais* eine neue Dimension, die *descensus*-Episode hat in der Vogelschau-Episode ihre raummotivisch-figurale, ‚vertiefte' Vorgeschichte: Die Vergöttlichung des Sehers ‚beginnt' – mindestens – schon bei der Vogelschau auf dem Aphesas, das entgleitende *auspicium* und der Berggipfel weisen den Weg. Die obigen Analysen dürften gezeigt haben, dass ein Ritual wie das *auspicium* und ein Schwellenort wie die Spitze des Berges eine hohe Relevanz für die jeweilige Episode und Statius' Epos insgesamt haben können. Ihnen ist der zweite Teil dieses Fazits zugedacht.

# 10 *limen* und Ritual

Diese Arbeit hat nur eine kleine Auswahl der rituellen Handlungen und liminalen Räume präsentiert, die Statius in der *Thebais* darstellt. Diese Auswahl war zudem von der Amphiaraus-Figur bestimmt und nicht von Fragen der Repräsentativität. Sowohl Ritual als auch Liminalität in der *Thebais* könnten Gegenstand einer eigenen Monographie sein. Exemplarisch und im Sinne einer Vorarbeit sei nun abschließend skizziert, wie Statius Schwelle und Ritual in den hier diskutierten Textstellen einsetzt.

Statius blendet in den beiden zentralen Amphiaraus-Episoden nicht nur konsequent Schwellenräume ein, sei es in Form von Ekphraseis oder anderweitiger Erwähnungen, sondern organisiert auch die Figurenbewegung entlang dieser Schwellenräume; diese Figurenbewegung wiederum verleiht dem übergeordneten Narrativ weitere Bedeutung. In der Vogelschau-Episode in *Theb.* 3 konzentriert sich die Auseinandersetzung um den Kriegseintritt an den verschiedenen Schwellen, an denen Capaneus und andere Kriegswillige immer wieder ‚hängen bleiben': die weinenden Frauen und Kinder an den Türschwellen in Argos, die lärmenden Krieger vor Adrasts Palast und Capaneus an der Schwelle des Amphiaraus. Darüber hinaus stellt Statius Amphiaraus als eine Art Getriebenen dar, der sich gegen seinen Willen an verschiedene Orte zu begeben hat, damit der Kriegseintritt vollzogen werden kann (Kap. 4.1). Statius setzt also in der Vogelschau-Episode die verschiedenen Schwellenräume additiv im Sinne eines perpetuierten Stockens ein, das das *nefas* der Haupthandlung hervorhebt und als eigentliche unerlaubte Grenzüberschreitung markiert. Das Element der Retardation, das insgesamt für die *Thebais* wichtig ist, erscheint auch und gerade in der Vogelschau-Episode so stark ausgebaut, dass das Hängenbleiben an der Schwelle und in der Schwellensituation selbst zum eigentlichen Thema der Episode wird, nicht aber die Entscheidungsfindung, was Statius noch dadurch unterstreicht, dass er Capaneus das Hängenbleiben explizit machen lässt (*Theb.* 3,609–611; s. zusammenfassend Kap. 5 und 3.1).

In der *descensus*-Episode beziehen sich fast alle geschilderten Bewegungen auf den Schwellenraum des Hadesschlunds (Kap. 7.1). Das Motiv des Stockens an der Schwelle findet sich auch hier: Die Argiver (und das Narrativ) lassen den Hadesschlund nicht hinter sich, bis ihn Thiodamas in ein neues, normalisiertes Weltbild integriert hat. Solange das nicht der Fall ist, ist ihre Bewegung verunsichert und stark beeinträchtigt (ebd.; Kap. 7.2). Die Idee des Hängenbleibens und Stockens bleibt manifest bis zum Ende der Episode, wo die Argiver nur zögerlich wieder auf das Schlachtfeld hinaustreten (*Theb.* 8,363–372; s. hierzu Kap. 8.7).

Die liminalen Räume (und Situationen) zeigen sich als stark aufgeladene Bedeutungsträger. In der Beschreibung des Aphesas und des Aufstieggs zur Vogelschau werden für den Leser bereits wesentliche Themen, Motive und Figuren greifbar: Perseus als ‚Spiegelfigur' des Amphiaraus (und der Argiver), Danae als Vorwegnahme der Frauen der Argiver, weiterhin der Motivkomplex aus Himmelssturm, Naturkatastrophe, Berg, den Giganten sowie der Pythia und dem delphischem Apollo (Kap. 4). Diese entfaltet Statius dann im Rahmen des weiteren Textes. Dass ein Schwellenraum als ein solcher Bedeutungsträger fungiert, ist nicht völlig überraschend, da die *Thebais* insgesamt eine hohe intratextuelle Dichte aufweist und da literarische Räume grundsätzlich geeignet sind als „Träger, der eine Anlagerung semantischer Mehrwerte erlaubt".[614] Der Fall des *hiatus* wiederum erscheint dennoch speziell. Denn in der *decensus*-Episode geht Statius im Vergleich zur Aphesas-Ekphrasis den umgekehrten Weg und etabliert zunächst verschiedene Deutungen und Zuschreibungen des *hiatus*, um dann Thiodamas das letzte Wort in Form des Gebetes zu geben, das durch Aufgreifen der diversen Leitmotive die vorherigen Zuschreibungen und Deutungen bündelt und umkonstruiert (Kap. 7). In der Vogelschau-Episode erschließt sich durch die Aphesas-Ekphrasis eine bestimmte Verständnisebene des folgenden Textes, während umgekehrt Thiodamas' Tellus-Gebet nur vor dem Hintergrund des vorherigen Textes in seiner Tiefe verstanden werden kann. Die gesamte *descensus*-Episode lässt sich zudem lesen als eine Geschichte darüber, wie ein neuer sakraler Ort in die Welt tritt, wie aus der angstvollen Vermeidung der Erdspalte religiöse Ehrfurcht vor dem neuen Heiligtum des Amphiaraus wird, zu dem Thiodamas betet (Kap. 8.4.3). Dies weist erneut auf die enge Wechselbeziehung, in der Raum und Ritual stehen.

Statius arbeitet mit der Kombination und Juxtaposition von Ritualen, ähnlich wie im Falle der Schwellenräume. Das erscheint gerade beim Ritual naheliegend, das als Zeichensystem vor allem auf syntaktischer Ebene fungiert (s. Einleitung Kap. 1.2). So spiegeln die verschieden konnotierten Divinationspraktiken in der Vogelschau-Episode (zunächst Eingeweideschau, dann *auspicium*, dann freiere Formen der Divination bis hin zur Nekromantie) die Grenzüberschreitung, die die kriegerische Unternehmung der Argiver bedeutet (Kap. 3.3, 3.4, 3.5). Auch die mit den Divinationsformen assoziierten Götter werden gezielt von Statius zur Darstellung der schrittweisen Grenzüberschreitung eingesetzt: Jupiter wird mit der ‚abgegrenzteren' Form des *auspicium* in Verbindung gebracht, Apollo mit freieren Formen der (Vogel-)Divination (Kap. 3.4). In der *katabasis-Episode* kann der Leser Thiodamas' Gebet verstehen als eine Art Konter-Ritual zu den Gesängen der Thebaner, die als Paiane ebenfalls eine Art ritueller Handlung darstellen (Kap. 8.1).

Statius ruft das Irritationspotential von Ritualen ab, indem er abweicht von den Erwartungen, die normalerweise an das jeweilige Ritual gestellt werden. Hierbei ist

---

[614] Krah 1999 S. 3, der davon den Raum als „Hintergrund" unterscheidet.

nicht nur ein Misslingen des Rituals angedeutet, denn die Abweichungen erzeugen auch weitere Bedeutung. So lässt Statius Amphiaraus ein für das römische *auspicium* nicht ganz passendes Gebet sprechen, das zwar einerseits die für das *auspicium* konstitutive binäre Teilung in günstig/ungünstig abbildet, das aber andererseits auch Fragen enthält, die eine semantisch komplexere Antwort einfordern, wie sie ein *auspicium* nicht zu liefern vermag (Kap. 3.2). Jene semantisch komplexeren Fragen stehen dann im Dienste der Inszenierung von Grenzüberschreitung und Entgrenzung im Zuge der Vogelschau. Darüber hinaus ruft Statius die Ritualsequenz des römischen Feldzugs auf und kreiert Irritation dadurch, dass er die Vogelschau darstellt als einen Schritt in dieser Sequenz, der eigentlich (noch) nicht hätte stattfinden dürfen, da die vorgeschaltete Eingeweideschau ein negatives Ergebnis hatte. Die Vogelschau als zu frühen Schritt hebt er durch die Gestaltung des Textes noch hervor (Kap. 3.8) – auch dies kann als Beitrag zur Inszenierung der unerlaubten Grenzüberschreitung verstanden werden, mit der das ‚Hängenbleiben' an den Schwellen in Argos raummotivisch korrespondiert.

Auch die problematische *invocatio* von Thiodamas' Tellus-Gebet stellt eine solche Irritation dar: Entgegen der kultischen Normal-Erwartung versäumt es Thiodamas, die Tellus in ihrer Eigenschaft als Lokalgottheit Thebens anzurufen. Der Leser kann diese Irritation vor dem Hintergrund der Paiane der Thebaner verstehen als den Versuch einer gezielten Umdeutung der Ereignisse am *hiatus*. Im Amphiaraus-Teil des Gebetes weicht dann Thiodamas von der gängigen Reihenfolge des literarischen Gebetes ab und setzt die *pars epica* an den Schluss, wo der Rezipient eher die *preces* erwarten würde, nachdem das Gebet an Tellus ihn an diese typische Struktur erinnert hat. Diese spezielle Abfolge ist hier der Besonderheit der Situation geschuldet (Kap. 8.4.2): Amphiaraus wird zum ersten Mal überhaupt als neuer Sehergott angerufen – eine ‚kultische Vorgeschichte', auf die Thiodamas als *interpres* und *sacerdos* des Amphiaraus zurückverweisen könnte, existiert noch nicht. Sie kann erst dann entstehen, wenn Amphiaraus die *preces* des Thiodamas erhört hat.

# Literaturverzeichnis

Zitate aus der *Thebais* folgen in der Regel der Ausgabe von Hill 1996, mit minimalen Eingriffen in die Interpunktion; die Übersetzungen sind übernommen aus Schönberger 1998, mit punktuellen Modifikationen.

Ahl, F. M. (1986). »Statius' „Thebaid". A Reconsideration«. In: *ANRW II 32.5*. Berlin, 2803–2912.
Anzinger, S. (2007). *Schweigen im römischen Epos. Zur Dramaturgie der Kommunikation bei Vergil, Lucan, Valerius Flaccus und Statius*. Beiträge zur Altertumskunde 237. Berlin u.a.
Appel, G. (1909). *De Romanorum precationibus*. Gießen.
Asper, M. (2004). *Kallimachos. Werke. Griechisch und deutsch*. Darmstadt.
Augoustakis, A. (2010). *Motherhood and the Other. Fashioning Female Power in Flavian Epic*. Oxford.
Augoustakis, A., Hrsg. (2013). *Ritual and Religion in Flavian Epic*. Oxford.
Augoustakis, A. (2015). »Statius and Senecan Drama«. In: *Brill's Companion to Statius*. Hrsg. von W. J. Dominik, C. E. Newlands und K. Gervais. Leiden/Boston, 377–392.
Augoustakis, A. (2016). *Statius, Thebaid 8. Edited with an Introduction, Translation, and Commentary*. Oxford.
Austin, R. G. (1977). *P. Vergili Maronis Aeneidos Liber Sextus. With a Commentary*. Oxford.
Bailey, C. (1935). *Religion in Virgil*. Oxford.
Barringer, J. M. (1996). »Atalanta as Model: The Hunter and the Hunted«. In: *Classical Antiquity* 15.1, 48–76.
Barton, T. S. (1994). *Ancient Astrology*. London u.a.
Bartsch, S. (2014). »Liminality«. In: *The Virgil Encyclopedia*. Bd. II: F–Pe. Chichester u.a., 749.
Basanoff, V. (1947). *Evocatio. Étude d'un rituel militaire romain*. Bibliothèque de l'École des Hautes Études. Section des Sciences Religieuses 61. Paris.
Beard, M., J. A. North und S. R. F. Price (1998). *Religions of Rome*. Bd. 1: A History. Cambridge.
Bechtold, C. (2011). *Gott und Gestirn als Präsenzformen des toten Kaisers. Apotheose und Katasterismos in der politischen Kommunikation der römischen Kaiserzeit und ihre Anknüpfungspunkte im Hellenismus*. Schriften zur politischen Kommunikation 9. Göttingen.
Behschnitt, W. (2008). »Liminale und andere Räume. Grenzräume bei M. A. Goldschmidt und Annette von Droste-Hülshoff«. In: *Grenzräume der Schrift*. Hrsg. von A. Geisenhanslüke und G. Mein. Liminalität und Literalität 2. Bielefeld, 77–94.
Bell, C. (1992). *Ritual Theory, Ritual Practice*. New York.
Bell, C. (1997). *Ritual. Perspectives and Dimensions*. New York.
Benthien, C. und I. M. Krüger-Fürhoff, Hrsg. (1999). *Über Grenzen. Limitation und Transgression in Literatur und Ästhetik*. Stuttgart/Weimar.
Bernstein, N. W. (2008). *In the Image of the Ancestors. Narratives of Kinship in Flavian Epic*. Phoenix Supplementary Volumes 48. Toronto.
Bernstein, N. W. (2013). »Ritual Murder and Suicide in Statius' Thebaid«. In: *Ritual and Religion in Flavian Epic*. Hrsg. von A. Augoustakis. Oxford, 233–248.
Berti, E. (2000). *M. Annaei Lucani bellum civile liber X*. Florenz.
Bessone, F. (2011). *La Tebaide di Stazio. Epica e potere*. Materiali e discussioni per l'analisi dei testi classici 24. Pisa/Rom.
Bessone, F. (2013). »Religion and Power in the *Thebaid*«. In: *Ritual and Religion in Flavian Epic*. Hrsg. von A. Augoustakis. Oxford, 145–161.

Bömer, F. (1957). *P. Ovidius Naso. Die Fasten. Herausgegeben, übersetzt und kommentiert.* Bd. 1: Einleitung, Text und Übersetzung. Heidelberg.
Bömer, F. (1958). *P. Ovidius Naso. Die Fasten. Herausgegeben, übersetzt und kommentiert.* Bd. 2: Kommentar. Heidelberg.
Bömer, F. (1986). *P. Ovidius Naso. Metamorphosen. Kommentar.* Bd. 7: Buch XIV–XV. Heidelberg.
Borca, F. (1997). »*Palus omni modo vitanda*: A Liminal Space in Ancient Roman Culture«. In: *Classical Bulletin* 73, 3–12.
Bräunlein, P. J. (2012). *Zur Aktualität von Victor W. Turner. Einleitung in sein Werk.* Wiesbaden.
Bredendick, N., Hrsg. (2004). *Mapping the Threshold. Essays in Liminal Analysis.* Studies in Liminality and Literature 4. Madrid.
Briquel, D. (1997). »Divination VII. Rom«. In: *DNP 3*. Stuttgart, 714–718.
Burck, E. (1979). »Die Thebais des Statius«. In: *Das römische Epos.* Hrsg. von E. Burck. Darmstadt, 300–351.
Burgess, J. F. (1971–1972). »Pietas in Virgil and Statius«. In: *Proceedings of the Virgil Society* 11, 48–60.
Burgess, J. F. (1978). »Man and the Supernatural in Statius' Thebaid: A Study in Consistency of Theme and Mood«. Diss. Reading.
Burian, P. und A. Shapiro (2011). *The Complete Sophocles.* Bd. I: The Theban Plays. Oxford.
Burkert, W. (1984). *Anthropologie des religiösen Opfers. Die Sakralisierung der Gewalt.* Miesbach.
Caltot, P.-A. (2013). »*Terror habet vates* (*Theb.* III, 549). L'effroi du prophète face à la mort chez Lucain et Stace«. In: *Bulletin de l'Association Guillaume Budé*, 169–201.
Cesare, M. A. di (1974). *The Altar and the City: A Reading of Vergil's Aeneid.* New York/London.
Chaudhuri, P. (2014). *The War with God. Theomachy in Roman Imperial Poetry.* Oxford.
Chinn, C. (2013). »Orphic Ritual and Myth in the *Thebaid*«. In: *Ritual and Religion in Flavian Epic.* Hrsg. von A. Augoustakis. Oxford, 319–334.
Corti, R. (1987). »Due funzioni della similitudine nella Tebaide di Stazio«. In: *Maia* 29, 3–23.
Cowan, R. W. (2003). »‚In my beginning is my end'. Origins, cities and foundations in Flavian Epic«. Diss. Oxford.
Criado, C. (2000). *La teología de la Tebaida Estaciana. El anti-virgilianismo de un clasicista.* Spudasmata 75. Hildesheim.
Dee, N. (2013). »Wasted Water. The Failure of Purification in the *Thebaid*«. In: *Ritual and Religion in Flavian Epic.* Hrsg. von A. Augoustakis. Oxford, 181–198.
Deflem, M. (1991). »Ritual, Anti-Structure, and Religion. A Discussion of Victor Turner's Processual Symbolic Analysis«. In: *Journal for the Scientific Study of Religion* 30(1), 1–25.
Delarue, F. (2000). *Stace, poète épique. Originalité et cohérence.* Louvain u.a.
Devoto, G., Hrsg. (1940). *Tabulae Iguvinae.* Rom.
Dewar, M. J. (1991). *Statius. Thebaid IX. Edited with an English Translation and Commentary.* Oxford.
Dingel, J. (1997). *Kommentar zum 9. Buch der Aeneis Vergils.* Heidelberg.
Dinter, M. T. (2013). »Epitaphic Gestures in Statius and Silius Italicus«. In: *Ritual and Religion in Flavian Epic.* Hrsg. von A. Augoustakis. Oxford, 267–283.
Dominik, W. J. (1994a). *Speech and Rhetoric in Statius' Thebaid.* Altertumswissenschaftliche Texte und Studien 27. Hildesheim u.a.
Dominik, W. J. (1994b). *The Mythic Voice of Statius. Power and Politics in the Thebaid.* Mnemosyne Suppl. 136. Leiden u.a.

Dominik, W. J. (1996). »A Short Narrative Reading of Statius' Thebaid«. In: *Epicedion. Hommage à P. Papinius Statius. 96–1996*. Hrsg. von F. Delarue, S. Georgacopolou, P. Laurens und A.-M. Taisne. Poitier, 55–69.
Dominik, W. J., C. Newlands und K. Gervais, Hrsg. (2015). *Brill's Companion to Statius*. Leiden.
Dominik, W. J. (2015). »Similes and Their Programmatic Role in the Thebaid«. In: *Brill's Companion to Statius*. Hrsg. von W. J. Dominik, C. Newlands und K. Gervais. Leiden, 266–290.
Dunbabin, K. M. D. (1990). »*Ipsa deae vestigia*... Footprints Divine and Human«. In: *Journal of Roman Archaeology* 3, 85–109.
Dyson, J. T. (2001). *King of the Wood: The Sacrificial Victor in Virgil's Aeneid*. Oklahoma Series in Classical Culture 27. Norman, OK.
Egelhaaf-Gaiser, U. (2017). »'Mit Mercur an Tainaros' Schwelle: Liminale Kategorien in Statius' Thebais (2,1–133)«. In: *Reading the Way to the Netherworld. Education and the Representations of the Beyond in Later Antiquity*. Hrsg. von I. Tanaseanou-Döbler, A. Lefteratou, G. Ryser und K. Stamatopoulos. Beiträge zur europäischen Religionsgeschichte 4. Göttingen, 215–233.
Ehlers, W. (1941). »piaculum«. In: *RE XX,1*. Stuttgart, 1179–1185.
Elvers, K.-L. (1998). »Fabius [I 30] F. Maximus Verrucosus, Q.« In: *DNP 4*. Stuttgart, 372–373.
Ewald, B. C. und C. F. Noreña (2010). »Introduction«. In: *The Emperor and Rome. Space, Representation, and Ritual*. Hrsg. von B. C. Ewald und C. F. Noreña. Yale Classical Studies 35. Cambridge, 1–43.
Fantham, E. (2006). »The Perils of Prophecy: Statius' Amphiaraus and his Literary Antecedents«. In: *Flavian Poetry*. Hrsg. von R. R. Nauta, H.-J. van Dam und J. J. L. Smolenaars. Mnemosyne Suppl. 207. Leiden/Boston, 147–162.
Faranda Villa, G. (2009). *Stazio. Tebaide. 4*. Aufl. Bd. 1: Libri I–VI. Mailand.
Feeney, D. (1991). *The Gods in Epic. Poetics and Critics of the Classical Tradition*. Oxford.
Feeney, D. (1998). *Literature and Religion at Rome: Cultures, Contexts, and Beliefs*. Cambridge.
Feeney, D. (2007). »The History of Roman Religion in Roman Historiography and Epic«. In: *A Companion to Roman Religion*. Hrsg. von J. Rüpke. Malden, Mass., 129–142.
Franchet d'Espèrey, S. (1999). *Conflit, violence et non-violence dans la Thébaïde de Stace*. Paris.
Franchet d'Espèrey, S. (2001). »Le problème des motivations multiples (sive ... sive ... ) dans la Thébaïde de Stace«. In: *Opora. La belle saison de l' hellénisme. Études de littérature antique offertes au Recteur Jacques Bompaire*. Hrsg. von A. Billault. Paris, 23–31.
Fratantuono, L. M. (2007). *Madness Unchained: A Reading of Virgil's Aeneid*. Lanham, Md.
Frings, I. (1991). *Gespräch und Handlung in der Thebais des Statius*. Beiträge zur Altertumskunde 18. Stuttgart.
Fucecchi, M. (2007). »Tematiche e figure ,trasversali' nell'epica flavia«. In: *Dialogando con il passato. Permanenze e innovazioni nella cultura latina di età flavia*. Hrsg. von A. Bonadeo und E. Romano. Florenz, 18–37.
Fucecchi, M. (2013). »Looking for the Giants. Mythological Imagery and Discourse on Power in Flavian Epic«. In: *Flavian Epic Interactions*. Hrsg. von G. Manuwald und A. Voigt. Berlin, 107–122.
Fyntikoglou, V. und E. Voutiras (2005). »Das römische Gebet«. In: *Thesaurus Cultus et Rituum Antiquorum III*. Los Angeles, 151–179.
Ganiban, R. T. (2013). »The Death and Funeral Rites of Opheltes in the Thebaid«. In: *Ritual and Religion in Flavian Epic*. Hrsg. von A. Augoustakis. Oxford, 249–265.

Ganiban, R. T. (2007). *Statius and Virgil. The Thebaid and the Reinterpretation of the Aeneid*. Cambridge.
Garrod, H. W. (1906). *P. Papini Stati Thebais et Achilleis*. Oxford.
Gatz, B. (1967). *Weltalter, goldene Zeit und sinnverwandte Vorstellungen*. Spudasmata 16. Tübingen.
Gee, E. (2000). *Ovid, Aratus and Augustus. Astronomy in Ovid's Fasti*. Cambridge.
Gehrke, H.-J. (2004). »Identität in der Alterität: Heroen als Grenzgänger zwischen Hellenen und Barbaren«. In: *Normen, Ausgrenzungen, Hybridisierungen und ‚Acts of Identity'*. Hrsg. von M. Fludernik und H.-J. Gehrke. Identitäten und Alteritäten 18. Würzburg, 117–133.
Geisenhanslüke, A. und G. Mein, Hrsg. (2008a). *Grenzräume der Schrift*. Literalität und Liminalität 2. Bielefeld.
Geisenhanslüke, A. und G. Mein, Hrsg. (2008b). *Schriftkultur und Schwellenkunde*. Literalität und Liminalität 1. Bielefeld.
Gennep, A. van (1909). *Les rites de passage*. Paris.
Georgacopoulou, S. (1996a). »Indices intertextuels et intergénériques: La présentation des coursiers d'Amphiaraüs et d'Admète au livre 6 de la Thébaïde de Stace (Theb. 6, 326–339)«. In: *Mnemosyne* 49, 445–452.
Georgacopoulou, S. (1996b). »Ranger/déranger: Catalogues et listes de personnages dans la Thébaïde«. In: *Epicedion: Hommage à P. Papinius Statius, 96–1996*. Hrsg. von F. Delarue, S. Georgacopolou, P. Laurens und A.-M. Taisne. Poitiers, 93–129.
Georgacopoulou, S. (2005). *Aux frontières du récit épique. L'emploi de l'apostrophe du narrateur dans la Thébaïde de Stace*. Collection Latomus 289. Brüssel.
Gervais, K. (2015). »Parent-Child Conflict in the *Thebaid*«. In: *Brill's Companion to Statius*. Hrsg. von W. J. Dominik, C. Newlands und K. Gervais. Leiden, 221–239.
Gesztelyi, T. (1976). »Placatio telluris bei Statius (Thebais 8, 298–341)«. In: *Acta Classica Universitatis Scientiarum Debreceniensis* 12, 53–59.
Gesztelyi, T. (1981). »Tellus-Terra Mater in der Zeit des Prinzipats«. In: *ANRW 2,17,1*. Berlin / New York, 429–456.
Gladigow, B. (1992). »Audi Jupiter, Audite Fines. Religionsgeschichtliche Einordnung von Grenzen, Grenzziehungen und Grenzbestätigungen«. In: *Die römische Feldmesskunst. Interdisziplinäre Beiträge zu ihrer Bedeutung für die Zivilisationsgeschichte Roms*. Hrsg. von O. Behrends und L. Capogrossi Colognesi. Abhandlungen der Akademie der Wissenschaften in Göttingen. Philologisch-historische Klasse. Dritte Folge 193. Göttingen, 172–189.
Graf, F. (1998). »Gebet. III. Griechenland und Rom«. In: *DNP 4*. Stuttgart, 830–834.
Graf, F. (2012). »Apollo«. In: *OCD*. 4. Aufl. Oxford, 118–119.
Grassmann-Fischer, B. (1966). *Die Prodigien in Vergils Aeneis*. Studia et Testimonia Antiqua 3. München.
Green, S. J. (2014). *Disclosure and Discretion in Roman Astrology : Manilius and his Augustan Contemporaries*. Oxford.
Gruppe, O. (1906). *Griechische Mythologie und Religionsgeschichte*. Handbuch der klassischen Altertums-Wissenschaft Bd. 5, Abt. 2. München.
Gschnitzer, F. (1994). »Zur Terminologie der Grenze und des Gebietes im Griechischen«. In: *Stuttgarter Kolloquium zur historischen Geographie des Altertums 4, 1990*. Hrsg. von E. Olshausen und H. Sonnabend. Geographica historica 7. Amsterdam, 21–33.
Haase, M. (2003). »Vogelschau«. In: *DNP 12/2*. Stuttgart/Weimar, 291–292.
Hall, J. B., A. L. Ritchie und M. J. Edwards, Hrsg. (2007). *P. Papinius Statius. Volume I: Thebaid and Achilleid*. Newcastle.

Hardie, P. (1993). *The Epic Successors of Virgil. A Study in the Dynamics of a Tradition*. Cambridge.
Hardie, P. (2009). *Lucretian Receptions: History, The Sublime, Knowledge*. Cambridge.
Harrison, S. J. (1991). *Vergil. Aeneid 10. With Introduction, Translation, and Commentary*. Oxford.
Harrison, S. J. (1992). »The Arms of Capaneus: Statius, Thebaid 4.165–77«. In: *Classical Quarterly* 42, 247–252.
Hartmann, J. M. (2004). *Flavische Epik im Spannungsfeld von generischer Tradition und zeitgenössischer Gesellschaft*. Frankfurt am Main u.a.
Heinrich, A. (1999). »*Longa retro series*: Sacrifice and Repetition in Statius' Menoeceus Episode«. In: *Arethusa* 32, 165–195.
Henderson, J. G. W. (1991). »Statius' Thebaid / Form premade«. In: *Proceedings of the Cambridge Philological Society* 37, 30–80.
Henderson, J. G. W. (1998). »Statius' Thebaid. Form (p)re-made«. In: *Fighting for Rome. Poets and Caesars, History and Civil War*. Hrsg. von J. G. W. Henderson. Cambridge, 212–254.
Hershkowitz, D. (1998). *The Madness of Epic. Reading Insanity from Homer to Statius*. Oxford.
Heuvel, H. (1932). *Publii Papinii Statii Thebaidos liber primus versione Batava commentarioque exegetico instructus*. Zutphen.
Hickson, F. V. (1993). *Roman Prayer Language. Livy and the Aeneid of Vergil*. Beiträge zur Altertumskunde 30. Stuttgart.
Hill, D. E. (1996). *P. Papini Stati Thebaidos Libri XII*. 2. Aufl. Leiden.
Hillen, H. J. (1987). *T. Livius. Römische Geschichte. Buch I–III. Lateinisch und deutsch*. München/Zürich.
Hirsch, A. (2008). »Zwischen Krise und Katastrophe. Warteschleifen im Schwellenraum deutschsprachiger Gegenwartsprosa.« In: *Grenzräume der Schrift*. Hrsg. von A. Geisenhanslüke und G. Mein. Literalität und Liminalität 2. Bielefeld, 269–288.
Hirschfeld, G. (1894). »Apesas 1«. In: *RE I,2*. München, 2699.
Hollis, A. S. (1994). »Statius' Young Parthian Prince (*Thebaid* 8.286–93)«. In: *Greece & Rome* 41, 205–212.
Horsfall, N. (2000). *Virgil, Aeneid 7. A Commentary*. Mnemosyne Suppl. 198. Leiden u.a.
Horsfall, N. (2003). *Virgil. Aeneid 11. A Commentary*. Mnemosyne Suppl. 244. Leiden u.a.
Horsfall, N. (2006). *Virgil, Aeneid 3. A Commentary*. Mnemosyne Suppl. 273. Leiden u.a.
Housman, A. E., Hrsg. (1958). *M. Annaei Lucani belli civilis libri decem*. 4. Aufl. Oxford.
Hubert, A. (2013). »*Malae Preces* and Their Articulation in the *Thebaid*«. In: *Ritual and Religion in Flavian Epic*. Hrsg. von A. Augoustakis. Oxford, 109–126.
Jagow, B. von und F. Steger (2002). »Übergangsriten – zur Konstruktion von Männlichkeit am Beispiel der Orpheus-Mythe«. In: *Kultur: ein Netz von Bedeutungen. Analysen zur symbolischen Kulturanthropologie*. Hrsg. von F. Steger. Würzburg, 97–112.
Jakov, D. und E. Voutiras (2005). »Das Gebet bei den Griechen«. In: *Thesaurus Cultus et Rituum Antiquorum III*. Los Angeles, 105–141.
Johnston, S. I. (1991). »Crossroads«. In: *Zeitschrift für Papyrologie und Epigraphik* 88, 217–224.
Joyce, J. W. (2008). *Statius. Thebaid. A Song of Thebes. Translated with Introductions, Interpretive Commentary and a Glossary*. Ithaca/London.
Juhnke, H. (1972). *Homerisches in römischer Epik flavischer Zeit. Untersuchungen zu Szenennachbildungen und Strukturentsprechungen in Statius' Thebais und Achilleis und in Silius' Punica*. Zetemata 53. München.
Käppel, L. (1992). *Paian. Studien zur Geschichte einer Gattung*. UaLG 37. Berlin u.a.

Kate, R. ten (1955). »Quomodo heroes in Statii Thebaide describantur quaeritur«. Diss. Univ. Groningen.
Keith, A. M. (2000). *Engendering Rome. Women in Latin Epic*. Cambridge.
Kertzer, D. I. (1988). *Ritual, Politics, and Power*. New Haven.
Keur, M. van der (2013). »Of Corpses, Carnivores and Cecropian Pyres. Funeral Rites in Silius and Statius«. In: *Flavian Epic Interactions*. Hrsg. von G. Manuwald. Trends in Classics – Supplementary Volumes 21. Berlin, 327–342.
Klinnert, T. C. (1970). »Capaneus – Hippomedon. Interpretationen zur Heldendarstellung in der Thebais des P. Papinius Statius«. Diss. Heidelberg.
Klotz, A. und T. C. Klinnert, Hrsg. (1973). *P. Papini Stati Thebais*. 2. Aufl. Leipzig.
Kouklanakis, A. (1999). »Thersites, Odysseus, and the Social Order«. In: *Nine Essays on Homer*. Hrsg. von M. Carlisle und O. Levaniouk. Lanham, Md. u.a., 35–53.
Köves-Zulauf, T. (1972). *Reden und Schweigen. Römische Religion bei Plinius Maior*. Studia et Testimonia Antiqua 12. München.
Krah, H. (1999). »Räume, Grenzen, Grenzüberschreitungen. Einführende Überlegungen«. In: *Kodikas/Code. An International Journal of Semiotics* 22, 3–12.
Kroll, J. (1932). *Gott und Hölle. Der Mythos vom Descensuskampfe*. Leipzig und Berlin.
Kytzler, B. (1962). »Gleichnisgruppen in der *Thebais* des Statius«. In: *Wiener Studien* 75, 141–160.
Kytzler, B. (1986). »Zum Aufbau der statianischen Thebais. Pius Coroebus, Theb. I 557–692«. In: *ANRW 2,32,5*. Berlin, 2913–2924.
Latte, K. (1960). *Römische Religionsgeschichte*. München.
Legras, L. (1905). *Étude sur la Thébaïde de Stace*. Paris.
Leigh, M. (2006). »Statius and the Sublimity of Capaneus«. In: *Epic Interactions: Perspectives on Homer, Virgil, and the Epic Tradition Presented to Jasper Griffin by Former Pupils*. Hrsg. von M. J. Clarke, B. G. F. Currie und R. O. A. M. Lyne. Oxford, 217–241.
Lesueur, R. (1991). *Stace. Thébaïde. Texte établi et traduit*. Bd. 2: Livres V – VIII. Paris.
Levin, S. (1989). »The Old Greek Oracles in Decline«. In: *ANRW 2,18,2*. Berlin, 1599–1649.
Linderski, J. (1986). »The Augural Law«. In: *ANRW 2,16,3*. Berlin / New York, 2146–2312.
Lloyd-Jones, H. (1994). *Sophocles. Edited and Translated*. Bd. 2: Antigone. The Women of Trachis. Philoctetes. Oedipus at Colonos. Cambridge, Mass. / London.
Lotman, J. (1972). *Die Struktur literarischer Texte*. dt. Übers. 1993 v. R.-D. Keil. München.
Lovatt, H. (2001). »Mad About Winning: Epic, War and Madness in the Games of Statius' Thebaid«. In: *Materiali e discussioni* 46, 103–120.
Lovatt, H. (2005). *Statius and Epic Games: Sport, Politics, and Poetics in the Thebaid*. Cambridge.
Lovatt, H. (2010). »Cannibalising History. Livian Moments in Statius' Thebaid«. In: *Latin Historiography and Poetry in the Early Empire. Generic Interactions*. Hrsg. von J. F. Miller und A. J. Woodman. Mnemosyne Suppl. 321. Leiden/Boston, 71–86.
Lovatt, H. (2013a). »Competing Visions: Prophecy, Spectacle, and Theatricality in Flavian Epic«. In: *Ritual and Religion in Flavian Epic*. Hrsg. von A. Augoustakis. Oxford, 53–70.
Lovatt, H. (2013b). *The Epic Gaze. Vision, Gender and Narrative in Ancient Epic*. Cambridge.
Lovatt, H. (2015). »Following After Valerius: Argonautic Imagery in the *Thebaid*«. In: *Brill's Companion to Statius*. Hrsg. von W. J. Dominik, C. Newlands und K. Gervais. Leiden, 408–424.
Luipold, H.-A. (1970). »Die Bruder-Gleichnisse in der Thebais des Statius«. Diss. Univ. Tübingen.

Luque Lozano, A. (1986). »Los similes en la Tebaida de Estacio«. In: *Habis* 17, 165–184.
Lyne, R. O. A. M. (1989). *Words and the Poet. Characteristic Techniques of Style in Vergil's Aeneid.* Oxford u.a.
Manolaraki, E. (2012). »*Aeriae Grues*: Crane Migrations from Virgil to Statius«. In: *Classical Journal* 107, 290–311.
Manolaraki, E. (2013). »Consider in the Image of Thebes: Celestial and Poetic Auspicy in the Thebaid«. In: *Ritual and Religion in Flavian Epic.* Hrsg. von A. Augoustakis. Oxford, 89–107.
Marinis, A. (2015). »Statius' *Thebaid* and Greek Tragedy: The Legacy of Thebes«. In: *Brill's Companion to Statius.* Hrsg. von W. J. Dominik, C. Newlands und K. Gervais. Leiden, 343–361.
Marinone, N. (1997). *Berenice da Callimaco a Catullo: Testo critico, traduzione e commento.* Bologna.
Marquardt, J. (1878). *Römische Staatsverwaltung.* Bd. 3. Leipzig.
Masterson, M. (2005). »Statius' *Thebaid* and the Realization of Roman Manhood«. In: *Phoenix* 59, 288–315.
Matthews, V. J. (1996). *Antimachus of Colophon. Text and Commentary.* Mnemosyne Suppl. 155. Leiden u.a.
McDonough, C. M. (1997). »Carna, Proca and the Strix on the Kalends of June«. In: *Transactions of the American Philological Association* 127, 315–344.
McDonough, C. M. (2004). »The Hag and the Household Gods: Silence, Speech, and the Family in Mid-February (Ovid *Fasti* 2.533–638)«. In: *Classical Philology* 99, 354–369.
McGuire, D. T. (1997). *Acts of silence. Civil War, Tyranny, and Suicide in the Flavian Epics.* Altertumswissenschaftliche Texte und Studien 33. Hildesheim.
McNelis, C. (2007). *Statius' Thebaid and the Poetics of Civil War.* Cambridge.
Meister, K. (1925). *Die Hausschwelle in Sprache und Religion der Römer.* Heidelberg.
Micozzi, L. (2010). *Stazio. Tebaide.* Mailand.
Miller, D. A. (1977). »A Note on Aegisthus as „Hero"«. In: *Arethusa* 10, 259–268.
Moisy, S. von (1971). *Untersuchungen zur Erzählweise in Statius' Thebais.* Bonn.
Montero Herrero, S. (1979–1980). »Divinidades Egipcias en Estacio«. In: *Habis* 10–11, 241–253.
Morzadec, F. (2009). *Les images du monde. Structure, écriture et esthétique du paysage dans les oeuvres de Stace et Silius Italicus.* Brüssel.
Mozley, J. H. (1928a). *Statius in two volumes with an English translation.* Bd. 1: Silvae. Thebaid I–IV. Nachdr. 1982. Cambridge, Mass.
Mozley, J. H. (1928b). *Statius in two volumes with an English translation.* Bd. 2: Thebaid V – XII. Achilleid. Nachdr. 1989. Cambridge, Mass.
Mulder, H. M. (1954). *Publii Papini Statii Thebaidos. Liber secundus commentario exegetico aestheticoque instructus.* Groningen.
Nasse, C. (2012). *Erdichtete Rituale. Die Eingeweideschau in der lateinischen Epik und Tragödie.* Potsdamer altertumswissenschaftliche Beiträge 38. Stuttgart.
Newlands, C. E. (2012). *Statius, Poet between Rome and Naples.* London.
Nisbet, R. G. M. und M. Hubbard (1970). *A Commentary on Horace: Odes. Book 1.* Oxford.
Noens, T. (2015). »*Cirrhaei in limine templi/constitit* (Theb. 1.641–642): A Ritual Reading of the Coroebus Episode in Statius' Thebaid«. In: *Quaderni Urbinati di Cultura Classica.* N.S. 111, 125–148.
Norden, E. (1916). *P. Vergilius Maro. Aeneis Buch VI.* 2. Aufl. Darmstadt.

Norden, E. (1913). *Agnostos theos. Untersuchungen zur Formengeschichte religiöser Rede*. Leipzig/Berlin.
Noy, D. (2011). »‚Goodbye Livia': Dying in the Roman House«. In: *Memory and Mourning. Studies on Roman Death*. Hrsg. von V. M. Hope und J. Huskinson. Oxford/Oakville, 1–20.
Ogden, D. (2001). *Greek and Roman Necromancy*. Princeton u.a.
Ogilvie, R. M. (1969). *The Romans and their Gods in the Age of Augustus*. Ancient culture and society. London.
Olivi, M.-C. (1996). »Amphiaraos: Un exemple de réécriture d'un personnage mythique dans la Thébaïde«. In: *Epicedion: Hommage à P. Papinius Statius, 96–1996*. Hrsg. von F. Delarue, S. Georgacopolou, P. Laurens und A.-M. Taisne. Poitier, 135–144.
Pagán, V. E. (2000). »The Mourning After: Statius *Thebaid* 12«. In: *American Journal of Philology* 121, 423–452.
Panoussi, V. (2007). »Threat and Hope: Women's Rituals and Civil War in Roman Epic«. In: *Finding Persephone: Women's Rituals in the Ancient Mediterranean*. Hrsg. von M. Parca und A. Tzanetou. Bloomington, 114–134.
Panoussi, V. (2010). »Aeneas' Sacral Authority«. In: *A Companion to Vergil's Aeneid and its Tradition*. Hrsg. von J. Farrell und M. C. Putnam. Chichester u.a., 52–65.
Parker, G. (2014). »*Tarda solacia*: Liminal Temporalities of Statius' Prose Prefaces«. In: *The Roman Paratext. Frame, Texts, Readers*. Hrsg. von L. Jansen. Cambridge, 112–128.
Parkes, R. (2012). *Statius. Thebaid 4*. Oxford.
Parkes, R. (2013). »Chthonic Ingredients and Thematic Concern. The Shaping of Necromancy in the *Thebaid*«. In: *Ritual and Religion in Flavian Epic*. Hrsg. von A. Augoustakis. Oxford, 165–180.
Parkes, R. (2014). »The ‚Argonautic' Expedition of the Argives: Models of Heroism in Statius' *Thebaid*«. In: *Classical Quarterly* 64, 778–786.
Parr, R. (2008). »Topographien von Grenzen und Räume der Liminalität. Eduard von Keyserlings Roman *Wellen*«. In: *Grenzräume der Schrift*. Literalität und Liminalität 2. Bielefeld, 143–165.
Paschalis, M. (1986). »Virgil and the Delphic Oracle«. In: *Philologus* 130, 44–68.
Pease, A. S. (1920). *M. Tulli Ciceronis de divinatione liber primus*. Nachdr. Darmstadt 1963. Urbana.
Pfiffig, A. J., Hrsg. (1964). *Religio Iguvina. Philologische und religionsgeschichtliche Studien zu den Tabulae Iguvinae. Mit Text und Übersetzung und 8 Tafeln*. Wien.
Raabe, H. (1974). *Plurima mortis imago. Vergleichende Interpretationen zur Bildersprache Vergils*. Zetemata 59. München.
Rappaport, R. A. (1999). *Ritual and Religion in the Making of Humanity*. Cambridge.
Rebeggiani, S. (2013). »The chariot race and the destiny of the Empire in Statius' *Thebaid*«. In: *Illinois Classical Studies* 38, 187–206.
Rebeggiani, S. (2018). *The Fragility of Power: Statius, Domitian and the Politics of the Thebaid*. Oxford.
Rieks, R. (1967). *Homo, Humanus, Humanitas. Zur Humanität in der lateinischen Literatur des ersten nachchristlichen Jahrhunderts*. München.
Ripoll, F. (2002). »Les scènes d' ornithomancie dans les épopées latines d' époque flavienne«. In: *Latomus* 61, 929–960.
Ripoll, F. (2006). »Adaptations latines d'un thème homérique: La théomachie«. In: *Phoenix* 60, 236–258.

Ritchie, A. L., J. B. Hall und M. J. Edwards, Hrsg. (2007). *P. Papinius Statius. Volume II: Thebaid and Achilleid*. Newcastle.
Romano Martín, S. (2009). *El tópico grecolatino del concilio de los dioses*. Spudasmata 125. Hildesheim.
Rosenberger, V. (1998). *Gezähmte Götter. Das Prodigienwesen der römischen Republik*. Heidelberger althistorische Beiträge und epigraphische Studien 27. Stuttgart.
Rosenberger, V. (2001). »Zeichen göttlichen Zornes: Eine mediengeschichtliche Untersuchung des römischen Prodigienwesens«. In: *Fluch, Gebet, Zeichen und Traum: Aspekte religiöser Kommunikation in der Antike*. Hrsg. von K. Brodersen. Antike Kultur und Geschichte 1. Münster u.a., 69–88.
Rüpke, J. (1990). *Domi militiae: Die religiöse Konstruktion des Krieges in Rom*. Stuttgart.
Rüpke, J. (2006). *Die Religion der Römer. Eine Einführung*. 2. Aufl. München.
Sacerdoti, A. (2014). »*Quis magna tuenti / somnus?* Scenes of Sleeplessness (and Intertextuality) in Flavian Poetry«. In: *Flavian Poetry and its Greek Past*. Hrsg. von A. Augoustakis. Leiden, 13–29.
Saeedi, P. (2009). »Images of Liminality in Book VI of the Aeneid«. In: *CLCWeb: Comparative Literature and Culture* 11.2, 1–8.
Scattola, M. (1997). »Die Grenze der Neuzeit. Ihr Begriff in der juristischen und politischen Literatur der Antike und Frühmoderne«. In: *Die Grenze. Begriff und Inszenierung*. Hrsg. von M. Bauer und T. Rahn. Berlin, 37–71.
Schachter, A. (1981). *Cults of Boiotia*. Bd. 1: Acheloos to Hera. London.
Scheid, J. (2003). *An Introduction to Roman Religion*. Transl. by J. Lloyd. Edinburgh.
Schönberger, O. (1998). *P. Papinius Statius. Der Kampf um Theben*. Würzburg.
Schößler, F. (2006). *Literaturwissenschaft als Kulturwissenschaft. Eine Einführung*. Tübingen u.a.
Schubert, W. (1984). *Jupiter in den Epen der Flavierzeit*. Studien zur klassischen Philologie 8. Frankfurt am Main.
Seo, J. (2013). *Exemplary Traits: Reading Characterization in Roman Poetry*. New York.
Severus, E. von (1972). »Gebet I«. In: *RAC VIII*. Stuttgart, 1134–1258.
Shackleton Bailey, D. R. (2000). »On Statius' Thebaid«. In: *Harvard Studies in Classical Philology* 100, 463–476.
Shackleton Bailey, D. R. (2003a). *P. Papinius Statius. Thebaid. With an English Translation*. Bd. 1: Books 1–7. Cambridge, Mass.
Shackleton Bailey, D. R. (2003b). *P. Papinius Statius. Thebaid. With an English Translation*. Bd. 2: Books 8–12. Cambridge, Mass.
Sineux, P. (2007). *Amphiaraos. Guerrier, devin et guérisseur*. Paris.
Smolenaars, J. J. L. (1994). *Statius. Thebaid VII. A Commentary*. Mnemosyne Suppl. 134. Leiden u. a.
Snijder, H. (1968). *P. Papinius Statius. Thebaid. A Commentary on Book III*. Amsterdam.
Soto, I., Hrsg. (2000). *A Place that is not a Place. Essays in Liminality and Text*. Studies in Liminality and Literature 2. Madrid.
Stagl, J. (1983). »Übergangsriten und Statuspassagen: Überlegungen zu Arnold van Genneps ‚Les Rites de Passage'«. In: *Gesellschaftliche Prozesse: Beiträge zur historischen Soziologie und Gesellschaftsanalyse*. Hrsg. von K. Acham. Graz, 83–96.
Steiniger, J. (2005). *P. Papinius Statius, Thebais. Kommentar zu Buch 4, 1–344*. Altertumswissenschaftliches Kolloquium. Interdisziplinäre Studien zur Antike und zu ihrem Nachleben 14. Wiesbaden.

Stover, T. (2009). »Apollonius, Valerius Flaccus and Statius: Argonautic Elements in *Thebaid* 3.499–647«. In: *American Journal of Philology* 130, 439–455.

Stuckrad, K. von (2016). »Astrology«. In: *A Companion to Science, Technology, and Medicine in Ancient Greece and Rome*. Hrsg. von G. L. Irby. Chichester, 114–129.

Suárez de la Torre, E. (1992). »Les pouvoirs des devins et les récits mythiques: L'exemple de Mélampous«. In: *Les Études Classiques* 60, 3–21.

Swoboda, M. (1980). »De fragmentis precatorio-hymnicis apud poetas imperatorum aetate florentes«. In: *Eos* 68, 285–301.

Szemler, G. J. (1972). *The Priests of the Roman Republic. A Study of Interactions between Priesthoods and Magistracies*. Collection Latomus 127. Brüssel.

Tarrant, R. J. (1976). *Seneca. Agamemnon. Edited with Introduction and Commentary*. Cambridge u.a.

Teifel, E. (1952). »Gebets- und Kultformen bei Statius mit Rücksicht auf sein Verhältnis zur Epik des Vergil und Lucan«. Diss. Univ. Tübingen.

Torelli, M. (1966). »Un templum augurale d'età repubblicana a Bantia«. In: *Rendiconti dell'Accademia dei Lincei* s. 8, 21, 293–315.

Turner, V. (1967). »Betwixt and Between: The Liminal Period in Rites de Passage«. In: *The Forest of Symbols: Aspects of Ndembu Ritual*. Ithaca, NY, 93–111.

Turner, V. (1969). *The Ritual Process. Structure and Anti-structure*. Chicago.

Turner, V. (2005). *Das Ritual. Struktur und Anti-Struktur*. Aus dem Englischen und mit einem Nachwort von S. M. Schomburg-Scherf. Frankfurt am Main.

Tuttle, A. (2013). »Argive Augury and Portents in the *Thebaid*«. In: *Ritual and Religion in Flavian Epic*. Hrsg. von A. Augoustakis. Oxford, 71–87.

Valenti, V. (2011). »Stazio e Anfiarao: Effetto soterico della parola«. In: *Studi Classici e Orientali* 57, 231–259.

Venini, P. (1961). »Studi sulla Tebaide di Stazio: L'imitazione«. In: *Rendiconti dell'Istituto Lombardo* 95, 371–400.

Venini, P. (1970). *P. Papini Stati Thebaidos liber undecimus. Introduzione, testo critico, commento e traduzione*. Biblioteca di Studi superiori 58. Florenz.

Vessey, D. (1971). »Menoeceus in the *Thebaid* of Statius«. In: *Classical Philology* 66, 236–243.

Vessey, D. (1973). *Statius and the Thebaid*. Cambridge.

Voigt, A. (2016). »The Power of the Grieving Mind: Female Lament in Statius's *Thebaid*«. In: *Illinois Classical Studies* 41, 59–84.

Wacht, M. (2000). *Concordantia in Statium*. 3 Bde. Hildesheim.

Walde, C. (2001). *Die Traumdarstellungen in der griechisch-römischen Dichtung*. München u.a.

Walde, C. (2007). »Eine poetische Hydrologie. Flüsse und Gewässer in Lucans Bellum Civile«. In: *Antike Naturwissenschaft und ihre Rezeption 17*. Hrsg. von J. Althoff, B. Herzhoff und G. Wöhrle. Trier, 59–84.

Walde, C. (2008). »Narration in a Standstill: Propertius 1.16–18«. In: *Latin Elegy and Narratology. Fragments of Story*. Hrsg. von G. Liveley und P. Salzman-Mitchell. Columbus, Ohio, 123–141.

Walter, A. (2014). *Erzählen und Gesang im flavischen Epos*. Göttinger Forum für Altertumswissenschaft. Beihefte N.F. 5. Berlin.

Weinstock, S. (1934). »Terra Mater / Tellus«. In: *RE V A,1*. Stuttgart, 791–806.

Wenskus, O. (2014). »Von Statius zu Dante: Amphiaraos' Hadessturz und das Beben des Läuterungsberges«. In: *Antike & Abendland* 60, 141–151.

Wilamowitz-Möllendorff, U. v. (1898). »Lesefrüchte«. In: *Hermes* 33, 513–533.

Williams, R. D. (1972). *P. Papini Stati Thebaidos liber decimus. Edited with a Commentary.* Mnemosyne Suppl. 22. Leiden.
Wissowa, G. (1896). »Auspicium«. In: *RE II,2.* Stuttgart, 2580–2587.
Wissowa, G. (1912). *Religion und Kultus der Römer.* 2. Aufl. Handbuch der klassischen Altertums-Wissenschaft Bd. 5, Abt. 4. München.
Wuilleumier, P. und H. Le Bonniec (1962). *M. Annaeus Lucanus. Bellum civile. Liber primus. Édition, introduction et commentaire.* Paris.

Die Abkürzungen von antiken Autoren und Werken richten sich nach dem *Neuen Pauly* (*DNP*) und dem *Thesaurus Linguae Latinae*, weitere bibliographische Abkürzungen nach dem *Neuen Pauly*.

# Wort-, Namens- und Sachindex

Abwesenheit 212, 215, 219, 220, 227, 231
Actor 150
Adler 95–96
Adrast 38, 40, 41, 71, 72, 74, 94, 107, 218–219
*adytum* 208
Aetna 91, 92, 99, 111–115, 119
Alcathous 138, 168–169
*alumnus* 180$^n$, 179–181
Amphiaraus 4, 23, 99$^n$, 124, 133, 138, 141, 160, 175, 212, 235–237, 239, 241, *passim*
– als Grenzüberschreiter 7
– als Heerführer/Krieger 9, 107$^n$, 125
– als *mora belli* 102, 127
– als Orakelgott 10–11, 185, 198, 203, 214, 217, 219, 221, 228–231, 235–236, 238, 242
– als Schwellenfigur 20–21
– als Seher/*vates* 9, 81, 125, 154, 155, 215–216, 238
– als statischer Beobachter 86
– Amphiaraus-Tradition und *Thebais* 5–6, 8
– Aristie 141
– Isolation 71–74, 120
– poetologische Aspekte 7$^n$, 35
– Tod 150, 181, 198, 200, 210
Amphion 181$^n$, 183, 198
Anachronismus 15$^n$, 35, 36, 79
Aphesas 84–89, 96, 102, 104, 113, 115, 118–120, 239–241
– Etymologie 88$^n$
ἀφίεσθαι 88
Apollo 22$^n$, 46, 50, 53$^n$, 55–56, 67, 70, 73, 103, 107, 117, 151, 152, 154–156, 158, 212, 215, 217, 220, 222, 227$^n$, 230, 231$^n$, 236, 237, 241
Apostrophe 72
Argiver 85–86, 94$^n$, 94, 96, 99–102, 105, 112$^n$, 118, 134, 140, 141, 149–151, 178, 186, 188, 193$^n$, 193, 196, 201, 217, 226, 241
Argonauten 97–98, 101, 102, 115
Argos 85
Asopus 135, 237
*astrifer* 191
Astrologie 61–63, 67, 81
*ater* 98

Atlas 191$^n$, 191, 222
*audax* 87, 88
*aurea aetas siehe* Goldenes Zeitalter
*auspicium siehe* Vogelschau
*avidus* 149

Bacchus 126, 179, 182–183, 197, 221
– Tiger 177, 183
Begräbnis 175$^n$, 199, 201, 232
Berg 7, 16, 84, 87, 90–93, 99, 101–104, 112, 116, 119, 120, 145, 236$^n$
Bewegung *siehe* Raum
Blitz 112, 237
Boden 138, 140, 149, 150, 162, 187
– *campus* 139, 140, 143–146, 191
– *terra* 138, 139, 147, 150, 151$^n$
*bubo* 52, 54

Cadmus 181, 182, 184, 197
*campus siehe* Boden
Capaneus 73, 77$^n$, 91, 99, 100, 103, 105–112, 114, 231, 236, 237
Charon 173
*circumire* 207
*cygnus* 57$^n$, 95–97

Danae 88, 94, 96, 241
*decus* 152, 153
Delos 208–209
Delphi 200, 208–209, 236
*descensus* 6, 7, 10, 114, 124–125, 128, 131, 134, 144, 151, 155, 157, 168, 200–201, 213, 222
Deszendenz (kulturelle) 60
Dioskuren 213$^n$, 213
*dirae siehe* Vogelschau/*auspicium*
Divination 55$^n$, 57–58, 60, 64, 65, 68, 70, 75, 81, 105, 217, 229, 237–238, 241
– *signa certa / aves certae* 58
*domi militiae / belli domique* 78
Donner 105

Eingeweideschau/*extispicium* 44, 76, 77$^n$
Enceladus 99, 116, 118, 119

Epiphanie 70
Erdbeben 139, 142, 144, 145, 186, 200
Erdspalte 132, 133, 160, 172, 177, 184, 190, 208, 222, 231, 235–237, 239, 241
Eunaeus 178
Europa 181–183, 197
Eurydike 214
*extispicium siehe* Eingeweideschau

Fabius Cunctator 41
*fama* 150–151
Figur 83, 104, 114, 116, 123, 130, 209–220, 236–237, 241
Fluss 108, 109, 135, 136, 143[n], 143, 144[n], 144, 168, 169, 173, 189, 224–225

Gebet 34, 45[n], 102, 221, 222, 235, 241
– Adressierung 49, 192–197
– Aufbau 203–206, 222, 242
– des Thiodamas 129, 131, 186–209, 219, 238, 241
– Du-Stil 202
– *invocatio* 46, 187, 221, 242
– *pars epica* 205, 222
– *preces* 205, 222
– Relativ-Stil 193, 202
Gesang 184–186
Geschrei *siehe* Lärm
Giganten 93, 99–101, 104, 110–112, 114, 118, 119, 236–237
Gleichnis *siehe* Vergleich
Götterversammlung 113, 113[n]
Goldenes Zeitalter 98
Grab 207, 208, 222
Grenze *siehe* Raum
Großer Wagen 226–227, 238

Harmonia 182, 183, 197, 221
*haurire* 172
Haus 98, 103, 116, 119
Heiligtum 208, 222
Herkules 179, 214
*hiatus siehe* Erdspalte
Himmel 7, 238
Höhle 92, 98, 103, 107, 112, 116, 119
Hypseus 169, 237

Iapetus 111
Idealtypus 75
*igneus* 159[n]
Indien 182
*indignari* 144–145
*infidus* 149
Intratextualität 140
Irritation 46, 47, 77[n], 79, 195, 241–242
Ismenus 189

Jupiter 45, 46, 50, 53[n], 55[n], 55, 105, 112[n], 182–184, 197, 237, 241

*katabasis siehe descensus*
Klang 179, 186
Kosmogonie 187–188, 221
Kosmologie 238
Kreis *siehe* Raum

*labes* 147
Laokoon 8[n]
Lärm/Geschrei 85, 92, 93, 99–103, 111, 115, 118
Latinus 38–41
Lava 93, 100–102, 115
Licht/Dunkelheit 156–159, 175, 179, 190, 191
Liminalität 86–89, 102, 104, 128, 132, 133, 176, 208, 235
– *communitas* 17
– in antiker Literatur und Kultur 19, 21[n], 21, 22
– liminale *persona siehe* Schwellenfigur
– rites des passages 16–17, 22[n]
– Schwellenfigur 19–21, 88, 99
– Schwellenraum 18, 240–241
– Turner, Victor 16–17, 19
*litatio siehe* Opfer
Lokalgottheit/Schutzgottheit 192, 195, 221, 242
Luft 132
Lycoreus 210

Mantik *siehe* Divination
Meer 132, 168–171, 174–176, 182, 183, 223–225
Mehrfacherklärung 135–136, 142, 146
Melampus 44, 71–72, 80[n], 96, 97[n], 97, 238
Menoeceus 116

*mergere* 172
Metamorphose *siehe* Verwandlung
*metere* 160
Modellrezipient 169
Mopsus (Argiver) 150
Mopsus (Seher) 97

*Natura* 200, 201, 222
*nefas* 8, 29
*nuncupatio voti* 79

Oedipus 184
*omen* 78[n]
Opfer 14[n], 193[n]
– Konsultationsopfer 76
– *litatio* 76–77
Orakel *siehe* Divination
Oropos 10
Orthopraxie *siehe* Ritual

Paian 184–185, 221, 241, 242
Palaemon 150
*pallidus* 103
Parnass 91, 103, 116, 119
Parzen 217
Perseus 89, 93–96, 107, 110, 113–116, 118, 236, 238, 241
Pferd 140, 150, 162, 164
Pholoe 91, 119
Pirithous 214
*placatio* 186
*placere* 76
Pluto 147–148, 151
Prodigium 52, 56, 78, 96, 118
– *procuratio prodigiorum* 78
*profanus* 66–67, 73[n], 81
Prometheus 188, 197, 198, 221
Proöm 3
Pyrrha 188, 189, 197, 198, 221
Pythia 103–104, 106, 116

Raum 132, 137, 168, 189, 208, 237, 238
– Bewegung 84–86, 131, 134–135, 150, 240
– Grenze 6–8, 21, 34, 88–89, 93, 98, 103, 115, 175, 240, 241
– Horizontalität/Vertikalität 7, 102, 115, 159–160, 173, 190, 221

– Kreis 190, 191
– Lotman, Juri 18
– Topographie 87
– Transformation 138
*rectus* 164[n]
Retardation 30, 43, 81, 83, 84, 86, 102, 120[n], 125, 128, 240
*rite* 49, 59
Ritual 49, 80, 202, 207, 241–242
– als Intertext 13–15, 56[n]
– bei Statius 11–12
– Definition 12–13
– im lateinischen Epos 15[n]
– im römischen Feldzug 75–79
– in der *Thebais* 45
– mentales Bild 15, 75, 204
– Orthopraxie 14, 50, 79
– Semantik und Syntax 13–14, 16[n], 241
– und Raum 15, 67
*robur* 190

Schicksal 153[n], 153
Schwellenraum 83–85, *siehe* Liminalität
*secretus* 89[n]
*seductus* 88
Seher 41, 43, 45–47, 56, 60, 61, 64–66, 70, 73, 79, 102, 106, 120, 154, 181, 211, 219, 223, 237
– Prophet versus Tyrant-script 74
Semele 182–184, 197, 198, 221
*sententia* 76
*solitus* 45
Stabilität/Instabilität 137, 155, 156, 168, 171, 175–177, 189–191, 209, 221, 224, 225, 238
Sterne 238
Steuermann 213, 218–219, 222, 236
succession-Motiv 209
*sulcare* 181–182
*sulcus primigenius* 181–182
*suspectus* 149

Tellus 138, 145, 148–151, 177, 180[n], 180, 184, 185, 187, 188, 189[n], 189, 190, 193–197, 199, 221, 235, 242
*tero* 163[n]
*terra siehe* Boden

*Thebais* 7, 11, 21, 25
– Coroebus-Episode 21
– Intratextualität 24
Thebaner 96, 134, 150, 161, 178, 221, 231
Theben 85, 86, 126, 136, 137, 141, 150, 175–177, 179–182, 184, 188, 208, 221, 223, 235
– Mauern 137, 140, 183, 197
– Mythos 183–184, 197
Theseus 214
Thiodamas 8, 9, 134, 185–186, 211, 216–220, 228, 235, 236, 241
Tiphys 218
Titanen 111
Traum 229–230
*turbo* 100$^n$
Turner, Victor *siehe* Liminalität

Unterwelt 6, 7, 217

Venus 182, 184, 197, 198, 221
Vergleich 25, 90, 91, 92$^n$, 92, 93, 97, 99, 100, 104, 108, 109, 118, 127, 136, 142, 143, 145, 168, 170, 171, 174–176, 182, 201, 212$^n$, 218–219, 225–227, 238
Vergöttlichung 114–115
*vertere* 160
Verwandlung 94–95
*vetare* 58
Vision 70
Vögel 238
Vogelschau/*auspicium* 4, 45, 47–53, 55, 57–59, 95, 102, 106, 118, 119, 229, 242
– *dirae* 52, 53

Wagen 125, 126, 131, 145, 160–167, 182, 190–191, 221, 226
Wagenlenker 210, 213, 219, 222, 236
Wasser 93, 100–102, 109, 115, 168–176, 189, 221, 224, 226

Zentauren 91, 110, 110$^n$, 112
Zeus *siehe* Jupiter
Zyklopen 91, 110, 110$^n$, 112, 119

# Stellenindex

Aischyl.
- *Ag.*
  - 1202–1213 / 1266–1276  65$^n$
- *Sept.*  8$^n$
  - 69  196

Apoll. Rhod.
- 3,1382  161$^n$

Apollod.
- *bibl.*
  - 3,76  8$^n$

Catull.
- 68,4  22

Hom.
- *Il.*
  - 24,487  22
- *Od.*
  - 15,246  22

Hor.
- *epod.*
  - 7,1f.  86$^n$

Liv.
- 1,18,6f.  49

Lucan.
- 1,584–638  81
- 10,487  87$^n$

Lucr.
- 2,600–604  190
- 3,681  22
- 6,535–607 / 6,639–702  114
- 6,1157  22

Ov.
- *met.*
  - 1,1–4  94
  - 1,21  95$^n$
  - 1,75–81  95$^n$

Pausan.
- 2,15,3  96$^n$

Pind.
- *Nem.*
  - 9,24–27  5

Sen.
- *Med.*
  - 203–206  38
  - 329/336  98

Soph.
- *Ant.*
  - 998–1022 / 1003–1006  77$^n$

Stat.
- *Ach.*
  - 1,12f.  181$^n$
- *Theb.*
  - 1,1f.  40
  - 1,7–9  161$^n$
  - 1,41f.  3
  - 1,398f.  3$^n$
  - 1,539–556  94$^n$
  - 3,180–183  161$^n$
  - 3,218–323  30–31
  - 3,271f.  30
  - 3,440  39
  - 3,440–451  37–39
  - 3,440–677  4, 31–32, 42–43, 79
  - 3,441  107
  - 3,444  39
  - 3,444–446  42
  - 3,444–449  41
  - 3,447f.  41
  - 3,449–451  76
  - 3,449f.  39
  - 3,451–455  43–44, 97
  - 3,451f.  44
  - 3,452  71
  - 3,454  71
  - 3,456–458  59
  - 3,456–459  76–77
  - 3,459  59
  - 3,460–465  87–88
  - 3,460–468  3
  - 3,462–464  6, 89
  - 3,463f.  94
  - 3,464f.  96
  - 3,466–468  72
  - 3,466–469  44–45
  - 3,468f.  89, 102

- 3,470 96$^n$
- 3,470–474 45–46
- 3,471–496 238
- 3,474–482 46–47
- 3,474f. 92
- 3,482–486 60
- 3,483–488 61
- 3,485f. 94
- 3,486f. 51$^n$
- 3,489f. 47–48
- 3,491–497 48–49
- 3,493f. 52, 63
- 3,496f. 96
- 3,497f. 49
- 3,499 49, 63
- 3,499f. 72
- 3,502–512 50–51
- 3,512b–515 52–53
- 3,514f. 53
- 3,516f. 55
- 3,517–521 98$^n$
- 3,518 98
- 3,520f. 97
- 3,522f. 56, 63
- 3,525–547 95$^n$, 95
- 3,526f. 57$^n$
- 3,536 56
- 3,536f. 56
- 3,539 107
- 3,545 56$^n$
- 3,546f. 58$^n$
- 3,547 63
- 3,547-549 57–58
- 3,549f. 58–59
- 3,551 60
- 3,551–553 60
- 3,553–559 60–64
- 3,559 98
- 3,566–568 64–65
- 3,566–572 72
- 3,570f. 85
- 3,571f. 98
- 3,573 65, 238
- 3,574f. 39
- 3,575f. 39
- 3,577–579 94
- 3,578f. 83
- 3,593 93, 99
- 3,594–597 90$^n$, 90–91, 99–101
- 3,596f. 102
- 3,604f. 91
- 3,606f. 83, 115
- 3,607 72
- 3,609–611 73$^n$, 240
- 3,611–615 91–92
- 3,617f. 118
- 3,618f. 74
- 3,619–627 85
- 3,619f. 85
- 3,620–624 66–67
- 3,623f. 67
- 3,625f. 67–68
- 3,627–645 40
- 3,628 73$^n$
- 3,629f. 69
- 3,630f. 85
- 3,632 78–79
- 3,634 96
- 3,637–640 68–69
- 3,640–642 69
- 3,643f. 69–70, 106
- 3,646 74
- 3,646f. 40
- 3,647 86
- 3,651 79
- 3,668f. 105–106
- 3,669f. 74, 93, 111
- 3,671–677 92, 100–101
- 3,674f. 102
- 3,675f. 109
- 3,677 40
- 3,714–716 42
- 3,718–720 40
- 4,1–8 42
- 4,3f. 42$^n$
- 4,157–160 184
- 4,187 42
- 4,189f. 42
- 6,215–217 207
- 6,451–453 169$^n$
- 6,483–485 169$^n$
- 7,1–33 125
- 7,3f. 191$^n$
- 7,90–104 125

−7,103 229$^n$
−7,424−429 135−136
−7,441−451 136−137
−7,441f. 138, 236$^n$
−7,452−533 125
−7,595−603 178
−7,627−8,372 124
−7,683−687 178
−7,688−8,372 4
−7,690−692 137−138
−7,690f. 170$^n$
−7,691 131
−7,691f. 139, 144−145
−7,692 139, 168
−7,692−695 141
−7,692f. 152−153
−7,694 160
−7,695 157
−7,695−700 141
−7,706−708 210
−7,709−711 156−157
−7,711−718 160−161
−7,715−717 211
−7,717 201
−7,720−722 138
−7,721 145
−7,728−735 169
−7,737−739 211
−7,744−749 191
−7,744−751 142−144
−7,745 145
−7,746−748 145, 146
−7,748 145
−7,749 143$^n$
−7,750f. 145
−7,755 139
−7,760−770 162−163
−7,760f. 138
−7,763 226
−7,773 153$^n$
−7,774f. 153
−7,775−777 153−154
−7,782f. 169, 173
−7,784f. 212
−7,786 126
−7,789−793 170
−7,791 174

−7,791−793 212−213, 219
−7,794−796 170
−7,794−803 139−140
−7,798f. 143
−7,799f. 143
−7,800f. 144$^n$, 189
−7,801f. 171
−7,804−808 171−172
−7,805f. 174
−7,809−816 142, 146−147
−7,817 143
−7,818 143, 201
−7,818−820 163−164
−7,818−821 132
−7,819 201
−7,819f. 213
−7,820f. 19
−7,821 201
−7,821−8,1 133
−7,832−8,1 157
−8,1 198, 237
−8,5−13 20−21
−8,5f. 198
−8,11−13 198
−8,17−20 172−173
−8,18 169$^n$
−8,18−20 6
−8,33−37 147−148
−8,48f. 146
−8,53−56 132
−8,65f. 134
−8,82f. 226
−8,83f. 191
−8,84f. 6, 236$^n$
−8,95−98 148
−8,99−101 215
−8,100 229$^n$
−8,101f. 154
−8,109f. 19, 164$^n$
−8,110 114$^n$
−8,117 217
−8,127−130 164
−8,130−133 148−149, 207
−8,134−150 149−150
−8,141 201
−8,143−145 158
−8,147f. 165

– 8,149f. 201
– 8,152–158 140–141
– 8,152f. 150
– 8,159–161 166
– 8,172f. 151
– 8,176 155
– 8,189–194 216–217
– 8,199f. 207
– 8,206f. 217–218
– 8,209f. 201
– 8,212–214 173–174
– 8,215–222 178–179
– 8,218–239 197
– 8,218–270 176
– 8,223f. 179
– 8,225–236 180–182
– 8,229 183
– 8,231–234 197
– 8,232 183
– 8,234–236 184$^n$, 197
– 8,261 186
– 8,267–270 174, 218–219
– 8,271–273 174
– 8,271–274 158–159
– 8,271–341 176
– 8,274 166
– 8,294 212
– 8,294–297 185$^n$
– 8,295 219
– 8,303–313 187–191
– 8,304–307 189
– 8,315f. 191
– 8,320–328 194–197
– 8,325–328 198–199
– 8,329–332 103$^n$, 200–201, 205
– 8,332b–335a 205
– 8,332f. 206
– 8,333f. 206
– 8,334f. 206
– 8,335 206
– 8,335–338 205, 220
– 8,335f. 10
– 8,336 206
– 8,336f. 207

– 8,337f. 206
– 8,338–341 201
– 8,348–352 127
– 8,358–362 223–225
– 8,363–372 225–227
– 8,745–766 8$^n$
– 9,652–657 154–155
– 10,67–69 203$^n$
– 10,160–163 227–228
– 10,188–191 228
– 10,198–212 228–230
– 10,334f. 231$^n$
– 10,827–836 106$^n$
– 10,845f. 116$^n$
– 10,848–852 108
– 10,861 114$^n$
– 10,864–869 108–109
– 10,883–898 113–114
– 10,897–900 110–111
– 10,899f. 115
– 10,915–917 111–112
– 10,939 237
– 11,1–4 237
– 11,7f. 112–113
– 12,38–43 231–232
– 12,42 124
– 12,123f. 232

Verg.
– Aen.
– 1,1 143$^n$
– 1,390–401 97
– 2,304–308 92$^n$, 100$^n$
– 3,73–76 209$^n$
– 3,578–582 90$^n$, 99
– 6,46 70
– 6,151 84$^n$
– 7,572–619 39
– 7,583–585 40
– 7,594–599 40
– 7,599f. 39
– 10,197 169$^n$
– 10,218 169$^n$, 211
– 11,188–190 207

www.ingramcontent.com/pod-product-compliance
Lightning Source LLC
Chambersburg PA
CBHW030533230426
43665CB00010B/874